LE ZEBRACRONACHE

di Memedesimo

Andrea Manicardi

Questo libro prende in larga parte spunto da eventi sportivi realmente accaduti ma liberamente reinterpretati dall'autore nella narrazione; i dialoghi e la descrizione dei fatti presenti nel libro sono opera di pura fantasia da parte dell'autore; qualsiasi riferimento a nomi, fatti, luoghi e/o persone realmente esistenti sono da considerarsi accidentali o, se reali, utilizzati in modo fittizio.

LE ZEBRACRONACHE di Memedesimo

Copyright 2021 Andrea Manicardi - All rights reserved
ISBN 978-1-80347-999-6

©2021 Dora & Kiki Ltd., London
Illustrazioni di copertina a cura di Giulia Morandi

ISTRUZIONI PER L'USO

Ovvero:

Pacchetto di suggerimenti a prova di primate privo di pollice opponibile per evitare di metterci le zampe addosso dopo aver letto il mio (chiamiamolo) libro.

Allora, cari i miei ragazzuoli & bimbebelle, si dà il caso che questa sia la mia prima e quasi senz'altro ultima pubblicazione ufficiale, a meno di salvataggi sulla linea di porta da parte del Gran Capocondominio dell'ultimo piano, con il quale peraltro sono in rapporti di armonia tale che a paragone arabi e israeliani sarebbero gemelli omozigoti.

Perciò, fossi in voi, una approfittata gliela darei, che poi non vi venga il solletico di leggere le mie baggianate quando 'sta collezione di filastrocche sarà diventata così rara da non trovarla nemmeno nelle ceste degli autogrill, ipotesi peraltro statisticamente più improbabile di quella che il *Santo Graal* finisca sugli scaffali dell'Ikea, modello *Bikkier*, a €. 0,99.

COMUNQUE:

Prima di montare sulla giostra, eccovi lo starter pack di informazioni su chi è lo spacciatore della roba che state per calarvi e come mai vi è capitata tra le zampe, così potete darvi una regolata e ci evitiamo la vendemmia dei *non-immaginavo-che*, caro il mio branco di fini degustatori della minchiata battuta al coltello che non siete altro.

Allora... da dove cominciamo... vabbè, proviamo a metterla giù così:

Come la maggior parte dei bipedi con le zampe aggrappate a questo sasso rotolante nel buio cosmo, anche io sono un prisma con tante facce belle diverse tra loro.

Ad una prima superficiale osservazione appaio come un tranquillo avvocato civilista di provincia, indaffarato a surfeggiare tra i flutti di quell'oceano denso di rotture di balle chiamato vita.

Poi però, quando sull'orizzonte cala il sole e gli affilati artigli della notte si insinuano tra i vicoli di Gotham City, la faccenda si complica al punto tale che, di tanto in tanto, mi capita di entrare in una cabina del telefono per barattare il giacca&cravatta outfit con la maglietta del concerto rock, indossata la quale vado a sfogare la mia indole di serial killer del pentagramma sui palchetti dei locali della Bassa emiliano-lombarda in compagnia di altra gente ricercata viva o morta da tutti i Conservatori della Repubblica.

Dopodichè, per necessità esistenziale, posiziono il più spesso possibile il mio affezionatissimo culo su qualsiasi aggeggio idoneo al decollo per andare a scoprire l'ennesimo pezzo del puzzle *Planet Earth 3D* insieme a quella gran femmina della Papaguena (a.k.a morosa, a.k.a l'altra-metà-del-mutuo).

E fin qui, direte voi, non è che ci stai raccontando l'esistenza di un ibrido tra il clone di Marco Polo ed una versione di Forrest Gump iperpompata a lambrusco di Sorbara.

Infatti; se però mi lasciate finire il palleggio argomentativo prima di iniziare a sbuffare come l'Orient-Express, magari riesco anche a tirare in porta e arrivo ai punti:

Uno dei punti è che tra le molteplici facce di questo prisma anomalo ribattezzato *Memedesimo* c'è anche quella che mi identifica, per eredità genetica, fede religiosa e convinzione filosofica, come tifoso innamorato perso della Juventus, la *Vecchia Signora*, la *Fidanzata d'Italia*, la *Zebra assassina*.

Un altro dei punti è che da un bel po' di tramonti in qua, quando mi avanza una crosta di tempo tra un processo, un live e un check-in, cerco di grattugiarlo via tamburellando le appendici digitali sulla tastiera del piccì alla ricerca di qualche storia divertente da raccontare, dato che di tragedie esistenziali ne maneggio già abbastanza ogni volta che mi ritrovo a dover compilar atti giudiziari.

E questo è, *perlappuntamente*, il ragù di tutta la storia.

Perché, stringendo, questo libercolo altro non è che un collage di satiro-fanta-cronache liberamente ispirate da alcune partite giocate dalla Juventus nelle stagioni dal 2016/17 al 2019/20, scelte con rigoroso criterio a casaccio, cotte nel sottovuoto della mia testa matta, condite al profumo di ironia demenziale e servite con contorno di devianze storico-cine-favolistiche in salsa gramelot che Masterchef portaci rispetto e fatti in là o ci sputtani il selfie.

"Memedesimo, scusa, ma come mai hai deciso di storitellare a modo tuo cronache di partite della Juve appartenenti proprio a quell'unico triennio della sua lunghissima e gloriosa storia?", sibila a questo punto dal retrobottega mentale una vocina che somiglia tanto alla mia quando interpreto in falsetto il *Katy Perry all the best* mentre mi trovo in modalità anfibia sotto la doccia.

Molto banalmente perché, cara la mia coscienza narrativa con la residenza a Fattycazzytuoyland, prima non mi era mai venuto in mente di farlo, mentre dopo da fare avevo altro, che non possiamo mica star qui tutta la vita a perculare mezza Serie A mentre là fuori ci attende un intero menu di succulenti modi per sprecare diversamente il carburante cronologico che ci separa tutti dal grande parcheggio di fine corsa.

Quindi in questo brogliaccio si parla di quel triennio lì, con quei protagonisti lì, quegli avversari lì e se non vi va mica bene ok, perfetto, non c'è problema: questo è il PC, questo il pacchetto delle paglie e questo il vocabolario delle bestemmie, ma poi di palle ci mettete le vostre perché le mie vengono con me a prendere domicilio sul divano per guardare la seconda stagione di *The Mandalorian*.

Se invece lasciate continuare me, a questo punto vi conviene pitturare i necessari puntini sulle rispettive "i" per sigillare un concetto base ed evitare a fine lettura assembramenti di gente equipaggiata con i forconi sotto il mio condominio, tipo scena finale di *Frankenstein*: tutto ciò che leggerete proseguendo da qui in poi, dopo aver scelto di ingoiare la pillola rossa per restare nel paese delle meraviglie e scoprire quanto è profonda la tana del coniglio bianconero, prende spunto da eventi sportivi reali, dei quali quindi riporta date, risultati, luoghi e protagonisti in campo fedeli a Mamma Verità; ma, a parte quelli, il resto della narrazione resta in orbita parecchio al largo dell'atmosfera del pianeta Reality, per poter ispirare le baggianate che sto per infilarvi sottopelle mantenendo tutto l'aroma della più raffinata e bastarda partigianeria futbolistica;

Perché l'unico scopo che si prefigge questo frullato di stupidaggini in salsa black&white è quello di farvi espettorare qualche ghignata irriverente quanto probabilmente indigesta per i miscredenti ereticamente immuni al fascino della più gloriosa squadra di calcio dell'Universo, ossia quella residente nel capoluogo piemontese, munita di zoccoli ma sprovvista di corna.

Detto questo, tranquillizzo subito eventuali lettori diversamente bianconeri rivelando loro che nella vita quotidiana annovero tra i miei amici l'intero catalogo di fan di squadre acerrime rivali della Juve, con il 99% dei quali convivo pacificamente a prescindere dal punteggio impresso sul tabellone a fine gara ogni volta che la Zebra incrocia le lame con una di queste;

Figuratevi addirittura che in nome dell'ammòòòre ho stipulato un trattato di pace con la mia compagna (che mannaggia la miseria è interista sfegatata) in base al quale:

a) È concesso ad entrambi l'uso di un illimitato numero di caricatori di bestemmie durante la partita della propria squadra, con impegno al silenzio monacale da parte del partner momentaneamente non belligerante;

b) Durante il cosiddetto *"Derby d'Italia"* vige l'obbligo di reciproco comportamento oxfordiano, condito da stretta di mano finale a prescindere dal fatto che la Juve abbia vinto o l'Inter abbia perso;

c) Per tutto il resto forza Carpi, alé Ferrari, *meik-lov-not-uor* e, vamolà, passami la teglia che ci son delle lasagne da finire.

La verità è che sono uno juventino appassionato ma anomalo, con una visione del calcio fortemente influenzata dalla circostanza che l'altro mio sport preferito è quello omonimo del football ma praticato in USA, con gli atleti tutti bardati come Russel Crowe ne *Il Gladiatore* e che si disputa con la palla pizzuta.

Cosa centra, direte voi, 'sto spiegone con il fatto di avere scritto una raccolta di satirocronache semi-sceme delle partite della Juve?

C'entra eccome, perché l'idea di questo libro mi si materializzò nella motherboard cerebrale proprio dopo avere visto per la prima volta dal vivo una partita della NFL tra *Miami Dolphins* e *Tampa Bay Buccaneers*, durante una vacanza in Florida di qualche tempo fa con la Papaguena.

Fu un'esperienza rivelatrice non tanto per la partita in sè, piuttosto modesta, ma per lo spettacolo che mi regalarono i tifosi presenti all'evento.

Diverse ore prima dello starting kick, l'enorme parcheggio antistante il *Raymond James Stadium* di Tampa si saturò di migliaia di sostenitori di entrambe le franchigie, metà dei quali intenti ad allestire sui pianali dei loro pick-up un'autentica strage bovina tramite barbequizzazione, mentre l'altra metà si occupava di deflorare un numero di bidoni di birra tale da farci galleggiare sopra l'intera V flotta della marina yankee.

Tappezzati con i rispettivi colori di guerra, i tifosi di entrambe le squadre trascorsero quel lento, afoso, pomeriggio di agosto beatamente mischiati tra di loro in un'autentica sauna di pacifica indifferenza, senza che ciò comportasse il benchè minimo accenno di violenza tribale, anche perché provateci voi ad incazzarvi con una chilata di hamburger in una mano ed una damigiana di bionda ghiacciata nell'altra.

In quella massa multi-cromatica, le sole espressioni di aggressività nei confronti dei "nemici" della squadra avversaria si risolsero in una *compilescion* di reciproche pacche sulle spalle da ingobbire un T-Rex.

Durante il match le due tifoserie, ampiamente farcite di donne e bambini, se ne stettero frullate insieme sugli spalti dello stadio privo di barriere o settori ospiti da tenere divisi per motivi di sicurezza.

E non è che là il tifo sia tutto 'sto catalogo di calma Zen, eh? Anzi; durante l'incontro il livello di decibel che raggiunsero i cori di sfottò reciproco da parte delle tifoserie antagoniste avrebbe fatto sembrare un petardo il decollo dello Shuttle da Cape Canaveral, ma, ciò nonostante, nessuno tra i presenti si sentì offeso, prevalendo su tutti lo spirito goliardico dell'intera faccenda.

L'incanto di uno spettacolo così antropologicamente stupefacente lasciò a mascella spalancata uno come me, abituato a considerare il proprio *football* una faccenda per la quale molti compatrioti riterrebbero lecito comportarsi con lo stesso *aplomb* necessario per partecipare ad uno stupro etnico durante la guerra civile jugoslava.

E fu per l'appunto in quel momento lì che scoccò la scintilla ispiratrice colpevole di tutto 'sto mappazzone letterario qui.

Il rigore che mi misi in testa di trasformare consisteva nel riuscire a scrivere della mia squadra di calcio preferita con lo stesso spirito pungente, sarcastico, ma al tempo stesso surreale e fanciullesco, con il quale quei tifosi ammerecani là erano riusciti a coinvolgermi in modo così spensierato durante quel fantastico pomeriggio confederato.

Che poi 'sto rigore sia riuscito a segnarlo o abbia spedito la palla in tribuna, a questo punto lo dovrete stabilire voi tra circa trecento pagine.

Per quanto mi riguarda, mi accontenterei di scoprire che, leggendomi, anche uno solo dei cosiddetti antijuventini abbia ceduto alla tentazione di farsi una grassa risata a prescindere dalle rispettive fedi calcistiche, cogliendo l'ironia e la leggerezza del tutto.

Se mai ciò dovesse accadere, che il coraggioso infedele si faccia vivo e mi contatti senza timore di abiura, dandomi così l'occasione, da gobbo mannaro, di offrirgli volentieri il primo giro al bar.

E ora, fischio d'inizio, fatevi sotto.

EQUUS HIPPOTIGRIS FEROX:
(Più comunemente: Zebra assassina)

L'*Equus hippotigris ferox* (più comunemente nota come "*Zebra assassina*", "*Juve*", "*Ggiuve*"*1 o con lo pseudonimo di "*Vecchia Signora*2*") è un ibrido unico in natura, in parte squadra di pallapiede*3 (internazionalmente: *fuccbol*) in parte equide onnivoro di medie dimensioni ed indole predatoria, appartenente all'ordine *Societas* e al genere *Calcysthica*.

Originario della Sabaudolandia (regione nord-occidentale della Repubblica di Stivalonia*4 nota anche come Piemonte) l'*E.H.F.* è ampiamente diffuso in tutta la penisola italica, con prevalenza nelle regioni della *Longobardia Meneghina*, della *Grappinia Cimbrica*, della *Emilia Rock-Magna*, del *Latium*, della *Tacconia Ionica*, della *Calabria Saudita* e della *Magna Grecia*, nelle quali conta complessivamente tra i 9 e gli 11 milioni di esemplari, in netta crescita demografica negli ultimi anni.

La *Zebra assassina* è tuttavia ampiamente presente anche in tutti i restanti continenti del pianeta Terra, in particolare nelle regioni temperate del Globo con maggiore tasso di buongusto calcistico.

La sua inconfondibile livrea a strisce bianche e nere verticali è caratterizzata dalla presenza di molteplici escrescenze cutanee a forma di stelle dorate ed argentate e, con frequenza pressoché annuale nel periodo primaverile, in occasione della muta del manto e della fine del periodo di accoppiamento forzato con le altre specie presenti nel suo territorio (*Campionato*), dalla ulteriore comparsa di un piccolo triangolo rovesciato di colore bianco, rosso e verde posto sul petto, che la contraddistingue da ogni altro predatore presente nella biosfera della Serie A e simboleggia la sua posizione di supremazia nella fauna che popola i campi da gioco della penisola stivaloniana.

Nonostante si tratti di un abilissimo e spietato predatore, la *Zebra assassina* vanta numerosi nemici naturali a causa dell'alto livello di competitività tipico del proprio habitat naturale; tra di essi si annoverano innanzitutto le altre principali formazioni di pallapiede stivaloniana: l'*Indà* e il *Millà* di Sborronburgo, la *Randagia de noantri* e le *Galline del Latium* della capitale Rubonia, la *Vesuvianese di Pizzàpoli*, la *Guelfi&Ghibellini* di Florentia, ed in particolare la *Minibovide F.C.* di Agnellopolis (Taurinum nella antica lingua pre-stivaloniana), con la quale condivide la comune origine piemontese ed ogni anno disputa due avvincenti partite denominate "*Derby cittadino*" (o più spesso, visto l'esito, "*Corrida*").

L'*E.H.F.* è inoltre da sempre costretto a convivere con alcuni spiacevoli ma tenaci bio-organismi inferiori come il *Gufo portarogna*, nelle sue molteplici varietà del *Prescrittone nerazzurro*, del *Frignone romanesco*, del *Chillavisto? meneghino*, del *Bischero gigliato*, del *Bovide granata* e dello *Scassaminchia ragliante vesuvianese*, nonchè con una particolare tipologia di parassita interno estremamente fastidioso: il *Parmularius insatiabilis arrogans*, volgarmente detto *Gnegna*.

La *Zebra assassina* vive e caccia in branco (squadra), collocandosi al vertice della catena alimentare del panorama calcistico nazionale ed internazionale; la sua dieta, molto varia, spazia dal Campionato di Stivalonia (la cosiddetta *Serie A Tim*, massima competizione nazionale di pallapiede della quale è ghiottissima e nella quale conta attualmente trentotto successi sul campo, record stivaloniano), alla Coppa di Stivalonia (tredici successi, record stivaloniano), alla Supercoppa Stivaloniana (nove successi, record stivaloniano), alle varie coppe europee ed intercontinentali, meno frequenti benché anch'esse ampiamente presenti nel suo menu per un totale complessivo di ben undici successi, suddivisi in tutte le sue varianti attuali e storiche.

Per garantirsi l'adeguato fabbisogno di prede la *Zebra assassina*, nel corso di una lunga evoluzione iniziata sin dalla sua comparsa sul pianeta Terra risalente all'anno 1897 (ossia l'anno LXXVII Avanti Del Piero), ha costantemente sviluppato ed affinato con ammirevole tenacia diverse efficaci tecniche di caccia, che pone in atto dimostrando spesso insuperabili doti strategiche e raffinate capacità cooperative da parte di tutti i componenti del branco ("*Giocatori*"), tra le quali: *l'agguato tattico, il contropiede* (in antico romagnolo sacchiano "*ripartenssa*"), *il pressing, l'aggressione degli spazi, il raddoppio delle marcature, la sovrapposizione.*

Grazie all'abilità con la quale utilizza tali tecniche, l'*Equus hippotigris ferox* dimostra di essere un vero e proprio serial killer naturale, connotato da una proverbiale voracità ed una spiccata capacità di predominanza territoriale; la sua tana, infatti, denominata *Juventus Stadium* (o più recentemente *Allianz Stadium*), ubicata nella periferia di Agnellopolis, si rivela una trappola mortale per la quasi totalità degli avversari che hanno la sventura di dovervisi addentrare; la *Zebra assassina* non esita tuttavia a nutrirsi anche razziando le tane di altre specie, prediligendo in particolare per le proprie incursioni l'*Olympicus* di Rubonia nel Latium, il *Boazza* di Sborronburgo in Longobardia ed il *S. Merola* di Pizzàpolis nel Lamentistan Meridionale.

Di indole particolarmente aggressiva ed estremamente pericolosa per gli umani portatori di virus antijuventini non vaccinati, ai quali è in grado di infliggere con letale efficacia dolorosissimi bruciori in zona rettale e mortali ulcere degenerative della regione epatica, la Z.A. è invece una docilissima ed intelligente compagna di vita per i tifosi bianconeri di ogni latitudine, razza, genere ed età; a questi ultimi dispensa con ammirevole continuità per la loro intera esistenza un'ingente mole di soddisfazioni sportive, venendo ripagata con una notevole fedeltà ed uno sconfinato affetto, anche se talvolta conditi con una certa tendenza all'ipercritica puntigliosa, trattandosi di tifoseria particolarmente esigente e dal palato storicamente raffinato, come tale poco incline all'adattamento climatico di zone diverse dalla vetta di qualsiasi competizione sportiva alla quale la *Zebra assassina* partecipa abitualmente.

(Fonte: National Calcistic Geographic, Copyright 2021)

By Memedesimo, il Lazzaro Spallanzani da banco frigo

*¹ **Ggiuve**: contrazione, con inflessione latino-americana, del nome originario della Zebra assassina: *Juventus (Juve)*; spesso utilizzata dai principali campioni sudamericani che militano o hanno militato nella Vecchia Signora; lo stesso termine, con pronuncia francofona e relativa spennellatura di Champagne Dom Perignon Rose Gold, veniva utilizzato da Sua Maestà Michel *"Le Roi"* Platini, insuperabile numero 10 transalpino di origine novarese che militò nella Zebra assassina dal 1982 al 1987, durante i quali, tra un Camembert e l'altro, si aggiudicò: tre Palloni d'oro consecutivi, due Campionati di Stivalonia, una Coppa delle Coppe, una Supercoppa Europea, una Coppa Intercontinentale e la prima storica *Coppa Orecchiona Bastarda* della Ggiuve nella tragica notte dell'Heysel (1985).

*² **Vecchia Signora**: soprannome di antica origine della Zebra assassina, tuttora molto utilizzato dai suoi tifosi; le sue origini sono oggetto di discussione, ma l'ipotesi più accreditata è quella secondo la quale, essendo stata fondata nel lontano 1897 ed essendo divenuta nel corso dei suoi 124 anni di storia la squadra con il maggior numero di titoli nazionali dell'intera Stivalonia, la Ggiuve venga amorevolmente chiamata *"Vecchia Signora"* dai propri sostenitori in omaggio alla sua antica origine e al fatto di essere da sempre la dominatrice della pallapiede nazionale; c'è inoltre chi sostiene che tale soprannome costituisca una spiritosa antitesi al significato del nome originario della Zebra assassina: *"Juventus"*, che in latino significa *Gioventù*.

*³ **Pallapiede**: (internazionale: *fuccbol, in inglese football*, anticamente *futbolus*): è lo sport nazionale di Stivalonia ed in assoluto il più praticato sul pianeta Terra; si tratta di una competizione atletica nella quale si affrontano due squadre di undici elementi ciascuna su un campo da gioco rettangolare munito alle rispettive estremità di due porte; lo scopo del gioco è riuscire a collocare una palla sferica all'interno della porta difesa dalla squadra avversaria utilizzando solamente gambe, piedi o testa di ciascun giocatore; ogni squadra inoltre possiede un "portiere" (in dialetto stivaloniano: *ciàpagòl*) e cioè un giocatore che per difendere la propria porta può toccare la palla anche con mani e braccia all'interno di una zona del campo denominata area di rigore; la durata della partita è di novanta minuti suddivisi in due tempi, più eventuale recupero, alla fine del quale vince la partita la squadra che riesce a collocare più volte la palla all'interno della porta avversaria (gol), cioè quasi sempre la Juventus. (:))

L'origine della pallapiede è antichissima, probabilmente divina (si narra che il Grande Capocondominio decise di creare l'intero Universo in soli sei giorni poiché al settimo, domenica, doveva andare allo stadio per la partita di futbolus della Juve), tuttavia la sua versione moderna è stata codificata nel XIX secolo in Gran Bruttonia (Europa settentrionale), dalla quale si diffuse rapidamente in tutto il pianeta con particolare passione in Sud America, dove assunse il nome di *Fuccbol*.

La massima competizione internazionale di pallapiede è la *Coppa del Mondo*, disputata ogni quattro anni dalle squadre nazionali e della quale Stivalonia detiene quattro titoli a parimerito con la Krukkonia, preceduta solamente dal sudamericano Bràssèu detentore di ben cinque titoli; in Europa il torneo per clubs più importante è la *Coppa Orecchiona Bastarda* (internazionale: *Champions league*, in dialetto gnegnese: *Ciempionsliig*), competizione che, benché vinta già due volte dalla Zebra assassina, costituisce il principale cruccio dei suoi tifosi, avendo la Vecchia Signora disputato complessivamente ben 9 finali di tale torneo, perdendone 7 (alcune delle quali con la fattiva collaborazione dei *Gufi portarogna*).

*4 **Stivalonia**: (anticamente: *Italia*): stato peninsulare appartenente al Sud Europa, affacciato sul Mar Mediterraneo e contraddistinto dalla tipica forma simile ad un vecchio stivale scalcagnato (da qui il nome Stivalonia); è una nazione con forma di governo repubblicana e capitale l'antica città di Rubonia; le altre principali città di Stivalonia sono: Sborronburgo (in origine: *Mediolanum*, capoluogo della Longobardia Meneghina), Agnellopolis (In origine *Taurinum*, capoluogo della Sabaudolandia nonché città originaria della *Zebra assassina* – *Equus hippotigris ferox* e prima storica capitale di Stivalonia), Florentia (in origine: *Bischeronia*, capoluogo del Granducato di Tuscia, nella Stivalonia Centrale, importante centro culturale ed artistico) e Pizzàpoli (Capoluogo della regione del Lamentistan meridionale); Stivalonia conta circa sessanta milioni di abitanti, la maggior parte dei quali fortemente appassionati di pallapiede; si calcola che tra il 15% ed il 20% dei cittadini stivaloniani siano tifosi della Zebra assassina.

PARMULARIUS INSATIABILIS ARROGANS
(Volgarmente: Gnegna)

Il *Parmularius insatiabilis arrogans* o P.I.A. (dal tardo latino maccheronico, all'incirca traducibile con "*Tifoso incontentabile presuntuoso*"), più comunemente noto con lo pseudonimo volgare di *GNEGNA*, è una particolare entità biologica con scarsa motilità neuronale appartenente all'ordine dei Primati, alla famiglia degli Ominidi e alla specie *Homo semisapiens spaccamaroniis*, che si distingue dalla più diffusa ed evoluta specie *Homo sapiens-sapiens* per la singolare caratteristica di non capire una beata fava marcia di qualsiasi sport, ed in particolare di pallapiede, ma di ritenersi contemporaneamente una delle massime esperte di tale materia nell'intera Via Lattea.

La *Gnegna* è diffusissima in tutto il terzo pianeta del Sistema Solare (conosciuto dai propri abitanti come "Terra" ma rubricato nel dizionario intergalattico come *Stupydannya*, o "l'unico errore di Dio in fase di rodaggio"), sul quale si trova particolarmente concentrata nella regione mediterranea di Stivalonia, avendo trovato in tale luogo un habitat naturale perfettamente idoneo alla sua notevole propensione riproduttiva.

Nel corso di diverse ere evolutive, infatti, le *Gnegne* si sono enormemente moltiplicate proliferando e mimetizzandosi soprattutto tra i numerosissimi tifosi della *Juventus*, o *Zebra assassina* (*Equus hippotigris ferox*), tra i quali attualmente rappresentano una percentuale non irrisoria, contribuendo in modo significativo ad alimentare l'antipatia che il resto delle tifoserie stivaloniane spesso nutrono nei confronti dei simpatizzanti di tale gloriosa squadra.

Ad una prima distratta osservazione superficiale, la *Gnegna* sembrerebbe in tutto simile ad un qualsiasi altro tifoso juventino dotato di media intelligenza, sportività e senso della misura, dal quale in realtà si contraddistingue per alcune sue nefande sindromi comportamentali assolutamente inconfondibili:

Innanzitutto la *Gnegna* non è MAI contenta di nessun risultato sportivo, acquisto, vendita, rinnovo contrattuale o decisione societaria ottenuti o intrapresi dalla squadra per la quale sostiene di tifare:

La Juventus ha vinto 5 a 0 al Bernabeu di Madrid contro i *Galacticos* del Real? Per la *Gnegna* ha comunque sbagliato i primi due minuti del primo tempo, la qualità estetica del gioco espresso non assomigliava neppure lontanamente, come dovrebbe, a quello di una coreografia della compagnia di ballo del teatro Bolshoi di Mosca durante una Prima al Cremlino in presenza di Putin e relativo governo russo al completo e, in ogni caso, la pettinatura di Gigi Buffon non era sufficientemente in linea con le ultime tendenze fashion pubblicate la settimana precedente su Men's Health.

La Juventus si è appena aggiudicata le prestazioni di Cristiano Ronaldo dos Santos Aveiro, Sua Ronaldità CR7 il solo-cinque-volte-pallone-d'oro-e-scusate-il-cazzo-se-è-poco? Per la *Gnegna* si tratta di un vecchio, oltretutto scarso a difendere, oltretutto viziato come un Faraone egiziano della XVIIIma dinastia, oltretutto antipatico perchè non parla neanche una sillaba di dialetto piemontese, oltretutto più forte di lui sarebbe non solo Messi, ma anche Minkionnen, la punta della Polisportiva *Amici della Foca* di Helsinki che si poteva prendere spendendo molto meno e con la differenza ci si poteva rifare lo Stadium che ormai ha già 10 anni e fa cagare.

La Vecchia Signora ha appena ceduto il giovane Sturlumpippi della squadra primavera per 190.000.000,00 di Euro cash più il prestito gratuito a vita di Darth Vader e una opzione per avere l'intero pacchetto degli Avengers a gennaio? Per la *Gnegna* ecco, la dirigenza non capisce una minchia di mercato perché lo sanno anche i sassi delle Galapagos che Sturlumpippi è il nuovo Pelè marinato in una damigiana di sputi di Johan Cruijff; Sturlumpippi ovviamente la stagione successiva si infortunerà trentasei volte in quattro mesi e da lì in poi le uniche presenze che collezionerà in carriera saranno quelle nella sfida Pastori di pecore VS Pescatori di calamari nel torneo dei Circoli ricreativi delle Isole Falkland, ma tutto ciò alla *Gnegna* non interessa minimamente, perchè continuerà a sostenere che il direttore sportivo della Ggiuve e dirigenza annessa non riuscirebbero a gestire nemmeno un banco del pesce alla Vucciria di Palermo, e che sotto la loro direzione la Zebra assassina è inevitabilmente destinata al fallimento, alla retrocessione in serie X, alla scomunica papale e al definitivo esilio in una riserva federale delle Black Hills in South Dakota che a confronto i Sioux di Toro Seduto erano una comitiva di turisti in vacanza premio a Formentera.

La famiglia Agnelli decide di anticipare la concorrenza di una generazione facendo costruire il primo stadio di proprietà esclusiva della società nella storia di Stivalonia, ponendo le basi per una prosperità economica che le garantirà la supremazia nel calcio nazionale per almeno i successivi tre lustri? Per la *Gnegna* sono tutti soldi buttati nel cesso, perché tanto lui le partite le vede a sbafo dal TV del *So-tutto-io* Bar attualmente gestito dai fratelli Wang, nel quale peraltro ha consumato un caffè deca corto e una Sambuca negli ultimi otto anni di frequentazione giornaliera, e comunque gli Agnelli sono novantasette anni che non capiscono un cazzo di calcio, né di finanza, né soprattutto di industria, che se ci fosse stato lui a capo della FIAT a quest'ora anche i giappo andrebbero in Panda e la Juventus avrebbe più *Ciempions* in bacheca che processi Berlusconi.

Se si parla di Juventus la *Gnegna* sa sempre tutto e, ça va sans dire, lo sa sempre molto prima di tutti gli altri tifosi bianconeri, perché la *Gnegna* ha le sue fonti, le sue gole profonde: in genere si tratta di *"uno che conosce di vista il cugino acquisito di terzo grado di un ex coinquilino di uno dei giardinieri part-time di Villar Perosa"*, quindi è del tutto superfluo continuare a leggere i giornali sportivi, i siti specializzati online, le agenzie di stampa o, peggio ancora, dar fede alle comunicazioni ufficiali provenienti dalla società, perché chiunque lo faccia non capisce una minchia mal lavata di fuccbol e per la *Gnegna* si tratta solo di un inutile consumatore di prezioso ossigeno.

Ovviamente la *Gnegna* odia visceralmente Massimiliano Allegri, perchè il tecnico di Livorno durante la sua gestione della Juve non ha proposto un gioco spumeggiante come quello del Brasile del 1970 durante i mondiali in Messico e, soprattutto, perché non è riuscito a vincere la Coppa Orecchiona Bastarda, obiettivo quest'ultimo che a suo parere la Zebra avrebbe dovuto raggiungere facilmente minimo tre – quattro volte l'anno, dato che lui, la *Gnegna*, vi riesce regolarmente ogni volta che impugna il controller della Playstation 4 con *Fifa 2000* inserito nel caricatore, impostato su livello di difficoltà "Macaco alcolizzato".

Il fatto che alla guida di *Mister Acciughina* la Ggiuve in cinque stagioni abbia conquistato 5 scudetti consecutivi e 4 Coppe di Stivalonia (record europeo), 2 Supercoppe europee e 2 finali della tanto agognata Coppa Bastarda (entrambe purtroppo perse contro squadre di alieni che poco avevano a che spartire con le leggi della fisica del nostro pianeta), oltre alla più alta percentuale di risultati positivi dell'intera storia bianconera (70,48% di successi con 191 vittorie su 271 gare disputate), alla *Gnegna* non frega una mazza; infatti liquida immancabilmente ogni evidenza statistica con la più lapidaria delle sentenze: "*Con una squadra così ero capace anche io di portare a casa tutti sti trofei*", nonostante possieda una competenza calcistica parificabile a quella di un ornitorinco australiano affetto da una grave forma di autismo e in vita sua non abbia mai allenato nemmeno gli omini del biliardino dell'ultima parrocchia nella più remota periferia del Vattelapijanderkulistan, roba che se solamente si azzardasse a parcheggiare nelle vicinanze del Centro Tecnico Federale di Coverciano, gli sguinzaglierebbero contro i cani da caccia come a uno schiavo fuggiasco da una piantagione di cotone nell'Alabama del 1800.

La *Gnegna* è molto social: in media gestisce più di un profilo farlocco su Facebook con i quali partecipa assiduamente a numerosi gruppi pubblici di tifo bianconero, appestandone regolarmente la bacheca con un quotidiano "*Inter merda*" o "*Vesuvio lavali col fuoco*", dato che si tratta di un hater professionista con un senso di lealtà sportiva, obiettività e rispetto per il prossimo che a confronto un Generale delle SS condannato all'impiccagione nel processo di Norimberga per crimini contro l'umanità sarebbe diventato Priore dei Francescani.

Detesta visceralmente qualsiasi sostenitore di qualsiasi altra squadra sportiva, anche al di fuori del football, ed è capacissimo di azzuffarsi telematicamente con un supporter di una squadra di Curling norvegese o di promettere revisioni anali alla madre ottantenne di un simpatizzante delle corse con le slitte trainate dai cani in Alaska.

Sul suo profilo si autodefinisce spesso *"Laureato all'Università della strada"*, confermando così che il suo reale livello di istruzione è di poco inferiore a quello di un cactus del deserto del Nuovo Mexico; di ciò fornisce spesso ampia e definitiva dimostrazione ogni qual volta si azzarda ad esternare un pensiero comprendente un numero di vocaboli superiore a cinque, con il quale sottopone immancabilmente ad accurata sevizia la lingua italiana, roba che una volta o l'altra va a finire che si ritrova sotto casa l'anima di Alessandro Manzoni resuscitata malissimo con in mano una motosega accesa.

Durante le partite ufficiali della Juventus non riesce mai a resistere oltre al quarto minuto del primo tempo senza dare alla luce sui socials un post con il quale manifesta al resto del genere umano il proprio sdegno per la scarsa qualità del gioco bianconero, esibendo un perentorio *"Ggiuve finora AI fatto cacare, Allecri togli a Littstainè e metti a Mazzukic"*, perchè va ricordato che, grazie alla laurea in lingue conseguita *magna cum laude* presso l'*Università della Strada*, in cinquant'anni di tifo non ha MAI indovinato il cognome di un qualsiasi calciatore della Vecchia Signora, stivaloniano o straniero che fosse, figuriamoci l'ortografia.

Più ancora dei tifosi delle squadre avversarie, la *Gnegna* odia epidermicamente qualsiasi altro tifoso bianconero che si azzardi a ritenere ammissibile una delle rare sconfitte della propria squadra del cuore, considerandola semplicemente come una spiacevole eventualità connaturata all'essenza stessa di ogni sport.

Per la *Gnegna,* infatti, chi ammette sportivamente la sconfitta o addirittura si azzarda a complimentarsi con i tifosi della squadra avversaria riconoscendone l'occasionale superiorità e la legittimità del risultato conseguito sul campo, deve essere bollato come traditore e immediatamente innalzato sul primo rogo disponibile, trattandosi senz'altro di un "*finto tifoso*", di un "*occasionale*" o, peggio ancora, di un "*infiltrato*" proveniente da chissà quale organizzazione segreta di ultras nemici: in ogni caso tutta gente che dovrebbe terminare la propria insensata esistenza farcendo i piloni di sostegno dei cavalcavia della circonvallazione.

Ovviamente la *Gnegna* nutre una venerazione da adepto di setta satanica nei confronti di Luciano Moggi[*1], che parifica a Padre Pio post-stimmate e del quale invoca quasi quotidianamente il ritorno alla guida della Juventus insieme al resto della *Triade*[*2]. Nello spazio dedicato alla propria immagine del profilo Facebook, al posto del solito selfie, ha collocato una figurina dell'album Panini raffigurante Antonello Cuccureddu nel 1978, sotto alla quale non ha perso l'occasione di inserire l'immancabile commento: "*Il grante Giuseppe Furrino, altro che a Piannicc!*".

(Fonte: National Calcistic Geographic, Copyright 2021)

By Memedesimo, il Darwin Gobbo

[*1] **Luciano Moggi**: noto ex dirigente sportivo stivaloniano di molte squadre della Serie A quali la Randagia de noantri, le Galline del Latium, la Minibovide F.C., la Vesuvianese ed infine la Zebra assassina; come direttore generale di quest'ultima ha conquistato 6 scudetti, 1 Coppa di Stivalonia, 4 Supercoppe di Stivalonia, 1 Coppa Orecchiona Bastarda, 1 Coppa Intercontinentale e 1 Coppa Intertoto; uomo di forte potere nel calcio nazionale, nel 2006 fu ritenuto il principale imputato delle accuse che composero l'affaire denominato *Calciopoli*, a seguito del quale alla Vecchia Signora vennero revocati gli ultimi due scudetti conquistati sul campo e comminata la retrocessione in Serie B, mentre Moggi venne interdetto ad vitam da qualsiasi ruolo nella FGCI; tuttavia, dei processi penali intentatigli a seguito della vicenda, quello relativo all'accusa di associazione per delinquere finalizzata a l'illecita concorrenza sportiva si concluse con un verdetto definitivo di assoluzione, mentre le imputazioni di frode sportiva caddero per insussistenza del reato; l'inchiesta provocò, oltre alle gravi conseguenze di carattere sanzionatorio in ambito sportivo, un immenso clamore mediatico;

[*2] **Triade**: appellativo giornalistico riferito al trio di dirigenti a capo della Juventus negli anni dal 1994 al 2006, composto da Luciano Moggi (direttore generale), Roberto Bettega (vicepresidente) e Antonio Giraudo (amministratore delegato).

ASIO OTUS MENAGRAMUS
(Volgarmente: Gufo portarogna)

L'*Asio otus menagramus*, più comunemente noto come: *Gufo portarogna*, *Gufo menagramo*, o più semplicemente *Gufo*, è un singolare organismo sub-umano derivato da una curiosa mutazione genetica che all'inizio del XX secolo, in coincidenza con i primi successi della *Zebra assassina* nel torneo nazionale di *futbolus* (antesignano dell'odierna *pallapiede*), colpì il *Parmularius calcyophilo italicus* (tradotto dal latino volgare: *Tifoso italico di futbolus*), nel quale iniziarono misteriosamente a svilupparsi frammenti di DNA appartenenti a due specie animali: l'*Asio otus* (*Gufo comune*) e la *Hyaena ridens menagrama* (*Jena scema jettatrice*).

Un simile pasticcio genetico - evolutivo ha indotto gli antropologi a classificare il *Gufo portarogna* come una particolare sottospecie dell'*Homo semisapiens poveraccius*, a causa del mantenimento almeno apparente di sembianze umanoidi, abbinate tuttavia ad un quoziente intellettivo medio nettamente inferiore a quello di un tostapane e ad una persistente ed acre puzza di letame che insozza immancabilmente il pennaggio di ogni esemplare delle sue molteplici varianti.

Il *Gufo portarogna* è connotato da una sinistra quanto inconfondibile caratteristica psicofisica: riesce a raggiungere l'orgasmo sessuale esclusivamente in coincidenza degli insuccessi altrui ed in special modo di quelli collezionati in ambito calcistico dalla *Zebra assassina* (*Equus hippotigris ferox* a.k.a. *Juventus*, vedi sopra, n.d.a.), durante le battute di caccia che quest'ultima svolge regolarmente nel corso del torneo nazionale di pallapiede di Stivalonia (Serie A Tim) e, soprattutto, nelle crociate oltreconfine per partecipare al grande torneo internazionale della *Coppa Orecchiona Bastarda* (internazionale: *Champions league*, o *Cièmpionslìg* in slang gnegnese).

Ecco quindi che il *Gufo portarogna*, per tentare di raggiungere il proprio effimero piacere fisico, è costretto ad impiegare buona parte della sua peraltro superflua esistenza tentando di indirizzare con ogni artificio possibile la quantità di malasorte sufficiente a provocare l'insuccesso della superba compagine bianconera, spesso camuffandola con melliflui complimenti sportivi in realtà falsi come una moneta da tre euro (per l'appunto la cosiddetta "Gufata").

Il rito di accoppiamento del *Gufo portarogna* è connaturato da una sconsolante ripetitività comportamentale, chiaro sintomo della scarsa motilità dei rari neuroni che occupano immotivatamente il peraltro ristretto volume del relativo cervello: il più delle volte tale rito si verifica il mercoledì sera ogni due settimane nel periodo che va da settembre a fine maggio, durante i quali il G.P. si riunisce in gruppo eterogeneo per assistere in diretta alla partita della Juve impegnata nella massima competizione sportiva continentale, la Coppa Orecchiona Bastarda, torneo nel quale la squadra preferita di ciascuno dei Gufi presenti non riesce a qualificarsi o a progredire oltre alla fase a gironi sin dai tempi della seconda guerra punica, quando la manifestazione si chiamava ancora *Coppa Cartagine*.

Pochi minuti prima dell'inizio della gara, ogni *Gufo portarogna* si premunisce di far pervenire a ogni simpatizzante della Juventus di sua conoscenza un "*sinceri auguri per stasera*", un "*siete nettamente più forti, vincerete facile*" o il più classico dei "*non c'è partita, avete già i tre punti in tasca*", auspici che in genere portano più sfiga dell'entrata ai centoottanta all'ora di un Tir caricato a specchi in un gattile nigeriano edificato su una salina e diretto dalla Monaca di Monza.

Dopodiché, a partire dal calcio di avvio della gara e sino al novantasettesimo minuto di gioco, l'intero stormo dei Portarognas inizierà simultaneamente a produrre senza soluzione di continuità una cacofonia starnazzante comprendente: maledizioni nei confronti dell'intera popolazione di Villar Perosa[*1], invocazioni di divinità mono e politeiste (sia in carica che estinte), recita di rosari, formule magiche, scariche di spilloni su bambolotti raffiguranti piccole zebre in pezza, raccomandazioni a santi di dubbia reputazione e proposte contrattuali di cessione dell'anima a rate a Belzebù, il tutto in cambio dell'ottenimento della sconfitta e, possibilmente, dell'uscita dalla competizione della odiatissima società sabauda.

Tuttavia, trattandosi di eventualità che nel corso di un'intera stagione sportiva si manifestano più raramente della restituzione della refurtiva da parte di un parlamentare stivaloniano, va da sé che la vita sessuale media del Gufo faccia più cagare di una tonnellata di prugne della California mangiata durante la proiezione di un cinepanettone muto sottotitolato in mongolo.

Ciò nonostante, il *G.P.R.* negli ultimi anni è riuscito a moltiplicarsi in modo esponenziale grazie alla crescente invidia e senso di frustrazione provocati dallo strapotere bianconero in campo nazionale e dal ritorno ormai stabile della Juventus nel ristretto club delle società leader del calcio continentale, a dispetto delle squadre tifate dai diversi tipi di Gufi, quasi sempre relegate a ruoli di comparse a malapena citate nei titoli di coda scritti in minuscolo delle più importanti competizioni calcistiche.

Il *G.P.R.* si suddivide in numerose varianti tra loro distinguibili per il colore della livrea piumata, per la loro collocazione geografica sul territorio stivaloniano e per le relative squadre avversarie della Vecchia Signora delle quali sono supporters, tutte comunque accomunate dall'indissolubile smania di portare sfiga in ogni modo possibile alla Sublime Zebrotta.

Tali principali varianti sono:

1) *Il Prescrittone nerazzurro*

(Anno dell'ultimo successo festeggiato: 2021 - Anno XLVII d.D.P.*2)

Si tratta della variante più fastidiosa e diffusa nell'intera Stivalonia, contraddistinta da un pennaggio con accostamento cromatico di dubbio gusto nero-bluastro, il cui nido si trova a Sborronburgo (in origine: *Mediolanum*), capitale della Longobardia Meneghina, nella Stivalonia settentrionale.

Il *Prescrittone nerazzurro* è tifoso dell'*INDÀ* (pron: IN-DÀ), storica rivale della Zebra assassina attualmente di proprietà di una famiglia di arricchiti made in China spacciatori di frigoriferi nell'estremo oriente.

La sua dieta è ricca di ripescaggi combinati a tavolino a favore dell'Indà per evitare la retrocessione in serie B già subita sul campo[*3] e di scudetti di cartone pressato[*4] frettolosamente concessi a tale squadra da compiacenti dirigenti della Lega di pallapiede stivaloniana.

Particolarmente irritante per la sua ossessiva autoproclamata quanto inesistente superiorità morale, il *P.N.* ha tuttavia un clamoroso punto debole: nel corso di qualsiasi attacco da parte di uno o più Prescrittoni, è sufficiente pronunciare ad alta voce la frase *"Sembra proprio il 5 Maggio!"* [*5] per indurre l'esemplare o l'intero stormo in una pesante ed irreversibile condizione di autosmaronamento da depressione acuta con tendenza suicida, sufficiente a smarrire l'insopportabile pennuto.

2) *Il Frignone romanesco*

(Anno dell'ultimo successo festeggiato: 2008 - Anno XXXIV d.D.P.).

Accanito tifoso della *Randagia de noantri*, una delle due squadre di Rubonia, capitale di Stivalonia, il *Frignone romanesco* è una variante di Gufo portarogna non particolarmente numerosa e tipica della sola regione del Latium (Stivalonia Centrale), territorio che condivide con il *Balilla turchino*, ulteriore variante di G.P.R. tifoso dell'altra squadra della capitale, Le *Galline del Latium*.

È contraddistinto da un piumaggio arruffato di colore rossiccio – cacca di cane radioattiva, interrotto da striature giallastre, ed è in grado di produrre una notevole chiassosità quando si trova riunito in stormo nel proprio covo (*Stadio Olympicus*), dove raggiunge livelli di inquinamento acustico quasi simili a quelli prodotti dall'insuperabile *Scassaminchia ragliante* nelle gare casalinghe della Vesuvianese (vedi in seguito, n.d.a.).

Pur essendo relativamente pochi nella storia pallapiedistica stivaloniana i precedenti di rivalità per la conquista di un trofeo tra la *Zebra assassina* e la *Randagia de noantri*, stante la non eccelsa qualità complessiva di quest'ultima e la sua sporadica capacità di mantenersi al vertice del calcio nazionale, il *Frignone romanista* si dimostra tra i più accaniti e feroci procacciatori di sfiga nei confronti della Vecchia Signora, pretendendo di far risalire a rango di autentica rivalità quello che per la maggior parte dei tifosi bianconeri in realtà altro non è che una momentanea scocciatura stagionale sul sentiero della conquista dell'ennesimo trofeo; il casus belli tra le due tifoserie risale al campionato di pallapiede del 1981 (anno VII d.D.P.) allorquando, alla terzultima gara del torneo che vedeva momentaneamente la Ggiuve avanti di uno in classifica sulla Randagia, sul punteggio di niente a niente venne annullato per sacrosanto fuorigioco una rete del difensore randagio Turone; la decisione arbitrale mantenne il risultato in bilancia, consentendo de facto alla Vecchia Signora di esercitare il legittimo diritto di ius primae noctis con il bus-de-cu' dei capitolini e, contemporaneamente, di imbachecare lo scudetto n. 19 della sua leggendaria storia.

Roba che al giorno d'oggi un fatto simile non se lo dovrebbe ricordare più nemmeno lo zombie di Pico della Mirandola dopato abbestia di Acutil Fosforo, calcolando che all'epoca la moviola dell'incontro si girava ancora con le ombre cinesi.

Poiché tuttavia tale episodio continua a provocare a distanza di così tanti decenni ingenti quantitativi di sanguinamenti emorroidari di livello Hiroshima in zona Tevere, la dottrina medica ha provveduto a classificare tale specifica patologia psichiatrica con il nome scientifico di: "*Arigàfatevenenaràggionite cronica*".

3) Il *Chillavisto?* meneghino

(Anno dell'ultimo successo festeggiato: 2016 - Anno XLII d.D.P.).

Variante di *G.P.R.* di origine longobarda piuttosto diffusa in tutta Stivalonia in numero pressoché equivalente a quella cugina del Prescrittone nerazzurro già descritta in precedenza, con la quale condivide il nido principale nello stadio Boazza nella Pagoda di San Silo a Sborronburgo:

Il *Chillavisto? meneghino* è contraddistinto da un vivace piumaggio rosso e nero a strisce verticali ed in passato era caratterizzato da un'indole decisamente vivace e molesta, ribadita dalla presenza sul capo di una ampia cresta particolarmente alta e spessa, perennemente eretta e sovradimensionata a causa dei successi ottenuti in campo internazionale della sua squadra preferita: il *Millà* dell'ex presidente Cavalier Berluskaiser (plurimiliardario, pluriprimoministro di Stivalonia, pluriindagato, pluriappassionato di minorenni nipotine di Mubarak).

Finita l'era d'oro Berluskaiser, il *Millà* ha subito negli anni recenti un notevole ridimensionamento societario, essendo stato prima ceduto ad una gang di spacciatori di involtini primavera pechinesi e da questi successivamente venduto per ventisei dollari ed una cassa di perline colorate ad un fondo di investimento made in USA che capisce di calcio quanto io conosco la storia della vita sessuale degli acari dei tappeti; le peripezie societarie del *Millà* hanno provocato una grave crisi di risultati sportivi della relativa squadra e, conseguentemente, un certo declino demografico e morfologico del *Chillavisto?*, manifestatosi con il progressivo ridimensionamento della cresta e relativa perdita della sua capacità erettile e con una notevole riduzione della sua taglia e della sua presenza sul territorio, al punto tale da originare l'attuale *nomen speciem*, mutuato dalla celebre trasmissione televisiva stivaloniana dedicata alla ricerca di persone scomparse.

Tuttavia, il *Chillavisto? meneghino* resta un apprezzabile generatore di jattura da non sottovalutare proprio a causa del suo status di ex nobile un po' decaduto del tifo del calcio nazionale, a confronto del quale il Conte Mascetti di *Amici miei* risulterebbe una sorta di Naruhito Imperatore del Giappone ma-un-po'-più-ingasato, e del relativo alto tasso di invidia nei confronti dei sostenitori della *Zebra assassina*, imperitura dominatrice della pallapiede nostrana e stabilmente ai vertici di quella continentale.

4) *lo Scassaminchia ragliante vesuvianese*

(Anno dell'ultimo successo festeggiato: 2020 (anno XL d.D.P.)

Lo *Scassaminchia ragliante vesuvianese* (più comunemente noto nell'accezione in lingua vesuvianese *"yammeyà"*, attribuibile anche ai giocatori della squadra di cui è fervente sostenitore, la *S.S.C. Vesuvianese*), costituisce la principale variante di Gufo menagramo presente nel Califfato del Lamentistan (Stivalonia Meridionale), particolarmente concentrato nel relativo capoluogo, Pizzàpoli.

Presenta una livrea di un vivace azzurro mare ed è contraddistinto da un tipico sentore di pummarolancopp misto Eau-de-terre-des-feux.

Dal punto di vista comportamentale è connotato da due caratteristiche che lo rendono inconfondibile nella fauna stivaloniana: l'imbattibile rumorosità e l'insuperabile vittimismo.

Si narra infatti che in alcune gare interne della S.S.C. Vesuvianese disputate nel proprio stadio di San Merola, gli oltre cinquantacinquemila yammeyà presenti sugli spalti abbiano raggiunto un livello di impatto acustico tale da abbattere di schianto qualsiasi volatile in orbita nel raggio di cento chilometri dal terreno di gioco, facendo sanguinare le orecchie a chiunque fino alla periferia di *Bùlàgna* (Capitale dell'Emilia Rock Magna, Stivalonia Settentrionale), roba che a confronto il cionfo nucleare prodotto dalla *Big Mama* mollata dagli yankees a Nagasaki nel 1945 fu un assolo di flauto giapponese.

Poiché alla fine degli anni ottanta del secolo scorso gli yammeyà ebbero la fortuna di ammirare tra le fila della Vesuvianese il più abile giocoliere della storia della pallapiede pianetaria, il celebre argentino *Diegàrmànd'* (soprannominato *"El pibe de oro"* per l'insuperabile capacità di palleggio sin dalla più tenera età, o *"La narice sinistra di Dio"*, per quel trascurabile vizietto di imitare un aspirapolvere in overdrive in presenza di qualsiasi sostanza di colore bianco munita di proprietà euforizzanti), grazie al quale riuscirono ad aggiudicarsi un paio di titoli nazionali, lo S.R.V. pretende da allora di appartenere di diritto alla lista degli avversari irriducibili di chiunque primeggi in classifica, e, come tale, di ritenersi pertanto nemico particolare della Vecchia Signora, il tutto ovviamente dopo aver prelevato il numerino 999 dall'apposito distributore automatico collocato innanzi al civico 32 di Corso Galileo Ferraris ad Agnellopolis.

Tuttavia, essendosi ormai conclusa da decenni l'epoca di effimera gloria vesuvianese ed avendo la relativa squadra collezionato da allora in poi una miriade di colonscopie sportive ad opera dell'eminente equipe chirurgica condotta dalla prof.ssa Zebra, Lo S.R.V. è nel frattempo divenuto campione mondiale - cintura nera decimo dan – premio Oscar – Nobel alla carriera – Laurea honoris causa, di piagnisteo cronico.

La Vesuvianese gioca in campionato il giorno prima della Zebra assassina? *È nu gomblott.*

La Vesuvianese gioca in campionato il giorno dopo della Zebra assassina? *È nu gomblott.*

La Vesuvianese subisce un calcio di rigore perchè un suo difensore ha sgozzato in piena area di rigore un avversario sodomizzandone il cadavere? *È nu gomblott.*

La Zebra assassina ha vinto per sette a zero contro un'avversaria di livello inferiore? *Chelli fètient dell'altr sé song scansàt.*

La Zebra assassina ha vinto in extremis per uno a zero una gara difficilissima contro un avversario di valore? *È nu gomblott e chelli fètient dell'altr sé song pure scansàt.*

La Vesuvianese finisce seconda in campionato dietro la Zebra assassina ma a dieci punti di distacco e avendo perso entrambi gli scontri diretti? *È nu gomblott, chelli fètient dell'altr se song tutt scansatt, moràlment avimm vint nuje e tuttgobbànnammurì.*

Il Gran Visir degli yammeyà è Gufelio De Lamentiis, padre-padrone della Vesuvianese nonchè importante produttore e spacciatore seriale di cinepanettoni natalizi.

Una leggenda narra che durante l'ultima finale di *Coppa Orecchiona Bastarda* persa dalla *Zebra assassina* contro il *Real Club de Ladrid*, Gufelio abbia consumato per autocombustione da frizionamento seicentosessantasei cornetti vesuvianesi in corallo, buttato tre tonnellate e mezzo di sale, spillonato novantotto bambolotte di pezza simil-Buffon, baciato il culo di un caprone e promesso a San Jennà (protettore di Pizzàpoli) il sacrificio umano di settanta vergini in cambio della sconfitta bianconera.

Fatto sta che durante i festeggiamenti degli *S.R.V.* provocati dalla disfatta della Ggiuve in quel di Cardiff, si calcola che nel cielo di tutto il Lamentistan meridionale si siano registrate più esplosioni pirotecniche di quelle provocate dalla contraerea irachena su Baghdad la notte del 17 gennaio 1991, al giorno 1 di Desert Storm.

5) *Il Bischero gigliato*

(Anno dell'ultimo successo festeggiato: 2001- anno XXVII d.D.P.)

Variante scarsamente presente nel territorio e numericamente poco significativa, concentrata esclusivamente nel Gran Ducato di Tuscia (Stivalonia Centrale) ed in particolare nella sua capitale, *Florentia*.

Il piumaggio del Bischero gigliato è di un brillante viola - checca isterica, istoriato di gigli dorati, 'nsomma una robina che a confronto il Ken di Barbie è Conan il distruttore.

Il *B.G.* è tifoso a livelli parossistici della *Guelfi&Ghibellini Halcio*, una squadra di medio livello del campionato stivaloniano di base per l'appunto a Florentia.

E poiché nell'anno del Signore 1928 (anno XLVI a.D.P.) la neonata G&G Halcio, durante il suo esordio contro la *Zebra assassina* nella prima divisione dell'allora adolescente Campionato di Stiva-

Ionia, rimediò UNDICI SCAPPELLOTTI A ZERO e una coglionatura corale a livello nazionale sui giornali dell'epoca che la Divina Commedia a paragone era uno spot della Coca-cola, da allora in poi il Bischero gigliato si arroga la pretesa di ritenersi un irriducibile rivale con annesso diritto alla jettatura perenne nei confronti del branco stuprante delle Zebrotte vampire.

A Villar Perosa, debitamente annotata la richiesta, si è buttato l'appunto nella cesta del "prendi tre - paghi uno" degli aspiranti rivali dell'unica legittima proprietaria del fuccbol dello Stivale.

6) *Il Bovide granata*

(Anno dell'ultimo successo festeggiato: 1993 – anno XIX d.D.P.)

Variante rarissima a grave rischio di estinzione che sopravvive quasi esclusivamente all'interno della riserva federale del territorio di *Taurinum*, (l'odierna *Agnellopolis*, capoluogo della Sabaudolandia - Stivalonia Nord Occidentale).

Il *Bovide granata* è contraddistinto da un piumaggio di color rosso granata e dalla presenza di ampie corna ricurve sul capo.

Lo sviluppo di tali appendici nel *B.G.* ha dato origine a diverse teorie evoluzionistiche, ancora oggi discordi tra loro: secondo alcuni antropologi studiosi della specie lo sviluppo delle corna nel *Bovide granata* risponderebbe all'esigenza di imitare il simbolo della città di provenienza, coincidente con quello della squadra tifata (una vacca salterina); tuttavia una seconda teoria collegherebbe la crescita di tali protuberanze ossee alla supposta sportività relazionale degli esemplari di genere femminile di tale variante.

Il *B.G.*, nonostante il suo esiguo numero, peraltro in costante calo, resta un temibilissimo apportatore di jella poiché, per sua disgrazia genetica e logistica, è tifoso della squadra concittadina della *Zebra assassina*, la *Minibovide F.C.*, compagine che nell'era geologica pre-meteorite-spappola-dinosauri visse apprezzabili momenti di gloria pallapiedistica, ma che da molti decenni in qua è ormai relegata a ruolo di sparring partner nei derby cittadini, vista l'imbarazzante superiorità tecnico tattica e la conseguente supremazia sul campo della *Zebra assassina*.

Ciò rende l'astio del *Bovide Granata* nei confronti della Vecchia Signora un vero distillato di rognaggine D.O.P. invecchiato 70 anni in botti di invidia che, caro il mio Ron Zacapa Royal del Centenario, sei un Estathè.

Fonte: National Calcistic Geographic, Copyright 2021)

By Memedesimo, il Gobbo-Darwin

---

*¹ **Villar Perosa:** piccolo comune piemontese in provincia di Agnellopolis di circa 4500 abitanti, famoso per essere paese d'origine della famiglia Agnelli, storica proprietaria della *Zebra assassina*; gli Agnelli mantengono tuttora una residenza ("il Castello") a Villar Perosa, nel quale si disputa ogni anno una partita amichevole che tradizionalmente decreta la fine della preparazione estiva della squadra.

*² **d.D.P.:** dopo Del Piero.

*³ Nel campionato stivaloniano del 1922 l'Indà terminò ultima e venne retrocessa, ma, a causa dell'intervenuta unificazione delle due leghe di pallapiede all'epoca esistenti, le venne concesso di disputare uno spareggio, che l'*Indà* vinse a tavolino essendo stata abbinata ad una squadra nel frattempo già dichiarata fallita (La *Sport Club Italia* di Milano), come tale incapace di presentarsi in campo.

*⁴ Lo scudetto stivaloniano del 2006 venne vinto sul campo dalla *Zebra assassina* che collezionò 91 punti, ma venne assegnato a tavolino all'*Indà* (76 punti) come conseguenza della squalifica della squadra sabauda e del *Millà* (classificatosi secondo); successivamente emerse che alcuni comportamenti simili a quelli contestati ai dirigenti bianconeri che avevano provocato la squalifica e la retrocessione della Zebra assassina, erano stati tenuti anche da alcuni alti dirigenti dell'*Indà*, alla quale tuttavia non venne comminata alcuna sanzione né venne revocata l'assegnazione del titolo ottenuto, stante l'intervenuta prescrizione dei fatti accertati; da qui la definizione di *Prescrittoni* per i relativi Gufi.

*⁵ **Il 5 Maggio 2002:** la Zebra assassina si aggiudicò il suo ventiseiesimo titolo di campione di Stivalonia all'ultima giornata di campionato, superando in trasferta la tribù dei *Cimbri giuliani* di Udine; sino a quel momento era stata l'*Indà* a condurre la classifica, salvo poi crollare nell'ultima partita perdendo 4 a 2 contro le *Galline del Latium*; a causa di tale sconfitta l'*Indà* terminò addirittura terza, superata in extremis anche dalla *Randagia de noantri* e perdendo quindi negli ultimi novanta giri di lancetta del campionato uno scudetto praticamente già conquistato, che invece finì ad appannaggio dell'odiatissima Vecchia Signora.

IL CAST

Partiamo dal fatto che ogni storia, favola, leggenda o film che si rispetti infila le zampe nelle fondamenta del proprio successo centrando innanzitutto il cast ed indovinando i propri protagonisti.

Bon, allora sappiate che il concetto vale anche nello sport; nel fuccbol, poi, non ne parliamo neanche.

Insomma, per non girarci tanto intorno, quando nella pallapiede funziona il cast, il più delle volte non è essenziale che ci sia Quentin Tarantino alla sceneggiatura, Steven Spielberg appollaiato sulla sedia del regista o George Lucas a mescolare effetti speciali in CGI per portare a casa una cariolata di academy awards emotivi; e ciò indipendentemente dal successo o dalla sconfitta sul campo, perché, comunque vada, sarà un gran bel film, come confermerebbe il Comandante Blasco.

Tanto premesso, è noto che nella storia ormai ultrasecolare della Juventus le stars di livello fotonico che hanno indossato la gloriosa casacca no-color a strisce si contino a tonnellate, a containers, a terabytes, a eoni, e non è certamente questo il luogo adatto per ricordarli tutti, trattandosi solo di un libretto buono per lo sghignazzo e mica la Treccani spaccata abbestia di succo di Wikipedia.

Visto però che le storielle che seguiranno sono riferite ad un periodo temporale limitato più o meno ad un solo triennio della leggendaria storia della Vecchia Signora, sarebbe un'imperdonabile mancanza di bon ton letterario non buttarvi sotto la coda una manciata di dati statistici rigorosamente autentici (con contorno di aneddoti rigorosamente invece no) sui principali interpreti e protagonisti, prodi componenti del leggendario branco striato di fine anni dieci del XXIesimo Secolo (I Sec. d.D.P.).

Indi & per cui, come ultimo antipasto prima dell'abbuffo cronacoso, beccatevi il sintetico sunto, l'appetitoso assaggio, la propedeutica collezioncina di trailers piuttosto spoilerosi riguardanti alcune delle nostre leggendarie Zebrotte assassine.

Vale a dire:

GIANLUIGI "*Santopadre*" BUFFON

Nato a Carrara (Granducato di Tuscia, Stivalonia Centrale) il 28 gennaio 1978 (anno IV d. D.P.).

Segno zodiacale cinese: **PIOVRA DA GUARDIA**.

È unanimemente considerato il migliore portiere della storia del Sistema Solare da chiunque sia in grado di comprendere che il pallone, come figura geometrica solida, è una sfera.

Ufficialmente proviene da una famiglia toscana di radicate tradizioni sportive, ma le vere origini di questo esemplare di fenomeno atletico unico della sua specie restano ammantate in un fitto velo di mistero; la teoria più accreditata dai clamorosi risultati sportivi della carriera di Gianluigi sostiene che, in realtà, si tratti della realizzazione postuma di un progetto segreto del Prof. Futballstain, ritrovato nel 1945 in un laboratorio sotterraneo delle SS e consistente nella creazione artificiale di un prototipo di superuomo mediante assemblamento biomeccanico di parti di Kraken*[1], Vedova nera ed elementi blindati di una cassaforte modello Fort Knox in puro adamantio.

Esordisce in Serie A nel 1995 a soli 17 anni nella *Granducatese alla Parmigiana*, nella quale gioca sino al 2001 vincendo tre trofei (Coppa Uefa, Coppa Stivaloniana e Supercoppa Stivaloniana).

Dal 2001 difende la porta della Ggiuve, nella quale milita ininterrottamente sino al 2018, anno nel quale decide di trasferirsi in Francia nel *Paris-Saint-Germaine-Grande-Figuette* per una sola stagione, per poi ritornare alla Vecchia Signora nel 2019 a 41 anni compiuti, ove ha militato sino al 2021 nel ruolo di babysitter dell'attuale ciàpagòl titolare, il polacco Wojciech Szczesny.

Con la Zebra assassina e la Nazionale di Stivalonia ha vinto (mettetevi seduti che è una roba lunga): 11 Scudetti sul campo (record), 1 Campionato stivaloniano di Serie B, 7 Supercoppe stivaloniane, 6 Coppe di Stivalonia e il Campionato mondiale del 2006, oltre ad essere stato vicecampione continentale nel 2012;

È uno dei soli 4 giocatori della storia del fuccbol planetario ad avere partecipato a 5 edizioni del Mondiale.

Detiene il record di imbattibilità nel campionato stivaloniano con 974 minuti consecutivi di inviolabilità della porta bianconera nella stagione 2015-2016, durante i quali contemporaneamente si aggiudica anche: il campionato mondiale di sudoku facilitato, il torneo Tutto Uncinetto 2015, il premio "Giardiniere dall'Anno" 2016 e il "Golden Amaca Award" 2016.

Nelle lunghe frazioni di gioco durante le quali gli avversari della Zebra assassina non riescono nemmeno ad avvicinarsi alla no-fly zone dell'area juventina, grazie anche all'opera di interdizione della celeberrima BBC*2, il nostro adoratissimo numerone uno ama intrattenere cordiali rapporti diplomatici con la delegazione pontificia stabilmente dislocata a bordocampo dello Allianz – J Stadium nelle partite casalinghe della Vecchia Signora, composta da una task force di esorcisti ai quali il Vaticano ha affidato la rischiosa missione di scongiurare eventuali apparizioni in campo di Belzebù, qualora il signore degli Inferi fosse intenzionato a complimentarsi personalmente per la innovativa ricercatezza dialettica con la quale periodicamente il Gigi nazionale ama decantare le lodi di Jesooo in diretta tv per sottolineare il proprio gradimento per qualsiasi iniziativa offensiva degli avversari e/o cappella dei compagni.

Da qui il soprannome di *Santopadre*.

Nella Juve, dal 2001 al 2018 ha sempre indossato la maglia n. 1, mentre dal 2019 al 2021 ha indossato la n. 77 (ma gli sarebbe piaciuta tanto tanto la 88).

---

*1 **Kraken**: leggendario mostro marino originato dalla mitologia scandinava, rappresentato da un gigantesco polipone acchiappatutto con tentacoli talmente enormi da stritolare qualsiasi nave.

*2 **BBC**: soprannome della famigerata linea difensiva juventina composta dal trio Bonucci-Barzagli-Chiellini che ha consentito alla Zebra assassina di aggiudicarsi molti degli ultimi nove Scudetti stivaliani consecutivi.

WOJCIECH *"Supercazzola"* SZCZESNY

Viene sillabato con successo interamente per la prima volta a Varsavia (Freezerlandia) il 18 aprile 1990 (anno XVI d D.P).
Segno zodiacale cinese: **ORSO GIOCOLIERE SCIOGLILINGUA**.

È l'attuale estremo difensore titolare della Zebra assassina, anche se dal 2019 al 2021 ha saltuariamente ceduto il posto a Sua Eminenza Buffon per questioni di statistiche, fanservice e scaramantiche.

È figlio d'arte, dato che anche il suo babbo (Maciej Wawrzyniec Szczęsny) fu a suo tempo un ciàpagòl professionista di alto livello che negli anni '90 giunse a difendere la porta della nazionale freezerlandese.

Cresce professionalmente in Gran Bruttonia, nelle giovanili dell'Arsenal, con il quale esordisce in Premier League nel 2009 con la maglia numero 53 (in polacco: shwjkzjkzzwhgjyxvzwschsyyy).

È un portiere dotato di ottima prestanza fisica, grande reattività e temperamento gelido che gli consentirebbe di rimanere estremamente efficiente anche durante un fallout nucleare provocato dallo tsunami scatenato dall'atterraggio in oceano della nave madre con la quale i marzianoidi sferrano l'attacco globale al pianeta Terra.

Diviene titolare nel 2011 scegliendo di indossare la maglia n. 13 (in polacco: hjwkxzjyyzwkhjjjhsxwy), ma proprio in quel suo primo anno da protagonista subisce un trauma psicologico che rischia di segnare per sempre la sua vita professionale: in un incontro di Premier League, disputatosi l'8 agosto del 2011 all'Old Trafford di Manchester, incassa OTTO PAPPINE dallo United infrangendo un record negativo che resisteva da 115 anni; l'evento lo sprofonda in un grave stato depressivo, dal quale lo sottrae inaspettatamente la nota maga e curatrice polacca Madame Wjkwszschxyjhkwkjyzsczyz (in Polacco: "Colei che riesce a risolvere le parole crociate ingoiando il vocabolario"), sottoponendolo ad un antico rituale che attiva su di lui un singolare sortilegio protettivo: d'ora in avanti gli avversari di Wojciek riusciranno a segnare nella sua porta solo dopo avere scritto per tre volte durante l'azione di gioco il suo nome, cognome e codice fiscale all'incontrario, disegnando nell'aria ogni singola lettera tramite l'espirazione del fumo di un tiro di canna al tamarindo, e se sbagliano attacco di caghetto garantito per tre giorni.

Com'è - come non è, fatto sta che la carriera del nostro saracinescone umano si impenna e contribuisce alla conquista da parte dei *cannonieri* di 3 trofei inglesi: 2 Coppe di Gran Bruttonia (2014-2015) e una Community Shield (2014).

Nel 2015 approda in Stivalonia, preso in prestito dalla Randagia de noantri, con la quale decide di indossare la maglia n. 25 (in polacco xzjhwsykzxyhscntysszxwwhjyj), poi sostituito l'anno seguente con il numero 1 (in polacco: xhkwhyjshcsnzxcsnczy) durante il quale batte il record di maggior numero di *clean shit* (partite senza incassare reti) del campionato stivaloniano (14).

Finalmente nel 2017 giunge tra le fila del prestigioso branco a strisce, quando la Ggiuve lo paga 12 milioni di pezzi d'argento e gli affida il ruolo di vice Santopadre, dato che per Gigi Buffon quello sarà (apparentemente) il suo ultimo anno bianconero.

Nella sua prima stagione indossa la maglia n. 23 (in polacco: zshcxhyxz§*£^%&çç" °), dopodichè, partito il Gigione nazionale per la vacanza studio in quel di Parigi, opterà per il piu classico n. 1, che tuttora porta a spasso sulle sue spallone capienti nonostante il ritorno di Smadonnetor.

In quattro anni di militanza nella Zebra assassina ha sinora collezionato: 3 Scudetti consecutivi (2017-2020), 2 Coppe di Stivalonia (2018-2021), 2 Supercoppe di Stivalonia (2018-2020), 1 titolo di miglior portiere della Serie A (2020), il titolo "Collaudatore di poltrone da giardino dell'anno 2018" e il premio "Spelling-Sadomaso 2019".

Per somma gioia di babbo Maciej è anche l'estremo difensore della nazionale freezerlandese dal 2009.

GIORGIO "*Re Giorgio Primo - King Kong*" CHIELLINI
Nato a Pisa il 14 agosto 1984 (anno X d D.P.) ma originario di Livorno (Granducato di Tuscia, Stivalonia Centrale).
Segno zodiacale cinese: **GORILLA REGALE GIGANTE**.

È difensore centrale della Vecchia Signora, con la quale, dal suo esordio il 15 ottobre 2005 ad oggi*[1], ha vinto la sciocchezzuola di 9 Campionati stivaloniani consecutivi (2011-2020, record assoluto), 5 Coppe di Stivalonia (2015-16-17-18-21), 5 Supercoppe di Stivalonia (2012-13-15-18-20) e 1 Campionato di Serie B (2007).

Universalmente considerato tra i difensori più forti degli ultimi 25 anni a livello mondiale, è un giocatore dotato della forza fisica di un T-Rex, del senso tattico di un Proconsole romano del I secolo Avanti Cristo e dell'aggressività di una suocera siciliana del 1700 alla quale la nuora abbia appena confessato che i suoi arancini di riso fanno cagare; nonostante il suo proverbiale agonismo, tuttavia, a riprova della sua altrettanto celebre correttezza sportiva, Re Giorgio ha rimediato in carriera solamente due espulsioni in oltre 500 presenze con la maglia bianconera, peraltro entrambe per utilizzo di naso non regolamentare.

Dal 2018, a seguito del temporaneo addio di Gigi Buffon, è divenuto capitano della Juve e della Nazionale, nella quale conta oltre 100 presenze.

Il suo soprannome *Re Giorgio Primo* deriva dalla regale autorevolezza, riconosciuta da compagni di squadra ed avversari, con la quale governa da sempre la celebre linea di difesa bianconera ribattezzata BBC (Bonucci- Barzagli – Chiellini), ma è noto anche con l'altro pseudonimo di *King Kong*, per il modo in cui festeggia i rari goals segnati battendosi i pugni sul petto come il famoso gorillone hollywoodiano.

Sua moglie, tuttavia, si dichiara titolare di una spiegazione alternativa a tale soprannome, che, lascia stare, saprà poi lei quello che dice.

È uno dei pochi giocatori di pallapiede di fama internazionale a possedere un livello di istruzione migliore di quello di un dobermann autistico con problemi di ritardo nell'apprendimento: ha infatti una laurea in economia e commercio conseguita presso l'Università di Agnellopolis nel 2010 e una seconda laurea magistrale in business administration nel 2017 conseguita presso lo stesso ateneo con il punteggio di 110 e lode e hola di tutta la commissione di laurea.

Possiede inoltre un master in diritto del tackle in scivolata conseguito nel 2011 a Wembley, un dottorato in contrastologia applicata conseguito all'Amsterdam Arena nel 2016, il Nobel in astrobalistica aerea conseguita al Camp Nou di Barcellona nel 2017 e lo Spazzatore D'Oro al Congresso internazionale del terzino di Nyon del 2019.

E Leo Da Vinci muto!

Ah, quasi dimenticavo, è Cavaliere della Repubblica di Stivalonia dal 2003.

No, così per dire eh?

Ha sempre indossato la maglia n.3

[1] La Juventus acquistò Giorgio Chiellini nel 2003 dal Livorno, nel quale aveva esordito a 17 anni; tuttavia alla sua prima stagione da Zebrotta mannara venne girato in prestito alla Guelfi&Ghibellini di Florentia, per poi rientrare definitivamente alla Ggiuve l'anno successivo.

LEONARDO *"Bonnie - Iscariota - Figliol Prodigo"* BONUCCI

Nato a Viterbo (Latium, Stivalonia Centrale) il 01 maggio 1987 (anno XIII d.D.P.).

Segno zodiacale cinese: **SQUALO BIANCO DE PERIFERIA**.

Esordisce nella massima serie nel 2009 con la maglia del *Bari* (Sultanato di Tacconia, Stivalonia del Sud) dopo avere militato nelle giovanili della *Indà* (con la quale a livello statistico si aggiudica anche uno scudetto pur vedendo il campo meno di quanto Don Camillo abbia mai visto un perizoma), ed in altre squadre minori (*Treviso e Pisa*).

Nel 2010 la Juventus lo acquista dai pugliesi pagandolo una carriola di orecchiette alle cime di rapa, una cassa di Primitivo di Manduria del 2007 e 50 copie pirata del DVD *In supposta veritas* di Caparezza, con finta dedica dell'autore taroccata dall'allora presidente Cobolli Gigli.

Si rivela un discreto affare, dato che nel branco a strisce della Zebra assassina va a completare il puzzle che comporrà la BBC (Bonucci-Barzagli-Chiellini), vale a dire il reparto di difesa più efficace dai tempi della costruzione del Fosso di Helm nella saga del Signore degli Anelli.

Viene ritenuto con sentenza a sezioni unite della Corte di Cassazione uno dei difensori di impostazione più forti della sua generazione a livello planetario, dotato del senso della posizione di un parlamentare stivaloniano appartenente al gruppo misto e di una visione di gioco da profeta mediorientale; la sua caratteristica principale è la proverbiale delicatezza negli interventi in scivolata, una robina da far sembrare il Tony Montana di *Scarface* una ballerina di fila del Moulin Rouge e, in fase di impostazione, un lancio lungo come il birillo di Rocco Siffredi, anche se non sempre altrettanto chirurgicamente preciso.

Dopo i primi sei anni di militanza bianconera il suo rapporto con l'allenatore Massimiliano Allegri diventa...come possiamo definirlo? Diciamo un pelo di vergine più ruvido del solito, a causa del suo temperamento spesso rivelatosi un cicinin meno mite di quello di Freddy Krueger dopo una ispezione della Agenzia delle Entrate; infatti i compagni di spogliatoio cominciano a chiamarli rispettivamente Corea del Sud e Corea del Nord e, friziona oggi e friziona domani, finisce che in un paio di occasioni *Mister Acciughina*[1] decide di collocarlo in formazione come esterno alto, ma talmente alto da farlo finire sullo sgabello della tribuna centrale dello Stadio do Dragao di Porto (Ronaldolandia settentrionale) durante una trasferta europea.

Prima che la faccenda tra i due venga democraticamente risolta a colpi di trinciapollo, nell'estate del 2017 Leo decide di passare al Millà per la somma di circa 42 milioni di Euro (equivalenti più o meno a trenta denari se rapportati al cambio Euro-Sesterzi del 33 Dopo Cristo), suscitando fervida fantasia & copioso sfrigolio nelle mutande dei suoi neo tifosi meneghini, che nella lingua locale si affrettano a ribattezzarlo immediatamente *Capitan Vàciàpairatt* (in sborronburghese: *"colui che è arrivato dalla Sabaudolandia per spostare gli equilibri del campionato"*).

I seguaci bianconeri la prendono tutto sommato con filosofia, e dopo un pacato tentativo di fargli saltare per aria la famiglia con una autobomba in very Beirut style, decidono di reimmatricolarlo come *LeoGiuda* Bonucci, più amichevolmente detto *Bonnie l'Iscariota*.

Con la divisa rossonera resterà solo una stagione nel corso della quale gli unici equilibri che riuscirà a spostare saranno quelli in dotazione reperibili all'interno dei suoi pantaloncini da gioco, dopodiché, una volta compreso il livello siderale della vaccata commessa e fatto il rapido conto del numero di schiaffi collezionati proprio dalla Ggiuve nella finale di Coppa di Stivalonia (il celebre *pokerino dell'Olympicus*), ripiomba alla fine del 2018 tra le braccia di mamma Zebra con un triplo salto Tholup in avvitamento che manco gli italiani con le alleanze nella Seconda guerra mondiale, guadagnandosi la patente di *Figliol Prodigo* e circa undici milioni di silenziosi sopraccigli alzati da parte dell'intera tifoseria a strisce no color.

Dopo una canonica quarantena di collocamento nel freezer dei cuori sabaudi, il Leo nazionale tuttavia riconquista la fiducia e l'ammirazione dei medesimi nel corso della passata stagione a colpi di prestazioni monster-level, tornado così a costituire uno dei pilastri fondamentali della retrovia bianconera, nonché ad essere nuovamente un frequentatore abituale dei cuori zebrati.

Perché non c'è niente da fare, a noi i vincenti con la faccia da palo nella banda dell'urtiga, ci piacciono.

Con la Ggiuve in complessivi dieci anni (dal 2010/11 al 2016/17 e dal 2018/19 al 2020/21) sinora si è aggiudicato lo scherzetto di 8 Scudetti, 5 Supercoppe di Stivalonia, 4 Coppe di Stivalonia oltre a raggiungere 2 finali della Coppa Orecchiona Bastarda, entrambe andate a finire come sapete già e non mi ci fate ripensare che mi viene su il magone anche adesso.

Indossa da sempre la maglia n. 19.

*1 Storico soprannome in antica lingua livornese del celebre allenatore della Juventus Massimiliano Max Allegri dal 2014 al 2019 (XL – XLV d D.P.).

ANDREA "*The Rock - NonnoNanni*" BARZAGLI

Secondo un'antica leggenda tribale tramandata solo oralmente, nasce il giorno 8 di maggio dell'anno MCMLXXXI Avanti Cristo (Anno 3955

A.d.P), nel villaggio di Fiesole nei pressi di Florentia, dall'unione tra il Dio etrusco *Taitle*, protettore delle saracinesche, ed una giovane contadinella illibata di nome *Adchè-Ans-Pàsàmia**1.

Segno zodiacale cinese: **TESTUGGINE CORAZZATA**.

Ancora in fasce si innamora del fuccbol con il quale cresce a velocità *ka-booom*, diventando un imberbe difensore centrale molto forte fisicamente, dotato del senso della posizione di un impiegato statale del catasto e veloce come la multa di un testa di ghisa meneghino; estremamente duttile dal punto di vista tattico, sa disimpegnarsi in qualsiasi ruolo di qualsiasi modulo di difesa e all'occorrenza può essere impiegato, oltre che come centrale o terzino destro, anche come buttafuori, spezzapollici, guardia del corpo di una delle morose ultragnocche dei compagni di squadra, esattore di debiti per conto della famiglia Agnelli e risolutore di problemi a livello *Leon* di Luc Besson.

Calcisticamente trascorre i propri anni dell'adolescenza agonistica nella *Rondinella*, nella *Pistoiese* e nell'*Ascoli*, per poi esordire in Serie A nel 2003 nel *Chievo*.

Nel 2004 passa al *Palermo* (Magna Grecia, Stivalonia Meridionalissima) e due anni dopo viene convocato da Mister LippoLippi*2 nella nazionale stivaloniana, con la quale partecipa al Mundial krukko del 2006, aggiudicandoselo (capisciammè).

Fresco della patente di campione del mondo po-poroppo-po-po-poooo, nel 2008 il nostro Barzaglione si trasferisce proprio in Krukkonia, nel *Wolfsburgh*, con il quale si pappa al primo colpo pure la BundesLiga (che sarebbe poi la Serie A krukka).

Nel gennaio del 2011, con un una mossa Kansas City che Henri Houdini sei un clown con la scogliosi, la Ggiuve lo acquista per una morsicata di crauti finendo così di completare la famosissima B.B.C. (Bonucci-Barzagli-Chiellini), vale a dire il sistema difensivo più letale dai tempi del programma scudo stellare degli USA di Ronald Reagan.

Con la Zebra in otto anni di permanenza si aggiudicherà la bazzecola di 8 campionati consecutivi (2012-2019, uno dei soli due giocatori della storia del fuccbol nazionale a ottenere tale risultato, insieme a chevvelodicoaffare Re Giorgio Chiellini, che lo supera di uno), 4 Coppe di Stivalonia consecutive (2015-2018), 4 Supercoppe di Stivalonia (2012,13-15-18), raggiungendo per ben due volte la finale europea della Grande Bastarda (ffffffffff).

Si ritira dal calcio giocato nel 2019, alla tenera età di 3.993 anni divini (38 anni umani, da qui il soprannome aggiuntivo di *Nonnonanni*, che si aggiunge a quello già aggiudicatosi in carriera di *The Rock*), per entrare immediatamente nello staff tecnico della Ggiuve, nel quale milita nel ruolo del Maestro Miyagi per insegnare il miglior karate fuccbolistico difensivo ai pischelli di fresca leva come Juan *Billy Jean* Cuadrado o Matthijs *SuperKid* De Ligt.

Nella Vecchia Signora ha sempre indossato la maglia n. 15.

*1 Antico nome etrusco traducibile con: "Di qui non si passa".

*2 **Marcello Lippi**: (Viareggio, Granducato di Tuscia, Stivalonia centrale, 12.04.1948): celebre allenatore e commissario tecnico di fuccbol, vincitore con la nazionale di Stivalonia del Mondiale del 2006, ma, prima ed ancor più di quello, amatissimo allenatore della Juventus, che alla sua guida (dal 1994-1999 e dal 2001-2004) conquistò 5 Scudetti, 1 Coppa di Stivalonia, 4 Supercoppe di Stivalonia, 1 Supercoppa Europea, 1 Coppa Intercontinentale (1996) e soprattutto la sua seconda Coppa Orecchiona Bastarda (1996);

STEPHAN *"Pendolino elvetico"* LICHTSTEINER

Adighenswil, (Elvezia), il 16 gennaio 1984 (anno X d.D.P.).

Segno zodiacale cinese: **SANBERNARDO NUCLEARE**.

Dopo essere stato interamente assemblato a mano in un laboratorio segreto del Cantone di Lucerna da parte di una equipe di orologiai dell'esercito svizzero dopati a Jagermeister, si scopre, nel corso dei test di collaudo, che il piccolo Stephan possiede una singolare caratteristica tecnico-fisica che potrebbe fare di lui un atleta di qualche interesse: tutte le mattine riesce a compiere il tragitto laboratorio (Lucerna) – baita di Heidi (Maienfeld – Cantone dei Grigioni) e ritorno, per complessivi km 247,2, nell'invidiabile tempo di 26 minuti netti.

Senza sudare.

Con il nonno di Heidi caricato sulle spalle nel ritorno.

Con un pallone da calcio tra i piedi i tempi sul giro si allungano un pò, raggiungendo anche i 31 minuti netti, ma solo perché il piccolo Stephan ha il controllo di palla di un orso bruno zoppo sullo snowboard che lo costringe ad alcune deviazioni in Austria, Baviera e Valle Spluga, allungandogli un cicinin il percorso.

Fatto sta che nel 1996 si accorge di lui il Lucerna, che nel successivo quadriennio lo sgrezza un pò come giocatore di calcio insegnandogli a smetterla di nutrirsi di carne cruda e a evitare, se possibile, di collezionare parti anatomiche strappate a morsi dalle gambe degli avversari.

Perchè mentre fuori dal terreno di gioco il giovane Stephan è dolce come una fetta di torta di mia nonna Angiolina ed educato come un maggiordomo di Cambridge, appena posiziona un alluce in campo subisce una trasformazione che a confronto Mr Hyde risulterebbe Ghandi narcolettico, ed in genere bisogna fermarlo con i lacrimogeni.

Diviene un jolly di fascia destra di grande abilità e duttilità tattica essendo capace, grazie alla sua proverbiale tenuta agonistica e forza fisica (che gli varranno il soprannome di *Swiss Express*), di giocare sia la fase difensiva che quella offensiva, mantenendo costantemente un alibi di ferro in grado di allontanarlo dai sospetti delle autorità inquirenti sulle tragiche fini dei suoi avversari, nonostante le palesi tracce di sangue sugli scarpini di gioco.

Nel 2001 esordisce nel campionato elvetico nelle fila del Grasshoppers, con il quale due anni dopo si laurea campione.

Nell'estate del 2005 viene acquistato dal Lilla (Gallia transalpina), con il quale nello stesso anno farà anche il suo esordio in Coppa Orecchiona Bastarda.

Tre stagioni e ventidue libertà vigilate dopo viene adocchiato dal direttore sportivo delle *Galline del Latium* e pertanto si trasferisce nel campionato di Stivalonia, nel quale viene ribattezzato *Il Pendolino Elvetico* dai propri numerosi estimatori, e *L'Hannibal Lecter a pedali* dagli altrettanto numerosi detrattori a causa della sua... lieve propensione alla trance agonistica.

In tre stagioni tra le fila delle *Galline* conquisterà una Coppa di Stivalonia (2009) e una Supercoppa Stivaloniana (2009), diventando nel frattempo una colonna portante della nazionale elvetica, con la quale peraltro aveva già esordito nel 2006.

Nel Luglio 2011 Beppe *Occhiodifalco* Marotta, all'epoca D.S. della Juventus, lo acquista per conto della Vecchia Signora pagandolo 10 tonnellate di cioccolato fondente, quattrocento forme di Emmenthal rumeno e un container di Rolex GMT Master Ice taroccati made in Taiwan.

L'11 settembre dello stesso anno, nella partita casalinga di esordio del campionato contro gli emiliani della *Granducatese alla Parmigiana*, Lichtsteiner siglerà la prima rete della sua carriera nella Vecchia Signora, che sarà anche il primo gol segnato nel nuovissimo *Juventus Stadium* inaugurato proprio in tale occasione.

Un segnale di discreto buon auspicio, visto che Stephan resterà tra le fila della Juve per complessivi sette anni durante i quali collezionerà la stupidaggine di: 7 campionati consecutivi (2011-12 / 2017-18, unico insieme a Buffon, Barzagli, Chiellini e Marchisio, come lui denominati *eptacampioni*) diventando il giocatore straniero maggiormente scudettato della storia di Stivalonia, 4 Coppe di Stivalonia consecutive (dal 2014-15 al 2017-18) e 3 Supercoppe di Stivalonia (2012, 2013, 2015).

Nel 2016, approfittando di una amnistia generale da parte delle Nazioni Unite, diventa capitano della propria nazionale con la quale disputerà complessivamente tre mondiali e due europei, peraltro senza riportare condanne penali definitive.

Resterà tra le fila della Vecchia Signora sino al giugno 2018, anno nel quale, dopo essersi svincolato, si trasferirà in Gran Bruttonia nei *cannonieri* dell'Arsenal, per poi concludere la carriera agonistica l'anno successivo nelle fila dei krukki dell'Augusta.

Con la maglia della Juventus numero 26 ha complessivamente totalizzato 285 presenze, 15 reti, 29 assist, 1968 violazioni del Codice della Strada per superamento dei limiti di velocità sulla fascia destra e 33 processi per direttissima per bullismo nei confronti degli esterni avversari.

MIRALEM "Il Pianista - Mozart" PJANIC

Composto a Tuzla (Bosnia – Slavistan Centro-meridionale) il 02 aprile 1990 (anno XVI d.D.P.).
Segno zodiacale cinese: **VOLPE BALCANICA**.

Centrocampista dotato di buon dribbling e notevole precisione nei passaggi, viene impiegato a inizio carriera come trequartista o centrocampista centrale, grazie alla sua ampia visione di gioco e alla capacità di fornire assists per i compagni succulenti come un piatto di tortellini made by Bruno Barbieri serviti sulle tette di Emily Ratajkowsky.

Tra i suoi punti di forza c'è senz'altro il tiro dalla distanza e soprattutto l'esecuzione magistrale dei calci di punizione, con le quali raggiunge percentuali di letalità superiori a quelle di Vasilij Zajcev*[1] dell'Armata Rossa durante la battaglia di Stalingrado nel 1942.

Pur essendo di origine bosniaca cresce calcisticamente in Lussemburgo, dove esordisce a livello professionistico per poi trasferirsi in Gallia, prima al *Metz* (2004) e poi all'*Olympique Lyone* (2008), con il quale esordisce anche in Europa nella Coppa Orecchiona Bastarda.

Nel 2011 si trasferisce in Stivalonia, nella *Randagia de noantri*, nella quale militerà per cinque stagioni affermandosi come uno dei centrocampisti offensivi tecnicamente più dotati dell'intero panorama europeo.

Nel 2016 (anno XLII d. D.P.) la Vecchia Signora lo scippa alla Randagia per 32 milioni di Euro e Mister Acciughina, da poco orfano del Sommo Geometra Andrea Pirlo, dopo averne sapientemente soppesate le qualità tecniche e l'intelligenza futbalistica, decide di porlo al centro del progetto tattico arretrandolo nella posizione di regista davanti alla difesa e reinventandolo nel ruolo di direttore d'orchestra della filarmonica sabauda, facendogli così conquistare il soprannome *"Il Pianista"* o *"Il Mozart dei Balcani"*.

Con in mano la bacchetta di sambuco della casata della Zebra bianconera di Hogwarts, Pjanic conquista l'inezia di 4 scudetti consecutivi (2016-2020), 2 Coppe di Stivalonia 2017-2018) e 1 Supercoppa di Stivalonia (2018).

Nel 2020, a stagione iniziata, termina la sua avventura in bianconero passando nelle fila del Barcellona, rientrando nello scambio che porterà il brasiliano Arthur alla corte della Vecchia Signora.

Pur possedendo il passaporto lussemburghese, ha collezionato sinora 93 presenze nella nazionale bosniaca della quale è capitano nonché, ad oggi, terzo giocatore nella sua storia per numero di presenze.

Nel branco della Zebra assassina ha sempre indossato il n.5.

*1 **Vasilij Grigor'evič Zajcev**: (Eleniskoe, 23.03.1915 – Kiev, 15.12.1991) è stato un celebre tiratore scelto dell'Armata Rossa che combatté nella seconda guerra mondiale; Il suo primo campo di battaglia fu Stalingrado, dove tra il 10 novembre e il 17 dicembre 1942 eliminò 225 tra soldati e ufficiali nemici.

ALEX "*UsexiSamba*" SANDRO LOBO SILVA

(Più comunemente noto come Alex Sandro)
Nato a Catanduva (Estato de Sao Paulo, Bràssèu Carioca) il 26 gennaio 1991 (anno XVII d D.P.).
Segno zodiacale cinese: **GIAGUARO DEL PARANA'**.

Difensore di fascia dotato di grandi doti atletiche, notevole dinamismo e duttilità tattica, grazie alla quale è impiegabile come terzino sinistro, esterno sinistro di centrocampo, ala esterna, razziatore Comanche e/o proiettile di catapulta, vista la naturale propensione a saltare l'uomo e la capacità di crossare nelle aree avversarie delle robe talmente di classe che secondo il regolamento internazionale di volo dovrebbero avere anche delle hostess a bordo.

Nasce calcisticamente nel 2006 nell'*Atletico Paranaense*, dove muove i primi passi di samba-fuccbol rimanendo a lungo indeciso tra la carriera di calciatore e quella di serpente pitone mimetizzato, dopo di che, acquistato dalla squadra uruguaia del *Deportivo Maldonado*, viene immediatamente ceduto in prestito al *Santos*, con il quale si aggiudica 2 campionati paulisti, 1 Copa del Bràssèu e la Copa Libertadores 2011 (che sarebbe poi la Coppa Orecchiona Bastarda meridionalamericana).

Nel Luglio 2011 il nostro giaguarone verdeoro sbarca in Europa nelle file della squadra lusitana del *Porto*, nella quale militerà per complessive quattro stagioni collezionando 137 presenze, 3 reti e 635 contravvenzioni per eccesso di velocità sulla fascia.

Militando nei "Dragoes "conquista 2 campionati portoghesi e 2 coppe sempre portoghesi (perché non è che il Porto possa disputare la Coppa di Finlandia o quella di Jamaica, se sta in Portogallo, quella ha ddà giocà), conseguendo alla fine del quadriennio la specializzazione post laurea futbalistica di incursore di profondità nella categoria dragster sovralimentati.

Nell'estate 2015 passa alla Ggiuve che lo paga 26 milioni di dobloni d'oro e lo mette a disposizione di Mr. Allegri.

Con la maglia della Vecchia Signora sinora il ragazzo si è portato a casa 5 Campionati di Stivalonia consecutivi (2016-2020), 4 Coppe di Stivalonia (2016-2019,2021) e 2 Supercoppe di Stivalonia (2018-2020) e, mentre si finiva di cuocere il riso, si è pure pappato la Copa America 2019 con la nazionale carioca, della quale nel frattempo è diventato un punto di riferimento più importante di un pastore tedesco per Ray Charles.

Con la Ggiuve ha sempre indossato la maglia n.12.

SAMUEL "*Sami - Felmarschall*" KHEDIRA

Nato a Stoccarda (Krukkonia) il 4 aprile 1987 (anno XIII d. D.P.)

Segno zodiacale cinese: **FARFALLA TATTICA**.

Nell'estate del 1986 (anno XII d D.P.) uno squadrone di esploratori appartenenti alla cavalleria berbera di stanza delle regioni costiere della Tunisia partì per una razzia a largo raggio nell'Europa settentrionale; giunta nei pressi di Stoccarda (Krukkonia Sud-occidentale), il Gran Vizir della spedizione punitiva, *Lahzar Al-Golazo Khedira*, si innamorò perdutamente di una splendida ausiliaria della Wermacht, Doris Von Pressing, decidendo così di stabilirsi definitivamente in Krukkonia dopo un repentino cambio di vita che manco *Alex il Drugo* in *Arancia Meccanica*; dopo aver sposato la bella nibelunga abbandona definitivamente la precedente carriera da corsaro per conto del Profeta e apre una scuola di fuccbol: la *Rommel – Mustafa Fussbal Schule*.

Nove mesi dopo, il 4 aprile, nasce il piccolo Samuel, detto *Sami*.

I genitori multicolor intuiscono subito l'immenso talento pallapiedistico del piccolo Sami quando, a pochi giorni dalla nascita, lo trovano a palleggiare nella culla in very tacco-punta-tacco style utilizzando il gatto di casa, un vecchio soriano di nome Beckenbauer.

Milita nelle giovanili dello *Stoccarda*, dove esordirà in prima squadra il 01.10.2006, conquistando a fine stagione la Bundesliga.

Nel 2010 viene acquistato dalle *Merengues* del *Real Madrid* (*Real Ladrid* in lingua catalana) la squadra ispanica di fuccbol più titolata e gossippata dell'intero pianeta; indossando la *camiseta blanca* il nostro krukko-berbero riuscirà ad aggiudicarsi 1 scudetto spagnolo (2012), 2 Coppe di Espana (2011, 2014), 1 Supercoppa di Espana (2012), 1 Coppa Orecchiona Bastarda (2014), 1 Supercoppa Continentale (2014) e 1 Coppa del Mondo per Club (2014).

Nel corso della sua militanza nel Real, Khedira inoltre conquista con la selezione della Krukkonia il mondiale disputato in Brasseu nel 2014, laureandosi nello stesso anno campione del mondo sia con la propria squadra di club che con la propria nazionale.

Alla fine della stagione successiva, svincolato dal Ladrid, firma per la Zebra, nella quale va a rivestire, quando riesce a stare con le zampe fuori dall'infermeria, il ruolo di mediano incursore.

Dal 2015 al 2021 Sami Khedira si aggiudica con la Vecchia Signora ben 5 Scudetti consecutivi (2016-2020), 3 Coppe di Stivalonia consecutive (2016-2018) e 3 Supercoppe di Stivalonia (2015-2018-2020).

Centrocampista centrale dotato di un notevole dinamismo tattico, buona tecnica individuale e di una notevole potenza fisica che spesso gli consentono, partendo dalle retrovie, frequenti inserimenti in profondità in territorio nemico fino alla realizzazione (una caratteristica che gli è valso per l'appunto il soprannome "*FeldMarschall*"), Khedira tuttavia ha sinora rivelato nel corso della sua brillante carriera anche una preoccupante tendenza all'infortunio, tanto da aggiudicarsi ben 13 *Fantozzen des jahres*, il per niente ambito riconoscimento riservato al calciatore krukko che nell'arco della stagione sportiva riesce ad infortunarsi nel modo più sfigato.

Celebri, tra le molte assegnazioni di tale riconoscimento, quelle del 2005, quando militando nelle giovanili dello Stoccarda riesce a cadere dal seggiolone durante la merenda fratturandosi una mezza dozzina di ossa estratte a sorte, quella del 2013, quando riesce a dislocarsi contemporaneamente tutte e dieci le dita delle mani nel tentativo di chiedere ad Andrea Pirlo un autografo nel corso di un incontro amichevole disputato tra le nazionali di Krukkonia e Stivalonia, e quella del 2014 durante i Mondiali disputati in Brasseu, allorquando, nel corso della leggendaria vittoria in semifinale dei krukki per 7 a 1 nei confronti dei padroni di casa, dopo avere siglato il quinto gol della partita rimane incastrato nella rete della porta carioca durante i festeggiamenti, rischiando di essere venduto a tranci il mattino successivo al mercato del pesce di Belo Horizonte dopo essere stato scambiato per un tonno pinna gialla.

All'inizio della stagione 2020, complice la lunghissima fila di infortuni e l'arrivo in panchina del nuovo allenatore (*il maestro Andrea Pirlo*), Khedira viene ritenuto non più necessario al progetto juventino ma rifiuta qualsiasi ipotesi di cessione o di risoluzione del contratto, venendo di fatto messo fuori squadra.

A gennaio 2021 risolve infine il contratto con la Juve e termina la sua avventura in bianconero, accasandosi con i connazionali dell'Herta Berlin; a maggio 2021 annuncia il suo ritiro.

Con la Juve ha indossato prima la maglia n. 28 e dalla seconda stagione in poi la n.6.

CLAUDIO *"Principino"* MARCHISIO

Nato a Torino (Agnellopolis, Sabaudolandia – Stivalonia Settentrionale) il 19 gennaio 1986 (anno XII d.D.P.).

Segno zodiacale cinese: **AIRONE IMPERIALE**.

Unico giocatore della Juventus degli anni dieci-venti del terzo millennio, insieme alla *Formica atomica* Sebastian Giovinco, ad essere originario di Agnellopolis.

Bianconero fin dalla sua progettazione pre-culla, ha trascorso la quasi totalità della sua carriera nelle varie formazioni della Juventus, dai pulcini alla prima squadra, fatta unica eccezione per l'anno del suo esordio in serie A (2007) trascorso in prestito nelle fila dell'Empoli, e l'ultimo anno della sua carriera da professionista (2018) nel quale, dopo 25 anni di militanza a strisce nocolor, opterà per una breve esperienza all'estero nello Zenith S. Pietroburgo, con il quale peraltro non perderà il vizio di collezionare trofei aggiudicandosi il campionato russo.

Soprannominato *"Principino"* per lo stile di gioco decisamente nobile e la clamorosa eleganza con la quale ha sempre amato distinguersi in campo sin dalla fanciullezza (celebre il suo outfit nel quale si presentò in campo con la Juventus Primavera in occasione della finale vittoriosa del Torneo di Viareggio 2005, consistente in calzamaglia raso-pacco bianconera, camiciola in tinta con manicotti sbuffati a palloncino ed ampio spacco ventrale con pelo addominale posticcio in pura lana di unicorno biondo, parrucca platinata modello Raffella Carrà, ampio mantello damascato a strascico, fascia da capitano tricolore istoriata a Swarovski e cucciolata di Yorkshire con pedigree al guinzaglio).

È stato uno dei centrocampisti italiani più talentuosi e completi degli ultimi 20 anni, dotato di grande duttilità, ottima capacità di inserimento e realizzativa, clamorosa intelligenza tattica ed efficacissimo tiro dalla distanza, tutte caratteristiche che hanno portato numerosi addetti ai lavori a paragonarlo spesso a Marco *Tarzan* Tardelli, suo predecessore nella leggendaria Juventus degli anni Settanta – Ottanta nonché celebre torero di avversari nel Mundial iberico 1982.

Esordisce in prima squadra nel 2006, quando la Juventus, come conseguenza dell'affaire Calciopoli, deve sorbirsi la gita fuori programma in Serie B (peraltro conquistata con 3 giornate di anticipo nonostante i 30 punti di penalizzazione iniziali, poi ridotti a 9, stabilendo l'ennesimo record); vista l'assoluta eccezionalità di una simile situazione, infatti, il Mister dell'epoca, il plurimedagliato ex giocatore bianconero Didier Deschamps, coglie l'occasione per fare esordire numerosi giovani promesse provenienti dalle formazioni giovanili juventine come, oltre allo stesso Marchisio, il sopra citato Sebastian Giovinco e Paolo De Ceglie.

Riconquistata la massima serie, il successivo staff tecnico bianconero decide di mandarlo a maturare in provincia a Empoli, nelle fila del quale esordisce in Serie A confermandosi come uno dei prospetti più interessanti a livello nazionale.

Il prestito tuttavia dura una sola stagione, sia per la decisione della Juve di puntare sul nuovo astro nascente del centrocampo nazionale, sia per la sofferta decisione della dirigenza empolese di privarsi a malincuore di un giocatore dal talento indiscutibile, ma che imponeva l'applicazione dello *ius primae noctis**1 nei confronti di fidanzate, mogli e sorelle commestibili di compagni di gioco, avversari e pubblico pagante, per non parlare della pretesa del suo procuratore di inserire nel contratto per l'eventuale rinnovo con la squadra toscana uno sterminato elenco di balzelli e gabelle tra i quali il *Panchinatico**2, lo *Spogliatoiatico**3 e l'*Esultatico**4

Il Principino Marchisio, pertanto, nella stagione 2007-2008 rientra alla corte degli Agnelli in Sabaudolandia giungendovi a bordo di una carrozza modello Zuccasprint placcata oro 24K trainata da ventiquattro coppie di ippogrifi ammaestrati; resterà per i successivi dieci anni di carriera a menar fendenti in campo sotto le insegne della Vecchia Signora e a collezionar sospiri in modalità anfibia delle numerosissime tifose juventine, che il bacio dal Principino se lo sarebbero fatte dare dove non ve lo posso scrivere, banda di maniaci sessuali che non siete altro.

Come punto di riferimento del centrocampo della Juventus collezionerà ben 7 Scudetti (2011-2018) e 4 Coppe di Stivalonia consecutive (2014-2018), record che detiene insieme ai soli Gianluigi Buffon, Giorgio Chiellini, Andrea Barzagli e Stephan Lichtsteiner (gli *Eptacampioni*), oltre a 3 Supercoppe di Stivalonia (2012, 2013 e 2015) e al succitato campionato di Stivalonia di Serie B (2006), totalizzando un final score di 389 presenze, 37 reti e 16.669 ricoveri presso i reparti di terapia intensiva e rianimazione degli ospedali Amedeo di Savoia, Maria Vittoria e Molinette di Torino, da parte di altrettante supporters per sospetto auto-avvelenamento da mela contaminata con insetticidi per uso domestico.

Dal 2009 al 2017 veste 55 volte la maglia azzurra della Nazionale, con la quale partecipa a due edizioni dei mondiali (Sud Africa 2010 e Brasile 2014), segnando 5 reti.

Decide di ritirarsi alla fine della stagione 2018 giocata nelle fila dello Zenith, quando, a causa dell'ennesimo infortunio alle ginocchia, viene accertata la materiale impossibilità di affrontare un ulteriore intervento chirurgico di ortopedia ricostruttiva stante la preoccupante carenza a livello europeo di sangue di tipo blu positivo, necessario per la trasfusione post operatoria.

Nella Juventus ha sempre vestito la maglia numero 8, presente anche nello stemma nobiliare della propria casata, rappresentante un Airone coronato rampante in campo bianco e nero a strisce verticali, che palleggia un globo dorato su un cadavere di Gufo portarogna.

*¹ **Ius primae noctis**: presunto diritto risalente ad epoca medievale, la cui esistenza non trova conferma definitiva, secondo il quale un nobile signore feudale, in occasione del matrimonio di un proprio servo della gleba, avrebbe potuto pretendere di sostituirsi al marito nella prima notte di nozze.

*² **Panchinatico**: tassa di origine medievale a carico dell'allenatore di una squadra di futbolus che si fosse permesso di non schierare un giocatore di sangue nobile.

*³ **Spogliatoiatico**: tassa di origine medievale a carico dei giocatori plebei di una squadra di futbolus che si rifiutassero di lavare ed ungere con essenze profumate il corpo di un loro compagno di squadra di origine nobile dopo ogni allenamento.

*⁴ **Esultatico**: tassa di origine medievale applicata a qualsiasi presidente di società calcistica di origine plebea qualora si rifiutasse di concedere il trionfo in stile imperiale romano al giocatore di sangue nobile che avesse segnato una rete nel corso di un incontro ufficiale di futbolus.

BLAISE "*Sonquamasonancolì*" MATUIDI

Secondo il foglietto delle istruzioni contenuto nella confezione risulta assemblato in quel di Tolosa (Gallia Meridionale) il 9 aprile 1987 (anno XIII d D.P.) da costruttori di origine angolana emigrati in Europa.

Segno zodiacale cinese: **DROMEDARIO DA COMBATTIMENTO**.

Centrocampista mancino notevolmente grintoso e atleticamente dominante, ottimo interdittore e discreto costruttore di gioco nonostante i piedi in puro vetrocemento marca Pozzi Ginori, è un giocatore che fa della sua estrema duttilità tattica e dell'inesauribile riserva d'ossigeno gli elementi di maggior pregio; infatti risulta immesso sul mercato in una moltitudine di versioni, delle quali la Juventus ha posseduto il modello "Matuidi calciatore", mentre altrettanto diffuse risultano essere anche le varianti "Matuidi falegname", "Matuidi muratore" "Matuidi giardiniere", "Matuidi karateka" (con apposito pulsante sparafendenti sulla schiena), "Matuidi esploratore" (nella simpatica confezione accessoriata con gorillone della Savana urlante e pettobattente), e "Matuidi Ninja" con casacca, pantaloncini e calzettoni mimetici.

Esordisce a 17 anni nel 2004 nelle file del *Troyes* (Ligue 1 Gallica), per poi essere ceduto al *Saint-Etienne* nel 2007, dove maturerà definitivamente come calciatore e collezionista di malleoli avversari.

Nel 2011 viene acquistato dal *Paris Saint-Germaine-Grand-Figuette* con il quale in sei stagioni raccatterà complessivamente 16 trofei transalpini e 24 condanne alla ghigliottina sospese con la condizionale.

Nel 2017 viene infine acquistato dalla Vecchia Signora per 20 milioni di Talleri di Maria Luisa e quindi sbarca in Sabaudolandia agli ordini di Mister Max Allegri, al quale non sembra vero di poter sostituire quel Mago Merlino delle geometrie futbalistiche di Andrea Pirlo con un altro centrocampista con i polmoni di una balenottera azzurra ma le caviglie montate per sbaglio alla rovescia.

Nelle file del branco a strisce, nel quale milita fino all'estate 2020, Blaise colleziona 3 Scudetti (2018-19-20), 1 Coppa di Stivalonia (2018) e 1 Supercoppa di Stivalonia (2018), oltre al premio "Trottolino amoroso DUDUDU DADADA" 2019 e l'accesso come straniero fuori quota alle fasi finali del Torneo *Tre Maghi* di Harry Potter valido per la conquista del *Calice di Fuoco*, ottenuta grazie alla sua soprannaturale capacità di essere in almeno otto parti del campo nello stesso istante riuscendo a combinare simultaneamente almeno quattro vaccate da Oscar della bestemmia sportiva e altrettanti recuperi o lanci in profondità da orgasmo calcistico, che a confronto Moana Pozzi quelle che toccavi tu, palle non erano.

Da qui il soprannome *"SonQuaMaSonAncoLì"* del quale detengo il copyright, quindi occhio raga.

Esordisce nella nazionale dei Galletti fighetti nel 2010 e dal 2013 ne diventa il capitano sotto la guida di Didier Deschamps (ex stella del centrocampo zebrato conquistatore della ultima Coppa Orecchiona bastarda e allenatore della Vecchia Signora nella triste parentesi del campionato di Serie B della stagione 2006-2007); con la propria nazionale si classifica vicecampione d'Europa nel 2016 nel torneo organizzato in casa e campione del Mondo nel 2018 ai mondiali organizzati nell'Ex Unione Sovietica, per intenderci quelli ai quali non ha partecipato la nazionale di Stivalonia perché in quel periodo il suo commissario tecnico era il maggiordomo degli Aristogatti.

Nell'agosto del 2020, complice l'esigenza di ringiovanire radicalmente il roster della Vecchia Signora e l'arrivo sulla panchina juventina di Andrea Pirlo nel ruolo del Mister di lunga esperienza che ne sa una più del Diavolo, Blaise risolve consensualmente il contratto con la Juventus per emigrare in MLS nelle fila dell'Inter di Miami, insieme a quel sommelier dell'area di rigore di Golzalo Higuain.

Nella Ggiuve ha sempre indossato la casacca n. 14.

DOUGLAS *"The Flash - Bagheera"* COSTA DE SOUZA

(Più comunemente noto come Douglas Costa)

Avvistato sul pianeta Terra per la prima volta il 14 settembre 1990 (anno XVI d D.P.) a Sapucaia do Sul (Rio Grande do Sul – Brasseu Carioca).

Segno zodiacale cinese: **GHEPARDO PUCCIATO NELLA NUTELLA**.

Si tratta di un esemplare biologico unico della sua specie (probabilmente di provenienza aliena, si ipotizza dal Pianeta Murcielago, nel sistema Lamborghjny).

Dalle analisi di laboratorio eseguite alla fine di un match di Serie

A, nel carburante prelevato dal suo serbatoio sono state rinvenute tracce di DNA di ghepardo mescolate a quelle di un Thanator di Pandora e a particelle di uranio impoverito molto simile a quello utilizzato dalla NATO per i proiettili anticarro.

È un esterno di attacco estremamente duttile, essendo utilizzabile su entrambe le fasce del campo, munito di tecnica individuale di livello Ninja e di una rapidità di esecuzione che a confronto Speedy Gonzales è un mouse da PC.

Con la palla tra i piedi spesso riesce a raggiungere le 88 miglia orarie, dopodiché sparisce in un vortice di luce, torna indietro nel tempo, ammazza i genitori del portiere prima che lo possano procreare, ricompare nel presente e segna a porta vuota.

Mica per niente in Brasseu lo hanno soprannominato *"The Flash"*, come il supereroe iper svelto della DC Comics, anche se noi preferiamo chiamarlo *"Bagheera"*, come la pantera nera del *Libro della Jungla*, o *"imene da ninfomane"*, per l'altrettanta rapidità e frequenza con la quale si rompe sul campo, rendendo la sua carriera un vero e proprio sistema binario prodezza-infortunio e, al contempo, l'elettrocardiogramma dei relativi tifosi tranquillo come l'*Oblivion: The Black Hole* di Gardaland.

Esordisce professionalmente nel gioco della pallapiede nelle cucciolate del *Gremio* nell'anno 2002 e già nel 2008 debutta in prima squadra nel campionato carioca; nel 2010 inizia la propria carriera di esportatore planetario di orgasmi futbalistici emigrando in Ucraina nello *Sactar Donetsk*, dove in cinque anni colleziona 11 trofei nazionali tra i quali 5 campionati.

Nel 2014, con il pretesto di un trascurabile puntiglio diplomatico (in Ucraina scoppia la guerra civile con i separatisti russi), Douglas fa le valigie e si sposta in Krukkonia, nel *Bayern Monaco*, nel quale militerà per due stagioni collezionando 2 campionati, 1 coppa Naziland e 1 Superkoppen das Reich.

Nel 2017 la Zebra assassina se lo prende in prestito per 6 milioni di sesterzi, riscattandolo alla fine della stagione successiva per altri 40.

Spenderà il triplo in fisioterapia riabilitativa per il numero di riparazioni che il nostro dovrà subire nell'officina del J-Medical durante la sua militanza con la casacca bianconera e circa altrettanto per rizollare le fasce laterali del campo del J-Stadium-dopo ogni partita nella quale invece riesce a giocare.

Nei due anni e mezzo che ha disputato tra le fila del branco a strisce black&white, tra un tagliando e l'altro, si è comunque aggiudicato 3 Scudetti (2018-19-20), 1 Coppa di Stivalonia (2018), 1 Supercoppa di Stivalonia (2018), 1 finale dei cento metri piani alle Olimpiadi portandosi Usain Bolt sulle spalle e la rotta di Kessel in meno di dodici Parsec con alle calcagna i migliori astrocaccia dell'Impero[*1].

Nell'estate del 2020 viene dato in prestito al Bayern Monaco ove sinora (primavera 2021), peraltro, non si è ancora rotto nemmeno le doppie punte dei capelli.

[*1] Se questa ve la devo anche spiegare vuol dire che non siete fans di Star Wars; e se voialtri non siete fan di Star Wars allora io e voialtri non siamo mica tanto amici, quindi adesso io mi riprendo il pallone che è mio e me ne vado a casa, vamolà.

RODRIGO "*McGyver*" BENTANCUR COLMAN

Nasce a Nueva Helvecia, in Uruguay-ay-ay-ay, il 25 giugno 1997 (anno XXIII d D.P.).

Segno zodiacale cinese: **CAMALEONTE MULTITASKING**.

Nel 2006, a nove anni (ma già a 500.000 chilometri) debutta nelle giovanili del *Penarol* dove resta tre stagioni, durante le quali studierà da allievo padawan per diventare maestro Jedi di fuccbol, perché potente in questo ragazzo la forza del pallone tra le caviglie scorre.

Nel 2009 attraversa il Rio della Plata, sbarca in Argentina e prende d'assalto un posto nel centrocampo della cucciolata del *Boca Junior*, e Garibaldi fatti in là giovane marmotta che non sei altro.

Nell'aprile 2015 esordisce in prima squadra durante una partita di Copa Libertadores e a fine anno viene votato giocatore rivelazione dell'anno dalla stampa gaucha.

Con il Boca si guadagna 2 campionati e 1 *Copa d'Argentina*.

Nell'estate dello stesso anno rientra nell'affare che riporterà l'*Apache* Carlos Tevez a casa e viene quindi prenotato dalla Ggiuve, che lo lascia però ancora un anno e mezzo nel decanter della Pampa.

Nel 2017 viene finalmente spedito in Sabaudolandia alla corte di Max Allegri, che se lo coccola come se fosse un cucciolo di Velociraptor con 250 di Q.I.

Rodrigo è un centrocampista tecnicamente dotato, fisicamente imponente e singolarmente duttile sotto il profilo tattico: nasce infatti come mezzala o trequartista ma Mister Acciughina lo reinventa regista – incontrista, una specie di Ron Howard della pallapiede con il temperamento di John Wick il minuto dopo in cui i russi gli hanno chiavato la macchina e sdraiato il cane.

È talmente farcito di soluzioni tattiche per ogni evenienza e situazione di gioco che a Vinovo cominciano a soprannominarlo *McGyver*.

L'unico tallone d'Achille in questo prototipo di procuraorgasmi calcistici consiste nella continuità delle prestazioni ancora tutta da rodare, la cui ballerinità rende talvolta le partite del nostro Rodrigone come la qualità delle sorprese delle uova di Pasqua o l'andamento della Borsa valori di Hong Kong: tendenti al variabile.

Nelle fila della Vecchia Signora in quattro anni si imbacheca 3 Scudetti (2018-19-20), 2 Coppe di Stivalonia (2018 e 2021) e 2 Supercoppe di Stivalonia (2018-2020), ma la sensazione è che con lui in mezzo al campo a collezionar malleoli altrui e incursioni in profondità, questo sia solo l'aperitivo di un pranzo di nozze siciliano.

Indossa da sempre la maglia n. 30, in onore del giorno del compleanno della sua mamma, che purtroppo perse quando era ancora un cucciolo.

Ovunque tu sia, mamma del piccolo McGyver uruguascio, sappi che prima di arrivarci hai fatto davvero un ottimo lavoro e noi te ne siamo tanto, ma tanto grati.

JUAN GUILLERMO *"Billy Jean*[1]" CUADRADO BELLO[2]
Prima data del suo World Live Tour: Necoclì – Colombia, 28 maggio

1988 – anno XIV d. D.P.).
Segno zodiacale cinese: **VESPA BALLERINA.**

Juan Cuadrado nasce a fine maggio del 1988 in Colombia (Meridioamerica) a Necoclì, piccola località turistica caraibica del dipartimento di Antioquia.

Circa nove mesi prima, nell'agosto 1987, il sig. Joe Jackson from Gary (Indiana, UESSEI), di professione ex manager discografico di cinque dei suoi figli (il minore dei quali, Michelino, aveva fatto un discreto successo diventando il migliore cantante-ballerino-musicista-performer-fateunpovoi della intera Via Lattea), aveva trascorso una breve vacanza rigeneratrice proprio a Necoclì.

Coincidenze?

Mr. Jackson era noto, oltre che per l'acume musicale e l'attitudine vagamente Gestapo nel gestire la propria stirpe a livello manageriale, anche per la sua risaputa passione per il gentil sesso, e si dà il caso che la mamma di Juan fosse all'epoca, con rispetto parlando, un gran bel pezzo di figliola caraibica decisamente commestibile.

Coincidenze?

Anni dopo il piccolo Juan cresce allegro e spensierato come ogni altro mocciosa di Bambalandia quando improvvisamente, un bel pomeriggio del 1998 nel campetto parrocchiale di Necoclì, al secondo minuto di gioco di una partitella tra pulcini, si impossessa della sfera sul limite della propria area di porta e, in meno di dieci secondi netti, percorre palla al piede l'intero terreno di gioco dribblando tutti e ventuno gli altri partecipanti alla gara, procedendo esclusivamente in retromarcia mentre esegue il passo del moonwalk, dopo di che insacca sparecchiando la ragnatela nell'angolo destro tra palo e traversa e festeggia con una tripla piroetta su se stesso che si conclude in punta di scarpini e strizzata al pacco.

Coincidenze?

Durante l'adolescenza calcistica diventa noto agli ambienti sportivi locali sia per la mania di voler dribblare anche le gocce di pioggia durante un acquazzone (peraltro riuscendovi) sia per l'abitudine di scendere in campo indossando, oltre alla divisa di gioco regolamentare, anche un guanto bianco alla mano sinistra tutto-tempestato-di-pietre-preziose.

Coincidenze?

Lo nota *l'indipendiente* di Medellin, squadra della capitale colombiana che nel 2007 se lo accalappia convincendolo a firmare il suo primo contratto da professionista, aggiungendo come benefit un viaggio premio a Neverland, il ranch – parco a tema ubicato a Santa Barbara in California di proprietà di Michael Jackson.

Coincidenze?

Fatto sta che l'anno successivo esordisce in prima squadra nel campionato colombiano come laterale difensivo destro, collezionando 21 presenze, 2 reti e 742 ricoveri per svenimento da eccitazione da parte delle fan impazzite.

Coincidenze?

Di lui si interessa l'*Udinese* (squadra di Serie A della tribù dei *Cimbri Giuliani* con sede a Udine, capoluogo della Grappinia Cimbrica, Stivalonia del Nord Est), che lo acquista a titolo definitivo portandolo nel Bel Paese; ma nel successivo biennio Juan non riesce ad ambientarsi, soprattutto a causa dell'abitudine dei compagni di squadra di diffondere nello stadio, durante le gare casalinghe, una selezione di cori alpini sul sottofondo dei quali le coreografie in very funky-disco-style-UAHU! studiate in allenamento dal nostro piccolo performer fanno abbastanza defecare.

Coincidenze?

Nel 2011 viene ceduto in prestito al *Lecce* (Sultanato di Tacconia, Stivalonia Meridionalissima) nel quale disputa una stagione di tutto rispetto siglando anche la sua prima rete in Serie A.

Nonostante le sue ottime esibizioni a fine stagione il Lecce retrocede e pertanto Cuadrado viene ceduto nuovamente in prestito, stavolta alla *Guelfi&Ghibellini* di Florentia, nella quale militerà per 3 anni, 106 concerti live e 26 gol, consacrandosi come uno dei laterali più rapidi e tecnici della serie A.

Nel 2015 viene ceduto in Gran Bruttonia nel Chelsea, all'epoca allenata dal gran Guru portoghese Mourinho con il quale, pur aggiudicandosi Premier League e Coppa di Lega, tuttavia non troverà mai il giusto feeling, dato che quest'ultimo non capisce una beata fava di disco music.

Coincidenze?

Ne approfitta clamorosamente la Juventus, che nell'estate dello stesso 2015 riesce a farlo tornare in Stivalonia con l'ennesimo prestito.

Nelle sue fila Juan si trova finalmente a suo agio come sul palco del Live Aid, tant'è vero che incomincia a giocare in modo talmente cool che spesso il terreno della sua fascia di competenza si illumina al ritmo di ogni suo passo come nel video di Billie Jean del 1982.

Coincidenze?

Ai comandi del coreografo e produttore discografico Max Allegri, detto il *Quincy Jones di Livorno*, il nostro dribblatore colombiano diventa, dapprima come attaccante esterno e poi come terzino con forti propensioni offensive, uno degli elementi fondamentali della cavalcata in rimonta che consentirà alla Zebra assassina la celebre conquista dello scudetto del 2016.

Dopo essere temporaneamente rientrato a Londra per fine prestito, egli stesso insiste per poter tornare a vestire la divisa zebrata, cosa che puntualmente succede il 31 Agosto 2016, quando la Ggiuve e il Chelsea si accordano per un prestito triennale con diritto di riscatto, che la Vecchia Signora puntualmente esercita nel 2019 a conferma di un matrimonio artistico-sportivo talmente riuscito da non avere tuttora la minima voglia di fissare l'ultima data del tour.

Con la casacca della Juve Cuadrado ha sinora conquistato: 5 Scudetti consecutivi (2016-2020), 4 Coppe di Stivalonia (2016/17/18 e 2021), 2 Supercoppe di Stivalonia (2018-2020), e 4 Grammy Award consecutivi per la realizzazione del miglior video musicale funk-futbolistico.

Ha indossato la casacca n. 7 della Giuve dal 2016 fino al 2018, quando decide di cederla spontaneamente a Sua Ronaldità Cristiano Ronaldo Dos Santos Aveiro, nuovo acquisto della Vecchia Signora.

Da allora indossa la maglia n. 16

Come il numero di World Music Award che si è aggiudicato Michael Jackson in carriera.

Coincidenze?

*1 È la versione maschile di *"Billie Jean"*.

*2 Questa scheda va degustata con il sottofondo di uno a scelta dei brani tratti dall'LP "Thriller" (Epic Records, 1982), il disco più venduto nella storia della musica (oltre cento milioni di copie), nonché sesto album in studio di Sua Maestà Michelino Jackson, indiscusso Re del funk planetario, uhhh-uh!

MARIO *"Sorrisino"* MANDZUKIC

Esordisce nella partita della vita il 21 maggio 1986 (anno XII d.D.P.) a Slavonski Brod, in Croazia (Ex Slavonia Unita).

Segno Zodiacale cinese: **BUFALO SVEGLIATO MALE**.

Appena uscito dalla mamma, l'ostetrica in sala parto lo solleva per fornirgli la consueta impanata di borotalco negli zebedei e infilargli la tutina post parto d'ordinanza, dopodiché improvvisamente si immobilizza e abbassa lo sguardo.

Mario la stava guardando malissimo.

Tutto il personale dell'ospedale entra in stato di agitazione finché non riescono a infilargli nella culla una replica in miniatura dell'Adidas Azteca, il pallone ufficiale con il quale, da lì a poche settimane, si sarebbero disputati i mondiali di fuccboll in Mexico.

Mario si infila il pollicino in bocca, esegue rapidamente un paio di palleggi tacco-punta e poi, in semirovesciata, lascia partire un terra aria con il quale polverizza l'incubatrice.

Tutto il personale applaude entusiasta facendo a gara per complimentarsi con mamma Mandzukic, che non solleva nemmeno il sopracciglio destro.

Mario intanto si è addormentato nella culla, guardando malissimo il primo sogno della sua vita.

Gente simpatica e cordiale, i Mandzukic.

Il piccolo Mario resta piccolo piuttosto poco, dato che a quattordici anni è già uno e novanta, si rasa tutti i giorni con una katana da samurai a secco, senza schiuma, e se ne va in giro con una tigre dai denti a sciabola al guinzaglio di nome Clint Eastwood.

Insomma a *Zelig* farebbe fatica a superare le selezioni, ma con la palla tra i piedi è fottutamente convincente ed il suo talento fuccbolistico cresce in modo inversamente proporzionale alla sua allegria.

Si narra addirittura che nel 1995, nel pieno della sanguinosissima guerra civile jugoslava, sia stato un SMS inviato direttamente sul cellulare di Slobodan Milosevic dal piccolo Mario ad indurre il leader politico serbo a firmare il trattato di pace con la neonata repubblica croata dopo quattro anni di accaniti combattimenti.

Pare che il testo del messaggio fosse: "*Sad si mi stvarno slomio kurac*", che in lingua croata significa pressapoco: "*Adesso mi hai proprio rotto il cazzo e vengo lì*".

Nel 2007 esordisce nella massima categoria croata nelle fila della *Dynamo Zagabria*, nella quale militerà per i successivi tre anni scendendo in campo 128 volte, segnando 63 reti e lasciandosi sfuggire ben 2 sorrisi (entrambi annullati dall'arbitro per eccesso di foga sportiva).

Nel 2011 viene acquistato dai Krukki del *Wolfsburg* dove si parcheggia per due anni mettendosi in luce come una delle punte centrali più efficaci del Reich, dotato di una notevole forza fisica ma anche di una non meno apprezzabile tecnica individuale, oltre ad un'insospettabile generosità che lo rende estremamente apprezzato a livello tattico, un pelo meno come comico da strada o concorrente di *La sai l'ultima?*, due ruoli nei quali invece fatica ad adattarsi.

Nel 2012 viene rastrellato dagli osservatori del *Bayern Munchen*, la squadra più titolata del Quarto Reich, con la quale, in quattro anni, solleva ben 8 trofei tra i qualI 2 campionati krukki, 1 Coppa Orecchiona Bastarda (2013), 1 Supercoppa Europea e 1 Mondiale per Club.

Ma nel 2014 non sopporta piu Pep Guardiola, nel frattempo divenuto capo allenatore dei bavaresi, quindi prima di farlo divorare dal fido Clint Eastwood decide di trasferirsi in spagna nell'*Atletico Madrid*, dove resta per tre stagioni procurandosi una Supercoppa Iberica.

Nel 2015 viene finalmente acquistato dalla Zebra assassina.

Si mormora che appena sceso dal jet privato atterrato all'aeroporto di Caselle proveniente da Madrid, Mario abbia accennato a un sorriso di soddisfazione per essere approdato finalmente in una squadra priva di tempo da buttar via in sghignazzi, ma la notizia non è mai stata confermata e nemmeno i filmati sequestrati ai tifosi e ai numerosi giornalisti presente all'evento, benchè scrupolosamente esaminati dalla Commissione Warren, si sono sinora rivelati utili per pervenire ad una conferma definitiva sul punto; si attende tuttavia ancora l'esito della perizia disposta sulla ripresa fatta con l'Iphone dal sig. Abrham Zapruder*[1], noto tifoso juventino presente quel giorno.

Mario resta in bianconero per quattro stagioni, durante le quali contribuisce allo stivaggio in bacheca di: 4 Scudetti consecutivi (2016-2020), 3 Coppe di Stivalonia consecutive (2016-2018), 2 Supercoppe di Stivalonia (2015, 2018), collezionando 162 presenze e 44 reti, tra le quali quella splendida ma inutile e sfortunata segnata nella finale della Coppa Orecchiona Bastarda persa a Cardif il 03.06.2017 contro gli alieni del Real Ladrid, premiata come la rete più bella dell'intero torneo e certamente una delle più spettacolari dell'intera storia della competizione.

Nel dicembre 2019, non trovando particolare affinità con il nuovo allenatore bianconero Maurizio Sarri e non avendo voglia di infilarlo a tocchi nel bagaglialio della macchina dopo avergli fatto saltare in aria la casa, decide di risolvere consensualmente il contratto con la Juventus e di accasarsi in Qatar, nella squadra dell'Al Duhail, che nell'antico dialetto locale significa *"Cazzo guardi?"*

Nella Zebra assassina ha sempre indossato la maglia n. 17, la stessa che indossa quando gioca nella nazionale croata della quale è tuttora simbolo ed elemento imprescindibile e con la quale si è laureato vicecampione del mondo nel 2018, peraltro segnando ancora una volta inutilmente nella finale persa contro i galletti fighetti transalpini.

Quindi alla fine ha poi ragione lui: non ci sta proprio un beato cacchio di niente da ridere.

[1] **Abrham Zapruder**: presente anche a Dallas il 22 novembre 1963 (anno XI a.D.P.), quando con una cinepresa 8 millimetri riprese il corteo presidenziale durante l'attentato che costò la vita al presidente Yankee John Fitzgerald Kennedy, noto filojuventino.

FEDERICO "*Scarabocchio*" BERNARDESCHI

Viene disegnato per la prima volta il 16 febbraio 1994 (anno XX d.D.P.) a Carrara (Gran Ducato di Tuscia, Stivalonia Centrale), lo stesso paese natio di Gigione Buffon.

Segno zodiacale cinese: **PAVONE MAORI**.

Mancino puro di ottima prestanza fisica e rimarchevole tecnica personale, talvolta eccessivo nel protagonismo e nella mania di voler imitare soluzioni funamboliche che manco a FIFA 2030 impostata sul livello difficoltà Cappella Sistina, viene impiegato prevalentemente come attaccante esterno, trequartista, modello per tatuatori maori spaccati ammerda di Amaro Montenegro e/o lubrificante vaginale biologico D.O.P. dato che, come diceva mia nonna Elsa, *l'è propria un gran bel ràgazòl*.

Infatti, unitamente a Paulo "*LaJoya*" Dybala e a Sua Ronaldità Cristiano Ronaldo Aveiro Dos Santos, forma il cosiddetto "trittico bianconero della mutanda anfibia", trattandosi di tre esemplari di bipedi senzienti birillo-muniti di pregevole fattura particolarmente graditi dal pubblico femminile juventino e ritenuti meritevoli della valutazione di 5 stelle sulla Guida Michelin nella sezione gnoccheria da asporto.

Nasce calcisticamente nella scuola dell'*Empoli*, ma già dal 2004 giunge nelle giovanili della *Guelfi&Ghibellini* di *Florentia*.

Milita un anno (2013) in prestito al *Crotone* (Kalabria saudita, Stivalonia sudista) dove si mette in luce per le sue qualità di realizzatore sia in campo che fuori (se semo capiti), dopodichè torna alla casa madre toscana che lo fa esordire nella massima serie stivaloniana il 14 settembre 2014.

Dopo tre stagioni alla *Guelfi&Ghibellini* viene acquistato a titolo definitivo dalla *Zebra assassina* nel 2017, per un prezzo concordato in 40 milioni di Ducati d'oro, praticamente tre Ducati a tatuaggio.

Con la Ggiuve Federico sinora ha conquistato 3 Scudetti (2018-19-20) 3 Coppe di Stivalonia (2017-2018-2021), 2 Supercoppe di Stivalonia (2018-2020) e il premio dell'Automobil Club 2019 per la migliore cartina geografica semovente; infatti il suo corpo è scarabocchiato come un sicario della Yakuza giapponese rimasto rinchiuso sei mesi nel reparto di massima sicurezza di un carcere dell'Arizona insieme a una banda di street painters portoricani schizofrenici affetti da delirio di onnipotenza.

Indossa la maglia n. 33 perché si professa molto religioso.

Cosa che posso personalmente confermare dato che quello è, in media, anche il numero di madonne al secondo che fa venire voglia di indirizzare al cielo OGNI QUALVOLTA NON SI DECIDE A MOLLARE QUELLA CAZZO DI PALLA A UN COMPAGNO CHE SON TUTTI SMARCATI COME UNA STECCA DI PAGLIE DI CONTRABBANDO, PORCADIQUELLATRO.........

Ehm...disciplina, Memedesimo, disciplina...

PAULO BRUNO EXEQUIEL *"La Joya"* DYBALA

Cesellato interamente a mano a Laguna Larga (Arhentina) il 15 novembre 1993 (anno IXX d. D.P.).

Segno zodiacale cinese: SCORPIONE DALLA CODA DI DIAMANTE.

Il piccolo Paulo viene assemblato in Pampalandia da una famiglia composta da babbo di origine polacca (Freezerlandia, Europa Nord-orientale) e mammà di provenienza stivaloniana.

Pare che il nonno paterno, Boleslaw (che in freezerlandese significa *"colui il cui nipote è destinato a indossare una divisa di calcio molto elegante a strisce bianche e nere"*) fosse emigrato in Sudamerica verso la fine della Seconda Zuffa mondiale per sfuggire ai Nazi che gli davan la caccia, ritenendolo esperto di una materia che in questa storia tornerà a galla un certo tot percento di volte: l'arte orafa applicata al fuccbol, in arhentino: "*Luminescencia*".

Fatto sta che due generazioni e un pacco di anni dopo, nel 1997, il piccolo Paulo (anni quattro) manifesta all'umanità il proprio innato talento pallapiedistico allorquando mamma Alicia, entrata in compagnia del suddetto terzogenito in una piccola gioielleria di Laguna Larga per fare sistemare un paio di orecchini vinti alla tombola del paese, urta e fa inavvertitamente cadere dal banco dell'orafo un preziosissimo ciondolo a forma di Tango*[1] in diamanti & platino del valore di qualche cazzilionardo di pesos e fragile come l'autocontrollo di una sborronburghese il primo giorno dei saldi davanti alla vetrina di Manolo Blahnik.

Il piccolo Paulo salva infatti in una botta sola bilancio familiare e coronarie materne colpendo al volo di sinistro il ciondolo prima che si disintegri sul pavimento, dopodichè esegue 696 palleggi del gioiello utilizzando tutte le appendici corporee a disposizione, alla fine dei quali con un ultimo colpo di tredita esterne mancine ricolloca il diadema esattamente sul suo supporto originale.

Completamente lucidato.

Con la correzione del prezzo sul cartellino.

Senza mai scendere dal passeggino.

Con il gioielliere marmorizzato nell'imitazione dell'Urlo di Munch.

Il babbo decide pertanto di iscriverlo senza ulteriori indugi alla scuola calcio locale dopo avere scartato l'ipotesi di far addestrare direttamente il piccolo Paulino come Jedi dal maestro Yoda, solo perché il pianeta Dagobah sarebbe risultato un pelo fuori mano da raggiungere decollando dalla Pampa senza un Millenium Falcon.

Viene pertanto affidato alle giovanili dell'Instituto Atletico Central Cordoba, militante nella Serie B gaucha, nel quale, crescendo, lascia che vengano progressivamente lucidate le molteplici facce prismatiche del suo notevole talento mancino, rivelandosi sin dall'adolescenza una prima o seconda punta dotata dell'eleganza di un erede al trono dell'Impero Austro-Ungarico e della imprevedibilità di un tornado autunnale del Kansas.

Esordisce in prima squadra nel 2011 segnando 17 reti, 21 assists e subendo 381 tentativi di stupro da parte delle tifose femminili dell'Instituto che, benché il Paulino sia ancora minorenne, lo eleggono all'unanimità sogno erotico dell'anno conferendogli il premio *Minipimer De Beers*2 2011*.

In quel periodo gli affibbiano il soprannome *"La Joya"*, che in pampanese significa "il gioiello", un nickname che sarebbe piaciuto tanto anche babbo Adolfo, nel frattempo prematuramente mandato negli spogliatoi dello stadio del cielo quando Paulino compie i suoi primi quindici giri attorno al sole.

La sua capacità realizzativa, paragonabile a quella di un Rocco Siffredi sguinzagliato nella camerata di un istituto femminile per il recupero di giovani ninfomani, ed il suo estro nel trasformare in punti qualsiasi tipo di calcio piazzato, lo fanno accostare immediatamente a Omar Sivori, grande futbolero arhentino degli anni sessanta che militò anche tra le gloriose fila della Zebra assassina (ma secondo me ve ne devo avere già parlato, quindi tiriamo dritto).

Nel luglio 2012 la Joya viene adocchiata dagli observers del Palermo, che decidono di esportarlo di contrabbando nel vecchio continente facendolo approdare nello splendido Califfato di Sycilia (Stivalonia Ultrasudista) per inserirlo nella parure rosanero dell'allora patron Zamparini, che lo paga 12 milioni di Baiocchi d'oro, un buono sconto del 10% sull'acquisto dell'intera catena EmmeZeta e una cassata da una tonnellata e mezza a forma di diamante taglio cabochon.

Nei successivi 36 mesi con la maglia dei picciotti diventa protagonista dello yo-yo con il quale la squadra siciliana farà su e giù dalla prima alla seconda serie stivaloniana, collezionando complessivamente 93 presenze, 21 reti, 17 assists, un soprannome (*Picciriddu*), e 16 tir a rimorchio ricolmi di biancheria intima gettata dagli spalti dello stadio Barbera da parte della tifoseria femminile, con i quali batte il record precedentemente raggiunto da Mike Jagger durante il *Live at Rio De Janeiro* degli Stones del 2006.

Nel giugno del 2015 il destino previsto da nonno Boleslaw si compie e Paulino veste per la prima volta quella divisa che gli sta bene addosso come nessun'altra, quella di uno stilosissimo bianco e nero a strisce tuttotempestatodiscudettipreziosi, non lo so, volete anche che vi giri la ruota e vi compri le vocali?

Appena giunto ad Agnellopolis il giovane fuoriclasse arhentino viene incolpevolmente catapultato al centro di un curioso contrattempo: Donna Marella Caracciolo di Castagneto in Agnelli, vedova dell'*Avvocato*3*, celebre collezionista d'arte, equivocando clamorosamente sul soprannome del nuovo fuoriclasse della Juve fa disporre il suo immediato trasferimento a Villar Perosa per farlo incastonare al centro del diadema di famiglia, il celebre "*Tvionfo di vaffinatezza impeviale ciao povevi*".

Lo salva un incazzatissimo Max Allegri, che dopo essersi paracadutato nella mansion della famiglia Agnelli riesce a liberarlo a colpi di bestemmie livornesi minacciando di sganciare dal guinzaglio il neo acquistato Mario Mandzukic, scambiato dalla security della villa per un raro esempio di T-Rex nano e come tale incautamente ritenuto notevolmente più mansueto dell'attaccante croato.

L'8 agosto di quell'anno Paulo fa il suo esordio in Supercoppa contro le *Galline del Latium*, siglando la seconda rete con la quale la Vecchia Signora si aggiudica il trofeo e incrementa del 69% il bilancio mensile della *Lines Spa* per l'improvviso aumento di vendita di salva slip nell'intera Sabaudolandia.

Si tratta di un autentico colpo di fulmine a prima vista tra la Old Lady e Dybala, che da quel momento in poi diventa una icona del tifo bianconero, specie di quello femminile per il quale giungerà in seguito a formare, insieme ai sopraggiunti Fede Bernardeschi e Sua Ronaldità CR7, il famigerato Black&White Punto G Squad, l'unico pacchetto di giocatori nella storia della pallapiede per il quale i TG sportivi sono obbligati ad applicare il parental control quando ne trasmettono le immagini, di gioco e non.

Nell'estate del 2019, successivamente ad un primo anno di difficile convivenza tattica con Sua Ronaldità CR7 (approdato in bianconero l'anno precedente) insistenti voci di mercato danno Paulino Dybala in partenza, conteso a suon di fantastiliardi dalle più agguerrite squadre di vertice europee (Real Ladrid, Manchester United Colors of Puzzasottoilnasoland, Paris Saint Germaine Grande Figuette, Tottenhamburgher).

La sua volontà di rimanere alla Ggiuve nonostante le difficoltà tattiche e le appetibili lusinghe monetarie da parte delle sirene emirate ed ispaniche gli valgono da parte della tifoseria il premio Orgasmo di Platino 2019, ampiamente compensato da una successiva stagione di qualità a 24 Karati da parte della Joya, definitivamente tramutatosi in un autentico totem bianconero.

Militando nelle fila della Zebra assassina, dal 2015 ad oggi (maggio 2021), Il Gioiello ha incastonato nella sua personale cassaforte i seguenti preziosi: 5 Campionati di Stivalonia consecutivi (2015-2020), 4 coppe di Stivalonia (2016-2017-2018-2021), 3 Supercoppe di Stivalonia (recordman di reti segnate nella competizione: 4), 1 finale di Coppa Orecchiona Bastarda (l'unica bigiotteria della collezione).

Nei primi due anni di militanza bianconera Paulino ha indossato la illustre numero 21 (già appartenuta a Zinedine Zidane e al maestro Andrea Pirlo), ma dal 2017 ha deciso di onorare la mitica n. 10, accettando così la pesante eredità di mostri sacri del fuccbol e della juventinità come Omar Sivori, Michel Platini, Roberto Baggio, Alex Del Piero, Carlos Tevez e Paul Pogba.

[*1] **Tango:** pallone ufficiale del mondiale disputato in Pampalandia nel 1978 (anno IV d. D.P.).

[*2] **De Beers:** È la piu antica società sudafricana che si occupa dell'estrazione e commercializzazione di diamanti, leader mondiale del settore.

[*3] **L'Avvocato:** sopvannome di Giovanni (Gianni) Agnelli (Taurinium 1921 - 2003), compianto leadev della famiglia Agnelli, insupevabile maestvo di stile di vita, capostipite di ogni influencev nonché supevbo pvesidente della Giuve dal 1947 al 1954 (e successivamente pvesidente onovario sino al 1994); gvande espevto di fuccboll, pvomotove dell'acquisto da pavte della Zebva assassina di un'autentica moltitudine di supevstav mondiali tra i quali Sua Maestà Le Roi Michel Platini (sua la celebve fvase a commento del colpo: "Lo abbiamo acquistato pev un tozzo di pane, sul quale è stato spalmato qualche cucchiaio di caviale"), Paolo Rossi, Roberto Baggio, Zinedine Zidane, Pavel Nedved, Gigi Buffon, David Trezeguet e Alessandro Del Piero.

GONZALO GERARDO *"El Pipita"* HIGUAIN

Nasce abbastanza casualmente a Brest (Gallia Transalpina) il 10 dicembre 1987 (anno XIII d.D.P.), ma è arhentino pampanero purosangue.

Segno zodiacale cinese: **KUNG -FU PANDA**.

È figlio d'arte: il papà Jorge (soprannominato *El Pipa* per via del naso Chirano De Bergerac-style, dal quale proviene anche il soprannome di Gonzalo – *Pipita*, cioè *piccola pipa*) è stato un calciatore professionista, buon difensore centrale che ha trascorso tutta la sua carriera in patria tranne un anno sabbatico con i francesi del Brest, durante il quale viene per l'appunto impiattato il piccolo Gonzalo.

Ritornato in Pampalandia quando è ancora in fasce, il Pipita dimostra abbastanza precocemente di avere ereditato dal papà non solamente le caratteristiche somatiche ma anche una notevole quota di talento futbolistico e per tale motivo viene allevato nelle giovanili del River Plate, nel quale trascorre tutta la trafila fino alla prima squadra, nella quale debutta nel 2006 a soli 17 anni.

Nei due anni che trascorre nelle fila dei biancorossi si distingue come ottima punta centrale da area di rigore, forte fisicamente ma dotato anche di un'apprezzabile tecnica e un fiuto del gol da fare invidia ad un bracco da tartufi; segna una doppietta in Copa Libertadores ai brasileri del Corinthians e ne piazza un'altra nel "Superclàsico" contro il Boca Juniors, in entrambi i casi garantendo il successo del River.

Simili prodezze fanno alzare a distanza transoceanica il sopracciglio di Don Fabio Capello, celebre allenatore pluridecorato a livello internazionale nonché ex giocatore e allenatore, tra le altre, anche della Vecchia Signora; Don Fabio, all'epoca alla guida del Real Ladrid, la squadra spagnola più titolata e ricca del pianeta Terra, lo fa acquistare per le Merengues che lo pagano 13 milioni di Maravedí d'oro.

Durante la sua permanenza in Spagna, nonostante il cambio di ben cinque allenatori nei successivi sette anni sulla panca dei blancos ed una certa difficoltà ad inserirsi nel parterre de Roi dello spogliatoio del Ladrid, intasato di superstar come neanche i tamarri ad una esibizione di Elettra Lamborghini, il giovane Gonzalo riesce comunque ad emergere ritagliandosi una certa fama internazionale come puntero di qualità, raggiungendo anche il circuito della Nacional biancoceleste; con i madrileni, da comparsa o da protagonista, il Pipita colleziona 3 campionati spagnoli, 2 Supercoppe e 1 Coppa di Spagna, formando nella stagione 2012 con Sua Ronaldità CR7 e il francese Benzema il trio d'attacco più prolifico dell'intera storia del Ladrid (89 reti).

Lascia la penisola iberica nel luglio del 2013 dopo aver disputato con la camiseta blanca 263 partite siglando 121 reti.

Lo acquista la *S.S.C. Vesuvianese*, all'epoca principale contender della Zebra nella conquista del titolo di Stivalonia, nonché società storicamente avvezza ad annoverare tra le proprie fila scugnizzi sudamericani di un qual certo spessore (oltre all'insuperabile Diegàrmànd', anche Omar Sivori, Edilson Cavani, Ezequiel Lavezzi, Antonio Careca ed una cariolata di altri).

Gufelio De Lamentiis, il Gran Visir della Vesuvianese, lo paga 40 milioni di Pezzi d'oro inserendo nel suo contratto una clausola rescissoria da 90 nella convinzione di blindare il Pipita forevvah-ennevah, ma tra un po' ne riparliamo e preparate i fazzoletti.

Con la maglia n. 9 dei partenopei Higuain spacca di brutto e in tre stagioni diventa un vero e proprio idolo n'coppa ò Vesuv', contribuendo a consolidare il ruolo partenopeo di sparring partner ufficiale della Juve acchiappa-scudetti, più o meno come Clubber Lang in Rocky III, il negrone iper saturo di cazzimma che dopo avere assestato qualche cazzotto allo stallone italiano a strisce (Coppa di Stivalonia e Supercoppa 2014) alla fine del copione finisce immancabilmente a fare la controfigura del tappeto persiano (due secondi e un terzo posto nel campionato stivaloniano dal 2014 al 2016, tutti ovviamente conquistati, chevvelodicoaffare?, dalla Vecchia Signora).

Gonzalo tuttavia segna a mitraglia un puttanaio di reti, confermandosi capocannoniere degli yammeyà per tre anni consecutivi ed arrivando addirittura nel 2016 a raggiungere il record all time di goals segnati in Serie A (36).

A Pizzàpoli e nel resto del Lamentistan si impenna la curva demografica di primogeniti immatricolati Gonzalo se si tratta di pisellomuniti, e Pipita se appartenenti all'altra metà del cielo meridionale; l'intero popolo vesuvianese è infatti ormai convinto di avere finalmente trovato, dopo trent'anni di inferni&purgatori calcistici, il nuovo Messiah proveniente dalla stessa terra dell'indimenticato profeta Diegàrmànd, come tale in grado di separare finalmente le acque del campionato stivaloniano per farli raggiungere la terra promessa chiamata Scudetto.

Dopodichè, una bella mattina di fine luglio del 2016, squilla il cellulare del Gran Vizir De Lamentiis:

"Buongiovno Gufelio, allova siamo d'accovdo, il bonifico è già pavtito".

"Ma chi parla? Di che bonifico si tratta? Se è per il nuovo cinepanettone natalizio è prematuro, non abbiamo ancora trovato il doppiatore per le scorreggie e lo sceneggiatore è impegnato fino a settembre negli esami di recupero di prima media.

"Sono Andvea, Gufelio...Andvea Agnelli; questa mattina Occhio-di-Falco Mavotta e il fido Pluto Pavatici hanno vaggiunto l'accovdo con il vagazzo che è entusiasta di tvasfevivsi in una veva squadva di calcio, pev cui abbiamo fatto pavtive il bonifico pev saldave quella sciocchezzuola di clausola vescissovia da novanta milioni; ti ho chiamato solamente pev chiedevti se pev caso pvefevivi sostituive il denavo con il tventa pev cento del pacchetto di contvollo della Cover Ltd.

"Ma quale ragazzo? Uè guagliù, nun scherzamm...ma poi checazz'è sta Cover Ltd?

"E' la società che pvoduce la Pasta di Fissan.... quella ottima contvo i bvuciovi vettali, Gufelio; ovviamente la contvolliamo noi, sai com'è, a fovza di inanellave scudetti è diventato un discveto businness; comunque Gufelio, fammi sapeve con calma, vestiamo a tua disposizione, e pev quanto viguavda il vagazzo,

non stave lì a impacchettavlo, abbiamo già fatto decollave il jet di famiglia pev venive a vitivavlo a Castel Voltuvno.

Sta senz penziè, uagliò. Click"

Avete presente quel brividone similghiaccio che vi si scarica lungo il filone della schiena quando vi rendete improvvisamente conto che l'impepata di cozze della sera prima ha definitivamente assunto il potere nel vostro intestino, proclamando la nascita della repubblica rivoluzionaria di Dyarrea mentre il più vicino cesso a disposizione si colloca almeno un chilometro oltre il limite di autonomia delle vostre nuovissime braghe bianche?

Ecco, quel click telefonico provoca in Gufelio De Lamentiis la controfigura di quella sensazione, interrotta solamente dal rumoreggiare del popolo vesuvianese che, reso edotto dell'improvviso trasferimento di Gonzalo Higuain alla odiatissima rivale Juventus, inizia a radunarsi innanzi il ponte levatoio del castello De Lamentiis, munito di fiaccole, forconi e cappi di canapa modello Tombstone.

In una sola notte Higuain trapassa dal ruolo di vice San Jennà a quello di Darth Vader che avesse appena stuprato la Principessa Leila con la spada laser; in tutte le bancarelle di Via San Gregorio Armeno a Pizzàpoli la statuetta da presepe del Pipita subisce la decapitazione a colpi di katana che a paragone Uma Thurman in *Kill Bill* di Tarantino era una suocera con l'artrosi.

Il trasferimento dell'arhentino ad Agnellopolis risulta il più costoso della storia della Vecchia Signora sino al 2018, anno nel quale la Ggiuve si aggiudicherà le prestazioni di Sua Ronalditudine CR7, Cristiano Ronaldo Dos Santos Aveiro, per l'inezia di 100 milioni di Escudos e la cessione al Ladrid di tutte le terre emerse a est del Mississippi.

Gonzalo indossa la numero nove bianconera affamato di gol, ma anche di carboidrati, lipidi e proteine, visto che nelle successive due stagioni colleziona: a) un gol all'esordio, b) una doppietta alla sua prima partita da titolare; c) cinque reti in cinque partite disputate contro la sua ex squadra, nonostante le macumbe vesuvianesi; d) il record di 32 reti (2017) in una singola stagione nella Zebra assassina (in coabitazione con sua maestà Alex del Piero, il mitico David

Trezeguet, e Felice Borel) e) due *double* consecutivi, aggiudicandosi con i compagni Scudetto e Coppa di Stivalonia 2017 e 2018; f) una decina abbondante di chili sulla bilancia che gli varranno, oltre al soprannome "*Golozalo*", anche il premio *Obelix 2017*.

Nonostante l'ottimo feeling con l'ambiente, la tifoseria bianconera e la catena Mc Donalds dell'intera Sabaudolandia, che lo adottano immediatamente sorvolando sulla sua provenienza vesuvianese senza dare troppo peso alla sua abitudine di scendere in campo con un bavaglino con su scritto *Tanta pappa*, nel 2018 il Pipita Higuain viene ceduto in prestito al Millà di Sborronburgo, complice l'atterraggio alla Continassa dell'alieno CR7 e la conseguente difficoltà contabile da parte della dirigenza bianconera di mantenere a bilancio lo stipendio dell'argentino che, calcolando anche i buoni pasto, fa impallidire il PIL di uno stato africano di medie dimensioni.

Tra le fila dei milanès il Pipita non rende come in bianconero, facendosi più che altro ricordare per un rigore parato e una espulsione per proteste proprio contro gli ex compagni zebrati nel match casalingo di campionato.

L'anno successivo pertanto emigra nuovamente, sempre in prestito, in Gran Bruttonia nelle fila del Chelsea, all'epoca allenato dal suo ex mister dei tempi della Vesuvianese, lo snariciatore seriale Maurizio Sarri.

Con i britannici conquista il suo primo (e sinora unico) trofeo internazionale, la Europa League, senza mai esserne protagonista a causa dell'evidente nostalgia per la Serie A, la cassòla ed i gianduiotti che attanagliano lo stomaco del Gonzalone nostro.

Nel 2019, pertanto, torna all'ovile della Zebra assassina, con la quale alla fine della stagione riuscirà a conquistare il suo terzo titolo nazionale (il nono consecutivo per la vecchia Signora, record all time per l'intera Via Lattea) contribuendo a tale successo partendo spesso dalla panchina del *Pronto Pizza* ubicato a fianco dell'Allianz Stadium, ma riuscendo comunque a siglare reti pesanti, come quelle contro la Vesuvianese (un vero e proprio incubo per De Lamentis &

Co., dato che dalla sua cessione in poi il Pipita ha segnato in TUTTE le partite che lo hanno visto scendere in campo contro gli Yammeyà) e contro l'Indà di Mediolanum, nuova pretendente al trono nazionale alla guida dell'Ex plurizebrato, Antonio *Parrucchino-Miao* Conte.

Nell'estate 2020 conclude la sua avventura in bianconero risolvendo il contratto ed emigrando insieme al compagno di squadra Blaise Matuidi nell'Inter di Miami, in Yankeelandia.

Nella Juventus ha indossato la numero 9 fino alla stagione 2017, e dal 2019 la gloriosa n. 21 (casacca già onorata da gentaglia da poco come Zidane, Pirlo e Dybala).

CRISTIANO RONALDO *"CR7"* DOS SANTOS AVEIRO

Secondo le Sacre Scritture il suo avvento tra i comuni mortali si verifica in località Funchal (Madeira - Portugal) il 05 febbraio 1985 (Anno XI d.D.P.).

Segno zodiacale cinese: **TUTTO LO ZOO A LIVELLO LEGEND**.

Monte Olimpo, sede legale della DIVINITA' ASSOCIATE SPA: Estratto del verbale del C.d.A. del 05.05.84: *"Il Consiglio di amministrazione della D.A. Spa., con voto unanime per acclamazione di tutti i suoi membri rappresentati dal presidente Ing. Dott. Cav. Avv. Prof. Grand. Figl. di Putt. ZEUS, dal segretario d'assemblea il Gen. Ducacont. Suprem. Dittator. ODINO e dal Direttore Generale Settore Pianeta Terra con delega allo Sport Sua Eminenz. Grig. Marescial. Dux. Ammiragl. JEHOVAH, PRESO ATTO dell'assenza sul pianeta Terra di prospetti di giocatori di fuccbol europei di livello Darth Vader per almeno i prossimi 25 anni, CONSIDERATO inopportuno che la quota di futboleri muniti di superpoteri categoria Marvel provenienti dal continente meridioamericano detenga il monopolio del talento pallapiedistico planetario, RITENUTO ALTRESI' NECESSARIO conferire al fuccbol terrestre un livello di figaggine estetico in grado di renderlo competitivo al prossimo Festival Intergalattico del Pornosport in programma sul pianeta Eyakulo nel 2022, APPROVA il varo del progetto CR7 e DISPONE l'attivazione del protocollo Arcangelo Gabriele sull'isola di Madeira, locali-*

tà Funchal, delegando al responsabile della sezione effetti speciali, Ing. Magomerlino, il compito di dirigere tale operazione con autorizzazione a conferire all'esemplare selezionato l'intero pacchetto di sviluppo aerodinamico e munizionamento tattico denominato Armageddon-mon amour.

Amen, Così sia, Inshallah, Augh".

NOVE MESI DOPO....

La Sig.ra Maria Dolores Dos Santos Aveiro, una giovane donna di servizio dell'isola di Madeira (il meraviglioso fiore portuguess galleggiante nell'Atlantico), fino a quel momento non particolarmente limonata dalla Dea Fortuna, entra in sala parto con un discreto zainetto di preoccupazioni sulle esili spalle: la formazione titolare di casa Aveiro infatti prevede già altri tre figli da nutrire ed un marito (il sig. Josè Dinis Aveiro) con qualche problema di salute e di capienza alcoolica; far scendere in campo un quarto pargolo, peraltro non programmato, costituirebbe un problema tattico talmente complicato che la giovane Maria in un primo momento, appreso di attendere l'ennesimo erede, aveva addirittura pensato di non farlo esordire.

Ma il consiglio di amministrazione della Divinità Associate Spa ha altri programmi in mente per il nascituro e pertanto la gravidanza prosegue; tuttavia le preoccupazioni di Donna Maria non si placano per nulla ed il giorno del parto, anzi, incrementano.

Infatti il neonato Cristiano Ronaldo (così intitolato in omaggio all'allora presidente USA Ronald Reagan) entra in campo uscendo da mammà con un triplo doppio passo eseguito a velocità luce con la quale dribbla due ostetriche, scarta il ginecologo come un bacio Perugina e raggiunge direttamente la culla con un salto di quasi tre metri atterrando in piedi, a gambe larghe, agitando la manina a forma di scala a chiocciola discendente e sibilando un inquietante SEEEEEU.

Nella sala controllo della D.A. Spa è tutto un ping-pong di strizzate d'occhio mentre si stappa una boccia di quelle arroganti:

Il progetto *CR7* è divenuto realtà e ora si tratta solamente di lasciare il soggetto selezionato nel decanter esistenziale per il minutaggio previsto dalla ricetta.

SETTE ANNI DOPO... il piccolo Cristiano esordisce nella minuscola squadra di calcio di quartiere dell'Andorinha (periferia della periferia di Funchal): nelle tre stagioni successive, giocando con compagni di squadra di 5 anni più grandi, colleziona la sciocchezzuola di milleseicento e sessantanove goal e ben due passaggi, lasciando intuire una qual certa predisposizione al possesso di palla e all'individualismo tattico.

Comincia a spargersi la voce che sia comparso un nuovo Profeta nella religione della pelota e nel 1995 il piccolo Cristiano viene acquistato dal Nacional, che lo paga con due mute di divise nuove; qualche anno dopo, quando CR7 si sarà finalmente manifestato come l'alieno footbalistico che in effetti è, il direttore sportivo dell'Andorinha verrà trovato morto suicida per la disperazione nel suo appartamento, completamente disseminato di CD di Gigi D'Alessio con i quali nella notte il poveretto si era neomelodicato a morte.

Nel 1997, a 12 anni, Ronaldo approda nel continente tra le fila dello Sporting Lisbona, che lo paga 12.000 Marenghi d'oro rendendolo il teenager più costoso della storia del fuccbol portuguess; i compagni della *cantera* dello Sporting lo perculano spesso e volentieri per la sua buffa pronuncia isolana e l'abitudine di frignare ogni volta che non riesce a vincere; nel giro di poco più di un decennio finiranno tutti assunti alle sue dipendenze come addetti alla lucidatura dei cerchioni della sua collezione di Rolls-Royce, dopo che CR7 sarà diventato il calciatore più pagato della Galassia.

Nel 2003, dopo avere esordito nella massima serie portoghese e nelle competizioni europee, viene adocchiato da Sir Alex Ferguson, il Professore titolare della cattedra di difesa contro le arti oscure di Hogwarts che come hobby da oltre un ventennio siede sulla panchina dei *Red Devils* del *Manchester United Colors of Puzzasottoilnasoland*, una delle squadre più blasonate e famose di Gran Bruttonia.

Sir Alex assume il giovane Cristiano come suo allievo padawan e gli affida la mitica maglia n.7 dello United, già appartenuta a leggende come George Best (il quinto Beatles), Eric Cantona e altre fenomenaglie come David Beckham, il fotomodello prestato al calcio marito di quella secca e ghignosa tra le Spice Girls, che-non-mi-ricordo-il-nome.

Nasce così ufficialmente il mito di CR7, dato che con quel numero sulla schiena il già ipertalentuoso Principe di Funchal si tramuta definitivamente nel Super Saiyan-Cintura Nera-Decimo Dan-Terminator modello T7000 che tutti conosciamo, diventando il più forte attaccante futbolero europeo all time, nonché uno dei primi cinque giocatori della storia universale della pallapiede.

Ne è complice anche l'amicizia con lo sprinter recordman mondiale e olimpico dei 100 e 200 mt del tempo, il jamaicano Husain Bolt, tifoso dei *Devils*, che lo consiglia per migliorare alcuni aspetti della sua corsa rendendolo di fatto il calciatore più veloce del pianeta (33,6 Km/h la velocità massima raggiunta con palla al piede durante una partita di Liga spagnola del 2010, sulla distanza di circa 80 mt., una misura che due anni prima gli avrebbe valso la qualifica alle semifinali olimpiche nella gara dei 100 mt!).

Il golden year con la casacca dei Devils di CR7 è il 2008: già da tempo incoronato Principe di Funchal, assume anche i titoli di Re di Pallonia, Imperatore di Gollandia, Primo e Unico della sua specie, dato che in quella sola stagione colleziona: il campionato Inglese, la sua prima Coppa Orecchiona Bastarda, la Coppa d'Inghilterra, la Scarpa d'Oro (31 centri in 34 partite di Premier League, battendo un record detenuto da George Best perdurante da oltre 40 anni), il titolo di capocannoniere di Champions League (8 centri in 11 matchs), la Coppa del Mondo per Club, il primo di cinque Palloni d'Oro, la nomination agli Oscar per gli effetti speciali, il Premio Nobel per la fisica quantistica applicata allo sport, il numero di cellulare di tutte e dodici le modelle del mese di Playboy di quell'anno e il premio speciale della critica agli Divinità Associate Awards 2008.

Completerà la sua carriera a Manchester conquistando complessivamente 9 trofei tra nazionali ed internazionali, con 118 gol in 292 partite e 77.698 proposte di matrimonio, molte delle quali da parte dei dirigenti e dei compagni di squadra.

Nel 2009 si trasferisce in Spagna, tra le fila del *Real Ladrid*, che lo paga 94 milioni di Talenti d'oro fissando nel suo contratto una clausola rescissoria da un miliardo di Euro oltre allo ius primae noctis nei confronti delle mogli e compagne di tutti i tifosi dell'eventuale squadra acquirente.

Tra le fila dei *Blancos* la carriera di CR7 non conosce intoppi, raggiungendo livelli da ionosfera calcistica; per farvela corta, che sennò stiamo qui fino a Natale 2023, in nove anni conquista: altre 4 Champions League (2014,2016,2017,2018, una delle quali, purtoppamente, contro la Zebra che viene asfaltata a Cardiff nel 2017 per 4 a 1 con doppietta del protagonista, ma questa è una storia che poi vi racconto a parte), 3 Coppe del Mondo per Club (2014,2016,2017), 2 Supercoppe Uefa (2014,2017), 2 Coppe di Spagna (2011,2014) 2 Campionati di Spagna (2012,2017), 2 Supercoppe di Spagna (2012,2017), 4 Palloni d'Oro (2013,2014,2016,2017), 3 Scarpe d'Oro (2011,2014,2015), 6 titoli di capocannoniere di Champions League consecutivi (2013-2018, record all time), e altri QUARANTANOVE premi individuali di varia natura, tra i quali il miglior marcatore ogni tempo della storia della Coppa Orecchiona Bastarda e una nomination al conclave per il Soglio Pontificio con il nome di Cristiano I.

Nel frattempo, ovviamente, diventa il migliore giocatore della storia della nazionale del Portugal per numero di presenze (169) e reti segnate (99), offuscando persino la fama del mitico Eusebio e conducendo i suoi alla vittoria dell'Europeo 2016, all'Europa Nation League 2018, alla conquista di due ulteriori terzi posti negli Europei 2012 e nella Confederation Cup 2017, con i quali viene sancito di fatto il periodo di maggior successo calcistico dell'intera storia lusitana.

Il 3 aprile 2018, nella gara di andata dei quarti di finale di Coppa Orecchiona, segna una doppietta alla Zebra assassina, raggiungendo l'ennesimo record (unico giocatore della storia della competizione ad andare a segno per dieci partite consecutive); la seconda rete, siglata al 63' del secondo tempo, è per sua stessa ammissione la più spettacolare della carriera: una rovesciata a quasi 2 metri d'altezza dal dischetto del rigore che si insacca dopo avere sbarbato il montante marmorizzando San Gigi Buffon; l'intero pubblico dell'Allianz Stadium gli tributa la standing ovation riconoscendo, nonostante la rivalità del momento, l'evidente irripetibilità di un simile gesto atletico; Cristiano, visibilmente sorpreso, restituisce la cortesia salutando il pubblico bianconero; qualche mese dopo confesserà che quel gesto spontaneo ed estremamente sportivo da parte di una tifoseria avversaria aveva contribuito a far maturare la propria decisione di lasciare Madrid dopo nove anni di successi per vestire proprio la maglia bianconera, coronando così il sogno che coltivava sin dai tempi di Funchal: giocare per le tre migliori squadre dei tre maggiori campionati europei, vincendo con ognuna di loro.

E infatti nel luglio 2018, dopo avere conquistato la sua quinta Coppa Bastarda (unico del pianeta) si trasferisce alla Juventus che paga il suo cartellino 100 milioni di Sesterzi garantendogli uno stipendio da 30 netti a stagione più benefits (tra i quali l'utilizzo libero della Mole Antonelliana come parcheggio per la sua collezione di fuoriserie e relativo personale lucidante composto dagli ex canterani dello Sporting Lisbona).

La Zebra realizza così contemporaneamente due record clamorosi: a) l'acquisto più oneroso della storia della Serie A e, b) la più stupefacente erezione di massa da parte di esemplari maschi adulti stivaloniani eterosessuali per un bipede dello stesso sesso il cui principale talento è costituito dall'abilità nell'accarezzare con i piedi palle non sue mentre si trova in mutande.

Ai titoli di Principe di Funchal, Sindaco di Madeira, Imperatore di Gollandia, Re di Pallonia, Primo & Unico della sua specie, Sua Ronaldità CR7 aggiunge così anche quelli di Duce di Sabaudia e

Gran Mastro di Chiavi delle Porte Altrui.

Buona parte dei giornalisti sportivi di Stivalonia, il Gran Consiglio Stivaloniano delle Gnagne e la U.GU.PO.S. (Unione Gufi Portarogna Stivaloniani) non esitano a esprimere tutta la loro ilarità e commiserazione nei confronti della dirigenza della Vecchia Signora, ritenendola evidentemente perculata dalla società madridista che l'ha convinta a sborsare una cifra così esorbitante per un quasi trentaquattrenne la cui carriera viene ritenuta in picchiata sul sentiero del tramonto.

Ed infatti nei successivi trentasei mesi il "vecchietto" metterà a referto per la Zebra, in 133 partite disputate, l'inezia di: 101 reti, 21 assists, 168 infarti a portieri avversari, 77.777 svenimenti tra il pubblico femminile sugli spalti e 1.500.000.000,00 di esemplari venduti della maglia a strisce nocolor n. 7 nel solo pianeta Terra, aggiudicandosi 2 Scudetti (2019-2020, vale a dire l'ottavo e il nono consecutivo della Vecchia Signora dal 2012), 1 Coppa di Stivalonia (2021), 2 Supercoppe di Stivalonia (2018-2020), il record di migliore marcatore all time in una stagione per la Juve (2019), la classifica cannonieri della serie A Tim 2021 e la più lunga striscia di partite consecutive a segno nella storia del campionato nazionale (11 nel 2019).

Nello stesso periodo si registrerà un incremento del 330 % degli interventi chirurgo- estetici di bucodelculoplastica tra i sostenitori delle principali squadre avversarie.

Ad oggi (gennaio 2021) CR7 ha collezionato complessivamente 19 trofei nazionali, 13 trofei internazionali, 90 premi individuali, un miliardo di Euro come patrimonio (primo calciatore della storia ad ottenere tale risultato secondo la rivista *Forbes*) la cittadinanza onoraria nel Nirvana, il diritto a ritirare le 70 vergini in omaggio al check in del paradiso della pallapiede, la nomina a Senatore a vita dell'Impero Romano, una Delorean carburata a uranio impoverito e lo special thanks nei titoli di coda di tutti e quattro i Vangeli secondo gli apostoli Pelè, Maradona, Cruijff e Platini.

Tranne l'inizio della carriera nello Sporting (maglia n. 28) e il primo anno al Real Ladrid (maglia n. 9) ha sempre indossato la mitica numero 7, appositamente cedutagli al suo arrivo alla Giuve da quel gran gentlemen di Juan *Billy Jean* Cuadrado.

MASSIMILIANO "*Acciughina*" ALLEGRI

Viene pescato da una rete a strascico al largo di Livorno (Granducato di Tuscia, Stivalonia Centrale) il 11 agosto 1967 (anno VII a. D. P.).

Segno zodiacale cinese: **DELFINO SCHERZOSO**.

Ha un passato da calciatore professionista, avendo militato a lungo in Serie A come centrocampista dotato di buona tecnica individuale in formazioni come Pisa, Pescara e Cagliari (una stagione, il 1997-1998 anche nella Vesuvianese) per un totale di 101 incontri e 19 reti.

Il suo marchio di fabbrica in campo era un certo incedere repentino durante il dribbling dimenando in modalità sguisciante il corpo lungo e secco, dal quale deriva il suo soprannome "*Acciuga*" (o *Acciughina*).

Inizia ad allenare nel 2004 in serie C2, sedendosi sulla panchina della Aglianese circa undici minuti e ventinove secondi dopo avere appeso le scarpette al chiodo dello spogliatoio della medesima.

Si ciuccia un bel po' di gavetta sempre nelle serie minori appoggiando il culo sulle panche di Spal, Grosseto e Lecco (compresa una breve parentesi tecnica all'Udinese come allievo del mister Galeone), dopodiché nell'estate del 2007 approda in Emilia Rock Magna (Stivalonia Settentrionale) sulla panca del *Sasòl*, nel quale il genio della lampada di Allegrialadin comincerà a manifestarsi, dato che sotto la sua guida i neroverdi modenesi raggiungeranno l'anno seguente la prima promozione in Serie B della loro storia e si aggiudicheranno anche la coppa di Stivalonia di Serie C.

Esordisce in Serie A nella stagione successiva alla guida del *Cagliari* (Stivalonia Isollannna) con il quale raggiungerà l'anticipata salvezza matematica già all'ottava giornata di ritorno dopo un'esaltante rimonta dall'ultima posizione che frutterà ad Acciughina anche la sua prima *Panchina d'oro*[*1] ed il premio *Ayooo'*

Testadddurra 2009.

L'anno successivo raggiunge la seconda salvezza anticipata consecutiva e lascia l'isola per andare ad accomodarsi sulla panca del *Millà*, all'epoca ancora di proprietà di Sua Miliardosità Don Silvio Berluskaiser, detto *Subdolo*, l'ottavo furbo dei Sette Nani.

Alla guida dei meneghini rossoneri conquista lo scudetto di Stivalonia del 2010, vale a dire, ad oggi (marzo 2021), l'ultimo scudetto conquistato da una squadra che non vesta una stilosissima divisa bianca e nera a strisce verticali con sede in Sabaudolandia e con una altrettanto stilosissima Zebrotta assassina come simbolo.

L'anno dopo conquista la Supercoppa nazionale battendo i cugini dell'*Indà*, ma non riesce a difendere il titolo perché lo scudetto se lo aggiudica la Juventus che da lì in poi lo rende legalmente un suo monopolio esclusivo.

Dopo un'ulteriore annata nella quale il *Millà* non vince neanche una partita di testa o croce perchè spolpato di tutti i suoi giocatori più talentuosi per assecondare, secondo le malelingue, l'esigenza economica di Subdolo di provvedere ai bisogni di numerosissime nipotine minorenni di Mubarak, il nostro Max raggiunge finalmente il timone di comando della Vecchia Signora, sostituendo nell'estate del 2014 i dimissionari Antonio Conte e relativo randagio copri-orecchie.

Resta alla guida della Ggiuve per cinque stagioni (2014/15 – 2018/19), durante i quali conduce il branco a strisce alla conquista di (preparate i popcorn): 5 Scudetti CONSECUTIVI (record all time europeo per un allenatore), 4 Coppe di Stivalonia CONSECUTIVE (record all time europeo per un allenatore in coabitazione con Nils Liedholm e Roberto Mancini), 2 Supercoppe di Stivalonia (2015 e 2018) e due finali di Coppa Orecchiona Bastarda, ma scommetto che lo che sapete già.

A livello personale si aggiudica altre 3 panchine d'oro (2015, 2017,2018), 4 premi come allenatore dell'anno al Gran Galà del Calcio (2011,2015,2016,2018), 1° premio nazionale Enzo Bearzot (2015), un set completo di pentole triplo fondo antiaderente inox 18/10 e il simpatico copriletto doppia piazza in pura lana merinos.

Ciò nonostante resta uno degli allenatori più discussi, criticati e divisivi della storia juventina, soprattutto da parte di una cospicua frangia di tifosi bianconeri appartenenti alla categoria delle *Gnegne**2 che lo ritengono principale responsabile della mancata conquista della terza Coppa Orecchiona Bastarda da parte della Juve, nonostante le due finali raggiunte (Berlino 2015 e Cardiff 2017).

Anche il suo credo tattico è molto discusso dai numerosi Einstein della Playstation affetti da criticosi cronica: Mr. Acciughina infatti da sempre si professa agnostico in tema di schemi, astenendosi da qualsiasi assolutismo strategico e prediligendo piuttosto una certa disinvoltura tattica con la quale passa agevolmente dal 4-4-2 di Liedholm al 3-5-2, di Trapattoni al 4-3-3 di Capello, fino al 5-5-5 di Oronzo Canà o al 6 x 2 della Lidl.

Il suo metodo di scelta della formazione preferito è il sistema *Bingo – Boia dè*, con il quale spesso riesce a disorientare non solo gli avversari, ma anche i propri giocatori e chiunque si trovi in un raggio di 50 km dal terreno di gioco; esso consiste nell'estrarre i primi undici numeri a caso dal sacchetto della tombola e deciderne la collocazione sul terreno di gioco scagliandoli con le freccette da bendato e di spalle contro un bersaglio a forma di campo di calcio appeso al muro dello spogliatoio.

I suoi successi dipendono infatti principalmente dalla sua capacità quasi extrasensoriale di indovinare le sostituzioni nel corso del match, risultando per quattro anni consecutivi (2014-2018) l'allenatore europeo con il maggior numero di cambi determinanti in corso di gara (73%).

La notizia secondo la quale il giorno successivo alla sua partenza dalla Continassa sia stata ritrovata in un cassetto segreto nel suo ufficio una curiosa sfera di cristallo pulsante con l'etichetta *Made in Hogwarts*, al momento resta ancora priva di conferme definitive.

Che piaccia o no ai tanti Mister Sotuttoio con il culo perennemente saldato al banco frigo del Bar dello Sport, statistiche UEFA alla mano si tratta dell'allenatore della storia della Juventus con il maggior numero di trofei conquistati in rapporto alle stagioni disputate (11 in 5 stagioni) e la maggiore percentuale di vittorie rispetto alle partite giocate (70,48%), nonché l'unico allenatore stivaloniano capace sia di vincere lo Scudetto alla sua prima stagione con due diverse squadre (Millà e Ggiuve), sia di aggiudicarsi 5 titoli nazionali consecutivi.

E Coverciano muta.

*1 **Panchina d'oro:** prestigioso premio individuale che ogni anno gli allenatori della Serie A attribuiscono ad uno di loro.

*2 Vedasi relativo capitolo.

MAURIZIO "*The banker - Il benzinaio*" SARRI

Nato a Pizzàpoli (Lamentistan meridionale) il 10 gennaio 1959 (anno XV a D. P).

Segno zodiacale cinese: **BISONTE SENZA FILTRO**.

Figlio di toscani emigrati a Pizzàpoli per motivi lavorativi, nasce nel capoluogo del Lamentistan del quale, oltre quaranta anni dopo, dirigerà la squadra alla conquista dei migliori risultati nel torneo di pallapiede di Stivalonia dai tempi degli unici due scudetti conquistati da tale compagine, quando all'ombra del Vesuvio giocava quell'indiscutibile fenomeno di livello Supersayan di Diegàrmànd'.

Roba che per trovare le immagini bisogna passare la mazzetta a Piero Angela.

Ovviamente si tratta di due secondi e un terzo posto, perchè, non scherziamo, nell'era della Zebra assassina lo Scudetto è di proprietà juventina per statuto, discendenza dinastica e diritto divino e quindi il resto dei terrestri possono competere solo per i gradini bassi del podio.

Ma arriviamoci per gradi.

Per motivi famigliari da piccolo Maurizio giringira un pò tutta Stivalonia e dopo avere trascorso l'infanzia a Pizzàpoli cresce prima in provincia di Berghèm (Gnarilandia – Stivalonia Nordista) per poi stabilirsi nel Granducato di Tuscia (Stivalonia Centrale), terra patria dei genitori.

Da giovane giochicchia a fuccbol da dilettante, ma avendo due piedi montati alla rovescia ed amando decisamente di più le paglie senza filtro che i giri di campo, capisce in fretta che è meglio raccattare uno stipendio e pertanto dopo le scuole finisce impiegato in banca; di conseguenza inizia la carriera di allenatore piuttosto tardi, nel 1990, sedendosi sulla panca dello *Stia* (Granducato di Tuscia) in seconda categoria, fate conto un livello qualitativo di circa una unghia e mezzo sopra Scapoli vs Ammogliati di *Fantozzi*.

Si fa un baule di esperienza nei campacci dilettantistici senza mollare il posto fisso dopodiché, nel 2003 si aggiudica la Coppa di Stivalonia di serie D alla guida del *Sansovino*; deciso a fare il Mister full-time, esordisce nel calcio professionistico dirigendo prima la *Sangiovannese* in serie C2 e nel 2005 il *Pescara* in serie B.

Nel frattempo inizia a farsi notare per una qual certa maniacale attenzione agli schemi di gioco da applicare in campo, soprattutto quando impone almeno trentatré movimenti sincronizzati senza palla tra i propri giocatori per consentire a uno di loro di smarcarsi e raggiungere il bagno per farsi una pisciata.

Nei sette anni successivi prosegue la tournée di incarichi in diverse società minori (*Arezzo, Avellino, Verona, Perugia, Grosseto, Alessandria, Sorrento*) collezionando al contempo un sufficiente numero di bollini presso i vari distributori di carburante della penisola da garantirgli la fornitura eterna di set di pentole antiaderente e materassi in lattice, che puntualmente scambia alla prima occasione con tir moldavi pieni di sigarette di contrabbando, dato che in media fa tre chilometri con un pacchetto.

Nel 2012 firma con l'*Empoli* in serie B e al primo anno canna di un tiro di brace la finale playoff per la promozione in Serie A.

Poco male, perché l'anno successivo centra l'obiettivo finendo al secondo posto; nel 2014 esordisce pertanto nella massima serie nazionale alla tenera età di 55 anni, che festeggia conquistando un'improbabile salvezza con quattro turni di anticipo e contribuendo in modo determinante a far eleggere l'*Empoli* squadra rivelazione dell'anno.

Nel 2015 compie il grande balzo verso il Valhalla del fuccboll stivaloniano, diventando il Mister della *SSC Vesuvianese*, che da tempo ambisce ad essere la principale competitor della Vecchia Signora nella conquista del titolo nazionale.

Nei tre anni che seguiranno la squadra di Pizzàpoli sotto la guida di Mister Sarri collezionerà una lunga serie di record (punti conquistati in campionato, numero di reti segnate, minor numero di reti subite, numero di partite vinte consecutive, numero di volte che i giornalisti la danno sicura vincente del campionato già a novembre) ponendo Mister Maurizio sotto i riflettori nazionali ed esteri per la indiscutibile qualità estetica del calcio mostrato dagli yammeyà, tale da consentire addirittura il conio di un apposito termine per definirlo: il cosiddetto "*Sarrismo*".

Ma, riconoscimenti personali a parte (Panchina d'oro 2016, premio come migliore allenatore dell'anno al Gran Galà del calcio 2017, *Tamarrino d'Oro 2017*), il Sarrismo risulta di fatto sterile come la patonza di un transessuale, dato che scudetto e coppa di Stivalonia se li pappa regolarmente la Zebra assassina ingordona, relegando la Vesuvianese al ruolo di sparring partner temibile in estate e buona per i gironi d'andata ma destinata a fare la controfigura della moquette prima dei titoli di coda, per capirci una specie di Ivan Drago con la maschera di Pulcinellan'copp.

Tanto basta comunque per fare di Maurizio Sarri un autentico idolo da Presepe sul Golfo di Pizzàpoli nonché il principe consorte delle Gnegne da competizione, stufe di vincere con il pragmatismo allegriano ed ansiose di veder indossare dalla Vecchia Signora un outfit stilistico da *haute couture footbalistica* maggiormente stimolante per le loro esigenti papille gustative da Masterchef della Xbox.

Fatto sta che si stufa prima Gufelio De Lamentiis, Gran Vizir della Vesuvianese, il quale, saturo di applausi giornalistici ma con la bacheca più libera del parcheggio di Mirabilandia a gennaio e il deretano più fresato del tunnel sotto la Manica dal trapano bianconero, nel maggio 2018 annuncia al volgo la decisione di interrompere il rapporto con il tecnico toscano.

Poco male per *Il Benzinaio* (soprannome poco lusinghiero coniato dai tifosi avversari alludente allo stile di abbigliamento decisamente più raffinabile di quello calcistico sin qui sciorinato dal Mister in questione) il quale, dopo essersi fatto liquidare cash con aggiunta di una quota di partecipazione azionaria della Philip Morris, decide di cambiare aria e di accasarsi in Gran Bruttonia, alla corte del magnate israelo-russo Roman *De Paperoni* Abramovich, patron del Chelsea, del quale Sarri diventa timoniere.

Alla guida dei *Blues* Mister Sarri si aggiudica l'Uefa Europa League 2019, primo e sino a quel momento unico trofeo conquistato da una squadra che applica il Sarrismo.

Il 16 giugno dello stesso anno, dopo avere risolto il rapporto con i britanni, Maurizio Sarri diviene a sorpresa il nuovo allenatore proprio della sin lì detestatissima Juventus al posto di Max Allegri, reo quest'ultimo di avere garantito alla società sabauda solamente undici trofei in cinque anni ma di avere cannato l'imbachecamento della Coppa Orecchiona Bastarda, nonostante il raggiungimento di due finali.

L'avventura di Mister Sarri al timone della Vecchia Signora sarà breve e satura di contraddizioni in chiaroscuro, complice una stagione surreale a lungo interrotta dall'emergenza sanitaria mondiale da Covid 19 e conclusa a porte chiuse, durante la quale la Giuve perde la Supercoppa di Stivalonia contro le *Galline del Latium* ma conquista con tre giornate di anticipo il suo nono scudetto consecutivo, stabilendo un record che probabilmente non verrà superato prima della cerimonia funebre dei vostri pronipoti.

Ma l'ennesimo Scudo ed il conseguente prolungamento del predominio sabaudo nel calcio nazionale non bastano a garantire a Mister Sarri di restare in sella alla Zebra, complice la sconfitta nella finale di Coppa di Stivalonia persa ai rigori proprio contro la Vesuvianese e l'ennesima prematura uscita dalla Coppa Orecchiona Bastarda agli ottavi di finale ad opera di una banda di mangiarane lionesi, con conseguente scoglionamento dell'esercito del tifo bianconero a livelli Chernobyl.

Lo scarso feeling di *The banker* (soprannome datogli durante la sua permanenza in terra albionica) con lo spogliatoio dei nove volte campioni di Stivalonia, condito da atteggiamenti personali poco in sintonia con lo *Juventus Style*, tipo l'abitudine snariciarsi in diretta TV durante le partite per collezionare pepite nasali di pregevoli dimensioni o quella di masticare mozziconi spenti come i peggio mendicanti della periferia di Marrakesh, nonché un certo residuo sentimentale nei confronti della Vesuvianese, mai celato da Sarri e ancor meno digerito dai fans bianconeri, contribuiscono a convincere la dirigenza juventina ad interrompere il rapporto nell'estate 2020, affidando la squadra ad Andrea Pirlo, immenso ex centrocampista di Millà e Ggiuve nonché Campione del Mondo con la Nazionale al mondiale krukko del 2006 po-pop-popo-po-po-pooooooo, ma che prima d'ora ha allenato solamente il suo cocker spaniel ad afferrare i croccantini al volo.

E noi qui a maneggiar palle a scopo scaramantico che a paragone Enrico Rastelli[*1] aveva i braccini di un pupazzo di neve focomelico.

By Memedesimo, lo spulciatore seriale di Wikipedia

[*1] **Enrico Rastelli** (Samara – Russia 19.10.1896 – Bergamo 13.12.1931) celebre giocoliere stivaloniano ritenuto il più abile di tutti i tempi nella storia della giocoleria.

Liberamente ispirato da: Napoli 3 – Juventus 2, 05.04.2017
Coppa Italia, 2016/2017; semifinale di ritorno
(aggregate 4 – 5, qualificata Juventus)

SOMARIPODI FROM VESUVV 3 - ZEBRE STELLARI DI JUVENTIA 2
Episode IV

Tanto tempo fa...in una galassia lontana-lontana chiamata *Pummarolankopp*, l'Alleanza Ribelle delle Zebre stellari di Juventia, il pianeta a forma di pallone di calcio con i continenti esagonali e l'atmosfera bianca e nera, affrontava sul pianeta Vesuvv la temibile razza aliena dei *Somaripodi*, noti anche come *Yammeyà* nella loro oscura e antica lingua, per la semifinale di ritorno della Coppa dell'Impero galattico stivaloniano.

Nell'incontro di andata, disputatosi a Taurynoh, capitale di Juventia, famoso per essere l'unico pianeta dell'universo sul quale è possibile estrarre la sostanza più preziosa del cosmo chiamata *delpierite* (un potentissimo eccitante naturale in grado di annullare tempo e spazio ed assumendo il quale si può vedere in HD-4K calcio di ottima qualità anche per quindici giorni di fila senza mangiare nè bere) le zebrotte assassine avevano prevalso sui somaripodi di Vesuvv per tre minisatelliti a uno, ma la gara di ritorno si presentava comunque irta di insidie, più o meno come guidare il Millenium Falcon[*1] contromano in una fascia di asteroidi con mezza flotta imperiale incollata al culo, perché ben nota era l'abilità astropallonifera yammeyà e la relativa rognosa combattività, conosciuta nell'intera galassia con il nome di *Kazzymmha*.

Infatti, sin dal segnale di inizio della sfida gli ottantamila *Pulcynellas*, i famigerati tifosi yammeyà stipati nello spaziostadio di San Merola, sommergevano di insulti, fischi e piscio di Bantha[*2] il numero nove delle Zebre stellari, un allievo padawan Jedi[*3] ex somaripode recentemente strappato al lato oscuro della Forza di nome GOLzalo *Skywalker Higuain*, per tentare di distrarlo dal suo compito di principale incursore galattico del nostro eroico squadrone d'assalto.

Ma poiché *"potente nei suoi piedi la Forza scorreva, tutta 'sta sceneggiata piuttosto uèuè non molto effetto nei suoi confronti sortiva"*.

Anzi....

Gli zoccolati somaripodi iniziavano la gara sfruculiando a velocità luce tra le loro innumerevoli zampette la sfera-droide da palleggio, usando molti trucchi degli oscuri Signori dei Sith e prendendo contemporaneamente d'assalto a colpi di blastercannone la porta delle Zebre stellari strenuamente difesa da Norberto Neto, un raro esemplare di polipo vertebrato originario del lontano pianeta Caryoka, armato di otto lightsaber potenziate a culo, una per ciascun tentacolo;

Ma giunti al minuto numero trentuno del primo tempo senza che nessuna delle due squadre fosse riuscita ad aggiudicarsi nessun punto, nel bel mezzo delle frastornanti ragliate da sanguinamento otico dello stadio San Merola, *Skywalker Higuain* avvertiva improvvisamente nella sua testa una profonda voce interiore, calma e gentile quanto perentoria, che gli ordinava:

"USA LA FORZA GOLZALO......USA LA FORZA....... PUTTANA LA MAIALA!!"

Era la voce mentale del Gran Maestro Jedi delle Zebre stellari Max Allegri-Yoda il quale, accoccolato su una panchina collocata sul lungomare del suo pianeta d'origine, Livornus (terza luna marittima di Dagobah, nel sistema Tyrrenia), trasmetteva telepaticamente da anni luce di distanza al proprio allievo prediletto il segnale convenuto, tra un tiro e l'altro di un enorme spinello arrotolato a mano contenente estratto di delpierite di contrabbando di primissima qualità.

A quel punto il padawan Skywalker El Pipita Higuain, dopo avere attratto a sé con l'uso della Forza la sfera-droide da palleggio proveniente da un lungo lancio filtrante del giovane incursore galattico striato Sturaro, giungeva sul limite dell'area somaripode ed eseguiva una giravolta in lievitazione piroettando su se stesso in very carlafraccistyle, al culmine della quale faceva partire una sciabolata laser rasoerba che mandava per terra il portiere yammeyà Reina (un grosso esemplare di Hutt del sistema Hyspanya) ed infilava il minisatellite nell'angolino della porta somaripode, mandando a Mygnots l'intera Morte Nera*4 vesuviana.

SOMARIPODI DI VESUVV 0 - ZEBRE SPAZIALI DI JUVENTIA 1

Il pubblico del San Merola reagiva incrementando ulteriormente l'onda d'urto sonora del ragliamento antizebre e antiGOLzalo, raggiungendo la soglia di 10.000 Uauh, roba da ribaltare le porte di Tannhauser, ottenendo come unico risultato l'innalzamento di un ulteriore millimetro del sopracciglio di Skywalker El Pipita Higuain, noto segnale premonitore Jedi riconosciuto in tutta la galassia come portatore di enorme sfacimm'.

Infatti null'altro succedeva di rilevante fino alla fine della prima metà della sfida e così il nostro prode squadrone di assaltatori galattici, al sicuro nelle tute antigravità mimetiche bianconere in dotazione, riusciva a risalire indenne a bordo della nave madre d'appoggio in orbita nell'atmosfera esterna di Vesuvv per fare provvista di munizioni, bere un bicchiere di succo di Spezia*5 calda e soprattutto ricevere i preziosi insegnamenti telepatici del Grande Maestro Max Allegri -Yoda...

...che evidentemente venivano considerati meno di una cacca di sabbipode pestata nel deserto di Tatooine*6, dato che all'inizio del secondo tempo, mentre le nostre allegre spaziozebrotte si attardavano in fila al bar del cine per fare incetta di poppicorni&gazose, Hamsik, un orrendo Mynok considerato il bipede più brutto della galassia e ricercato su dodici sistemi solari per l'illegale oscenità della sua acconciatura alla mocio-vileda ad opera di un oscuro droide giardiniere proveniente dal pianeta Bimbomynkyus del sistema Tamarroh, ne approfittava per pareggiare per i Somaripodi con un colpo di alabarda spaziale dal limite dell'area, dopo aver raccolto la sfera-droide da palleggio persa da una guardia bianconera in una partita delle tre astrocarte con Callejon, un klinghoniano munito di dubbia reputazione e letale paso doble in fase di dribbling.

E quindi:

SOMARIPODI DI VESUVV 1 - ZEBRE SPAZIALI DI JUVENTIA 1

"Vorticoso il giramento di coglioni che questa azione in tutti noi tifosi juventini nella galassia disseminati provocato aveva" (da: *Massime e pensieri del Maestro Max Allegri Yoda*, Edizioni Lucas, XLIII d.D.P.);

A quel punto però, morsicato nel vivo del proprio orgoglio gaucho e oltremodo pungolato dall'accanimento sonoro vesuvianese nei propri confronti, Skywalker Higuain entrava definitivamente in modalità Jedi - Super Saiyan – Final Level Boss ed estraeva di nuovo la sua spada laser a forma di enorme spiedino di luce, con la quale procedeva balzellon balzelloni intenzionato a ri-affettare per la seconda volta la porta degli yammeyà.

L'occasione si presentava al minuto numero 58 del secondo tempo, sotto forma di incursione in profondità dello squadrone delle Zebre stellari a bordo di astrocaccia Ala X dell'Alleanza Ribelle, con il droide-sfera che veniva risucchiato a velocità Whorpe nello spazio profondo somaripode dal prode Alex Sandro, che lo faceva poi improvvisamente riapparire nei pressi del giovane Jedi Joya Dybala, piazzato al centro della cintura di difesa satellitare ragliante.

L'argentino n. 21 delle Zebre teletrasportava con il solo potere della Forza la sfera sul limite destro dell'area avversaria recapitandola tra le zampe di Juan Billy Jean Cuadrado, per l'occasione in versione Chewbacca; il sesto dei Jackson Five con un colpo di balestra laser faceva rimbalzare il minisatellite a centro area sul quale piombava, rientrando da un salto nell'iperspazio, proprio Skywalker Higuain, che al volo lo spediva in fondo alla sacca meridions.

E L'imperatore Palpatine in tribuna muto!

SOMARIPODI DI VESUVV 1 - ZEBRE SPAZIALI DI JUVENTIA 2

E quindi, considerando anche il punteggio della battaglia spaziale di andata, l'ennesimo episodio della Saga di StarBallsWars finiva li.

Indi per cui marcia trionfale di John Williams, titoli di coda a nastro e tutti a casa che domani ci sarebbe anche scuola.

Anzi no.

Perché quando l'intera trama della gara sembrava già indelebilmente incisa nella grafite, il giovane Anakin Norberto Neto si faceva improvvisamente sedurre dal Lato Oscuro della Forza, ciccando il controllo della sfera-droide da palleggio all'interno della propria area di rigore e finendo per intrecciare tra di loro tutti e otto i tentacoli, combinando così una delle più inverecende vaccate della storia della galassia pallonara con la quale veniva regalato agli yammeyà il secondo inaspettato pareggio.

Lo siglava con un facilissimo colpo di chitàmmuort siderale Ciro Mertens, un piccolo ed agile mandaloriano cacciatore di taglie appena entrato in campo, ma da lungo tempo sul libro paga dei Somaripodi.

SOMARIPODI DI VESUVV 2 - ZEBRE SPAZIALI DI JUVENTIA COLPITI DA SONNAMBULISMO 2

L'immeritato pareggio somaripode risultava però utile come la scorreggia di un cucciolo di Ewok contro una intera divisione di camminatori da assalto imperiali[*7] durante la battaglia di Hoth, dato che, in ragione del risultato maturato nella sfida di andata, le stellozebrotte avrebbero comunque conquistato il passaggio in iperspazio per la finale di Coppa Galattica.

Forse per tale motivo, il plotone dei nostri astro eroi in black&white iniziava a comportarsi per il campo come un qualsiasi avventore del peggiore bar di Mos-Eisley su Tatooine dopo aver perso una gara di bevute di succo di palle di sarlacc con un geonosiano, consentendo agli yammeyà di portarsi addirittura in vantaggio al minuto 66 della ripresa, con il terzo minisatellite sbattuto nel cybersaccoccio zebrato da Lorenzo Insigne (che in lingua somaripode significa *"Piccolo* *di Java molto difficile da marcare"*), splendidamente servito da Callejon dopo uno slalom tra i difensori juventini, nell'occasione agili e scattanti come una famiglia di Mega Kaiju*8 con le zampe infilate nella melma del pianeta Pantanus.

SOMARIPODI DI VESUVV 3 - ZEBRE SPAZIALI DI JUVENTIA ONLUS 2

Alla fine erano quindi i vesuvianesi ad aggiudicarsi la partita, perdendo però in cambio sia la qualificazione alla finale che un po' di faccia, visto che sprecavano gli sgoccioli del tempo di gioco ad allungare calcetti un tot fighhiebbòttan alle povere Zebre rimaste a terra durante il combattimento, senza restituire i minisatelliti da palleggio appositamente allontanati per consentire i soccorsi ai feriti in battaglia da parte delle astronavi ospedale rimaste in orbita.

Insomma, roba che puzza un po' di sterco di Blurg....

La finale della Coppa dell'impero galattico stivaloniano dell'anno 2017 si sarebbe disputata tra le Zebre spaziali di Juventia e le Aquile starnazzanti della capitale, Coruscant*9

Il resto è noto: I gufi gufano, le gnegne gnegnano e tutto quanto scorre comunque lento e placido nella Galassia, tanto per noi che si tratti di somaripodi, canidi, pollame o mon-calamari, non cambia granché, dato che le Zebre spaziali assassine sono notoriamente onnivore ed eternamente fameliche.

Che la Forza sia con voi
E con il vostro Spirito
Amen.
To be continued....

By Memedesimo, l'Holocron Jedi

*1 **Millenium Falcon**: celebre astronave pilotata da Han Solo nella saga di Star Wars; si tratta di un astrocargo armato corelliano modificato, probabilmente la più veloce astronave della Galassia, in grado di percorrere l'intera rotta di Kessel in meno di dodici Parsec lasciando indietro i più veloci incrociatori dell'Impero.

*2 **Bantha**: grosso erbivoro quadrupede originario di Tatooine, delle dimensioni equivalenti a quelle di un elefante africano del pianeta Terra, completamente ricoperto di foltissimo e lunghissimo pelo e contraddistinto da enormi corna ricurve simili a quelle del montone terrestre; è celebre nella galassia per la sua tremenda puzza.

*3 **Jedi, o Cavalieri Jedi** (Saga di Star Wars): ordine monastico-militare composto da individui di varie razze del cosmo accomunati dal fatto di essere particolarmente sensibili ad una forma di energia cosmica nota come *Forza*, dalla quale traggono superpoteri quali la telecinesi, la capacità di comunicare a distanza con il pensiero ed una potente acuizione di ogni abilità fisica; l'Ordine degli Jedi è dedito allo studio e alla pratica del lato chiaro della Forza seguendo un rigido codice di comportamento che proibisce la ricerca del potere e della ricchezza personale; esso riveste un importante ruolo nella Repubblica Galattica, costituendone il principale organo di protezione e di mantenimento della pace e della giustizia tra i vari pianeti che la compongono; l'arma dei cavalieri Jedi è la lightsaber (spada laser) del quale uso sono maestri; gli allievi Jedi si chiamano "Padawan"; uno dei più celebri maestri Jedi appartenente al Gran Consiglio fu Yoda, originario del pianeta Dagobah: egli addestrò diversi Jedi famosi tra i quali Luke Skywalker, protagonista della saga di Star Wars.

*4 **Morte Nera, o Death Star** (Saga di Star Wars): imponente stazione da battaglia dell'Impero Galattico delle dimensioni di un piccolo pianeta, dotata di cannone laser a cristalli Kyber in grado di far esplodere un intero pianeta con un unico colpo.

*5 **Spezia, o Melange** (Saga di Dune): si tratta della sostanza più preziosa dell'intero universo poiché consente ai piloti della Gilda Spaziale, assumendola, di navigare nell'universo annullando tempo e spazio; la Spezia viene prodotta su un unico pianeta nell'intera galassia, *Arrakis*, meglio noto come Dune, il pianeta totalmente deserto conteso dalle famiglie Atreides e Harkonnen e popolato dalla razza dei Fremen.

*6 **Tatooine** (Saga di Star Wars): è il pianeta natale della famiglia Skywalker; si tratta di un pianeta desertico con luna binaria del sistema Tatoo, posto sull'Orlo esterno della galassia, famoso per essere dominato dai contrabbandieri Hutt e per le sue corse di sgusci (podracers)

*7 **Camminatori Imperiali** (Saga di Star Wars): denominazione tecnica AT-AT, o quattropode, enormi veicoli corazzati pesantemente armati muniti di 4 arti meccanici, adibiti al trasporto delle truppe d'assalto imperiali.

*8 **Mega Kaijun** (Pacific Rim): mostri di provenienza aliena di varia forma, dimensione e potenza (suddivisi in 5 enormi classi) in grado di devastare ampie zone del pianeta Terra e contrastati da altrettanto enormi robot combattenti guidati da coppie di piloti umani, denominati *Jaeger*.

*9 **Coruscant** (Saga di Star Wars): è il pianeta ove si trova la sede del Senato della Repubblica, successivamente divenuto capitale dell'Impero; la sua intera superficie è costituita da una unica, immensa città; famoso per essere il centro politico della galassia e, come tale, regno di corruzione, di affari e di intrallazzi.

Liberamente ispirato da: Juventus 3 – Barcellona 0, 11.04.2017
Champions League, 2016 / 2017; quarto di finale andata

ZEBRAS ASESINAS 3 - CATALANI SEPARATISTI 0

Agnellopolis: Capitale di Sabaudolandia, addì undici aprile dell'anno XLIII d.D.P. (anno quarantatrè dopo Del Piero), quarti di finale di andata della Coppa Orecchiona Bastarda.

Come è finita la partita ormai lo sanno anche i sassi della faccia oscura della Luna, dato che è stata trasmessa in universovisione fino alle montagne sospese di Pandora, ma per il solo Robinson Crusoe ricordiamolo comunque questo punteggino bello succulento come un piatto di tagliatelle al ragù di Bottura servito da Eva Green in topless: Juventus TRE, Barcellona ZERO, con doppietta di Paulino La Joya Dybala e ciliegina sgozza-avversari di Sua Maestà Re Giorgio Chiellini Primo.

Poiché a questo punto non avrebbe un gran senso filosofico stare lì a perdere il mio prezioso tempo per collezionare i vostri rinunciabilissimi sbadigli raccontandovi l'intero copione del match, ma è pur sempre vero che resto il vostro affezionatissimo, inimitabile nonché unico avvonarrante disponibile sul mercato a prezzi così vergognosi, a 'sto giro di giostra mi solletica l'idea di piazzarvi sotto la coda il mio personalissimo

PAGELLONE!!!

GIANLUIGI *"Santopadre"* **BUFFON**: partorito quasi otto lustri fa da un rapporto incestuoso tra la cassaforte di Fort Knox e una piovra affetta da ipermotilità, che a confronto Muraglia Cinese piantala di bullarti inutilmente che sei fatta di wafers, questa sera il nostro inossidabile, immarcescibile, inimitabile, ineguagliabile Numerone Uno fa semplicemente di no con il testone a Neymar & friends rendendo la porta dello J Stadium più vietata di una braciolata di porco ad un Mullah durante il Ramadan.

Voto: 13.0 (10 per la prestazione sportiva + 3 per non aver mai smadonnato in eurovisione, concedendo un meritato turno di riposo alla task force esorcista del Vaticano appositamente addestrata a contenerlo).

ALEX *"UsexiSamba"* **SANDRO**: corre più forte di una partita IVA stivaloniana inseguita dal fisco, smista più palle di un tossico ad un giudice durante un interrogatorio di garanzia e dribbla i blaugrana con la stessa facilità con la quale io sbadiglio alle sette e mezza di mattina un lunedì di gennaio a scelta.

Un torero impanato nella cocaina in confronto sembrerebbe tetraplegico; semplicemente, la fascia del campo dove transita lui è roba sua e fine della questione.

Voto: 8.0 (piùpiùpiùpiùpiù).

GIORGIO *"Double Dott."* **CHIELLINI:** in settimana Re Giorgio I aveva appeso sopra il cammino la seconda laurea con lode, confermandosi il giocatore più istruito della storia del calcio planetario e dell'intero arco costituzionale della politica stivaloniana.

Stasera il Double Dott. aggiunge un master in spazzologia applicata saldando con la fiamma ossidrica i piedi e le gengive di Morsicone Suarez; segna di prepotente cattiveria il terzo goal black&white con una incornata che renderebbe fiero un muflone di montagna carburato a peperoncino di cayenna, dimostrando ancora una volta che per giocare al calcio, oltre a due piedi montati per il verso giusto, serve innanzitutto una gran testa, meglio se coronata con foglie intrecciate di alloro, come la sua.

Voto: 110 Magna cum laudem e diritto di pubblicazione.

LEONARDO *"Arma letale"* **BONUCCI:** ha il senso del territorio di uno squalo bianco tenuto a dieta somala per tre mesi a base di yoghurt magro: dove sta lui gli avversari non sono contemplati se non sotto forma di prede agonizzanti; ormai fa talmente paura agli attaccanti colorati che a Dortmund preferiscono piazzare le bombe nei pressi dell'autobus della squadra*[1] pur di evitare di giocare la partita, rischiare di passare il turno e magari ritrovarselo davanti in campo in semifinale: *Kameraten, meglio il tritolen!*

Voto: 90 (Paura eh?).

DANI *"DJ"* ALVES: il Conte di Montecristo gli fa una pippa mancina e il brasileiro più tatuato di una cartina stradale Michelin consuma una vendetta nei confronti dei suoi ex compagni di squadra che un corleonese in confronto per l'invidia si sarebbe dato fuoco come un bonzo tibetano.

Sulla sua fascia di competenza recupera una quantità di palloni calcolabile solo con un computer di Cape Canaveral, al quale peraltro si collega regolarmente nel corso del match per sincronizzare i ripetuti decolli orbitali dei palloni che spedisce in modalità nastro automatico verso l'area catalana.

Il suo grado di cattiveria agonistica in campo è solamente di uno zero virgola percento sotto alla vergognosa gnokkaggine di livello alieno della sua morosa, una roba che andatevela a vedere sul uebbe ma prima fatevi legare per bene le manine dietro la schiena sennò il vostro oculista diventa miliardario.

Voto 7.5 (*Oooooooohhhh .... Ariiiiahhh Ah oh, Obà, Obà, Obà*).

JUAN *"Billy Jean"* CUADRADO: il sesto dei Jackson Five non ha le gambe, al suo posto ha un frullatore Minipimer Bosh modello Tsunami Mark IV carburato a metaanfetamina doppio-zero addizionata al caffè, con una capacità di palleggio in velocità calcolabile solamente all'interno dell'acceleratore di particelle del CERN a Ginevra.

Fa prendere talmente tanta balla ai difensori dei mangia-paella che da domani mattina sulla Rambla inaugureranno il nuovo drink dell'estate battezzandolo *Chupito Juan Forrevvah*; il suo assist per il primo goal della Joya Dybala verrà esposto prossimamente al Louvre di Parigi al posto della Monna Lisa di Leonardo.

Esce dopo avere consumato più polmoni di una battona sul raccordo anulare il venerdì notte.

Voto: 9.999999 periodico.

SAMI *"Felmareshall"* KHEDIRA: picchia, corre, imposta, recupera, filtra, tira, sgomita, chiude, apre, salta, contrasta, disegna traiettorie, si infiltra, slalomeggia, razionalizza, accelera, rallenta, dirige; poi, finito il riscaldamento, scende in campo e si mette a fare sul serio.

Voto: lascia perdere, se lo mette lui, tu non servi.

MIRALEM *"Mozart"* PJANIC: un cocktail di geometria e cronometro, è come il bassista in una grande rockband: sul palco sta un po' indietro, difficile pretendere da lui degli assoli strappacorde e sulla copertina del CD raramente è la sua di facce a finirci sopra; ma se provi a toglierlo quello che resta non è più musica ma solo una inutile accozzaglia di frequenze sonore.

Il suo assist per il terzo affondo di Re Giorgio Chiellini e' una perfetta traiettoria high-tech in modalità stealth munita di contagiri.

Voto: inclassificabile, è lui il professore.

PAULO *"La Joya"* DYBALA: questa sera Leo Messi e' effettivamente sceso in campo ad Agnellopolis, ma senza barba, senza meches da checca tamarra, senza il dies sulla schiena e indossando una sciccosissima maglia bianca e nera con il numero 21 facendosi chiamare *La Joya*; e l'impressione è che si sia solo all'inizio di una favola di quelle spendibili con i cinni tra un certo tot per cento di anni, al posto delle solite principessine canterine con la fotta da X-Factor, per farli addormentare sognando finalmente roba seria.

Lo scioglimutande argentino nel sinistro ha un GPS con una sola destinazione preimpostata in memoria: l'angolo delle porte avversarie dove si fabbrica ragnatela.

Una doppietta agli alieni del Barca in ventitré minuti: roba da Playstation impostata sul livello difficoltà DIVINITA'....

Voto: tendente all'infinito.

MARIO *"Sorrisino"* MANDZUKIC: Marione prende più botte di un rullante da banda e smista una quantità di palloni da far impallidire l'Adidas; sulla sua fascia si scava una trincea della Prima guerra mondiale nella quale seppellisce le carcasse dei blaugrana che non finisce di sgranocchiare.

Il suo assist per la seconda cannonata di Dybala è pura pornografia calcistica.

Nato come centravanti, riciclato come corazziere, semplicemente un X-MEN di livello 6; contro di lui ormai non funzionano più nemmeno i frullati alla kryptonite.

Voto: alla Madonna perché non cambi mai.

GONZALO *"El Pappita"* **HIGUAIN:** ci prova in tutti i modi consentiti ma non è la sua serata; si vede che nei piedi avrebbe l'ordigno termonucleare innescato, ma non riesce a inquadrare nel mirino la porta dei catalani e quindi per questa volta nada KA-BOOOOM; spiacente GOLzalo, ma per te niente settanta vergini in paradiso: ti spetta al massimo un forno a microonde.

Voto: mmmhhh...cameriere, il conto.

MASSIMILIANO *"Scaccomatto"* **ALLEGRI:** Lui e Caio Giulio Cesare separati nella culla con il flessibile da cantiere; pianifica una partita perfetta come la vittoria del celeberrimo condottiero romano nell'assedio di Alesia nel 52 Avanti Cristo durante la campagna per la conquista della Gallia e la Ggiuve esegue il suo piano con la determinazione di un Terminator sardo allevato nella Hitlerjugend; da fondo campo Acciughina detta ai suoi orchestrali movimenti e tempi come il migliore von Karajan e lo spartito viene eseguito al diapason.

Grazie a *Maga Magò* Allegri, per l'ennesima notte il J-Stadium si è trasformato in un nido di cobra nel quale i catalani rimediano una scarica di mozzichi al curaro ogni volta che provano ad infilare un piede nella cesta del match.

Voto: 10 meno-meno (il PSG all'andata ne ha fatto uno in più, se semo capiti...).

Il J-STADIUM: la tana delle Zebre gobbute si conferma più inviolabile della passera di una badessa novantenne missionaria durante una pandemia in Mongolia.

Questa è casa nostra e a casa nostra comandiamo sempre e solo noi, poi sarà come sarà e andrà come deve andare, ma negli ultimi 4 anni dal triangolo delle Juvermude gli altri escono solo passando prima per il reparto ortopedia.

Voto: sereno stabile.

Il resto, come sempre, non cambia: le gnegne gnegnano e i gufi gufano, ma sempre e solo con il culo attaccato al divano e a partire da mercoledì prossimo.

By Memedesimo, Olè

[1] **N.d. a:** l'11 aprile 2017 tre ordigni esplosivi furono fatti detonare contro il pullman della squadra tedesca in viaggio verso il Westfalen Stadium di Dortmund per affrontare l'incontro di Champions League contro il Monaco; l'attentato fu attribuito al terrorismo di matrice islamica e fortunatamente non vi furono vittime; il Borussia Dortmund in ipotesi di qualificazione avrebbe potuto incontrare la Juventus al turno successivo.

Liberamente ispirato da: Pescara 0 – Juventus 2, 15.04.2017
Serie A Tim 2016 / 2017

ZEMANIANI 0 - GREGGE DELLE ZEBRE DEL SIGNORE 2

Ieri turno anticipato del campionato per consentire alla perseguitata classe dei calciapalla professionisti di poter festeggiare oggi insieme ai propri derelitti congiunti la Holy Jesooo's Resurrection.

Pertanto, in omaggio al clima pasquale che tutti quanti ci ammanta, eccovi un breve sunto della parabola della gara tratta dalle Sacre Scritture:

Dalla prima lettera di San Lapo ai Gufesi e alle Gnegnedi:

"Fratelli e sorelle;

Venne il giorno in cui il gregge delle Zebre del Signore si trovò a pascolare in riva all'Adriaticum, nelle terre del modesto Regno di Pescara.

Giunto in quel luogo, agli estremi confini della Serie A, il Profeta Acciughina da Livornus, detto il Battista della panchina, raccolse attorno a sé nello spogliatoio i suoi undici apostoli in occasione della ultima cena pre-gara, e disse loro:

"Andate in pace a seminare il Verbo di Deeo ed i terzini avversari in area di rigore, perché è cosa buona e giusta, nostro dovere e fonte di tre punti: ma non infierite sui vostri fratelli abruzzesi, perché non loro è la colpa di avere in panchina il sommo infedele zemano; offrite anzi loro sempre l'altra caviglia e non negate loro la possibilità di recuperare la sfera dalla rete, perché voi siete pescatori di goal e profonda e vasta è la porta del Pescara, ma soprattutto ancora lunga ed irta di pericoli è la Via Crucis per la luce eterna ed il cammino per giungere alla terra promessa chiamata Scudetto.

Scendete quindi sul terreno di gioco in letizia, miei discepoli, e porgete ai vostri nemici sorrisi e carezze e ramoscelli di ulivo in se-

gno di pace e di fratellanza, ma ricordatevi infine che se ci toccano Dybala, puttana di quella maiala le cavallette non gliele leva manco Papa Francesco dopato abbestia di ostie all'adamantio, Amen".

AMEN profferirono in coro gli undici discepoli, con mani giunte e capo chino nelle loro umili tuniche di ruvido telo di sacco striate di bianco e di nero.

E così fu che le Sante Zebre del Signore, usuali falciatrici di altrui sogni di gloria pallonara, per un giorno si trasformarono in pacifici agnelli pasquali, mansueti ed inclini a perdonar fratelli calciatori di stinchi et collezionisti di altrui menischi et arbitri sordociechi colpiti da amnesia da fischietto.

Ma giunti infine nella seconda metà della prima parte della funzione, Gonzalo Giudaemàmmate Higuain, detto il Pipita di Antiochia, primo dei discepoli del Profeta Acciughina e prediletto del Signore, sordo alle parole del Maestro prese e collocò con estrema veemènza per ben due volte la palla nella rete degli adriatici, umiliandoli nel tempo di un Paternoster.

Allora il Profeta lo chiamò a sé e gli disse:

"Perché mi hai disobbedito, Figlio mio prediletto? È forse il mio verbo immeritevole della tua attenzione, è forse il mio esempio indegno di indirizzare verso la salvezza il tuo cabezòn de hico de puta ingorda, o maremma buhaiola?"

E il discepolo proveniente dalla Pampa, in tono mite e sottomesso, rispose:

"Tutt'altro, Maestro, io sono e per sempre resterò il tuo umile servitore nella Fede Bianconera, poiché grande è la misericordia del Signore ed immensa è la sua carità per avermi salvato dalle grinfie vesuvianesi ed illuminato la retta via che mi ha condotto alla Continassa, ma se è saggio perdonare ed abbracciare il tuo avversario, ancor più saggio agli occhi di Deeo è mettere otto punti di vantaggio tra i suoi prediletti figli bianconeri e la squadra della capitale dell'Impero[*1] principale persecutrice dei veri apostoli del sommo Scudetto, a sole sei tappe dalla fine della Via Crucis"

E per la prima volta dalla sua consacrazione, il Profeta Acciughina tacque, boia dè!

In quel mentre, un fariseo di nome Muntari, servo dell'infedele zemano, sordo ad ogni parola ed offerta di pace, aggredì alle spalle il giovane apostolo Paolo da Cordoba, ribattezzato la Gioia del Signore, azzoppandolo vigliaccamente a colpi di ramo d'ulivo sulle preziosissime caviglie argentine.

Ma il Profeta Acciughina, con voce ferma, placò immediatamente gli animi dei discepoli zebrati decisi ad inseguire lo sgarrettatore per crocifiggerlo, e rivolgendosi all'aggressore pescarese, con parole miti e piene di fede, gli disse:

Il perdono del Signore scenda su di te, fratello abbrustolito, perché non tua è la colpa se nascesti dal ventre di una infima cortigiana avvezza a sollazzare moltitudini di birilli di cammellieri cilici in cambio di poche monete; quindi non temere offesa e va' in pace, possibilmente con piede spedito e nei pressi di Fanculum ".

E così fu che il gregge delle Zebre del Signore Jesooo desistette dalla volontà di fare giustizia terrena e, raccolti i tre punti, proseguì il proprio cammino di fede verso la luce, la pace e lo Scudetto, sordo al frastuono dello stormir di gufi e al digrignar di denti delle gnegne.

Nel nome del Campionato, della Coppa Italia e della Ciempionslig.

Amen

By Memedesimo, l'Apocrifo

[1] Le Sacre Scritture non lo specificano, ma pare evidente che il riferimento sia attribuibile alla Randagia de noantri, squadra della capitale dell'Impero, Rubonia, all'epoca principale contendente della Ggiuve per la conquista del campionato dell'Impero Romano d'Occidente.

Liberamente ispirato da: Barcellona 0 – Juventus 0, 19.04.2017
Champions League 2016 / 2017; quarto di finale di ritorno
(aggregate 0 – 3, qualificata Juventus)

LA REMUNTAD...OPS!
MANGIA PAELLA 0 - ZEBRE ASSASSINE 0
(ma-passiamo-noi-gne-gne-gne)

"Gli attacchi vendono i biglietti, ma le difese conquistano i trofei"
(Vince Lombardi, coach dei Green Bay Packers, NFL Hall of Fame).

Esta noche, nello scintillante e caleidoscopico tempio del fuccbol del Camp Nou di Barcellona, le Zebrotte carnivore sono scese sul terreno di gioco lasciando ad Agnellopolis lo stilista e la parrucchiera ed inserendo nei caricatori la giusta dose di cinismo e lacrimogeni.

Alla fine della serata il bilancio di tutta la faccenda è che Lionello *Pulce* Messi & tutta la compagnia danzante del Circo-Barca–Barnum hanno attaccato di più, hanno dribblato di più, hanno manovrato di più, hanno occupato il campo di più e alla fine sono anche stati eliminati dalla competizione di più.

Gianluigi Messiah Buffon alla finfine avrebbe anche potuto attaccare una amaca tra i pali della porta e usarla per dare una ripassatina in eurovisione alla D'Amico, perché, a parte il gran polverone sul confine dell'area di rigore che a confronto un tornado del Kansas sarebbe risultato la scorreggia di un lombrico, a fine gara riuscirà a piazzare in vendita su eBay due guanti nuovi di pacca, mai usati, astenersi perditempo.

La premiata impresa edile *Prodigo Bonucci & Rey Chiellini Snc* tira su un muro che se l'avesse visto Stalin gli sarebbero venuti i lacrimoni e ci si sarebbe spaccato ammerda di selfies; Donald Trump, collegato con il match via satellite dal suo ranch a Nababboland, visibilmente commosso, a fine partita proporrà all'ineffabile duo l'appalto per sistemare una robina laggiù, tra Texas, Arizona, New Mexico e Poverolandia.

Juan *Billy Jean* Cuadrado, il sesto dei Jackson Five, consuma più chilometri di Marco Polo colto dal sospetto di non avere chiuso il gas a Venezia quando è arrivato alla periferia di Pechino e Don Balon Acciughina Allegri lo sostituisce all'ottantesimo, scambiandolo per la controfigura di Forrest Gump quando esce di casa per fare una corsetta.

Paolino *Gingillino* Dybala, il pratico e comodo sciogliperizoma, prende più botte di Malcom X ad un raduno del Ku Klux Klan; i catalani infatti per tutto il tempo del match cercano costantemente su di lui ogni tipo di contatto fisico, ma mai come avrebbero fatto le rispettive mogli, mamme, sorelle, nonne e nipotine dai nove anni in su.

Il mite Marione *Sorrisino* Mandzukic litiga abbestia con i responsabili del Camp Nou perché non gli consentono di girare sugli spalti per vendere popcorn e gazzose e lecca-lecca, che tanto gli altri ruoli in campo li ha già esauriti tutti e, diciamocela francamente, stasera, a parte aver portato fuori a pisciare Clint Eastwood (la sua tigre dai denti a sciabola) si è annoiato un po'.

Gonzalo *BigMacc* Higuain non capisce perché continuino a scartavetrargli las balotas chiamandolo sul cellulare ogni trenta secondi, finché non si sveglia di botto accorgendosi di essersi appisolato in albergo dopo l'incontro very Fight Club style tra il suo stomaco ed il dromedario arrosto farcito di pecore lesse su letto di tonni marinati nel tiramisù che si era spazzolato durante la cena della sera prima.

In compenso, Dani *DJ* Alves, credendo di essere già in diretta dallo studio di *Ballando con le stelle,* nel corso di tutti e novanta i minuti della prestazione combina sul Nou Camp dei suoi vecchi compagni di merende più vaccate di Lapo Elkann in gita premio a Bogotà.

Ma poiché la morosa di Dani Alves rimane di una gnokkaggine aliena totalmente illegale sul pianeta Terra e relativi satelliti, artificiali e non, noi a Dani Alves lo perdoniamo lo stesso; e magari potessimo dare ogni tanto una perdonatina come si deve anche alla morosa di Dani Alves, ma invece niente, mai una gioia.

Da parte sua Leonello *Cinquepalledoro* Messi, nel corso della intera sfida rimasta a reti inviolate, tira ovunque: in tribuna, alla baracchina del Luna Park, in Portogallo, la catena del cesso, dappertutto fuorché tra i pali di Sua Eminenza San Gigione Buffon, che così per una volta in carriera può evitare di smadonnare con la consueta ammirevole applicazione e professionalità, astenendosi dall'aggiornare il rosario e ristrutturare il calendario in diretta TV, con relativo turno di riposo della task force pontificia a lui appositamente dedicata.

Woody Woodpeker Neymar dribbla anche i grilli, ma ogni volta che si azzarda a provare ad avvicinarsi alla porta zebrata viene pinzato per le orecchie dai bidelli Bonucci e Chiellini, preso a scapaccioni e riaccompagnato all'uscita a calci nel sambaculo con l'invito a ripresentarsi il giorno dopo accompagnato dai genitori.

Insomma, tanto per non farvela lunga come la Messa di Natale, finisce zero a zero, cioè complessivamente tre a niente per i Sabaudi striati che ci piacciono tanto, i quali, in ragione del risultato combinato nel doppio confronto, se ne vanno in semifinale di Coppa Orecchiona Bastarda uscendo indenni e a zero goal subiti da uno stadio nel quale i padroni di casa avevano vinto le ultime venti partite di coppa consecutive, segnando agli avversari assortiti sessantatré reti e altrettante bevute sul conto del bar del Nou Camp.

A fine partita tutto il pubblico di Barcellona applaude indistintamente sia i propri beniamini sconfitti sia i piemontesi nocolor, rendendo chiaro a tutta Stivalonia che, magari stavolta di remuntade no, ma di lezioncine di stile e di sportività ce ne son sempre da vendere e da regalare da quelle parti quando si tratta di palla rimbalzante.

Pare che, biologicamente parlando, la zebra sia parente prossimo del somaro e che, come il suo cugino nostrano, all'occorrenza riesca a munirsi di un'autentica sbarra da passaggio a livello tra le gambe; la stessa che in questo momento stanno sentendo salire intercooler con satanica lentezza i simpatici gufetti mangiacacca disseminati a random nell'italico stivale.

Gli toccherà tifare Real Ladrid, o Atletico o magari perfino Monako ti Pafiera....che come livello di disperazione umana si piazza un paio di tacche sotto a quello di un condannato ad imparare a memoria tutti i testi della discografia di Frankie Hi-NRG MC in lingua swahili.

Per il resto le gnegne gnegnano, i gufi gufano, ma fino al prossimo giro di giostra sono solo lontani e vaghi rumori di fondo provenienti come sempre dalla zona divano.

Adiòs, companeros.

By Memedesimo, El Don Quixote de Catalunia

Liberamente ispirato da: Monaco 0 – Juventus 2, 03.05.2017
Champions League 2016 / 2017 ; semifinale di andata

CENERENTOLAND 0 -
LES ZEBROTTES ASSESSINES 2

Alòr se suar in ocasiòn de la première dèmifinal de la Coup Orecchionne Bastarde de l'àn dèmil-dix-sept, les Zebrottes àssesines ont sbanchè le Casino de Montecarl avec une doppiette d'un cicion àrgentin qui s'appelle GOLzalo Panchovilla Higuain.

Sembr che a Pizzàpol sont scioppè cirq vingt-mille-nov-cent fègats.

La Juve à jouè très bien, pratiquement comme une partie à la Playstation, mais avec le livel difficoultè impostè su: "imbranè – commlammèrd".

Le Monaco est une très belle èquipe quand se trat de jouer à moscacìecà, mais quand se passe à jouer à ballon contre les Zebrottes mannares, alor sont chèzz très acides.

Mbappè est le jouer plus velocc qui se sie mai vist, e frull la balle entre les jambes comme un giocolier du *Cirque du Soleil* ; mais poi èncontre sempr Bonuccì ou Chiellinì qui lo prendon pour les oreilles et lo rèportan fuor de l'areà de rigoeur a calcincù urland *"la devi smètter de rompre les coillons, bàmbin"*.

E se propr-propr arrive à tirer en porte, àlor ce penz Monsieur Buffon avec le mignòl, ou la cavigl, ou le dèretan...insomm voulez-vous capir que contre la Juve non se sègn manc po' ò cazz ? Oh la-la.

Dybalà est sempr le joueur de football plus sexy du monde, et le Prince Albert de Monacò, qui est notoriement un gran mayalòn, s'est tout ingorillè à voir jouer *La Joya*.

Encore un altr colp de tacc del l'argentin de la Juvè et le Prince voulev scavalquer le pàrapèt de la tribune presidentielle et correr en camp avec les bragues calèes, tout embarzòttè.

Dani Alves a jouè in un mod talment fantastique que neanch sa mourouse tutt nude cospars de Nutellà avec les jambes apertes à compassò est cosi' gnoccà...no, vabè, ho esageratt, sa mourouse est un gnoccà fòtonique, creed de l'aver già scritt encore, mais comunq Dani Alves à rincoglionì tout la dèfense du Monaco (à propòs...quelcun per càs à un pornò àmatoriel del la mourouse de Dani Alves? Mais cosi', just pour savoir, chièd pour un amicò...)

Le Napoleon de la soirée è stat comunq GOLzalò Higuain, che ha sègnat une doppiette que manc Buffalo Bill avev mai sparatt cosi' bièn, anche se sembr sempr un vecchiò cicciòn con l'òsteoporos et dàver non si può guardàr dal gran che sembr grass avec la panzà tout sbàllonzolant comme quelle de l'ors Yoghì quand scapp dal Ranger Smith con tout la facc sporc de marmellatà, ma à la fin qui cassò s'en frèg ? L'important est que continue à ficcar la balle dentr les portes des adversaires et vaffancùl la lineà.

Infatt, second moi, vous n'avez encore capì un cazz de Monsieur Higuain...est toute une tèchnique del l'argentin pour inculèr les adversaires.

Quand còminc la partie, les adversaires guardàn sèmpr la panzà de GOLzalò et se mètten a ridèr.

Non lo marcàn neanch, pourquoi pensen: tantò fa lo stèss, est seulement un vieil scòreggion.

Pouvres còglions que sont...e infattì se la piglian toujours dans le cul jusqu'à fond.

Secònd moi bisognerebb paghèr à GOLzalò l'access infinit à toute la catène mondial de McDonald pour toute la vite.

Poi vous fate pur quel que voulez-vous...

A la fin de la soirée le platò du jour est : Gufi inculèes avec zòccoli de Zebrà en salse de vaffancùl, avec contornò de gnègnes sbattues sur un let de merde.

Et voilà, bon appetit.

By Memedesimò, le grand Chef à striscc

Liberamente ispirato da: Juventus 2 – Monaco 1, 09.05.2017
Champions League 2016 / 2017; semifinale di ritorno
(aggregate 4 – 1, qualificata Juventus)

ZEBRE RIEN NE VA PLUS 2 - CROUPIERS DEL CASINÒ 1

Ieri sera il branco mannaro *Blanc-et-Noir* ha disputato la semifinale di ritorno della Coppa Orecchiona Bastarda contro la rappresentativa del Principato di Monacò ambarabbàcciccicoccò, ribadendo, al bizzarro mondo di Gnegneland e a questo buffo paese popolato da infinite varianti di gufi portarogna, che allo J – Stadium vige la pena di morte per chiunque non abbia l'accortezza di accedervi indossando uno shiccosissimo smoking a strisce bianconere e non sappia anche cantare a memoria la canzoncina di Paolo Belli*[1], compresi gli uacci-uari-uari-ù finali.

Ne ha fatto le spese una squadra giovane, spumeggiante (pardon: *champagnant*) veloce, piena d'entusiasmo, di talentyaaaaaaahhhhwnnn...ehm, scusate lo sbadiglio.

D'altronde, il rotondo due a zero rifilato in trasferta nella semifinale di andata ai prodi croupiers del minuscolo reame fatato di Cenerentoland aveva posto sull'esito finale della doppia sfida un'ipoteca giudiziaria piuttosto rognosa da estinguere per i diversamente francesi.

Tuttavia, va ammesso che il Monacò conlaccentosullaò al fischio d'inizio si è auto-impostato in modalità fottezero partendo in dérapage con ammirevole convinzione nell'improbabile *remontèe*, che manco un adepto di Scientology caramellato in una damigiana di sangue di Testimoni di Geova.

Al quinto minuto del primo tempo, infattamente, il giovane talento *Mon Chèri* Mbappè da posizione defilatissima batte sul tempo l'estremo difensore juventino limitandosi però a far tremare lo Stadium, dopo aver colpito il palo della porta di Gigione *Antichristum* Buffon, il quale, vedendosi ribaltare tutte le pilette di fiches fino a quel momento tanto meticolosamente collocate una sull'altra davanti alla riga della porta, ringrazia simpaticamente tutto il reparto difensivo bianconero battendo il record della bestemmia più lunga e complicata dell'intera storia sportiva stivaloniana: settecentoventiquattro tipi di animali da branco ed antichi mestieri ritenuti sconvenienti secondo il comune senso del pudore, accostati alternativamente alla figura di Jesooo, dei suoi familiari ed annesso presepame assortito.

Due giri di orologio più tardi è Radamel Falcao a tentare per i monegaschi la soluzione dalla lunga distanza con un terra-aria che sfiora il montante, consentendo al Gigione Nazionale di fare uscire in doppio blue-ray un cofanetto contenente la dispensa integrativa della produzione letteraria poc'anzi ricordata, dal titolo: "*Sacra Famiglia e prostituzione: un dibattito aperto*".

L'all-in degli spacciatori di fiches da roulette però si esaurisce qui, rivelandosi a conti fatti un sostanziale bluff appena sufficiente per far entrare in temperatura da qualifica i guantoni magnetici di San Gigi Buffon; in pratica un fuoco di paglia effimero come la scopata di un ottantenne in astinenza da additivi chimici.

Passato lo squaraussss, il Maître de Cèrimonie, Mister Acciughinà (per l'occasione con l'accento sulla a) sino a quel momento impassibile come un ispettore della Guida Michelin al quale abbiano appena servito una omelette di cacca di brontosauro aromatizzata al Camembert del 1869, decide che è giunto il momento di sussurrare ai propri adepti il segnale convenuto per far scattare l'operazione con nome in codice *Rien ne va plus*: ruggisce infatti un EN-DE'-TRUA': BOIA DEEEEEEEEE' con il quale spettina tutti e ventidue i giocatori in campo, l'arbitro olandese Kuipers, il quarto uomo, i delegati UEFA, il 75% degli spettatori presenti in tribuna centrale numerata, il lungomare fino a Nizza e la estrema periferia del villaggio di Asterix.

Come se fossero stati improvvisamente risvegliati a caraffate di Perrier gelata in faccia dopo un addio al nubilato di sei giorni consecutivi a Las Vegas, tutte e undici le Zebrozze scalcianti presenti sul tappeto verde di gioco spostano simultaneamente la levetta del propulsore su ON e attaccano una rumba che in meno di mezz'ora farà letteralmente saltare il banco del Casinò.

Apre le danze al quindicesimo Paulino *La Parure* Dybala, che però non riesce a inquadrare il bersaglio nel mirino dopo un'ammirevole torre di zucca ricevuta da Mandzukic, nell'occasione ispirato come Dante Alighieri se avesse ricevuto un selfie da Beatrice con le tette di fuori.

Sette minuti dopo Golzalone Higuain spreca una golosissima occasione quando, presentatosi solo davanti alla porta avversaria, tenta di saltare con un cucchiaio il ciàpagòl monegasco Subasic ma si fa recuperare in extremis da un difensore dei principeschi; il che è un vero peccato perché in genere quando si tratta di utilizzare dei cucchiai il Pipita scherza meno della nonna di Mandzukic con la psoriasi...

Al venticinquesimo Golzalo restituisce la cortesia a Marione Mandzukic servendolo con un filtrante grand gourmet mentre quest'ultimo si era infiltrato in area tentando di superare Subasic, che però in uscita sventa l'assalto compiendo il suo secondo miracolo della soirée.

Tre minuti dopo la Juve esegue un'altra puntata sulla ruota di Monacò: una triangolazione tra Dybala e Pjanic consente a quest'ultimo di battere a rete ma all'ultimo istante Raggi, difensore centrale dei monegaschi, riesce a deviare salvando il culo al suo estremo difensore e compiendo il terzo miracolo consecutivo in meno di sette minuti.

E Jesooo di Nazareth muto!

Nonostante l'overbooking di occasioni sprecate dai nostri, sulla panchina della Juve aleggia un'atmosfera di assoluta pacatezza come durante l'happy hour in un Coffee shop di Amsterdam: Mister Allegri infatti ha controllato online il libretto di circolazione di Subasic, scoprendo che il portiere dei monegaschi risulta omologato per un massimo di tre miracoli a partita.

E infatti, al minuto numero 33, Dani DJ Alves, migliore in campo nonché secondo classificato nella top ten dei bipedi più amati dai cuori di tutti noi juventini, subito dopo quell'arma di distrAzione di massa della sua attuale morosa, si siede finalmente al tavolo giusto con la mano vincente: il terzino brasileiro della Juve, al termine di un'azione corale che a confronto care le mie componenti del corpo di ballo del Moulin Rouge de Paris scansatevi che siete un branco di tetraplegiche con le carrozzine sgonfie, confeziona per Marione *Costruite-un-trono-per-questo-uomo* Mandzukic un assist aereo talmente figo e di classe che avrebbe dovuto avere delle hostess a bordo. Marione spicca leggiadro un balzo estremamente farfallesco e incapoccia la boccia verso la porta monegasca, ma il portiere dei principini manifesta inopinatamente lo scarsissimo bon ton di opporsi con il corpo rimbalzandola in campo; allora Marione, con il suo consueto sguardo mite, amorevole, tenero e dolcissimo, gli rutta in faccia un: HO-DETTO-CHE-E'-GOL-GUAI-A-TE-SE-CI-RIPROVI-!, scaricando con il colpo di ritorno nella pochette dei monegaschi una cannella alla kryptonite talmente violenta che il replay del gol verrà riproposto in onda solamente al termine della fascia oraria protetta e con le pecette di censura come nelle custodie dei film porno in VHS degli anni ottanta.

ALL IN DI ZEBRE 1 - PRINCIPESCHI 0

Poco dopo, allo scadere dell'ultimo minuto del primo tempo, sempre il moroso di Joana Sanz*[2], quello che gioca nella Juve con la maglia numero 23 partendo spesso da dietro, pensa bene di chiuderla lì che in settimana abbiamo già un'agenda folta come la chioma di Tina Turner; dopo una respinta dell'estremo difensore monegasco su calcio d'angolo di Leo Bonucci, Dani Alves raccatta al volo la sfera dal limite dell'area di rigore dei croupièrs e fa decollare direttamente nella porta del Principèe una baguette fotonica che raggiunge le ottantotto miglia orarie e scompare in un boato di luce, tanto che i raccattapalle dello Stadium per ritrovarla dovranno ritornare indietro nel tempo fino al 1957.

DOPPIA COPPIA DI ZEBRE 2 - PRINCIPESCHI COME PRIMA

Improvviso default del centralino della trasmissione *Chi l'ha visto?* per la simultanea denuncia di smarrimento in tutta Stivalonia di centinaia di migliaia di gufi vesuviansi, meneghini, bovidi, gallinacei... a seguito della quale il WWF formalizza la richiesta di intervento ufficiale della Protezione Civile.

Con un prefisso iniziale di due jackpots a niente per le Zebrotte ingorde nel corso del primo tempo, che assommandosi al risultato dell'andata recita un momentaneo poker a zerò in favore dei sabaudi, la seconda frazione del match lascia in eredità ben poche fiches da puntare sulla roulette della qualificazione, e per gran parte del tempo scorre via liscia come un Martini vodka semisecco shakerato e non mescolato alla James Bond.

Tuttavia, giunto al numero 69 della ripresa, il Monacò ha l'impertinenza di accorciare le distanze con il super poppante *Ferrero Rocher* Mbappè che, ricevuta la sfera nel corso di una autentica tonnara in piena area juventina, esegue un facile tap-in a pochi centimetri dalla linea di porta.

Collezioni di turbominchiate a parte, il giovanissimo marron glassè transalpino dimostra ancora una volta di possedere un talento davvero impressionante, e quando prima o poi deciderà di smetterla di giocare nel campionato dei Playmobil potrà diventare un serio candidato per entrare negli Avengers.

Comunque sia, per le sole statistiche:

SUPERENALZEBRE 2 - PRINCIPESCHI 1

Mister Acciughinà dall'area tecnica a bordocampo dribbla di tacco sei o sette extrasistole raggiungendo tonalità di un accattivante viola-borgogna-andato-a-male e di slancio batte il record mondiale di blasfemia in apnea testé raggiunto nel corso della prima frazione di gioco da *chevvelodicoaffare* Sua Eminenza Grigia Gianluigi Darth Christ Buffon, con una complicatissima bestemmia composta di terzine baciate in sanscrito, aramaico ed esperanto dell'ammirevole lunghezza di minuti diciassette e secondi cinquantatré, con la quale provoca l'improvvisa comparsa del Signore delle Tenebre in persona per le necessarie congratulazioni ufficiali e lo scatto della foto ricordo di rito.

E così gli undici bianconeri in campo, con relativo shampoo di cenere appositamente applicato al volo dallo staff tecnico, ricominciano a grandinare palloni nella camera da letto degli amici degli evasori fiscali, ma nonostante l'encomiabile sforzo produttivo, il risultato non ne vuole sapere mezza di cambiare ulteriormente prefisso fino allo scadere, indi per cui, operazione rien ne va plus missione compiuta.

Il Branco a strisce pertanto decapita un giusto tot di bocce di Moet & Chandon Brut Imperial per festeggiare il superamento del turno e l'invito formale al Gran Gala di Cardiff (Capitale del Pecoraland, succursale di Gran Bruttonia) dove andrà a giocarsi la nona finale di Coppa Orecchiona Bastarda della sua storia e nella quale dovrà incrociare le lame contro una selezione di mostri alieni iberici ancora da scegliere tra i favoritissimi meringati del real Club de Ladrid ed i relativi cugini di campagna non meno rognosi dell'Atletico.

Gufi e gnegne tutti con il dizionario castillano-gufese già oleosamente infilato in modalità rettoscopia, as usual.

Comunque andrà a finire, razza inferiore erano, sono e resteranno, forevvah&evvah.

By Memedesimo (per l'occasione con l'accento sulla ò)

*1 **Paolo Belli:** ex voce e leader dei *Ladri di Biciclette*, noto showman e conduttore della televisione stivaloniana, cantante soul di talento nonché mio compaesano; è l'autore ed interprete dell'inno ufficiale della Juventus F.C.: "Juve: storia di un grande amore".

*2 **Joana Sanz:** top model e attrice spagnola (nata a Tenerife il 06.09.1993); da anni sentimentalmente legata con il calciatore brasiliano Daniel "Dani" Alves, nota per essere considerata una delle donne più belle del pianeta.

Liberamente ispirato da: Roma 3 – Juventus 1, 14.05.2017
Serie A Tim 2016 / 2017

RANDAGIA DE NOANTRI 3 - ZEBRE PART TIME 1

Domenica sera, alla trentaseiesima giornata del campionato nazionale di futbolus della stagione 2016-2017 (anno XLIII d.D.P.), una mandria di zebre sabaude affette da disturbi dell'attenzione ha pensato bene di elemosinare una fiatata di ossigeno a scommettitori seriali, gufi, gnegne e parassiti assortiti, perdendo per tre carbonare a una contro la *Randagia de noantri*, una delle due squadre della capitale Rubonia (quella con la cagna selvatica con manie materne extra-specie come simbolo), prolungando così di una settimana l'agonia di un campionato tricolore sin qui cavalcato dalla gang di Villar Perosa come la tipa nella scena del burro in *Ultimo Tango a Parigi*.

L'Allegra Compagnia dell'Acciuga peraltro parte bene, facendo inizialmente ballare un po' di cha-cha-cha ai burini rincagnati nella loro metà del campo da gioco dello stadio Olympicus.

Al settimo minuto infatti Asamoah, il black mamba juventino impiegato come laterale di spinta, da fuori area innesca un mancino con il quale incrina il palo alla destra di Szczezny, guardiano del cancello del canile della Randagia.

Dopo quattordici minuti di assedio bianconero le Zebre passano addirittura in vantaggio con una azione dipinta con mano tale che Raffaello metti giù il pennello che fai solo danni: lancio in profondità dalla tre quarti in piena area randagia da parte di un ispiratissimo Sturaro, GOLzalo Higuain che la raccatta bullizzando il suo marcatore e la impatta in mezzo per il sopraggiungente Mario Lemina, che la appoggia nel sacco facile come centrare l'oceano dal ponte di una portaerei.

Per cui:

LEGIONARI DELLA RANDAGIA 0 - GLADIATORI BIANCONERI 1

A questo punto però, il Proconsole al comando della Legione della Randagia de noantri, Adrianus *Sine Zazzera* Spallettus, opera un cambio tattico fondamentale che si rivelerà una vera e propria mossa spacca match: in barba a ogni regolamento e codice d'onore guerresco, con il numero doppio zero sulla cotta di maglia fa segretamente scendere nell'arena un dodicesimo combattente munito del superpotere dell'invisibilità: lo straniero barbaro di nome Ke Kulus, un ausiliario della legione proveniente dalla remota provincia Bona Sortis, collocata da qualche parte ai limiti dell'Impero ruboniano.

Infatti, neanche quattro giri di clessidra dopo, De Rossi, lo storico centurione primipilo dei pretoriani de noantri, pareggia con una botta di culo alla Nadia Cassini[*1] dopo ben due interventi consecutivi di Gianluigi *Paternoster* Buffonus e un flipper in area di rigore blekkenuaitt durato un quarto d'ora, roba da inserirci degli spot pubblicitari nel mezzo.

Quindi:

LEGIONARI DELLA RANDAGIA 1 - GLADIATORI BIANCONERI 1

Sin qui sarebbe comunque aritmeticamente conquistato il sesto scudetto consecutivo per i Sabaudi, che di conseguenza allo scoccare dell'intervallo raggiungono gli spogliatoi dell'Olympicus scambiandolo evidentemente per un dormitorio, dato che alla ripresa dei combattimenti gladiatori quella che rientra sulla sabbia dell'arena della capitale non è la solita Juventus da rastrellamento alla *De Bello Gallico*[*2], ma una manata di controfigure delle sagome usate per le punizioni in allenamento marinate in una damigiana di cloroformio.

Ne approfitta al minuto numero undici del secondo tempo e senza un filo di vergogna il decurione El Shaarawy, soprannominato il *Piccolo Faraone* per le sue origini egizie o anche *Scopettonevileda* per l'ammirevole spazzolosità della sua chioma da bimbominkia; costui, su assist del compagno di squadra Ke Kulus (migliore in campo per i mangiatori di coda alla vaccinara) riesce a superare il *reziario* Buffon con un tirogiro deviato, in ordine strettamente cronologico, dal *mirmillone* Chiellini, dal *trace* Bonucci (*³), da una rotonda abusiva del raccordo anulare, da un commando di dirottatori di Al Quaeda, da qualche turba psichica e dallo spostamento d'aria del battito di una farfalla alla periferia di Tor bella Monaca.

Eh, insomma:

LEGIONARI DELLA RANDAGIA 2 - GLADIATORI BIANCONERI 1

La Ggiuve non sembra manco accorgersene e pur essendo andata sotto nel punteggio continua a consumare preziosi minuti di gara gigioneggiando come un vitellone a Trastevere, a tal punto che *Santo Padre* Buffon, al posto del consueto ciclone di bestemmie da competizione, si limita a commentare gli episodi salienti dello scontro con sobrietà del tipo: "*Acciderpolina...*", "*Eh, beh, pazienza dai...*" "*Cosa ci vogliamo fare*", "*L'importante è partecipare*", rendendo del tutto evidente che, di base, fondamentalmente, sotto sotto, se proprio la dobbiamo dire tutta ma tutta-tutta-tutta, gli Juventini non hanno nessuna voglia di conquistare matematicamente l'ennesimo scudetto in uno stadio così poco chic, cosi defashioned, cosi out come l'Olympicus di Rubonia... questione di charme, di carenza di look, di carestia di stay epic, di basso voltaggio di wowaggine.

Infatti nemmeno l'inserimento nella mischia di reparti tenuti precauzionalmente di riserva fino a quel momento dal generale Massimo Decimo Acciughinus (Dani Alves e Dybala) riescono a modificare l'atteggiamento del branco a strisce e a ribaltare le sorti del duello, che al minuto sessantanove pende definitivamente a favore dei legionari quando Nainggolan (quello simpatico, con la faccia e l'espressione rassicurante e che vorreste tanto presentare a vostra figlia appena uscita dal Collegio delle Orsoline), su suggerimento dell'egizio Salah innescato dall'onnipresente Ke Kulus, si vede recapitare la sfera tra un nugolo di zoccoli zebrati e con un colpo di catapulta sfonda per la terza volta la formazione a testuggine dei bianconeri, siglando la rete che decreta il definitivo pollice verso per i gladiatori piemontesi.

LEGIONARI DELLA RANDAGIA 3 - GLADIATORI BIANCONERI 1

Finisce così, con il Branco mannaro con testa, coda e tutto quello che ci si trova in mezzo già alla partita di mercoledì prossimo contro l'altra squadra della capitale (quella con la gallina sullo scudo come simbolo) con la quale si contenderà la coppetta di Stivalonia tanto per smuovere le ghiandole salivari con un antipastino prima del consueto finale di campionato, che per il novantanove-punto-nove per cento delle restanti squadre italiche continua ad essere paragonabile al menu dell'Osteria Francescana di Bottura a Modena*4, ma che per noialtri bianconeri, habitué dello scudetto da ormai cinque e passa anni di fila, risulta ormai eccitante all'incirca come l'invito a cena da Burgher King da parte della vecchia zia tirchia e mezzo sorda, quella che puzza anche un po'...

Ah, quasi dimenticavo: come contro Atalanta e Torino nelle puntate scorse, anche stasera ci sarebbe stato un rigore a favore della Vecchia Signora più grosso della Piazza Rossa di Mosca e più lampante di un costume di scena di Lady Gaga a una congrega di Mormoni, per tentato stupro multietnico del gioiellino Paulo Dybala nel bel mezzo del recinto dal canile avversario...

Roba che se fosse successo a uno qualsiasi dei randagi non sarebbero bastati i Caschi Blu dell'ONU per sedare una rivolta popolare che a paragone quella di Spartaco fu una scampagnata con picnic sul Vesuvio, e se ne parlerebbe ancora nel 2067 D.D. (Dopo Dybala) ...

Indi e per cui, per una volta tanto lasciamo i gufi gufare e le gnegne gnegnare in riva al biondo Tevere, anche se in ritardo di almeno mesi tre sul calendario della Serie A, che come per legge e Senatoconsulto ultimo, è, e resterà, per la sesta stagione consecutiva un esclusivo dominio della Vecchia Signora sabauda.

Ma oh, io ve lo dico ogni volta, son gufi e gnegne, mica bestie intelligenti.

By Memedesimo, Er Canaro de Modena

*1 **Nadia Cassini**: pseudonimo di Gianna Lou Muller (Woodstock, Usa 1949) attrice e showgirl statunitense famosa negli anni 70/80 del secolo scorso per essere una delle più ammirate interpreti della commedia sexy all'italiana, definita "il più bel fondoschiena di tutto il panorama femminile mondiale".

*2 **De Bello Gallico**: si tratta dello scritto più noto lasciato ai posteri da Caio Giulio Cesare, grande condottiero e uomo politico romano vissuto nel I secolo Avanti Cristo; descrive in prima persona le vicende della campagna militare condotta da Cesare in Gallia (l'attuale Francia, Belgio e Paesi Bassi) con la quale il generale romano conquistò mezza Europa occidentale rendendola una provincia romana.

*3 **Reziario, Mirmillone, Trace**: tre diverse categorie di gladiatori che si affrontavano nell'arena all'epoca di Roma antica; i loro nomi derivavano dalle tipologie di armi ed armature indossate durante i combattimenti.

*4 **Osteria Francescana**: celebre ristorante dello Chef Massimo Bottura ubicato nel centro di Modena e detentore di tre stelle Michelin, oltre a numerosissimi altri riconoscimenti internazionali nel mondo della gastronomia; è stato valutato nel 2016 e nel 2018 come il miglior ristorante al mondo.

Liberamente ispirato da: Juventus 2 – Lazio 0, 17.05.2017
Coppa Italia 2016/2017; finale

ZEBRE VAMPIRE 2 - GALLINE DEL LATIUM 0
Finale di Coppa di Stivalonia 2017

Ieri sera il branco a strisce ha ufficialmente preso pieno possesso del primo dei titoli a sua disposizione quest'anno, immagazzinando per la dodicesima volta nella sua storia (terza consecutiva) la Coppa di Stivalonia giunta alla sua settantesima edizione, legittimando la propria indiscussa superiorità nazionale ed esercitando il sacrosanto diritto feudale di *ius primae* noctis sul calcio stivaloniano, che in confronto Carlo Magno non avrebbe vinto nemmeno le primarie del P.D.

Perché, chiariamoci: *DIO LO VUOLE, DEUS VULT!*

Le vittime sacrifical....ehm, pardon, le avversarie *Galline del Latium* sono partite speranzose contando sul fattore di giocare nel proprio pollaio, l'Olympicus di Rubonia, teatro solo pochi giorni prima di una delle rarissime quanto irrilevanti sconfitte della Juve in questa stagione ad opera della *Randagia de noantri*, ma nel primo tempo Norberto Neto, vice portinaio brasileiro della Vecchia Signora, nonché mastro di chiavi del regno sabaudo per questa competizione, ha sostanzialmente potuto ronfare come un bimbo con il culo talmente parcheggiato nel cotone che se al suo fianco avessero posizionato la culla del figlio naturale di Pisolo e della bella addormentata, quest'ultimo sarebbe risultato uno schizofrenico compulsivo con il biberon caricato a crack.

Nel corso della prima metà di gara l'unico motivo del vice Buffon per rigirarsi nell'amaca di modello samoano legata tra i pali della porta glielo ha procurato al quinto minuto il palo colpito da Keïta, eburneo attaccante dei gallinacei, opportunamente deviato di queltanto-che da NonnoNanni Barzagli; ma, a parte quello, il pollame della capitale non è riuscito più a razzolare dalle parti degli infissi bianconeri per il resto dei primi 45, venendo sistematicamente spennato dalla blitzkrieg delle divisioni corazzate del Generale Allegrischwarzkopft ogni volta che ha provato a porre anche solo una zampa al di là del confine di centrocampo, come neanche il tiro al piccione delle guardie soviet di stanza sul Muro di Berlino contro i tedeschi dell'Est in fotta da espatrio clandestino durante la Guerra Gelida.

Perché è risultato immediatamente chiaro a chiunque avesse cognizione del fatto che il calcio si gioca usando le appendici deambulanti, che le Zebrotte ingorde sono scese in campo in modalità *WOW KA-BOOOM*, risultando toste come uno squadrone di cavalleria Unna e manifestando sin dall'inizio la propensione a macinare fuccbol a 24K con una scioltezza e un gusto che, a paragone, un chilo di gelato alla Nutella spalmato sul culo della morosa di Dani Alves avrebbe saputo di tappo.

La Zebra assesta il primo colpo di mannaia sul collo dei volatili da pentola capitolini all'undicesimo, e si tratta di una mossa completamente meid in Brazil: Alex *UsexiSamba* Sandro, un prototipo di Terminator modello Skynet T3000 munito di teletrasporto e sistema di individuazione del bersaglio a mira laser, viene imbeccato dal Principino Marchisio sulla tre quarti del pollaio e, dopo una progressione a velocità Whorpe, spara la boccia in very coast-to-coast style in piena area laziale tra le zampette tatuate del moroso di Joana Sanz, a.k.a. Dani Alves...

Tanto per capirci, raga, stiamo parlando di un cross talmente figo che se lo avesse visto Leonardo Da Vinci ci avrebbe dato a mucchio e si sarebbe iscritto alla scuola Radio Elettra per ottenere il diploma da idraulico.

A quel punto l'uomo della gnokka fotonica pianta il difensore avversario Lalic come un geranio sul balcone e con un colpo di capoeira piazza al volo un lob alle spalle del portiere daalazzzio Strakosha, con precisione così millimetrica che l'A.O.S. (Associazione Orologiai Svizzeri) in settimana formalizzerà la pratica per conferirgli la cittadinanza ad honorem del Canton Ticino.

ZEBRE 1 - GALLINE 0

Passa un qualche giro di tic-tac e al venticinquesimo sempre Alex

Sandro (clonate il DNA di quest'uomo ADESSO) spizzica di capoccia in area di rigore piumata una palla proveniente da un calcio d'angolo eseguito da quel meraviglioso esemplare di essere umano che risponde al nome di Paulino Dybala; Leo Bonucci irrompe sulla scena come un orca assassina a caccia di otarie sulle spiagge islandesi e spinge di cabeza la boccia nel sacco laziale, relegando le residue speranze avversarie di aggiudicarsi la mastella in palio in un posto parecchio buio, spaventosamente umido e pressoché privo di ossigeno.

ZEBRE 2 - GALLINE 0

Poco dopo GOLzalo Higuain decide di interrompere la dieta ma sbaglia menu e si pappa due occasioni da goal a nastro, per un consumo totale di 10.727 calorie e otto tonnellate e mezza di bestemmie assortite millegusti pronunciate da un coro a cappella composto da un vero e proprio *parterre de Roi* della specialità, ossia Mister Max Allegri, il maestro Jedi in bestemmiologia applicata Gianluigi Buffon, e, per l'occasione in collegamento da remoto, modestamente il vostro affezionatissimo reporter Memedesimo.

Durante l'intervallo scende dalla croce personalmente Jesooo Christ Superstar per complimentarsi commosso con tutti e tre e scattare i selfie di rito da pubblicare su Instagram.

Per tutta la gara Paolino Dybala dimostra di essere un pornodivo semplice: tocca una palla? provoca orgasmi.

Da parte sua il Dott. Professor. Grand Figl. di Putt. Giorgio Chiellini pubblica il suo primo dottorato di ricerca dal titolo "*Storia comparata dell'impenetrabilità dell'area bianconera*", ovvero, nell'edizione in lingua locale: "*V'ho già ddetto a tutti quanti che nun me dovete cagà'rcazzo, che oggi proprio nunnè ggiornata*".

Va però ammesso che i pennuti non sono una brutta squadra: la loro parte la fanno e nel secondo tempo ce la mettono davvero tutta per tentare di salvare, se non il risultato, quanto meno la reputazione.

Nella ripresa, infatti, si impegnano a tramutare la ninnananna di Neto del primo tempo in una sessione di tiro al bersaglio nella quale il numero 25 a strisce è costretto a guadagnarsi il peraltro lauto stipendio facendo apparire Spiderman un novantenne carrozzinato con problemi di coordinazione neurologica e accumulando più straordinari di un manager giapponese indietro con il budget annuale.

Ma nè Felipe Anderson prima, né Immobile, né tantomeno Luis Alberto poi riescono a segnare il punto che potrebbe resuscitare il match.

Nel mentre GOLzalo *PappaPipita* Higuain pensa bene di fare il bis, il tris e il poker di occasioni da rete scorpacciate con rutto libero incorporato, ma la sfida finisce così come si era conclusa alla fine del primo giro di ruota, vale a dire Zebre due Galline niente.

La Ggiuve imbacheca quindi la prima del set di tre scodelle attualmente disponibili, diventando l'unica squadra di Stivalonia a inanellare ben tre successi consecutivi nella competizione della Coppa nazionale.

Gufi e gnegne, dopo aver inutilmente cercato su History Channel le immagini di repertorio di cinema muto relative agli ultimi successi delle loro patetiche squadrette di categoria inferiore, si affannano ad iscriversi in massa ai corsi intensivi di Castillano per ipodotati, nella speranza che la Santissima Trinità non si completi in una certa capitale gallese posta alla periferia di quel paese climaticamente anfibio che è il regno di Gran Bruttonia, tra meno di un mese.

Che, gira che ti rigira, per loro, a forza di dai e dai, potrebbe anche essere la volta buona.

Per cui, cari i miei gobbetti, iniziate per tempo a toccarvi la sala giochi in pelle.

By Memedesimo, con la coppetta da passeggio in mano

Liberamente ispirato da: Juventus 3 - Crotone 0, 21.05.2017
Serie A TIM 2016/2017

STARZEBRE 3 - PIRATI GALATTICI DI KROTON 0
Ovvero:
L'ultima partita del campionato del Sistema Stivalus 2017.

Scireah (Colonia gravitazionale extramondo, anno 2067 d.C., anno LXXXIII d.D.P.).

- Nonno Andre, mi racconti ancora la favola della grande Juventus, quella che vinse sei scudetti consecutivi del campionato del Sistema Stivalus, e della sua ultima epica sfida contro i pirati galattici di Kroton?

- Certo Michel-Alex-Gigi-Pavel-Gonzalo-Cristiano, ma non si tratta di una favola, è una storia vera, autentica, anche se successa tanti, ma tanti, ma tant......rrrrrronfffff...

- Nonno Andre, svegliati !!!, hai pestato ancora una volta l'erogatore di trappattonio nebulizzato che ti tiene in vita, su dai, raccontami la storia della Juventus del 2017.

- AHHHGGGGGGHHHH!!!!, maledetti Klingon vesuvianesi, non mi avrete mai!!! Gufidimmerda infilatevi nel culo i vostri involtini primavera!!!! Viva il Principato Stellare Sabaudo! Viva l'Alleanza Galattica di Vinovo! ehmmmm, ecco...ma dove sono? ...ah già......, mi ero addormentato, scusami Michel-Alex-Gigi-Pavel-Gonzalo-Cristiano, porta pazienza, il nonno è molto vecchio, di campionati ne ha visti davvero tanti e ormai ha la motherboard cerebrale obsoleta che non consente più gli aggiornamenti di software...... stavamo dicendo? Aspetta! Ci sono!.......... la grande Juventus del 2017, dunque..... beh, vedi, era l'ultima giornata del campionato del sistema Stivalus dell'anno 2017, o, come lo contavamo noi all'epoca, dell'anno 62 D.P. (*Dopo Platini*), e le gloriose Starzebre di Juventia (in antico dialetto vulcaniano: *Juventus*), la squadra di astroball più fantastica della galassia, dovevano affrontare solamente l'ultima minaccia prima di potersi aggiudicare il titolo per la trentacinquesima volta (record mai raggiunto da nessuna squadra di astroball stivaloniana prima di allora), ovvero l'incursione dei pirati galattici provenienti da Kroton, un minuscolo pianetino ubicato nella Nebulosa di Kal-Habrya, sull'orlo esterno nell'estremo sud della galassia.

I krotons all'epoca erano noti in tutto il sistema Stivalus per la fame somala di punti-salvezza e la stravaganza delle astrotute da gioco fosforescenti, tipo Uniposca mescolato in una tartare di extasy, roba che lo stilista Valentino vedendole una volta si cosparse di kerosene e si tuffò in un cyber-forno da pizza.

Coooooomunque....al leggendario J-Stadium, il più famoso spaziostadio dell'intero sistema, nonché famigerata tana delle Starzebre, erano già cinque anni di fila che si festeggiava la vittoria del campionato siderale, ma quell'anno lì, il 2017 per l'appunto, l'agenda degli appuntamenti delle nostre gloriose zebruccie cosmiche era davvero un pelino troppo densa, roba che neanche una mignotta a tre tette del pianeta Moanapozzis in promozione nelle miniere dei satelliti di Segovia (il nonno quando nessuno lo controllava tendeva a sostituire di nascosto l'erogatore di trappattonio nebulizzato con una damigiana di Mojito con la flebo sfarfallata abbestia, e allora tendeva a colorare un po' i racconti, n.d.a.); infatti, dopo la recente conquista della Coppa Tatooine la settimana precedente contro le agili Galline starnazzanti romulane, ci sarebbe stata di lì a breve anche l'ultima sfida contro le temibilissime Startroopers Imperiali di Ladrid nella finalissima della Coppa Intergalattica, mentre all'ultima giornata del campionato del sistema Stivalus ai nostri mancava solamente un unico punticino per aggiudicarsi matematicamente il sesto *Holocron* tricolore consecutivo; insomma, una roba che non si era mai vista nemmeno nei migliori film di Rocco Siffredi...

- Chi era Rocco Siffredi Nonno Andre?

- Ehm, non divaghiamo Michel-Alex-Gigi-Pavel-Gonzalo-Cristiano, resta sul pezzo..., dicevamo della partita, ...ecco mi sembra di ricordare che iniziò subito bene, con un siluro fotonico da fuori area sparato da Miralem Pjanic, il giocatore metà umano e metà direttore d'orchestra proveniente da Morriconius, nel sistema Melodya, che finì per spettinare il Muaddib*¹ appollaiato sopra la traversa dei krotonesi.

Passa qualche minuto e dal fitto campo di asteroidi sulla sinistra sbuca all'improvviso in velocità sub luce Juan Cuadrado, il sesto dei Jackson Five, il quale, rapido come un ghepardo a otto zampe di Flashlandia, recapita nell'area terrons uno sferide remoto munito di deflettori antiblaster....

A questo punto il nostro assaltatore stellare principale, GOLzalo Higuain, che nell'antica lingua del suo pianeta di origine Argenta 469 significa *Silos cosmico onnivoro*, non riesce a raggiungere lo sferide per una punta di unghia di Zarlacc, ma dietro di lui sopraggiunge ululante uno dei nostri migliori piloti di astrocaccia d'attacco: Mario *"Sorrisino"* Mandzukic, originario di Spacabottilialand e ricercato vivo, morto o congelato nella grafite in nove diversi sistemi solari per contrabbando illegale di sguardi refrigeranti, il quale, con l'agilità tipica di un Oscuro Signore dei Sith*², scaraventa il bolide con un colpo di mannaia laser nella endzone dei luminescenti krotons.

STARZEBRAS UNO - PIRATI GALATTICI DI KROTONS ZERO

Passano alcuni minuti e gli addetti del J Stadium corrono a buttare una secchiata d'acqua gelata in faccia a Gigi *Smadonnetor* Buffon, il nostro celebre custode delle porte spaziotemporali, dato che si era messo a ronfare così potentemente da farsi sentire fino a Biella, ai confini della nebulosa di Piemontia.

Il leggendario portiere, venerato come Dio Piovra in ottantotto galassie, a causa del risveglio improvviso tira un porcone in DO maggiore talmente elaborato che immediatamente compare a bordo del Papashuttle una delegazione proveniente dai satelliti dell'anello esterno di Vatican, per complimentarsi personalmente e consegnargli una pergamena ricordo in vera pelle di Quinto Elemento; dopodiché Gigione torna ad accomodarsi sull'amaca in sospensione gravitazionale sul campo di forza acceso tra i pali della porta delle Zebre stellari per finire di spuntarsi le unghie dei piedi con la spada laser.

Qualche frame più tardi l'arbitro assegna una punizione appena fuori dell'area a gravità zero a favore della Juventus per un tentativo di analgangbang ai danni del più dotato di Forza tra i nostri incursori, ossia Paulo *The Joy* Dybala, da parte di un kroton munito di uccello estroflettibile rotante peraltro privo di profilattico.

Il numero 21 delle Starzebras, per il quale nel 2023 scoppierà la guerra interstellare tra le Passere assassine del sistema Bukkake e le Gnocche bavose di Troyaland, colloca con minuziosa attenzione lo sferide in lievitazione sull'erba sintetica dell'astrocampo di gioco.

In tutto lo J Stadium e nei sistemi stellari attigui cala un silenzio radio da vuoto cosmico.

Anche i pappataci di Alpha Centauri vanno in apnea.

Forte e potente la Forza scorre in quel ragazzo, che guarda il portiere del Kroton con un dolcissimo sorriso simile a quello di un anaconda a tre teste di Amazzonyha che scorge un coniglio quadrichiapputo di Amadorius verso l'ora di pranzo.

Il minisatellite decolla all'improvviso, disegna una parabola nel cielo sfidando quattordici diverse leggi di gravità universali e si teletrasporta esattamente a un nulla dal palo interno di sinistra.

STARZEBRAS DUE - PIRATI GALATTICI DI KROTON SEMPREZERO

Da qualche parte una stella cadente piange dalla commozione illuminando il cosmo.

Finisce il primo tempo.

Nel corso della ripresa succede poco perché i krotoniani vengono psicologicamente sopraffatti dalla superiore qualità spaziocalcistica dei padroni di casa striati e dalla ipnotica rara bruttezza delle loro stesse astrotute da gioco e quindi si dimostrano assolutamente incapaci di organizzare qualsiasi tipo di iniziativa offensiva, preferendo impegnarsi a tentare di vendere prodotti tipici kal-habresi a bordo campo per finanziare il lungo e pericoloso viaggio di ritorno fino al remoto pianetino natio, lontano ben novanta anni luce su una rotta irta di campi di asteroidi e buchi neri tristemente nota come Shalerno–Reggyo-kal-Habrya.

Le nostre astro zebrotte da combattimento mai sazie ne approfittano per rotondeggiare il punteggio con un ultimo, splendido sigillo della giornata.

Il solito Paulo Dybala telecomanda dal calcio d'angolo lo sferide computerizzato in area terronica, che viene investito dall'onda d'urto di una capocciata nucleare da parte di Alex Sandro, l'uomo con la tuta spaziale zebrata numero 12 proveniente da Braziliah, il pianeta a forma di sambodromo, vale a dire l'unico calciatore della galassia in grado di giocare contemporaneamente in trentasei ruoli diversi compreso il bibitaro del quarto anello sospeso dello Stadium e il parcheggiatore abusivo di astronavi dottò-ce-penz-io-lasciat-le-chiavi-dell'astronave-nel-cruscò; lo sferide picchia sulla traversa a tale velocità che rimbalza sul terreno e poi ancora sulla traversa e poi di nuovo sul terreno con un effetto pingpong anabolizzato in very loopstyle che è ancora lì che va su e giù tre rotazioni planetarie dopo, ma la Suprema Corte Interstellare, appositamente riunita in conclave ipnotico da remoto, stabilisce per ovazione che è gol, perché cazzo è troppo bello così, quindi

STARZEBRAS TRE - PIRATI GALATTICI DI KROTON NIENTE, NADA, NICHT

E così finisce la sfida pochi istanti dopo: tre a zero per le gloriose Star Zebras che finalmente possono iniziare la festa per la conquista del sesto campionato di fila su Stivalus, il trentacinquesimo della storia bianconera.

E fu tutto uno sparar di torpedini stellari e stelle filanti laser e botti all'ultrasuono e triccheballacche fotoniche e balli e tarantelle e ammucchiate multi specie e quattro cantoni mutandati e non, e....

- NONNO ANDRE...ma sei sicuro che sia andata proprio così'? non è che per caso mi stai raccontando un pò di balle eh.

- Michel-Alex-Gigi-Pavel-Gonzalo-Cristiano... è tutto vero, e poi te lo hanno insegnato anche a scuola al corso di storia dello sport interstellare; è tutta realtà, verità storica scolpita nel tempo e racchiusa per l'eternità nella mega-memoria del supercomputer

Pieroangela su Bybliotheka, il pianeta contenitore di tutto lo scibile delle seicentosessantanove razze senzienti riconosciute nella Confederazione Intergalattica, ...i sei scudetti di fila, le tre coppe Tatooine consecutive e la finale della coppa Intergalattica di Cardif, che come tutti sanno alla fine terminò con il risultato di BBZB-BZBBGHHSAHHAGERZZZWZZWZZZ....

SEGNALE SATELLITARE EXTRAMONDO INTERROTTO...

By Memedesimo, dai confini della Galassia

*1 **Muaddib:** piccolo roditore autoctono delle immense distese sabbiose che ricoprono il pianeta Arrakis, meglio noto come Dune; i Fremen, originari di Arrakis, lo chiamano anche topo-canguro.

*2 **Sith (Saga di Star Wars):** nemici giurati dei Jedi, sono una ristrettissima cerchia di individui particolarmente sensibili al lato oscuro della Forza, l'energia cosmica che avvolge, compenetra e mantiene insieme la Galassia, dalla quale traggono poteri come telecinesi, precognizione e sensibile aumento delle capacità fisiche in combattimento; contrariamente ai Jedi, i Sith perseguono l'intento di dominare la galassia per placare la loro sete di potere coltivando sentimenti come odio, vendetta, supremazia ed emozioni negative come paura, rabbia e aggressività.

Liberamente ispirato da: Juventus 1 – Real Madrid 4, 03.06.2017
Champions League 2016 / 2017; finale

VECCHIACCIA STRIATA 1 - REAL CLUB DE LADRID 4
Ovvero:
Non tutte le coppe vengono col buco,
ma a noi, in coppa, il buco ce lo fanno quasi sempre.

Cardiff (Pecoraland - Gran Bruttonia Occidentale), tre giugno duemiladiciassette (Anno XLIII dopo Del Piero), ossia ventuno anni, dodici giorni e ventidue ore dall'ultimo successo della Zebra assassina nella Coppa Orecchiona Bastarda*[1].

Raga, a rieccoci.

Per la nona volta nella sua lunga e blasonata storia, la Vecchia Signora si ritrova ad incrociare le lame nel duello finale della competizione più ambita del vecchio continente;

Il tentativo sarebbe quello di imbachecare il terzo esemplare di questa brutta secchia obesa munita di bretelle laterali simbolo della supremazia pallonara europea, che in ben sei delle otto occasioni precedenti ha preferito farsi riempire dagli avversari per brindare al loro successo, brutta puttanazza metallica.

Il cammino europeo sin qui percorso dal branco a strisce governato da Mr. Allegri è stato lungo, vario, scivoloso, faticoso, esaltante e denso di piacevoli soddisfazioni, fate conto un lungometraggio della Vivid Entertainment*[2].

Infatti, nella fase a gironi la Ggiuve si è imposta come prima della classe incassando ben 14 punti e solo 2 reti in 6 incontri, nel corso dei quali ha messo a nanna i barbieri di Siviglia, i mangia-rane dell'Olympique Lione e i giostrai della Dynamo Zagabria.

Negli ottavi di finale ha regolato per complessive tre sbronze a zero i lusitani del Porto e nei quarti ha consumato con identico punteggio finale una vendetta nei confronti dei mangiapaella del Barcellona che Conte di Montecristo fatti in là Snoopy che non sei altro.

Infine, in semifinale, la Vecchia Signora Omicidi ha sbancato il Casinò di Monacò-con-l'accento-sulla-ò, accedendo per la esima volta al grande ballo finale di stasera.

Ma siccome buona parte di queste storielle ve le ho già servite nelle portate precedenti, *tiremm innanz*.

Il boss di fine livello avversario nell'episodio conclusivo della serie stavolta è il *Real Club de Ladrid*[*3], la società futbolistica più onnipotente, ingorda, smargiassa e titolata dell'intero sistema solare.

Per giungere allo scontro finale, nelle puntate precedenti le *Merengues* si erano accaparrate un posto in seconda classe nel girone iniziale frequentato dai krukki del Borussia Dortmund, dai polacchi del Legia Varsavia e dai portuguess dello Sporting Lisbona, dopodichè, nel successivo doppio confronto degli ottavi di finale avevano nebulizzato la Vesuvianese con un 6-1 che Wimbledon spostati dalla foto che la rovini.

Dopo avere messo a nanna nei quarti di finale i pappacrauti del Bayern, in semifinale si era consumata l'ennesima faida familiare madrilena con conseguente solita colonscopia rettale inferta senza anestesia ai cugini dell'Atletico.

Ed ora eccoceli qua tra i piedi, sti toreros iperbolici della boccia continentale anabolizzati dai due ultimi successi consecutivi nella competizione, pronti a mettersi di traverso nella travagliata storia d'ammòòòre tra la Ggiuve e la Coppona con la stessa determinazione di un padre siciliano del 1900 seduto davanti all'uscio di casa con la lupara sulle ginocchia per proteggere la virtù della figlia quindicenne dal picciriddu con il passaggio a livello nelle mutande ogni volta che la vede tra i banchi della chiesa del paese durante la messa domenicale.

Nello stadio *Millenium* di Cardiff, capitale della più loffia delle provincie di Gran Bruttonia, sede designata per l'eventone, stasera sono collegati in galassiavisione settecento e ottantasei nazioni esistenti, estinte e di fantasia, in ciascuna delle quali si trovano tifosi bianconeri pronti a collezionare per i prossimi novanta minuti fioretti, riti voodoo e sacrifici umani contemplanti offerte speciali di interi pacchetti di familiari sacrificabili a qualsiasi divinità potenzialmente influencer pur di vincere la partita più importante dell'anno, il match del decennio, la sfida del secolo, lo scontro sportivo più determinante dell'intera era geologica, ecchèccazzo, dai che stavolta finalmente glielo spingiamo nell'intestino a 'sti spocchiosi immacolati madrileni di 'sta gran fava de puta madre, radiamoli al suolo e spargiamo quintalate di sale sulle loro tombe, riduciamo in catene le loro mamme e sorelle, facciamo della loro casa un bivacco per i nostri zoccoli striati, cancelliamoli dai libri della storia pallonara, assaltiamo il palazzo dell'Uefa e prendiamo il potere per proclamare che per legge divina ogni scudetto di campionato stivaloniano vale almeno tre coppe orecchione, y que viva la révoluciòn, hasta la Ssebra siempre, adelante companeroooooossssssss!!!.

Ehm.... ecco, si........, dunque, uhmmm.......

Forse mi sono lasciato *millimetricamente* andare ed ho un cicinin calcato la suola sull'acceleratore della retorica, ma sapete com'è... è tutta colpa del pathos del momento e di quelle sei cervezas che mi sono già inserbatoiato per placare il filino di tensione pre-agonistica, che sembra quasi che ci debba scender io in campo e mica per giocare la finale di Champions ma per dare l'assalto a mani nude ai bastioni delle mura di Troia, che poi sarebbe il soprannome più adatto per 'sta coppa così ammaliatrice e sfuggente per la Juve che a paragone Fujico a Lupin III gliela dava facile e in scioltezza.

Lo spettacolo pre-gara è spettacolarmente spettacolare e culmina in un mini live dei *Black Eyed Peas* che si esibiscono al centro del campo su un palco stellato, circondato da fuochi di artificio per i quali la UEFA ha utilizzano il triplo del tritolo sganciato dagli Alleati su Dresda nel 1945.

Di tutta questa americanata alla fine restano impressi solamente due dettagli: A) uno dei tre scappati di casa che compongono la band losangelina indossa una divisa del Real Ladrid, il che mi provoca una irritazione al pacco come se avessi appena finito di cavalcare nudo un toro Miura su una sella di ortiche in un rodeo a Dallas e, B) Questi macella-timpani sono oltretutto orfani di quello stupendo esemplare di fagiana reale di Fergie, il cui leggendario culo costituiva la realizzazione di un progetto di architettura porno disegnato da Leo Da Vinci dopo un rave party a base di Viagra e Brunello di Montalcino e la cui permanenza nel gruppo costituiva l'unico motivo plausibile per non collocare l'intera carriera dello stesso nel tritarifiuti mnemonico.

Nel frattempo, in una non meglio precisata località di Stivalonia, si è riunito il Consiglio Supremo della *Loggia del Gran Gufo* Jettatore, la potentissima società segreta a composizione multipartisan il cui unico scopo ed oggetto sociale è costituito dal porre in essere qualsiasi stratagemma utile a portare sfiga alla Vecchia Signora.

Attorno ad un lungo tavolo nero a forma di cornetto vesuvianese che si estende innanzi ad un mega schermo iper-full-HD 400K da trecento pollici, costituente l'unico arredo dell'immensa sala riunioni completamente buia, i membri permanenti (si fa per dire) del Consiglio, rigorosamente incappucciati per non farsi riconoscere dagli umili sottoposti, sono ormai da ore in immobile silenzio nell'attesa dell'inizio della gara.

Quando, ad un tratto....

– *Ma....porcatroia, chi è che ha scorrrregggiàto?* tuona improvvisamente la figura in penombra seduta sul trono presidenziale posto a capotavola.

– *Nisciùn Massimò, è a trèmend puzz èmmerd rè chisti gufi cà simm costrett a purtà cu nuje ogni volta cà ci riunimm, cà nun se sòpport...chesta sceneggiàt à da fernì....*

– *Gufelio, mi mèrrraviglio di te, proprrrio tu che della scèneggiata vèsssuvianèse sei un grande intèrrrrptette ed esporrtattore in tutto il Mondo e che ogni volta che mi vieni a trrrrovare a Mediolanum ti lamenti perchè Il gommista non ti sponsssorrrizza il cinepanettone di Natale, dai su, fà minga el pirla che stasssera dobbiamo laurà, che non possiamo mica consentirrre a sti quadrrrupedi di fare il trippplètte come la mia Indà; piuttosto, l'è tutto prrronto per il rrrito?*

– *Ttappost' Massimò, è cinquecentomil bàmbòlin voodoo a forma è zebr songe statt distribuit à Pizzàpoli, Rubonia, Florentia, Mediolanum e glebe annesse: ogni bbambolina cinquanta sspil-*

loni; in più aier na squàdr speciale è uagliò cò sede à Càrdiff è entrat into ò stadio e ha sèppellit tredici carcass è gatt neri int'è funnnament rè spogliatoi rà Juvèntuss;

E' ppè finì, stàmatin nu Tir pieno è specch è Murano guidàt ra nà Badessa è Castellammare ha tamponat l'autòbbus ra Juvèntùs; Maròn cà frittat è specch, Massimò, sò trèscientnovant'anni è scarògna concentratt garantiti.

– Ottimo Gufelio, lo vedi che anche voialtrrri sssudisti quando siettte àdeguàttamente mòtttivvàttti mi diventàtttte produtttivi? Adès però ròmper mia i ball che stanno per scendere in campo....

Contemporaneamente, ignorando le oscure trame dei Portarognas, nei meandri degli spogliatoi del *Millenium Stadium* di Cardiff, Mister Max Allegri dirama la formazione alle proprie prode zebrotte mannare:

"Ahhhlloraaaaaaaaaaaaaaahhhh, stassera gioha, vabbè, in porta Buffon anche perhè la Santa Sede ch'ha ffatto sapere che ci tiene partiholarmente a vederlo giohare contro gli attachanti del Real, dato che in Vatihano debbono fare il horso di specializzazione ai laureandi in esorcismo e fan prima a fargli vedere la partita se gioca Gigi; in difesa Nonno Barzagli, ma stavolta Andrea lasciamola n'panchina la badante moldava che sennò ci squalifihano perché si gioca n'dodici, poi Leo Bonucci visto che ce l'hanno appena tolto dal 41Bis assegnandolo ai servizi sociali e il Re Giorgio Primo, il Dott. Chiellini, sempre che non abbia delle conferenze daffare o non sia 'mpegnato in un the a Buckingham Palace, che siamo pure n'zona"

"Mister, sono assolutamente a sua disposizione, sua, della squadra e della famiglia Agnelli, incondizionatamente, non permetterei mai ad una sciocchezza come un incontro ufficiale di stato con Sua Maestà britannica di distogliermi dai miei doveri di bravo ed onesto dipendente della gloriosa società Juven..."

"Oh Giorgio! molla eh! ti si stava prendendo per il hulo, èccerto che giohi, ma stavolta tu ti metti la divisa home tutti l'altri, che non puoi hontinuà à presentarti in toga ogni volta, ti sei già laureato abbastanza; poi, stavo dicendo, a centrohampo: sulle fasce Alex

Sandro e Dani Alves, hosì è la volta bona che ci scambiano per una suhhursale del Sambodromo di Rio de Janeiro, in mezzo il Maestro Pjanic à hostruire e il Feldmarasciallo Khedira à distruggere, e un po' più avanti, dietro alle due punte, Paulino La Joya Dybala.

Perhè vùaltri lo sapete qual'è l'uniho schema che honta vero? Allora, ripetiamolo tutti in horo anhora una volta, sùvvia: DATELA – A – DYBALA – PUTTANA - LA - MAIALA.

Bon è tutto.

Com'è, che dite? Manha qualcuno? Ah, già, quasi dimentihavo: davanti Higuain e Mandzukic; no, Gonzalo, non puoi portarti in hampo la merenda, prendi l'esempio da Marione, che si porta con sé solamente l'ascia bipenne e la cesta pè raccoglie i cranii dell'avversari.

Ma...boia dé, la sentite anche voialtri tutta sta puzza? .... eccheccosè? Lemina ti sei lavato i piedi? Marchisio, non mi dire che hai ancora il pollicione del bisnonno morto come portafortuna nell'armadietto; puttana la maiala, ci sta n'tanfo qui ddentro che neanche s'avessero seppellito dè gatti morti...svelti, svelti tutti fori...."

Pochi minuti dopo le due squadre scendono in campo;

La Ggiuve nella consueta, sciccosissima, inimitabile divisa bianconera a strisce indossata dagli iniziali undici testé raccontati.

Il Real invece opta per rinunciare alla solita divisa da gelatai in favore di una meno usuale uniforme in total prugna, colore notoriamente apportatore di una sfiga livello estinzione azteca.

Per i madrilenos scendono in campo, sotto la sapiente guida di Zinedine testa-di-ariete Zidane, nell'ordine:

Alla guardia del bunker: Keylor Navas, el ciàpagòl costaricano;

Nelle retrovie, da sinistra a destra: il brasileiro Ficarra detto Marcelo, il francese Varane, Sergio Ramos, ossia il difensore più odioso dell'Umanità dai tempi del bisnonno stupra-neonati di Erode, e Carvajal, detto *Quasimodo*, per la nota delicatezza dei lineamenti.

Nel Quartier generale: Modric - il croato sosia ma un po' più bruttino di Nino d'Angelo, il brasileiro Casemiro detto *Cip&Ciop* e il krukko Tony Kroos.

In prima linea: a destra Isco, il gioiellino prodotto dalla nursery madridista, al centro il principe berbero Karim Benzema e, ovviamente, partendo dalla sinistra ma con licenza di combinare guai dove più gli garba (ossia ovunque) Sua Ronaldità Cristiano Ronaldo Dos Santos Aveiro CR7, Principe di Funchal, Re di Pallonia, Imperatore di Gollandia, Primo e Unico della Sua Specie, vincitore di 5 Palloni d'Oro, 3 Champions League, 4 Scarpe d'Oro, 1 Superbowl, 1 America's Cup, 1 Parigi Dakar, il Nobel per l'astrofisica applicata al movimento dei corpi solidi sferici, l'Oscar come migliore attore protagonista e il premio *Big Jim mi fa una pippa* 2017.

Insomma, uno del quale ci si può tranquillamente disinteressare se ti puzza la vita su un campo di calcio.

Tre...due...uno...si parte.

Nei primi minuti la Ggiuve si approccia spavaldamente alla gara con un piglio un filo bullizzante nei confronti degli iberici, dimostrandosi per nulla intimorita dalla reputazione obesa degli avversari.

Al secondo minuto GOLzalo Higuain, ingolosito da un cross di Marione Sorrisino Mandzukic proveniente dalla sinistra, colpisce di zucca dal limite dell'area e impegna per la prima volta Navas, ma il colpo non ha la necessaria violenza perché il n. 9 bianconero, causa la fame, ha portato via una morsicata di boccia, sgonfiandola.

Un minuto dopo, giusto per completare l'aperitivo, lo stesso Higuain si esibisce nell'imitazione di Alberto Tomba *La Bomba* a Calgary 1988, utilizzando mezza difesa madridista come paletti tra i quali slalomeggia leggiadro fino a scoccare una cannonata che costringe Navas a intervenire in due tempi e a mandare in tintoria la divisa, sporca dell'erba del Millenium su un fianco e di materiale di origine organica decisamente meno nobile nel retro dei pantaloncini.

Al sesto minuto sempre *Sorrisino* Mandzukic, che sembra avere preso possesso definitivo della fascia sinistra, batte una punizione sul limite dell'out fiondando la boccia in piena area, dove viene respinta di mascella da Casimiro ma raccolta sul limite della camera da letto iberica da Miralem Pjanic, il quale la addomestica di petto e al volo lascia partire una rasoiata con destinazione angolino basso della porta del Ladrid; Navas però riesce a deviarla con un balzo piuttosto giaguaresco sventando la minaccia e garantendo una seria fonte di reddito ai cardiologi di mezza Spagna.

A questo punto i *Blancos* ci fanno due conti sopra giungendo alla conclusione che se continua così finisce a schifio, e quindi decidono di provare ad andare a vedere cosa succede dalle parti di Buffon, fino a quel momento impegnatissimo con il set da pedicure.

Pertanto al decimo minuto Ficarra, il comico di *Striscia la Notizia* che come dopolavoro fa il terzino nel Real con lo pseudonimo di Marcelo, lascia partire un lunghissimo traversone con il quale intende servire in piena area bianconera CR7, nel frattempo passato a velocita luce; ma Sua Ronaldità non ha fatto i conti con Re Giorgio Chiellini, che con delicatezza tutta monarchica lo manda per le terre con una spallata che avrebbe rincoglionito un mammut, che se vuoi fare la bella statuina ti vai poi a mettere in una vetrina della Swarovski, Ciccio.

Il match si fa comunque più equilibrato e i rovesciamenti di fronte sono frequenti e inopportuni come le chiamate dei promotori di telefonia mentre sei in riunione con il cliente buono che paga bene.

Al dodicesimo minuto viene ammonito a centrocampo il gioiellino Dybala per avere fatto vento a quell'armadio a tre ante di Tony Kroos, e questo la suggerisce lunga sul metro di giudizio del direttore di gara e sulle tendenze ninfomani della relativa genitrice.

Al diciottesimo minuto, su un cross di Dybala in piena area di rigore avversaria, Mandzukic tenta l'imitazione di Tania Cagnotto con un triplo carpiato con avvitamento, ma l'arbitro non ci casca e per poco non ammonisce il croato per bikini non regolamentare.

Fino ad ora si può tranquillamente affermare che la Vecchia Signora sia stata decisamente più intraprendente e pericolosa degli avversari.

Ma, un minuto più tardi, giunge il primo segnale che il copione della serata non l'ha scritto uno sceneggiatore della Disney:

Tony Kroos, memore di essere discendente diretto di un tank della Panzer Division SS Das Reich, organizza una blitzkrieg in profondità in territorio bianconero, passa a Benzema, che scarica al volo a CR7, che passa a lato a Carvajal sul limite destro dell'area, che la restituisce al volo a Sua Ronaldità che altrettanto al volo fa partire un siluro da venti metri che si insacca nell'angolino alla destra di Buffon.

La difesa della Juve chiede di poter rivedere il replay al rallentatore sul megaschermo dello stadio perchè non ci ha capito un cazzo, il centrocampo chiede l'aiuto da casa e la classe 2017 del Vaticano passerà in blocco l'esame di esorcismo memorizzando la complicatissima bestemmia in madrigale barocco declamata per l'occasione da San Gigi da Carrara, Estremo Difensore del Santo Sepolcro Bianconero.

Comunque sia:

REAL LADRID 1 - VECCHIA SIGNORA 0

Nella località segreta, il Consiglio Supremo della *Loggia Del Gran Gufo Jettatore* fa aprire alle vallette di sala una cassa di Veuve Clicquot Yellowboam Ostrich Limited da 1.450 Dobloni a boccia; Pidocchi e Zazzeronny, per l'occasione in alta uniforme di Gran Gala costituita da minidress con spacco vertigine in pura carta igienica, servono il prezioso liquido in coppe d'argento cesellate a mano a forma di cornetto vesuvianese.

Ma la crème dei gufi mangiacacca non ha tempo nemmeno per fare il ruttino e la sua prima orgetta dura meno di sei giri di orologio, dato che la Ggiuve non sembra avere alcuna intenzione di vendere la propria pelle in sconto Amazon all'87%.

Infatti, al venticinquesimo minuto del primo tempo va in onda l'azione più orgasmatica dell'intera competizione, e si tratta di un ciak interamente girato in bianco e nero:

Leo Bonucci fa il Leo Bonucci: quindi lascia partire dalle retrovie un lancio intercontinentale in very luxury business class che sorvola l'intero campo da gioco e circa tre fusi orari dopo giunge esattamente sui piedini diligenti di Alex *UsexiSamba* Sandro, appostato all'interno dell'angolo sinistro dell'area nemica.

Il numero 12 bianconero salta le formalità doganali e crossa al volo in area per GOLzalo Higuain, che, scambiando la palla per un hamburger vegano e come tale schifandola, si affretta a stopparla di petto e girarla al volo a Marione Mandzukic, il quale, con le spalle alla porta, replica lo stop di petto e in rovesciata la colloca di pallonetto alle spalle di Navas, sparecchiando la ragnatela posta appena sotto la traversa madridista.

Da quando è partita dal piedone di Leo Bonucci a quando Navas la va a raccogliere in fondo al sacco, la palla non ha MAI toccato il terreno di gioco, realizzando così il più bel piano sequenza terminato in gol di tutta la storia degli sports giocati con una roba sferica tra le appendici corporee.

E la Industrial Light & Magic*4 di George Lucas muta!

REAL LADRID 1 - VECCHIA SIGNORA ANCHE

In tutto il mondo circa diciotto milioni di tifosi bianconeri spengono il gas del forno lasciato aperto in cucina sei minuti prima e scendono dallo sgabello sul quale si erano già inerpicati per posizionare il gargarozzo nel cappio di canapa legato al lampadario.

Nella località segreta, il Gran Consiglio della Loggia eccetera la prende con filosofia: Pidocchi e Zazzeronny vengono tuttavia precauzionalmente incaprettati a gattoni e culo nudo dietro a una fuck-machine con punta in diamante carburata a propano liquido.

La partita riprende ma si incattivisce un attimo, raggiungendo rapidamente toni da assemblea condominiale:

Al trentesimo minuto Sergio Ramos, capitano del Ladrid, il giocatore meno simpatico di un occupante abusivo di parcheggi per disabili a Lourdes, guadagna il cartellino giallo per avere praticato una tracheotomia volante su Dani Alves, che di fatti da lì in poi parlerà come il cugino rauco di Sandro Ciotti.

Al trentaquattresimo minuto è il turno di Modric, il n. 19 delle merengues, ad entrare nella lista dei pregiudicati per un chiaro tentativo di sodomia forzata ai danni di Paulino Dybala, salvato in extremis dall'air bag prudentemente collocato nei pantaloncini nel pre-gara.

Al quarantunesimo minuto la mattanza prosegue con Carvajal

che tenta di asportare una delle caviglie di Mandzukic per abbellire la propria collezione di resti umani.

Termina così il primo tempo del match, con le squadre in perfetta parità e Mister Allegri incerto se far entrare nella ripresa Cuadrado o un contingente di Caschi Blu dell'Onu nel tentativo di salvaguardare la salute delle sue beneamate zebrotte.

Dopodichè......

Nei quindici minuti di pausa tra i due tempi di gioco qualcosa di apparentemente inesplicabile accade nei meandri del Millenium Stadium.

Infatti, mentre dallo spogliatoio del Ladrid proviene il baldanzoso rumoreggiare di un gruppo coeso di giocatori pucciati in autentica salsa di *garra*, profondamente impegnati nella reciproca esortazione ad alzare l'asticella della competitività del match, da quello della Vecchia Signora trapela invece solamente un sordo ed inquietante silenzio vagamente narcolettico, condito da ondate di miasmi di purè felino macerato che rendono l'aria respirabile come un ascensore nel quale abbia appena cagato a tradimento un branco di brontosauri del Jurassico superiore.

Durante il rientro in campo delle due formazioni diversi addetti ai lavori notano sul volto dei giocatori bianconeri inquietanti parvenze di colorazione verdolina, occhi con palpebre a mezz'asta e pupille alonate; parecchi di loro inoltre di tanto in tanto si schiaffeggiano compulsivamente come se stessero dando la caccia ad immaginarie zanzare punzecchianti difficilmente compatibili con il clima gallese.

Contemporaneamente, in diversi reparti di Pronto Soccorso dei principali ospedali di Pizzapoli, Rubonia, Florentia e Mediolanum, si registrano inspiegabili impennate di richieste di assistenza medica per ferite da spillone accidentalmente auto-inferte.

Fischio di inizio del secondo tempo.

E si capisce subito che si tratta di una partita che non condivide nulla del DNA di quella svoltasi nei primi 45'.

Il Ladrid assume da subito il comando delle operazioni e il fronte del conflitto si consolida stabilmente all'interno del territorio bianconero.

Le Zebrotte sabaude buttano in campo tonnellate di buona volontà ma scarsa lucidità tattica e il divario del livello atletico tra le due formazioni aumenta rapidamente, soprattutto sulla fascia presidiata da nonno Barzagli, che nella prima frazione di gioco aveva dato ottima prova di tenuta fisica, ma che ora, causa le frequenti pause per cambio pannolone e misurazione della pressione arteriosa, viene letteralmente bullizzato da quei due teppisti irriverenti di Isco e Benzema, che lo scherzano ripetutamente nascondendogli gli occhiali da vista e il deambulatore.

Non che dalle altre parti vada molto meglio.

Al cinquantesimo minuto, dopo un paio di brividoni vertebrali patiti per occasioni del Ladrid sventate in calcio d'angolo, Ficarra detto Marcelo azzoppa da dietro Dani Alves con la collaborazione di Isco, ma l'arbitro stava sfogliando *Corna Moderne* e non si accorge di nulla.

Vista l'aria che tira, due minuti più tardi Tony Kroos amputa una caviglia al Maresciallo Khedira rimediando solamente un giallo invece del deferimento alla corte marziale prevista da regolamento.

Gli iberici menano come fabbri ferrai e corrono come monorotaia giapponesi mentre i piemontesi hanno fiato corto e idee scarmigliate, ma in qualche modo tengono botta come Rocky III sulle corde sotto l'alluvione dei cartoni di Clubber Lang in gara uno.

E poi, al minuto sessanta, puntuale come *Frankenstein Jr.* a capodanno, arriva per la Juve il bacio con lingua in bocca di sorella Sfiga.

Tony Kroos tira in porta ma l'area zebrata è intasata come le narici di una cubista in una discoteca di Ibiza a Ferragosto e in quella calca Alex Sandro respinge tranquillamente fuori area; la palla arriva però a Casimiro, che da circa trenta metri la ricaccia verso la porta difesa da Buffon; il portierone bianconero è certamente sulla rotta di intercettazione della sfera, ma quest'ultima nel traffico sbatte accidentalmente sul corpo incolpevole di Khedira, cambia direzione e si infila nell'angolino basso a destra, irraggiungibile.

REAL LADRID CULOMUNITO 2 - VECCHIA SIGNORA SFIGASSISTITA 1

Gigi Buffon viene prontamente immobilizzato dallo staff medico della Juve che lo imbavaglia con la maschera di Hannibal the Cannibal prima che possa aprire bocca facendo scattare la scomunica papale per sé stesso e le successive sei generazioni di buffoncini ad abundantiam.

Nella località segreta il Gran Consiglio per festeggiare decide di liberare momentaneamente Pidocchi e Zazzeronny dalla fuck-machine, lasciandoli tuttavia legati e bene oliati in versione porchetta, che non si sa mai.

Le mie balle e quelle di altri diciotto milioni di tifosi zebrati sono rotolate da qualche parte, ma così, a occhio, per il momento non saprei dirvi dove.

La Giuve in campo prova a reagire con quel poco che gli resta nel caricatore, ma nemmeno quattro minuti dopo arriva un'altra botta livello fatality di *Mortal Kombat**5.

Marione Mandzukic perde una palla facile mentre la difesa bianconera tenta di salire e così consente il contropiede delle merengues: Carvajal sulla destra innesca Modric che si beve Alex Sandro come una caipiroska alla fragola, giunge sul fondo e filtra al centro dell'area piccola dove si materializza Sua Ronaldità tra le tre scimmiette che non vedono, non sentono e non parlano, cioè Barzagli, Bonucci e Chiellini.

CR7 fa il suo sporco lavoro e sfancula in un colpo solo tutta la celeberrima BBC battendo al volo da due passi un Buffon incolpevole.

REAL LADRID 3 - VECCHIA SIGNORA 1

A Taurinum, nella piazza San Carlo gremita di gente che sta assistendo in diretta TV tramite maxischermo a questa tragedia greca travestita da partita di calcio, un gruppo di malviventi utilizza spray urticante a scopo di rapina scatenando un'onda anomala di panico e la fuga incontrollata di numerosi tifosi bianconeri, che provocherà oltre mille e seicento feriti e tre morti.

E questa è l'unica notizia contenuta in questo libraccio balordo sulla quale non c'è proprio nulla da scherzare o da ridere, ma sarebbe stato da vigliacchi non menzionarla, per rispetto di chi ci ha rimesso la pelle avendo come unica colpa quella di voler bene a una squadra di calcio.

Max Acciughina a bordo campo sembra la controfigura di Jack Torrance dentro il labirinto dell'Overlook Hotel di *Shining* la mattina dopo, ma un pelo meno reattivo.

Butta nella mischia Juan *Billy Jean* Cuadrado al posto di un Barzagli già da diversi minuti disperso alla ricerca di cantieri aperti da criticare, poi il *Principino* Marchisio a rilevare Pjanic, che dopo l'occasionissima del primo tempo aveva spento il transponder di bordo scomparendo dagli schermi radar dell'incontro, ed infine Mario Lemina al posto di Paulino Dybala, il protagonista tanto atteso che sino a quel momento ha evitato di essere dichiarato assente ingiustificato sul registro di classe solo per il cartellino giallo raccattato a inizio gara e la collezione di calci negli sgarletti*6 rimediati da quella onlus della sportività della Sergio Ramos & Co.

Ma i minuti scorrono inesorabili e la sensazione che lentamente quanto inesorabilmente inizia a sgomitare nei cuori di milioni di juventini in overdose di ansia sportiva è che si tratti, per una volta tanto, purtroppo quella sbagliata, di soluzioni tattiche efficaci come una pomata su una gamba di legno.

Solo Alex *UsexiSamba* Sandro su abile punizione di Dani *DJ* Alves riesce a impensierire Navas all'ottantunesimo minuto con un colpo di capoccia che si spegne ad un pelo di adolescente dal palo della porta difesa dall'estremo madrileno.

Due minuti più tardi, tanto per chiarire da che parte stanno le stelle, la Vecchia Signora resta anche in dieci.

Juan *Billy Jean* Cuadrado, il sesto dei Jackson Five, già ammonito dopo pochi minuti di presenza in campo, viene falciato da Sergio Ramos che gli entra sulle caviglie con la delicatezza di un Grizzly su un vassoio di pasticcini al miele abbandonato su una panchina nel centro del Parco Nazionale dello Yellowstone.

Il prode colombiano si rialza senza battere ciglio, si riavvita in silenzio la gamba che quella gran brutta persona del centrale ladridista gli aveva appena staccato di netto, si avvia oltre la linea di fondo per recuperare la boccia e rimetterla in gioco quando, accidentalmente, la sua ombra proiettata sul terreno incrocia per un istante quella del capitano delle merengue; quest'ultimo, noto figlio di mamma disinvolta avvezza a procacciarsi il reddito smerigliando birilli di bipedi e/o quadrupedi sorteggiati casualmente in cambio di simboliche offerte libere, si ribalta a terra arrovellandosi su sè stesso come se fosse appena stato colpito in piena faccia dal martello Mjolnir di Thor.

Dall'oltretomba Mario Merola fa scattare l'applauso per la sceneggiata, tributando addirittura la standing ovation nei confronti di quell'altro mastro giullare di Ficarra detto Marcelo, che suggerisce platealmente in mondovisione al proprio capitano di restare a terra incentivando la pagliacciata.

L'arbitro, la cui mamma è nota socia in affari di quella di Sergio Ramos, estrae il cartellino rosso ma lo sventola sotto le narici sbagliate, cioè quelle dell'incredulo Cuadrado, il quale null'altro può fare se non uscire dal campo in retromarcia eseguendo l'ultima *moon-walk* della serata.

Cinque minuti più tardi, all'ottantasettesimo, GOLzalo Higuain serve Dani Alves in piena area e Navas in uscita risolve la situazione deragliando addosso al terzino brasileiro della Juve, che finisce direttamente nel cassonetto dell'umido.

Sarebbe un rigore grande e capiente come la patata della mamma del direttore di gara, ma per l'appunto quest'ultimo completa la parure di troiate iniziata pochi minuti prima decidendo di ingoiare il fischietto (come peraltro la genitrice gli ha insegnato a fare così bene fin dalla piu tenera età).

È il segnale della resa sabauda.

Già da prima si era capito che nelle gambe dei nostri sfortunati eroi non ce ne era più, ma ora non ne rimane traccia nemmeno nelle teste.

E due minuti dopo, a tempo praticamente scaduto, il Ladrid cinico e beffardo cala addirittura il poker:

Ficarra detto Marcelo, che a parte la figliodiputtanosità antisportiva poc'anzi dimostrata ha comunque giocato una gara sontuosa, con la palla incollata alla suola si beve a canna Lemina sulla linea dell'out di destra e punta alla porta bianconera, poi anticipa l'intervento comunque tardivo di Leo Bonucci e scarica a centro area, dove il nuovo entrato Asensio entra nel tabellino dei marcatori con un facile tap in da pochi metri, superando Chiellini ed Alex Sandro spettatori paganti nei paraggi e Gigione Buffon fuori posizione, fuori fase, fuori della grazia di Dio, fuori anche tutti i bimbi presenti al *Millenium* che quello che gli esce di bocca subito dopo non s'ha dda sentì.

REAL LADRID 4 - VECCHIA SIGNORA 1
GAME-OVER

Finisce così sia la finale dell'ennesima edizione della *Coppa Orecchiona Bastarda,* sia l'agonia di milioni di bianconeri sparsi su questo triste sasso rotolante nel buio freddo del cosmo, sia le mie speranze di evitare l'abbaiare dei cani e delle jene da tastiera stivaloniani per la prossima settimana sul uebbe, patetici tifosucoli di squadrette da lungo tempo a zeru tituli ma ululanti la loro bieca felicità per la sconfitta della Zebra, inconsapevoli emuli di un marito impotente che gronda bovina felicità mentre qualcun altro gli sta sfondando la moglie a colpi di clava organica.

Nel mentre mezza Stivalonia gioisce vigliaccamente della depressione post supposta butter-free subita dalla restante metà a causa dell'ennesimo insuccesso europeo del branco a strisce, nella località segreta una carovana di ambulanze giunge a sirene spiegate per soccorrere i consiglieri della *Loggia del Gran Gufo Jettatore.*

Infatti, nel corso dell'orgia messalinica di ringraziamento scatenatasi al fischio finale del match, si sono verificati una serie di misteriosi, spiacevoli quanto imbarazzanti incidenti...

Sul lungo tavolo della sala riunioni prontamente convertito a talamo da ammucchiata, le veline Pidocchi e Zazzeronny, nella foga di dimostrarsi ciascuno il più abile lecchino del reame, hanno entrambi infilato simultaneamente le rispettive lingue forcute nel pertugio dello scalda-sedia del Gran Maestro, incastrandosi in un inestricabile trittico bdsm auto-soffocante che avrebbe fatto singhiozzare il Marchese De Sade.

Pochi istanti dopo il Gran Consigliere Gufelio, incurante delle sofferenze dei confratelli, nell'uscire in balcone con l'intenzione di scaricare in aria il Kalashnikov per festeggiare la sconfitta dei gufati in modo garbato come si usa dalle sue parti, è scivolato su una pozzanghera di Moet et Chandon Dom Perignon del 1961 decapitata per l'occasione, svuotandosi accidentalmente l'intero caricatore dell'arma in miezz'èbball.

Unico superstite dell'ecatombe grangufaliana risulterà il Cavalier President Gran Picciott Venerabil SilSilvio, che durante l'intervallo della gara aveva lasciato di soppiatto il nobile consesso per andare a presiedere a Sesso, in provincia di Reggio Emilia, la commissione giudicatrice del premio *Nipotina d'Oro 2017* presso l'istituto Minetti per il recupero di ragazze bisognose affette da ninfomania monetaria.

Perché Raga...sarà anche andata come è andata, ma pure noi, all'occorrenza, qualche bambolina voodoo nel cassetto....

By Memedesimo, il Maiunagioia

[1] **Coppa Orecchiona Bastarda:** più nota come *Champions' League* (in antichità e fino al 1992 Coppa Campioni) è considerata il più prestigioso torneo di calcio europeo per squadre di club; istituita nel 1955 dalla neonata UEFA, nell'organo direttivo della quale era presente sin dalla sua fondazione un componente del Real Club de Ladrid, squadra che detiene il record di successi nella competizione con 13 vittorie; la Juventus l'ha conquistata 2 volte (nel 1985 e nel 1996), ma detiene insieme al Benfica anche il record di finali perse (ben 7 su 9).

[2] **Vivid Entertainment:** famosa casa di produzione statunitense di film per adulti

[3] **El Real Madrid Club de Futbol:** è la squadra calcistica iberica più titolata del pianeta; fondata nel 1902, attualmente detiene ben 66 trofei nazionali e 27 trofei internazionali, ribattezzato dai tifosi di alcune squadre rivali *Real Ladrid* per la sua propensione a mantenere un ruolo politico di notevole peso nei massimi organismi governanti il sistema calcio, in ragione dei quali i suoi detrattori ritengono che parte della sua nutritissima bacheca sia stata alimentata da aiuti arbitrali e atteggiamenti benevoli da parte delle massime autorità calcistiche mondiali (celebre il coro di sfottò cantato dai tifosi avversari quando al Real Madrid viene

concesso un effettivo o presunto favore arbitrale: "*àsi, àsi, àsi gana el Madrid!*" tradotto dal castillano: *così, così, così vince il Madrid*); in ragione della sua divisa sociale completamente bianca il soprannome dei suoi giocatori è *les merengues* (le meringhe) o *i blancos*.

*⁴ **Industrial Light & Magic:** è la più famosa società di effetti speciali digitali della storia del cinema; fondata nel 1977 da George Lucas, inventore e regista della prima trilogia di Star Wars; fino al 2016 si è aggiudicata, tra gli altri, complessivamente 40 premi oscar tecnici dei quali 16 per gli effetti speciali; oltre alla saga di Star Wars, la ILM ha curato gli effetti speciali di diversi films della saga di Star Treck e di altre celebri pellicole quali Ghostbusters, la saga di *Indiana Jones, Jurassik Park, Pirati dei Caraibi* e tutti i prodotti della *Marvel Cinematic Universe*.

*⁵ **Mortal Kombat:** famoso videogame del genere picchiaduro arcade a incontri creato nel 1992 da Ed Boon e John Tobias per la Midway Games, nella quale i personaggi combattenti dispongono ciascuno di una personale mossa speciale definitiva (fatality) in grado di sconfiggere l'avversario di turno con un unico colpo.

*⁶ **Sgarletti:** talloni, in dialetto modenese.

Liberamente ispirato da: Genoa 2 - Juventus 4, 26.08.2017
Serie A Tim 2017/2018

GRIFONDORO 2 - ZEBREMAGICHE 4

Scusate il ritardo, ma in questo periodo sono in ferie e mi rimane un cicinin complicato digitare sul tablet restando immerso in una jacuzzi full optional fronte-spiaggia con un triplo mojiito in una zampa e zone epidermicamente interessanti della morosa nell'altra.

Ma poiché non mi pare il caso di star qui ad annoiarvi con i dettagli raccapriccianti della mia triste esistenza, bandiamo le ciance, saltiamo gli intro, skippiamo gli spots e veniamo alla fredda e distaccata cronaca dei fatti, come sempre scevra da inutili fronzoli e stucchevoli prese di posizione.

Alla seconda giornata di andata del campionato stivaloniano di pallapiede, nella sua gloriosa edizione targata 2017-2018 Dopo Cristo (XLIII-XLIV Dopo Del Piero), la pluridecorata Casa della Zebra bianconera campione in carica dei sei capitoli precedenti consecutivi, atterra a Taccagnopoli (Liguria - Stivalonia Settentrionale, ma meno settentrionale della Sabaudolandia) per affrontare la *Grifondoro Cooperativa Amici di Gino Paoli*, in lingua indigena *Genoa*, memori della spettinata ricevuta l'anno precedente dalla più antica squadra di pallapiede della penisolozza*[1].

Il Grande Maestro di difesa contro le arti oscure Max *Acciughinus Silente* Allegri negli spogliatoi dello Stadio Marassi si raccomanda ai suoi in perfetto allegrese: *"puttana la maiala un mi fate fa' la figura di hahha dell'altranno, cerhate di ffà meglio dell'ultima volta, quando ce l'hanno messo al hulo du volte in ventisei minuti, boia dé".*

Undici bacchette bianconere si alzano fiere al cielo in segno di approvazione senza aggiunta di inutili sillabe da parte della squadra di maghetti zebrati selezionati per la sfida.

Pronti, via, autogol di Pjanic.

GRIFONDORO 1 - ZEBREMAGICHE 0

La mascella di Acciughinus scende lenta come un piano sequenza di Sergio Leone, ma non fa in tempo a raggiungere il manto erboso che l'arbitro chiama in rapida successione ben due VAR, entrambi contro la Ggiuve: il primo per assegnarle un rigore contro (peraltro inesistente per precedente fuorigioco dello sgambettato ligure) e il secondo per tradurre in italiano l'*Avada-kedavra**2 in gaelico di sei minuti e cinquantotto che Don Gigi *Piton Severus* Buffon riesce a pronunciare in apnea mentre attende il tiro dal dischetto da parte del cecchino genoano, aggiudicandosi così anche quest'anno, per la undicesima edizione consecutiva, il prestigioso *Innominepatris* di Platino.

Tuttavia nessun incantesimo riesce a evitare di ritrovarsi ancora la palla nel saccoccio dopo neanche otto minuti dall'inizio.

GRIFONDORO LANTERNAI MANGIAMORTE 2 - ZEBREMAGICHE 0

A questo punto undici paia di sperduti occhi bianconeri si direzionano in panchina alla ricerca di quelli del Mister.

Acciughinus Silente, sospeso in fluttuazione a trenta centimetri dal terreno di gioco nella posizione del loto, non li degna apparentemente della minima attenzione, limitandosi a snocciolare un mantra ipnotico che raggiunge simultaneamente le menti momentaneamente offline dei propri allievi.

Quello che pronuncia è, in effetti, il più potente degli *Incanto-patronus**3 telepatici scagliabili in situazione di pericolo, il famigerato:

DATELAADYBALAPUTTANALAMAIALAAAAH.

Improvvisamente, le Zebrotte magiche, diligenti come un plotone della Hitlerjugend assediato dalla Armata Rossa in una trincea nei pressi del Reichstag di Berlino nel 1945, si illuminano di maghesca rinnovata PUTENZA e tutto il copione del match subisce un immediato quanto radicale restyling.

Si parte con una robina facile-facile, così, tanto per sciacquarsi la bocca e preparare lo stomaco alle portate che contano: un elementare esercizio di dematerializzazione della palla sulla traiettoria Pjanic – Higuain - La Joya con pronuncia da parte di quest'ultimo di un impeccabile incantesimo pallacè-pallanoncè e conseguente riapparizione finale della sfera in buca d'angolo rossoblù, bidibi-bodibi-bu.

GRIFONDORO 2 - ZEBREMAGICHE 1

Siamo al quattordicesimo del primo tempo: gli addetti di Marassi telefonano all'Ikea per sentire come siamo messi con le scorte di pallottolieri....

Paulo *Potter* Dybala e' un maghetto semplice: indossa una maglia zebrata con il numero 10 e quindi assorbe automaticamente i pieni superpoteri di tutti i precedenti proprietari della illustrissima casacca della Casa della Zebra bianconera: L'estro di Sivori, la visione di gioco di Platini, il sinistro ubriacante di Baggio, il killer instinct di Del Piero, la velocità di Tevez e il carburante agonistico di Pogba:....dopodiché Paolopotter risale sulla sua scopa magica modello Nimbus 2018, infila nello scarpino da gioco sinistro la magica bacchetta di sambuco e da lì in poi si mette a dirigere l'orchestra sinfonica sabauda che von Karajan sparisci ventilatore della Coop che non sei altro.

Imbocca a ripetizione un volenteroso Higuain e un Mandzukic che, per l'occasione, ha ingoiato una damigiana di pozione polisucco*4 e quindi indossa la faccia cattiva delle brutte giornate, equivalente all'espressione serena di un Joker di Gotham City al quale abbiano appena stuprato con la motosega la figlia seienne.

Ed è proprio quest'ultimo che al 43esimo del primo tempo la fionda in porta sicura da tre metri, facendosela però stoppare di bagher da un grifondoro casalingo, indi per cui:

A-ri-Var e calcio di rigore.

Sale in cattedra il gioiello Dybalapotter, colloca il boccino del *Quidditch**5 sul dischetto del rigore, si accende una paglia, sbadiglia, si gratta, si stira e poi impartisce al ciàpagòl dei grifoni una lezione di balistica tridimensionale applicata:

GRIFONDORO 2 - ZEBREMAGICHE 2

Gufi e gnegne disseminate nello Stivale a sbudellare pacchi formato famiglia di Prozac.

Fine del primo tempo e tutti in fila al bar del cine per fare incetta di acceleratori di carie dentali e moltiplicatori di cellulite sottoforma masticabile.

Nel frattempo Max Acciughinus Silente non vede, non sente e non parla: galleggia in silenzio respirando rosari in antico livornese.

Il suo cuore farà sì e no quattro battiti al minuto.

Si riparte.

Undici sopracciglia black&white si alzano simultaneamente di una tacca posizionandosi sulla selezione: ok, adesso giochiamo a pallone per davvero.

La sfera arriva a Juan *Billy Jean* Cuadrado sull'angolo dell'area genoana: passo, doppio passo, moonwalk, numero del coniglio nel cilindro, numero della donna segata a metà nella scatola, numero delle carte indovinate tra quelle distribuite tra il pubblico e, infine, rasoiata al volo nel sette e portiere dei grifoni marmorizzato che manco dopo un linguainbocca con un ippogrifo.

Sotto la curva dei genoani.

Cinquemila gabibbi con l'espressione di chi sta sentendo salire con fastidiosa ed inesorabile lentezza un enorme carota di kevlar superilcù.

Attimo di terrore quando l'arbitro prima di convalidare si dirige verso il monitor del VAR collocato a bordocampo.

Il direttore di gara osserva il video attentamente, per oltre 5 minuti.

E non la smette più.

Si avvicina preoccupato il quarto uomo a chiedere spiegazioni, e il referee chiarisce:

- Il gol è ovviamente regolarissimo, ma è stata una giocata talmente figa che mi è venuto barzotto; roba così non si trova nemmeno su Youporn, la riguardo ancora un pò di volte così dopo mi massacro con calma sotto la doccia.

Indi per cui: GRIFONDORO 2 - ZEBREMAGICHE 3

Max Acciughinus Silente a bordo campo assomiglia sempre più preoccupantemente a un incrocio tra il Dalai Lama e il Maestro Myaghi di Karate Kid mentre dà la caccia alla mosca con le bacchette da riso.

La Ggiuve allora decide che per quest'anno il corso avanzato di magia pallonara può anche finire qui, ma non prima di impartire l'ultima lezione di tango arhentino futbolero con Paulino Dybalapotter che la infila per la terza volta nella cesta di Grifondoro facendo levitare la boccia con un *Wingardium-leviosa* *[6] con il quale indovina un angolino rasoterra da vabbè-lasciamo-perdere-dai.

GRIFONDORO 2 - ZEBREMAGICHE 4

Alla fine del match il nostro incommensurabile Dybalapotter si porterà a casa la palla, il titolo di campione del Torneo Tre Maghi, una scrittura ad Hollywood per il ruolo di protagonista nello spin-off della saga intitolato *Triplette fantastiche e dove trovarle*, il numero di cellulare di tutte le signore presenti allo stadio e il 75% di quelli maschili muniti di deretano esplorabile, se lo gradisce.

Perche chiariamoci, il Paulino La Joya, quando mi sforna prestazioni come quelle a Marassi, mi diventa talmente sorco che pure io, che sono più etero di Larry Flint, se mai mi invitasse a cena vamolà che un filo di mascara me lo metto.

Comunque la vogliamo mettere, resta il fatto che le zebraccie prestigiatrici nelle prime due giornate di campionato in totale ne fanno 7 subendone solo 2, delle quali 1 autogol e 1 rigore inesistente al netto di Var.

Figuriamoci se prima o poi si mettono anche a giocare bene....

Gufi e gnegne tutti a piangere in braccio a quel babbano rasoterra di Pidocchi; Zazzeronny ritrovato in garage su uno sgabello con della canapa attorno al collo e lo sguardo perso nel vuoto.

Perché, citando l'immenso Marchese del Grillo:

"Mi spiace, ma noi siamo noi, e voi nun siete n'cazzo".

By Memedesimo, il prigioniero di Juvezkaban

[1] **Il Genoa Cricket & Football Club** (attualmente Genoa) è la più antica società di calcio di Stivalonia, fondata nel 1893 da un gruppo di uomini d'affari britannici in trasferta ligure; annovera nel suo palmares 9 scudetti di Stivalonia (conquistati tra il 1898 e il 1924), 6 Campionati di serie B stivaloniana e 1 Coppa di Stivalonia; i suoi colori sociali sono il rosso e il blu e il suo simbolo è il Grifone, motivo per il quale è gemellata con la scuola per maghi di Hogwarts in Gran Bruttonia.

[2] **Avada-kedavra** (Saga di Harry Potter): si tratta del più tremendo incantesimo senza perdono che possa essere scagliato contro un nemico, costituito da una secolare formula magica in lingua aramaica che significa "sparisci con questa parola"; provoca la morte istantanea (per chi crede alla saga di Harry Potter).

[3] **Incanto-patronus** (Saga di Harry Potter): incantesimo che evoca una potente figura protettiva in grado di difendere temporaneamente il mago che l'ha evocata.

[4] **Pozione polisucco** (Saga di Harry Potter): potente pozione di difficile preparazione che consente di assumere le sembianze fisiche di un'altra persona per la durata di un'ora.

[5] **Quidditch**: oh, ma di Harry Potter non sapete proprio un cazzo eh? Tutto io devo spiegarvi...,comunque, il Quidditch è lo sport magico praticato dagli allievi di Hogwarts, la scuola per maghi frequentata da Harry Potter; si gioca tra due squadre di sette elementi che cavalcano scope volanti e utilizzano palle magiche di diverse dimensioni per segnare punti, tra le quali il più importante è il boccino d'oro (la più piccola, munita di ali ed estremamente difficile da afferrare); chi la cattura ottiene la vittoria e la fine del match, indipendentemente dal punteggio sin lì raggiunto.

[6] **Wingardium-leviosa** (Saga di Harry Potter): facile incantesimo con il quale si è in grado di far lievitare oggetti o animali a piacimento, insegnato nel primo anno di corso agli allievi della scuola per maghi di Hogwarts.

Liberamente ispirato da: Juventus 3 – Chievo 0, 09.09.2017
Serie A TIM 2017/2018

HIPPOTIGRIS FEROX 3 - ASINELLI VOLANTI 0

Agnellopolis detta Taurinum, città natale della Zebra assassina, Sabato 9 settembre, anno del Signore XLIII d.D.P. (dopo Del Piero)

Alla terza giornata del campionato di Seria A 2017-2018, un allegro branco di somarelli volanti con marcato accento della Valpolicella, in gita al di fuori dei rassicuranti confini veronesi (Stivalonia Ciucca), sconfina fino alla periferia della capitale sabauda ove atterra su uno splendido terreno erboso, riparato dalla brezza delle vicine vette alpine da un delizioso abbracciar di formazioni rocciose striate in bianco e nero a mo' di gradinate.

Gli stolti asinelli così non si avvedono che quello sul quale hanno posato gli ignari zoccoli non trattasi di ameno pascolo bensì dell'antro della BESTIA, della tana del mostro ingozzascudetti, del nido della più spietata macchina sterminatrice di avversarie da medio-bassa classifica che biologia sportiva abbia mai concepito; la terribile *Equus hippotigris ferox*, più comunemente nota come Zebra Asesina Y Muy Hica De Gran Puta (in dialetto sabaudo: *Juventus*).

Infatti allo *J-Stadium*, o *Allianz Stadium*, o *Fatevi-il-segno-della-croce-Stadium*, o *Senza-maglia-bianconera-cazzo-ci-fate-qui-Stadium*, le nostre amorevoli Zebruccie omicide hanno collezionato la sciocchezzuola di CENTOSETTE degli ultimi CENTONOVE punti a disposizione.

Poi se proprio volete giocarla lo stesso, vabbè, avanti, daimò, fateci vedere cosa sapete fare, basta che dopo non andiate a piangere sulle ginocchiette di mammà, che noi ve l'avevamo detto.

Vista la difficoltà dell'incontro, classificata a livello pianta grassa da tutti i migliori bookmakers di Gran Bruttonia, Mister Max Allegri all'inizio decide di lasciare riposare i 769 giocatori impegnati in settimana con le rispettive nazionali nelle qualificazioni mondiali e, raschiando con la paletta il fondo del secchiello bianconero, schiera un po' di nuovi arrivati misto-frutta frullati con le seconde linee: Szczezny, Matuidi, Douglas Costa, Sturaro, Benatia, il magazziniere, il parcheggiatore abusivo e altri quattro scelti a caso tra quelli che la sera prima erano passati di lì in zona in cerca di mignottame da asporto.

Ma neanche così basta per riuscire a mantenere il punteggio sul niente per tutto il primo tempo della battuta di cacc..., ehm, della gara.

Al diciassettesimo del primo tempo, infatti, Miralem Pjanic, soprannominato il *Mozart balcanico dell'alluce,* uno dei pochi titolari schierati tra gli iniziali undici per esigenze di sponsor, dalla destra spennella una punizione in area di rigore sulla capoccia del difensore Hetemaj, che proprio unglielafa' a non combinar vaccate e, nell'encomiabile intento di anticipare l'inzuccata del bianconero Sturaro, spedisce la boccia alle spalle dell'incolpevole estremo difensore del Chievo.

Il ciàpagòl veneto prima di riprendere il gioco si avvicina alla panchina juventina per concordare un intero master post laurea di bestemmie terapeutiche con il Preside della facoltà di Smadonnologia Applicata, San Gigi *Paternoster* Buffon, nell'occasione presente a bordo campo in ciabatte simulanti le zampe del Canarino Titti, vestaglione flanellato, birra ghiacciata & rutto libero su un divanone a tre posti con penisola in pura pelle di gnegna made in Ikea, modello *Fankazz*.

Comunque sia:

ZEBRE ASSASSINE 1 - FLYING ASINELLI 0

Il resto del primo tempo scorre pigramente tra palleggi, sottofondi di kàtevègnauncànchèro provenienti dalla porta dei giallovestiti e quarantaduemila sbadigli.

Secondo tempo:

Al quinto minuto della ripresa qualcosa si muove nella panchina delle Mannare a strisce.

Don Allegri, fortemente preoccupato che l'intero pubblico dello Stadium venga colto da crisi di narcolessia acuta battendo il record sin lì detenuto dal pubblico di un comizio di Piero Fassino nel corso della campagna elettorale del 2011, inarca il sopracciglio verso Paulo *La Joya* Dybala, tranquillamente accoccolato in panchina tra le settanta vergini che la Juve gli mette a disposizione come da contratto nelle rare occasioni di mancato impiego iniziale, e, rimanendo espressivo come il totem di una tribù di Apaches Chiricauas del New Mexico, gli sussurra una sola sillaba: "*Ora*".

Roba che Don Vito Corleone lo avrebbe baciato in bocca con un metro e mezzo di lingua ordinando una strage di purosangue da corsa per festeggiare.

Ed è così che Paolino *La Joya* Dybala, detto *El Inumidatòr*, entra in campo tra il sospirame assortito della fetta femminile dello Stadium, sostituendosi ad un Douglas Bagheera Costa più spremuto del limone di un mojito della Bodeguita del Medio dell'Havana.

L'intero Piemonte piomba in un silenzio che il deserto del Gobi a confronto è Hong Kong la notte di Capodanno nell'anno del Drago.

Un milione e settecentomila colpetti di gomito in nove secondi, record tuttora imbattuto per l'intera Via Lattea.

Si ferma il traffico di Time Square a New York.

I nordcoreani la piantano lì di fabbricare bombe nucleari.

Palestinesi e israeliani firmano frettolosamente un accordo di pace definitivo e si precipitano insieme davanti alla TV, che i popcorn li avevano già portati i siriani.

I vegani ordinano un doppio Big Mac, con molta senape.

Al suo primo *ciak si gira*, Dybala, prossimo vincitore dell'Oscar come migliore attore protagonista per il lungometraggio: "*Le meraviglie del Mondo non sono sette, l'ottava gioca nella GGiuve*", tocca la sua prima palla scartando cinque avversari, due testimoni di Geova, sei telefonisti della Fastweb con una offerta molto interessante solo per lei, tre pacchi in diretta televisiva su Rai 1, un Ferrero Rocher e l'ipotesi di abbassarsi per una volta a giocare da essere umano, sfiorando il gol solo per una mera congiunzione astrale verificabile ogni settemilaseicentoquarantasei anni.

"*Mh*", pensa Paolino tra sé e sé, "*podemos jugarla un pelito melio de cossi*"....

Azione successiva: siamo al tredicesimo minuto della ripesa e Dybala, il prossimo vincitore del Premio Nobel per la fisica applicata al movimento rotatorio di elementi sferici in direzione retata, sequestra il satellite di cuoio, porta a spasso tutta la difesa del Chievo che il Pifferaio magico a confronto era un autistico molto timido con grosse difficoltà relazionali, poi, giunto sul limite dell'area avversaria, la accarezza a lato per Miralem *Mozart* Pjanic, che a sua volta la infiltra profonda per Gonzalo *Cicciobombo* Higuain, il quale, sussurrando "*guarda te la mèto piano piano, ci àgiungo anche un filo di butirro cossi zivola melio*", lascia partire una CANNELLA NUCLEARE URTICANTE AL PEPE DI CAYENNA che si insacca a pelo di traversa;

Roba che il portiere del Chievo, quando un giorno di questi prima o poi troverà il coraggio di uscire da sotto il letto, lo querelerà per aggressione e tentata strage.

ZEBRE CON TENDENZE OMICIDE 2 - NELLI VENETI NIENTE

Se Mamma Natura nella sua infinita sapienza costruttiva avesse munito la Zebra assassina di un accessorio denominato senso della misura, la partita si sarebbe potuta archiviare anche così, vista da differenza qualitativa tra i padroni di casa ed il branco di quadrupedi salsicciabil...ehm, gli avversari gentili ospiti.

Ma Mamma Natura il giorno che ha montato il prototipo della Zebra assassina stava guardando l'ultima puntata di *Domenica 5* con Barbara D'Urso e pertanto, scioccata dalla qualità della trasmissione e inacidita dall'indiscutibile livello cultural–intellettivo dei relativi partecipanti, durante l'assemblaggio ha accidentalmente impostato la suddetta Zebra assassina in modalità *pietà zero*, indi per cui, nonostante il punteggio acquisito, si riprende con la mattanza.

Minuto numero trentotto del secondo tempo della tortur....ehm, della partita: Fede Bernardeschi, con la palla incollata alla suola, fugge sulla destra come se fosse inseguito da una intera famiglia di iraniani ai quali avesse appena trombato la figlia quindicenne promessa sposa al Mullah della zona per poi pubblicarne il filmato su Youporn.

Il numero 33 bianconero, ossia l'uomo più tatuato di un sicario della Yakuza giappo ubriaco reduce da una nottataccia con Basquiat, dopo un paso-doble di Tango con un povero difensore avversario clivense che, giura, lui neanche ci voleva venire ad Agnellopolis, lo seduce e lo abbandona recapitando la boccia a Paolino Dybala (il prossimo vincitore del premio Pulitzer per il romanzo intitolato: *Ggiuve te amo padrona de my corazón*) che la raccoglie, frulla un tris di difensori veneti nel minipimer che se ci aggiungi ghiaccio e una scorzetta di limone me li bevo pure io, dopodiché scompare, riappare in tribuna centrale per autografare perizomi, riscompare, riappare in studio dalla De Filippi dove decide di non aprire la busta ma di dribblarla, riscompare, riappare nell'area del Chievo slalomeggiando tra paletti gialli che Hirscher a St. Moritz aveva l'ernia, ed infine lascia partire un colpo da biliardo alla Eddie Felson *Lo Svelto* che si imbuca in angolo, davanti al quale si mettono ad applaudire anche i pandori.

ZEBROTTE INGORDE 3 - PERIFERIA VERONESE
SEMPRE E SOLO NIENTE

Finisce così, con gli emissari del Vaticano che attendono pazienti a bordo campo Paulino *Bagnaletutte* Dybala per annunciargli la sua prossima candidatura al Soglio Pontificio con il nome di *Gioiello Primo*.

Siamo alla terza di campionato: 9 punti, 10 reti fatte, 2 subite (1 autogol e 1 rigore), gufi e gnegne già prenotati sul lettino dello psichiatra fino al 2018 e, se continua così, a marzo tocca appassionarci tutti al campionato mondiale di salto delle ranocchie.

By Memedesimo, il Dybalamask

Liberamente ispirato da: Sassuolo 1 – Juventus 3, 17.09.2017
Serie A TIM 2017 / 2018

DYBALA + DIECI COMPARSE 3 - PIASTRELLISTI 1

Reggio (Emilia Rock-Magna, Stivalonia Settentrionale), domenica 17 settembre del terzo anno dopo l'avvento della Joya.

Al Mapei Stadium va in scena il quarto atto del campionato nazionale di Stivalonia 2017/18 di pallaundici.

La mandria a strisce, reduce dalla spettinata maiuscola subita in terra catalana nel turno di andata di Coppa Orecchiona Bastarda da parte di una banda di predoni futboleri capitanati da un supereroe Marvel denominato *SuperPulce*, subdolamente travestito da giocatore di calcio, affronta i posatori di piastrelle di Sasòl*1 recuperando qualche protagonista mancante a Barcellona, tra i quali Mario "*Sorrisino*" Mandzukic, Il Professor Emerito Dott. Re Giorgio Chiellini Primo e Juan "*Billy Jean*" Cuadrado, tornando così ad assomigliare alla squadra che ha sodomizzato in scioltezza e senza preliminari né lubrificanti aggiunti gli ultimi sei campionati consecutivi di Stivalonia.

Mister Max Allegri-San, per l'occasione presentatosi negli spogliatoi con un outfit classificabile come l'incrocio tra la signorina Silvani quando va a cena con Fantozzi nel ristorante giapponese ed il Maestro Miyagi di Karate Kid, nel breve sermone ante match sintetizza dal livornese-nippo-elfico il dettame tattico della gara:

"*Ragazzi, boia dé, à mmè e a tuttill'altri ùncenimporta una sega di home giohan sti spalmatori di holla dda pavimenti: qualsiasi hosa si inventano, la palla vù lla dovete passà a Dybala, MAREMMALAMAIALA*".

(Si, lo so, è più livornese maccheronico che il resto, ma mi pagate troppo poco per chiedere una consulenza per i dialoghi a Ken Watanabe*2).

Ventidue sopracciglia si inarcano simultanee, undici pollici scattano verso l'alto, undici mani sinistre passano una veloce ispezione scaramantica alla sacca maronaia che-non-si-sa-mai, e via che si sale sul palco per mettere in scena l'ennesima, sfolgorante e stupefacente edizione del *Cirque du Zèbreil*.

Le Zebrotte killer non dimenticano le buone maniere e si approcciano dolcemente al match con una qual certa delicatezza: durante i primi 9 minuti di gioco, infatti, nella porta di Consigli, estremo difensore dei neroverdi modenesi, vengono recapitati: seicentoventiquattro tiri, quarantasei colpi di catapulta, tremila lettere anonime piene di polverine di provenienza sospetta da sottoporre ad analisi, otto dichiarazioni di guerra da parte di stati esistenti ed immaginari, una vecchia bomba USA obesa della Seconda guerra mondiale con su scritto "Fat Boy", diversi sputi ed una cartolina di natale dallo J-Store contenente una selezione di orecchie e mignoli mozzati corredati dal seguente breve messaggio scritto con sangue umano: *"tranquilli, tra poco cominciamo a fare sul serio"* firmato LO STAFF.

Al decimo minuto il numero 12 bianconero Alex Sandro, l'uomo mezzo sambodromo e mezzo Jessie Owen, scende sulla fascia sinistra veloce come una sfiga il lunedì mattina di un anno bisestile e recapita un cross a centro area così gnocco che in tribuna si è vista gente con le mani nella patta delle braghe; ci si scaraventa su GOLzalo *Omino Michelin* Higuain che urlacchiando "*Un triplo Mc Bacon por favor*" la silura in porta con violenza inutilmente imbarazzante.

Ma Consigli riesce a parare, pur dovendo sostituire i guanti completamente strinati dall'attrito provocato dal contatto dell'asteroide di cuoio proveniente dal Pipita.

Poco dopo, al dodicesimo minuto, Sensi dei neroverdi spara il pallone verso la porta bianconera senza sapere che è severamente proibito dalla sua religione, ma San Gigi *"Il Forbito del Signore"* Buffon para il tiro solamente con lo spostamento d'aria del bestemmione in Si bemolle che gli solfeggia contro, rimanendo a braccia conserte, gambe divaricate ben salde sul terreno e sguardo torvo indirizzato all'attaccante emiliano.

E Ken Shiro muto!

Il Vescovo di Reggio Emilia comparirà negli spogliatoi durante l'intervallo per complimentarsi di persona, accompagnato da un battaglione di esorcisti da sbarco equipaggiati di bazooka spara-ostie e una autocisterna colma di acqua santa.

A Sassuolo iniziano a pensare di riunite la giunta comunale per deliberare l'erezione di una statua equestre al portiere dei piastrellatori quando, al quindicesimo minuto, Il Prof. Dott. Giorgio Chiellini, dopo avere ricevuto dal Maestro Allegri-Miyagi San l'apposita dispensa per raggiungere l'esotica terra sconosciuta denominata centrocampo, recapita sulla fascia sinistra una tesi di laurea in traiettorie a *Sorrisino* Mandzukic, che al volo la trasferisce al centro, poco fuori area; all'appuntamento sopraggiunge Paulino Dybala il deperizzomatore, che sempre al volo fa partire un oggetto volante non identificato con scritto sulla fiancata *bye bye baby*, il quale smetterà di fendere l'aria solamente dopo essersi insaccato ristrutturando in modalità open-space la ragnatela dell'angolo destro della porta sassolese.

ZEBRE BIANCONERE 1 - PIASTRELLATORI NEROVERDI 0

Mentre l'argentino numero 21 esegue la celebre Dybala mask in campo, la sezione del Mapei Stadium occupata militarmente dai tifosi juventini si trasforma nel Cocoricò di Riccione alle due di notte del sabato.

La giunta comunale di Sassuolo dichiara tolta la seduta;

Intervallo.

Negli spogliatoi Max-Miyagi Allegri San si dimostra talmente attanagliato dalla tensione agonistica da disinteressarsi completamente del match, trovando infinitamente più intrigante dedicarsi all'operazione di messa in piega della sua collezione di Bonsai.

Si riparte e al quarto minuto il numero 14 delle zebrotte, Blaise

Matuidi il *Sonquamasonancolì*, commette uno stupro psicologico a centrocampo sul puntero dei sassolesi Politano, al quale fa un tunnel in giravolta toccandogli contemporaneamente il culo, rubandogli il portafoglio e tatuandogli in birmano sulla nuca la frase "lunga vita ai fratelli bradipi", dopodiché lascia passare un filtrante di 30 metri per Higuain il quale, agile come un Moai dell'Isola di Pasqua, la sponda a Juan *Billy Jean* Cuadrado sulla fascia: il sesto dei Jackson Five butta lì sul palco un moonwalk con giravolta, un passo sulle punte, una strizzata di pacco con urletto in falsetto e teletrasporta la palla a centro area nei pressi di Paolino Dybala; stavolta però il *Mantecato-da-tutte-le-divinità-del-pallone* sembra non avere alcuna speranza, dato che QUATTRO difensori emiliani gli si fiondano addosso simultaneamente come un branco di jene su un cucciolo di gnu spalmato di Nutella...

"Che cos'è il genio? È fantasia, intuizione, colpo d'occhio e velocità di esecuzione" (se indovinate la citazione vi offro da bere all-u-can-drink): Paulino fa una roba che se l'avessi fatta io alla scuola calcio a sette anni mi avrebbero crocifisso nello spogliatoio cosparso di catrame e piume d'oca; in mezzo a quella selva di vietcong neroverdi la tocca di PUNTONE dritto e la spedisce là, esattamente là dove Consigli non arriverà mai, in saecola saeculorum, Amen.

ZEBRE MANNARE CON L'ALIENO 2 - SASOL 0

Segna sempre lui.

Puntuale come un cucù del Canton Ticino

Regolare come l'Iva a fine trimestre.

Inevitabile come la Grande Troia con la falce al minuto zero del grande countdown esistenziale.

Sembra già tempo di vacanza ma un minuto dopo, su un lancio sassolese, il nostro affezionatissimo collezionista elvetico di caviglie Lichtsteiner si improvvisa entomologo preferendo finire lungo disteso per terra in cerca di grillitalpa invece di marcare il neroverde Adjapong; costui salta anche San Gigi approfittando del fatto che fosse immerso nella recita del rosario pomeridiano, riuscendo infine a spizzarla al centro dove prima il Bimbino Rugani (occupato a fare i compiti per domattina che la prof interroga) e poi il Prof. Chiellini, (impegnato a dare lezioni di ripetizione), decidono in sincrono di tramutarsi in tappeti persiani lasciando campo libero al sassolese Politano, il pre-umiliato da Matuidi, che la appoggia facile nel sacco bianconero ottenendo così un momentaneo e parziale, ma non meno eclatante, riscatto personale.

ZEBRE MANNARE 2 - MONTANARI EMILIANI 1

E conseguente inaugurazione ufficiale della XXXVII edizione della *Settimana Nazionale della Parola Disinvolta Dedicata Al Signore* da parte di *Sua Santità* Gianluigi Primo.

Da bordo campo Max Miyagi-San, apparentemente immobile nella posizione del *"nocciolo di ciliegia che sfugge tra le cinque dita"*, ripete assorto nella propria voce interiore il mantra *"Dai la cera e passala-a-Dybala, togli la cera, puttana-la-maiala"*.

Pochi giri di clessidra dopo, al sessantatreesimo, Paulino *Tintinnino* Dybala, il *Prescelto-del-Gran-Capocondominio-di-Lassùlandia,* si invola pallamunito verso l'area greenblack leggiadro come Roberto Bolle dopo uno speedball, ma viene rastrellato un metro fuori area da una pattuglia della Sassol-Gestapo.

Punizione dal limite.

Se avessero tirato direttamente loro nella propria porta con una contraerea facevamo prima.

La Joya Dybala piazza lo sferoide sul biliardo.

Alza lo sguardo e fissa Consigli.

Sul Mapei Stadium scende un silenzio interrotto solo dallo stridore dei corvi che si appollaiano sulla traversa degli emiliani.

Sale lentamente in sottofondo una colonna sonora di Morricone.

Sulla fronte di Consigli scende una goccia di sudore lenta come una fila alle Poste.

Il viso di Paulino: un marmo di Donatello.

Una ultima, lentissima, inquadratura stretta alla Sergio Leone sul dettaglio dello sguardo refrigerante della Joya.

Paulino *Mhhhhh-si-dai-ancora-si* Dybala fa partire la boccia, che disegna nel cielo reggiano una parabola bella come un porno girato da Tinto Brass dopo essere stato pucciato in una mastella di polvere di Viagra.

Il globo finisce dove deve finire: alle spalle di Consigli ed all'interno del saccoccio.

ZEBRE SAMURAI 3 - CASALINGHI MANGIA TURTLEIN 1 e titoli di coda

Un alieno indossa il kimono numero dieci della Juve alla sua centesima presenza tra le fila del branco mannaro a strisce e si porta a casa la palla della partita, oltre alla nostra più ferrea dedizione.

Uno che non è Messi, che non è Ronaldo, che non è Maradona.

E noi gobbi mannari ci incantiamo ad ammirare estasiati l'immensità dello sconfinato orizzonte del gran pippo che ce ne frega se non lo è.

Gufi & gnegne andè-bein-à-caghèr, come si dice dalle mie parti, in quella terra scura, ricca e grassa che si distende placida tra l'Adriatico e il Texas e che risponde al nome di Emilia Rock Magna.

By Memedesimo, il Discepolo del Diadema

---

*¹ **L'Unione Sportiva Sassuolo Calcio**, meglio noto come Sassuolo (Sasòl, in dialetto modenese) è una squadra di pallapiede della Serie A stivaloniana originaria di Sassuolo in provincia di Modena, cittadina famosa per la produzione di piastrelle e ceramiche; il suo stadio di proprietà (Mapei Stadium) si trova a Reggio Emilia.

*² **Ken Watanabe:** (Koide, Giappone, 21 ottobre 1959) attore giapponese candidato al premio Nobel come attore non protagonista nel 2004 per il film L'ultimo Samurai; tra gli altri film di successo mondiale ai quali ha partecipato: Batman begins (2005), Inception (2010), Godzilla (2014);

Liberamente ispirato da: Juventus 1 - Fiorentina 0, 20.09.2017
Serie A TIM 2017 / 2018

I BIANCHI & I NERI 1 - I GUELFI & I GHIBELLINI 0

Da un antico manoscritto in pergamena di pelle di gnegna risalente al primo secolo dopo Del Piero, rinvenuto nell'Archivio storico della Cattedrale della Santa Zebra ad Agnellopolis, capitale del Magnifico Principato di Juvelandia;

"Gran Principato di Juvelandia, addi venti dello nono mese dello anno quarantesimoterzo appresso l'avvento dello Unico Vero Magnifico Aumentatore di Godimento Pallonaro Alexandro Dello Piero, nomàto Pinturicchio dalla Sua Magnificenza Serenissima Joanni Lo Avvocato, Amatissimo et illustrissimo Duce della Real Casa delli Agnelli;

Alla quinta iornata dello initiale girone dello italico torneo di futbolus, nelli pressi dello maravillioso sito nomato Juventus Stadium (invero ultimamente allo volgo noto anco come Allianz Stadium per vili questioni di pecunia nibelunga) si sfidaron a singolar tenzone la nobilissima squadra delle indomite Zebre rampanti, anco nomate "li Bianchi et Li Neri", imbattute campionesse dello stivalico torneo per li ultimi sei anni in consecutio, et lo invero meno nobile et anzi di molto plebeo branco delli "Guelfi et Ghibellini" provenienti dalla Capital di Tuscia, insignificante paesucolo alla metà della via per la gran Rubonia di nessun pregio historico et soprattuttamente artistico, nomato Florentia.

Allo contrario di acciò che logica et rationalitate souvenir potrebbe, trattòssi di disfida sommamente infida per lì nostri messeri campioni, acciocché li rivali, benchè di infimo lignaggio et risibile perizia pallonara, da moltitudine di lustri annovellan, tra le molte altre, anco la ridicola pretesa di ergersi a fieri et mortali nimici della feral Zebra, blaterando di non si sa qual singolar tenzone li toscani ebbero a perdere nella alba delli tempi antichi contro le coraggiose schie-

re bianconere, ammotivandola con infondata accusa di inganni et gabole et truffaldini complotti et marrani raggiri et sbiriguda alla supercazzola come se fosse antani con lo scappelamento a destra[*1].

Lo Gran Mago Max Acciughinus Merlino delle Genti Liete, mastro Illustrissimo di strategia pallonara nonché Gran Ciambellano dello Consiglio Supremo della Divina Panchina, qual supremo Duce allo comando dell'indomita compagnia a strisce, prima della discesa sullo terren di disfida delli suoi, apostrofò la truppa a pugnare et sacrificarsi et vincere come un sol zoccolo, consegnando alli posteri lo celebre motto che in saecula saeculorum avrebbe scolpito a marmo, con mirabile sintesi nelli cori dello intiero popolo juventino, lo indomito spirito et l'agnellosità sublime della nostra soave et amatissima squadra:

"*A mmè 'un m'importa na sega di giocà bbene, l'importante è che lo si metta al hulo à sta hombricola di hastagnari etruschi*"

Undici nobili cavalieri campioni di Sabaudia, colle splendenti armature di candido bianco et funereo nero in pari quota paludate, calaron le visiere delli piumati elmi et come un sol guerriero scenderon in campo in groppa di undici magnifiche zebre da guerra, che la tavola rutonda allo confronto est uno strapuntino da bettola della vikinga IKEA.

Lo primo tempo della tenzone invero si dipanò blandamente, tra bivacchi a centrocampo et scambi di sterili lazzi et motteggi et general gran contorno di sbadigli su letto di vellutata di gran grattamento di coglioni sugli spalti.

Allo nono girar di clessidra dallo scoccar della disfida, Messer Paulo dello Diadema Dybala, Nobilissimo Ambassador delle terre di oltre oceano, Senor di Pampalandia et Primo Cavalier dello Principato Sabaudo, nell'eseguir lo mirabile numero dello calcio punente dallo limitar dell'area buzzurra, catapultò da fermo la sfera ad un sospir di donzella intonsa dallo palo inimico, cagionando mancamenti et palpitazioni et rossor di guance et inumidir di cosce a schiere tra lo femmineo pubblico presente sulli spalti alla gran disfida.

In veritate, oltre allo mirabile esempio di maestria balistica dello campioncino nostro testè narrato, poco o null'altro scorse sotto lo ponte della prima frazion di guerra, acchè lo vostro umilissimo menestrello narrator continuar possa ad allietarvene nello racconto.

"*Eppur si muove*", mormorò Max Acciughinus Merlino, noto adepto dell'aberrazione galileiana, indicando lo rotolante sferide restio a collocarsi nella sua natural dimora, ossia nella sacca etrusca.

Li florentini, da par loro, non osavan neppure oltrepassar lo confine della terra di mezzo, nemmen si pungolati nelle terga, preferendo dar sfogo alla loro infima indole marrana et plebea di provetti sgarrettatori, più inclini a tentar di asportare altrui rotule et caviglie piuttosto che collocar le zampe sulla sfera oggetto di contesa.

E così fu che Mastro Arbitro, dopo tre quarti di meridiana, segnalò alli trombettieri di campo di sonar lo squillo di arresto, acciocché li squadroni in pugna potessero lenir ferite, trangugiar decotti, et comodamente quistionare su come affrontar li prossimi assalti protetti dalla Tregua di Dio.

Durante lo riposo claro fu anco alli randagi dello ultimo vicolo di Sabaudolandia che Merlino Acciughinus arringò li suoi prodi come Re Riccardo il cuor di Leone fecit alli cavalieri crociati sotto li spalti di Jerusalemme, sin lì giunti nell'intento di liberar lo Santissimo Sepolcro di Nostro Signore, dato che allo rientrar dello ploton striato sullo terreno di iuoco, le Zebre da pugna palesaron zanne schiumanti et zoccoli rampanti partendo alla carica per sfondar la prima linea delli inimici fanti et arrivar alla terra promessa retata, sotto la protetione dello Santo franzoso Michele Platini, detto Lo Re, patrono di Juvelandia.

Et infatti, pochi turni di clessidra appresso la ripresa della pugna, dall'estrema zolla a Ponente della porta delli violacei, Messer Juan Billiginus Cuadrado, Cavaliere dello nuovo mondo di sangue moresco nonché Gran Magistro di Pasodoble, da longo tempo alleato della casa sabauda, scoccò con pregevolissimo piede uno lunghissimo et precisissimo lancio di proietto da trabucco*2 nell'area inimica; sulla sfera si avventò, per sinceritade con agilità più propinqua allo leone marino che allo iocator di palla-piede, Messer Gonzalo Higuain De La Pampa, detto Il PappaDoppia, lo quale, appesantito dalla coppia di cinghiali ripieni di lepri ripiene di quaglie ripiene di grilli allo spiedo che havea pocanzi sbafato durante lo intervallo, si spiaggiò come otaria morente sullo violaceo bagnasciuga, fallendo l'impresa.

Li Marrani di Tuscia non ebbero però tempo acchè gioirne, poiché nel mentre si ingegnavan ad inventar sberleffi per percular lo sfortunato et poco agile Messer PappaDoppia (di lì in poi nomato anco Lo Rotolante dalli menestrelli del Regno), spuntò con rapido guizzo et letale spunto Messer Marione Mandzukic l'Illirico, detto Il Sorrisino, lo quale, con encomiabil colpo di elmo cornuto in volo, come novello Arcangelo Gabriello insaccò fieramente lo globo nell'altrui saccoccia.

Et quindi sommo ludibrio et campane a festa nello Stadium, acciocché:

LI BIANCHI ET LI NERI UNO, LI GUELFI ET LI GHIBELLINI NIENTE

Non satolla dello punto conquistato sullo campo, l'armata zebrata, sullo slancio delli animi imbaldanziti dallo colpo inferto, proseguì l'assedio di Buzzurlandia stringendo in assedio lo centro de la compagnia florentina con ripetuti assalti cavalleggeri provenenti dalle ali.

In una di codeste scorribande Messer Blaise Matuidi, detto Il Sonquamasonancoli, Cavalier franzoso di lignaggio numidico, Mastro di gran Gamba, irridètte et sberleffò lo avversario toscano giravoltandolo sul limitar di terra promessa, sino a costringerlo al più vile delli affondi sullo pregevolissimo calcagno d'oltralpe.

Lo Notaio di Campo dapprima dispose per li etruschi lo sommo castigo dalli undici passi, ma pochi battiti di cuore appresso lo *medesimo decise di affidarsi all'auspicio dello magico specchio che tutto vede dallo alto delli spalti, et dopo lo consulto ripiegò per la sola messa alla gogna dello vile sgarrettatore.*

Dalle scuderie sullo bordo dello campo, stentoreo et con tenorile impatto si levò lo scandir di sublime smadonno con il quale Messer Gigi dè Buffoni, detto "Lo Santo Cantore della Mamma del Divin Gesù et delli molteplici mestieri colli quali Ella leniva le fatiche di passanti, stranieri, peregrini et compagnia bella", commentò con colorito verbo la vile ripensata dello Notabile di Campo.

Et cosi fuit che, a dispregio dello nobile sforzo profferito dalli meraviliosi Messeri dello squadron della Zebra rampante per aumentar lo sacrosanto vantaggio, null'altro accadde sino allo stornir di tromba che sancì lo cessar dello nobile scontro et la definitiva resa delli briganti etruschi;

Nello proclama della fulgida vittoria sabauda meritò menzion d'onore anco Messere Rodrigo Bentancur, detto Lo Pargolino dello Nuovo Mondo, lo quale, a disprezzo di tenerissima aetate et imberbe esperientia, dimostrò sullo campo di battaglia esuberanza di valor guerriero, discernimento di sapiente et abilità di giocoliere che indussero li gobbi tutti di Sabaudolandia allo sghignazzo sottobaffo e all'affondar di gomito nelle vicine costole, per lo fulgido futuro che tale guerrier fantolino alla causa delli zebrati garantir potrà.

Così accadde che gufi et gnegne restaron per la esima volta a becco asciutto e deretan fresato.

Et dolce ci fu naufragar in quello mare..."

By Memedesimus, lo Menestrello di Juvelandia

---

*1 Sulle origini della rivalità tra Juventus e Fiorentina vedasi cap. 4 del manoscritto.

*2 **Trabucco:** arma da assedio medievale di grosse dimensioni in grado di lanciare proiettili di notevole peso a lunga distanza; simile alla catapulta, ma in posizione fissa.

Liberamente ispirato da: Juventus 4 - Torino 0, 23.09.2017
Serie A TIM 2017 / 2018

CEBRAS ASESINAS 4 - MINIBOVIDE F.C. 0

Agnellopolis, quartier generale di Juvelandia, ventitreesimo giorno del nono mese del quarantatreesimo anno d.D.P. (dopo Del Piero).

Alla Plaza de tor...ehm........scusate, rifaccio.

Al Macello comunale della città di Torin....ehm.... scusate di nuovo.

Allo Juventus (vabbè Allianz) Stadium, nel dialetto cittadino anche noto come Questo-non-è-un-posto-per-vacche Stadium, si è disputata la sesta giornata di andata del campionato di Stivalonia di maceller...ehm.

No dai ràgaz.......stavolta non lo so nemmeno io se ce la faccio a mantenere il contegno fino alla fine, che con questi qui, davvero, ogni volta è il *Top of the Pops* della goduria...

Ok, ci riprovo per l'ultima volta, ma stavolta giuro, serio eh?

Ehm, allora...datemi solo un minuto che riprendo il controllo:

Ohhhmmmmm........Ohhhmmmmm........Ohhhmmmmm............

(concentrazione e disciplina, concentrazione e disciplina........)

Allora, il derby è pur sempre il derby, ed è giusto che vada trattato con la dovuta austerità, la consueta imparziale equidistanza e l'immancabile rispetto sportivo anche nei confronti dell'altra squadra di Agnellopolis, la cosa lì...la comecazzosichiama, dai.... quelli lì con la mucca che fa la tarantella sullo stemma.

In occasione della sfida stracittadina di Sabaudolandia numero 145 nella storia della pallapiede nazionale, Mister Max *Manolete* Acciughina, uomo di rara sintesi, nel pre-gara smorza gli eccessivi entusiasmi evitando di aizzare con inutili sermoncini il già famelico branco striato da guerra: si limita quindi a distribuire a ciascuno degli undici titolari una lunga cappa color rosso malaga ed un lungo spiedo affilato sponsored by Gillette sottolineando: "*Vu ffate home la vi pare, ma ammè mi garba moltissimo la bistehha di hornuto al sangue, e homunque i mi trisnonni eran originari di Guadalajara, quindi datela a Dybala, puttanalamaiala.*"

Undici cappelli da torero, riccamente istoriati di scudetti tricolori e stelle argentee su campo zebrato in blanco y nigro, si alzano simultanei al cielo sottolineati da un collettivo: "*Olè, boia dé, per il Toro non ce n'è*".

Non scende in campo dall'inizio la nostra punta pesante da sfondamento Gonzalo "*El Pappa-Tor*" Higuain, che si accomoderà in panchina, malauguratamente nel posto di fianco al venditore ambulante di hot dogs, del quale durante l'intervallo della partita verranno rinvenuti solo i mocassini, peraltro abbondantemente rosicchiati: mistero.

La gara inizia con la mandria delle Zebre assassine che prende immediato possesso del pascolo avversario, sul quale attacca a ruminare con pericolosa malizia a brevissima distanza dalla porta difesa dal ciàpagòl granata.

Improvvisamente, al 6° minuto, il terzino dei bovidi Bianco si divincola dal pressante rodeo sulla fascia al quale lo stava sottoponendo il pendolino elvetico a strisce Lichtsteiner, e fionda da fuori area un violentissimo lungolinea verso l'angolino.

Ma mica quello bianconero, quell'altro.

Nella sua porta, Sirigu, estremo difensore della *Manzotin & Co.*, con un balzo degno di un impala mollato in una piscina ripiena di coccodrilli del Nilo riesce a deviare la sfera fuori porta, ma rialzandosi estrae il cellulare e compone il numero del proprio psicoanalista, tale Dott. Freud di Vienna, che ha la segreteria telefonica attaccata.

Ho una gran paura che sarà un cazzo di lunga serata, Siri.

Nell'azione successiva Juan *Billy Jean* Cuadrado, il sesto dei Jackson Five, riceve palla sulla destra del recinto, penetra come Rocco su un set a caso a Budapest e si improvvisa Zurbriggen al cioccolato slalomeggiando in veryscioglievolezza tra quattro difensori granata per poi scoccare un pallonetto che leccherà le sopracciglia della traversa torinese.

Sirigu richiama il numero del Dott. Freud che però risulta ancora occupato e quindi prova con il Telefono Azzurro, ma niente, de costumer *iu ev dailed is anaveibol at de moment*.

Pochi minuti dopo, sulla tre quarti torinista, durante una rappresaglia in puro stile centroamerica, Tomàs Rincon si ferma a salutare il suo ex compagno di squadra Miralem *Mozart* Pjanic, il quale, tra una chiacchera e l'altra, gli chiede se per caso ha da accendere; mentre *El General* si fruga nei calzoncini alla ricerca di un bic, il numero 5 bianconero gli sottrae la boccia dalle caviglie urlacchiandogli in faccia *non-thò-voluto-bbene-mmai* e si scaraventa verso la porta cornuta con la palla incollata al piede con il Bostik.

IN QUEL MENTRE....Uscendo da un buco spaziotemporale sopraggiunge in modalità iperguida Paulino *La Joya* Dybala che affianca il compagno montenegrino, gli sequestra la sfera rilasciando regolare ricevuta e prosegue come il roadrunner Beep-Beep quando pianta lì Willy il Coyote facendosi nuvola; gli si para davanti un battaglione di corazzieri granata ma Paulino, con la sfera appiccicata al sinistro, raggiunge le ottantotto miglia orarie e....semplicemente scompare in un improvviso e molto ollivudiano botto di gran luce.

Sirigu è piantato sulla riga di porta con la mano a visiera in very-vedetta-Apache-style a livello di pericolo DEFCON 4, ma niente, l'argentino non si vede più e non se ne sente nemmeno l'aroma.

Improvvisamente il boato dello J-Stadium esplode, raggiungendo vette di decibel possibili solo in un live dei Manowar o in una puntata di *Uomini e Donne* della De Filippi.

L'estremo difensore del Torino, girandosi, vede in fondo al sacco la sfera che turbina vorticosa su sé stessa, ancora fumante.

Sul volto di Sirigu affiora la stessa espressione di Wildcat Hendrix subito dopo aver preso da Trinità – Terence Hill lo shampoo di schiaffi al bancone del Saloon (*"non ci hai capito niente eh? Se vuoi te lo rifaccio..."*).

GGGIUVE 1 - PSEUDOSIMMENTHAL 0

Si riprende la mattanza e Douglas Costa-to-Costa, detto *U flipper do Rio Grande do Sul*, commette con la sfera tra le zampe cose che in diverse nazioni del globo sono tuttora considerate reato sessuale se riviste a velocità normale, cioè rallentando di circa sessantanove volte la ripresa video di ogni azione.

Nel frattempo la principale arma offensiva dei cornuti, ossia il numero nove Gallo Belotti, detto il *Quasimodo della Maratona* (uno così gobbo che in confronto Andreotti era Miley Cyrus e poi pretenderebbero di prendere per il culo noi) riesce a toccare addirittura DUE palle; ma, purtroppo, trattandosi di quelle che si ritrova collocate nei braghini da gara, non finiscono a referto.

Al 24° minuto Baselli, detto il *Jackie Chan della Val di Susa*, vista la penuria di sfere pedabili ritiene sia giunto il momento di fare outing rivelando all'universo mondo la sua vera ed unica vocazione: diventare la controfigura italiota di Chuck Norris spaccato ammerda di *Vecchia Romagna;* dopo essere stato ammonito una prima volta per eccesso di entusiasmo nella richiesta di un autografo a Paulino Dybala, si esibisce in un pregevole tentativo di calco rotante aereo nei confronti di Miralem Pjanic, stendendolo come The Undertaker durante la finalissima del WWE Championship[*1] e guadagnandosi così un inevitabile freepass salta fila per la doccia.

Se già in undici contro undici le Zebre assassine stavano pasteggiando a chianina concittadina, ora che i bovari sono ridotti in dieci la partita diventa una dimostrazione degli Harlem Globe Trotters contro una selezione di atleti sordociechi mentre calzano le pinne da immersione subacquea.

Al 41° minuto, sull'esterno destro del pascolo, giunge a Cuadrado un traversone preciso come un commercialista di Zurigo; *Billy Jean* ricolloca la boccia a centro area dove il Maestro Pjanic scimmiotta Minnesota Fats e la telecomanda al volo in buca d'angolo.

ZEBRE VAMPIRE 2 - SPALMABILI SPUNTI' 0

Si va all'intervallo.

Nella ripresa la supremazia territoriale bianconera assume proporzioni tsunamiche: le Zebrotte psicopatiche hanno ottocentoquarantasei occasioni da rete; al tirassegno nella porta difesa da Sirigu e le sue diciotto personalità alternative partecipano Mandzukic, Cuadrado, Douglas Costa, Dybala, Pjanic, Benatia, Pogba, Pirlo, Vidal, Tevez, Del Piero, Davids, Trezeguet, Vialli, Ravanelli, Baggio, Schillaci, Platini, Rossi, Laudrup, Brady, Bettega, Tardelli, Causio, Altafini, Anastasi, Furino, Capello, Charles, Sivori, Boniperti, Mumo Orsi e tutti i vincitori delle 144 precedenti edizioni del concorso annuale *Stendi la Vacca – Città di Torino*.

Al 12° minuto del secondo tempo Sua Maestà Paulino Dybala dipinge dal corner un lancio sul quale Alex *UsexiSamba* Sandro stacca come Michael Jeffrey Jordan a Salt Lake City contro gli Utah Jazz in gara sei delle finali NBA del 1998, ed aggiorna l'inventario delle pere nella sacca della mandria.

ZEBRE TORERE 3 - SPARRING PARTNERS CON LE CORNA 0

Sirigu libera un piccione viaggiatore con un messaggio indirizzato al segretario generale delle Nazioni Unite Antonio Guterres, contenente la richiesta ufficiale di asilo politico.

La grandinata di pallonate nella porta dei cornomuniti si interrompe solamente un istante, quando un tremendo boato spettina il manto erboso dell'Allianz Stadium infrangendo il muro del suono.

Trattasi dell'enorme bestemmione in Carrarese - Esperanto con il quale il Cardinal Gigi *Innominepatris* Buffon ha salutato la sua vittoria nel torneo di briscola ubriaca tenutosi presso il Bar dello Stadio, ove si era recato dopo aver lasciato appiccicato ad un palo della porta un post-it con su scritto *"Raga mi sto sfarinando le balle, se passano il centrocampo fatemi uno squillo sullo smart"*

Nel finale della corrida entra nella gang bang anche Gonzalo Higuain per fare una corsetta digestiva allo scopo di smaltire i quarantotto triplo imperial Big Mac spazzolati a merenda.

Dopo essere strabuccato su un pallone filtrato dal montenegrino Pjanic con sapienza da distillatore dell'ottocento, il centravanti bianconero onnivoro si giravolta su se stesso per controllare bene che non si tratti di qualcosa di commestibile, ma poiché la sfera non assomiglia sufficientemente a un filet mignon al pepe verde di Carlo Cracco, lo lascia passare facendolo giungere a Paulino *Diamond* Dybala che, con un tocco felpato come la carezza di un esemplare femmina di tigre del bengala al proprio cucciolo neonato, la appoggia ancora una volta nella rete dei ruminanti.

ZEBRE LYCAN LIVELLO SUPER SAIYAN IMPOSTATE SU MODALITA' PIETA' ASSENTE, POKER - VITELLI TONNABILI, ANCORA Y SIEMPRE NADA

Quando il direttore di gara finalmente si rende conto che se continua così poi bisogna che a *Domenica Sprint* attacchino al servizio della partita da Torino le pecette della censura come nei film porno VM18, decreta la fine dello strazio per i bisteccabili, con conseguente inizio dell'esodo di gufi & gnegne ad inceppare booking.com per prenotare un pellegrinaggio nel favoloso paese del Vattelapijanderkulistan, e noi gobbi da combattimento a decapitar champagne come se avessimo appena rioccupato la Gallia con le legioni di Caio Giulio Cesare.

Alla prossima mietitur...ehm, si dai, eccheccazzo, ce l'avevo quasi fatta...volevo dire al prossimo derby.

By Memedesimo, il gianduiotto in orgasmo rotante

[1] **World Wrestling Entertainment Inc:** società statunitense che si occupa di organizzazione di incontri di wrestling e dei relativi campionati mondiali.

Liberamente ispirato da: Juventus 2 - Olympiakos 0, 27.09.2017
Champions League 2017/2018; fase a gironi

QUESTA È SPARTA A STRISCE 2 - OLYMPIAKOSPALLEMOSCIAKIS 0

Agnellopolis (Sabaudolandia - Stivalonia Nordista), Tempio del Dio Dybala, ventisettesimo giorno del nono mese del terzo anno dopo l'avvento della Joya.

Nella seconda battaglia del girone iniziale di Coppa Orecchiona Bastarda, i nostri eroi, nati dall'incrocio tra un Dio assortito a scelta e una *Equus hippotigris ferox* piemontese, ottengono pieno successo nell'operazione *Cavallo di Troia* sfanculando per due a niente la falange oplita degli ellenici dell'Olympiacos e mettendo di fatto le mani avanti nella prenotazione dell'accesso agli ottavi di finale della competizione divina.

A compiere la sacra missione ci pensano verso la fine del secondo tempo Golzalo *El Pipita* Higuain, inserito nella mischia da quel gran furbacchione di Max *Ulisse* Allegri, e Marione *Sorrisino* Mandzukic, che la chiude lì con un tap-in vincente nel bel mezzo di un corpo a corpo collettivo contro la Guardia Sacra Greca durante l'ultimo assalto portato al Tempio ellenico da Paulo Dybala e dallo stesso Higuain, per l'occasione tramutato da maratoneta della tagliatella a campione olimpico del lancio della sfera nella sacca.

Ma il vostro affezionatissimo cantore di corte non offenderà di certo i dolci occhi della vostra signoria sottoponendovi il racconto delle già note gesta della campagna di Grecia, compiacendosi tuttavia di offrirvi, degli immortali eroi zebrati, il suo personalissimo

PAGELLONE:

GIANLUIGI *"Plutone*[*1]*"* **BUFFON**: il fatto che si sia presentato sul terreno dello J-Stadium in pantofole pelose, bermuda hawaiani, T shirt smanicata con su scritto Casinò di St. Vincent,

Playstation 4 sottobraccio, e che abbia fatto piazzare tra i pali della porta una camera iperbarica materassomunita, rende chiaro sin dall'inizio l'immane livello di impegno che ha rappresentato per Don Smadonn la gara odierna.

Simpatica l'idea di contare le bestemmie al posto delle pecore per tentare di prendere sonno nel fragore disturbante dello stomaco di Gonzalone Higuain in perenne modalità digestione a centropanchina.

Nel secondo tempo esegue una similparata in very Roberto Bolle style all'unico scopo di distinguersi dall'ennesima offerta di Poltrone&sofa.

Voto: a tutto l'Olimpo degli Dei perché ce lo incellophanino così com'è fin quando il loro monte non diventa spiaggia.

*[1] **Plutone:** Dio del mondo sotterraneo, della morte, del rancore (e quindi delle bestemmie), difensore della sacra porta di entrata all'inferno.

ANDREA *"Geras*[1]*"* **BARZAGLI**: per essere uno che era in classe con il bisnonno di Pericle si muove ancora con una discreta agilità; in campo ha la stessa autorità e la stessa famelica voglia di triturare avversari di Achille sotto le mura di Troia, quello nella versione Brad Pitt, per capirci.

È la vera anima della Ggiuve, dimostrazione assoluta che talvolta un'overdose di forza di volontà può raddrizzare anche due piedi più storti della schiena di Belotti.

Voto: VIII,V.

*[1] **Geras:** Dio della vecchiaia.

Dott. GIORGIO *"Apollo*[1]*"* **CHIELLINI**: se fosse vissuto all'epoca di Leonida, al passo delle Termopili sarebbe bastato lui con una fionda per far tornare nello Stikazzistan Ciro il Grande e tutto il suo esercito da un milione di uomini, senza farli toccar per terra lungo il tragitto a forza di calci nel cù.

Combatte su ogni boccia con la cattiveria di una suocera spartana con il mal di stomaco ed il genero ateniese un po' checca.

Non serve neanche tentare di spaccargli la testa: infatti nel primo tempo fa a cornate con un oplita greco e rimedia uno sbrego sulla capoccia da otto punti, con i quali si ripresenta puntualmente nel secondo tempo come se niente fosse, pretendendo comunque di ritirare il set di pentole con fondo antiaderente, il materasso in memory e la coperta in pura lana merinos.

Voto: a lui 12.0, al turbante in very fata turchina style 3 menomeno, media 7 e 1/2.

*1 **Apollo:** Dio delle scienze, della conoscenza, delle arti e della cultura.

STEFANO *"Chaos*1*"* **STURARO:** Non è esattamente un giocatore di calcio, ma siccome non glielo ha mai detto nessuno, lui si crede un incrocio tra Neskeens, Beckenbauer meno lento e un Velociraptor con un peperoncino di cayenna infilato sottocoda.

Quindi, quando l'ignorantezza footbalistica che alberga in lui inizia a sodomizzarlo, diventa capace di tutto: sia di estirpare camionate di palloni dai piedi ateniesi, sia di sbagliare un colpo di testa in piena area avversaria sgranocchiandosi come un souvlaki il possibile uno a zero.

Voto: alla partita 6.0, alla ignorantezza footbaliistica 9allaterzaX100+27000000.

*1 **Chaos:** Dio del nulla e della confusione dal quale però tutto proviene.

ALEX *"Ermes*1*"* **SANDRO:** Il giaguaro in salsa samba del Paranà ci mette un po' prima di cominciare a sfondare la linea dei fanti ateniesi, dovendo condividere la stessa fascia di competenza con Douglas Costa, con il quale occorre prendere misure da sarto di Savile Row a Londra per evitare il rischio di creare ingorghi autostradali che a paragone il primo Agosto sulla A1 sembrerebbe il *Day After*.

Ma non appena siglato l'accordo con il connazionale sulla spartizione delle zone di influenza, gira la levetta sulla modalità incursione di profondità e inizia a distribuire cross e filtranti per le punte bianconere con regolarità cronometrica, nonché alcuni lanci di catapulta aerea talmente invitanti per la capoccia di Mandzukic che mi ricordo di avere visto robe simili solo nei migliori strip bar di Las Vegas.

Voto: 6.5, ma premio Catapulta d'oro 2017.

*1 **Ermes:** Dio dei viaggi, dei ladri e delle comunicazioni.

RODRIGO *"Efesto*1"* **BENTANCUR**: il bimbino uruguascio sta crescendo con la stessa velocità e voracità di un cucciolo di Alien, combatte e segna il territorio a centrocampo con l'autorità di un capofamiglia corleonese, roba impressionante per uno che è stato immatricolato sì e no duecentoquarantamesi fa.

La sensazione è che si tratti di un curioso esperimento genetico, una sorta di Frankenstein della pallapiede al quale abbiano innestato il carattere di Davids, la duttilità di Tardelli e i polmoni di Camoranesi; se questo comincia anche a segnare qualche gol siamo in presenza del più clamoroso all-in da Texas Holden di quella faccia di tolla di *Occhio di falco* Marotta; comunque sia, *El Nino* sta crescendo più del PIL cinese e da metà gara in avanti la flotta ateniese di centrocampo comincia a navigarli al largo per paura di un embargo.

Voto: se promette di fare tutti i compiti a casa: 9.0.

*1 **Efesto:** Dio del fuoco, della metallurgia, dell'artigianato, delle costruzioni.

BLAISE *"Cronos*1"* **MATUIDI:** il battaglione sacro bianconero ormai si trova ad affrontare uno scontro campale ogni tre giorni e il francese coloured ha un posto fisso prenotato nella prima falange del fronte; contro gli ateniesi è la settima battaglia consecutiva nella quale l'Arconte Max Acciughina decide di schierarlo al centro della formazione sabauda.

Eterno come le tasse del governo italiano, garantisce l'usuale tot per cento di presenza su ogni millimetro quadrato del terreno di scontro, contribuendo notevolmente a mettere la museruola a qualsiasi tentativo greco di rompere l'accerchiamento.

Voto: 6,5 ma avrebbe bisogno di una licenza premio

nelle retrovie.

*1 **Cronos:** Dio del tempo e capo dei Titani.

JUAN *"Poseidone*1*"* **CUADRADO**: Non è esattamente la noche majica per il sesto dei Jackson Five; contrariamente al suo solito gli manca quel nonsoché, l'attacco sul pezzo, la groova con i BPM della gara.

La sua perenne volontà di fare bene non è mai oggetto di discussione ma a 'sto giro è la qualità della performance sul palco che risulta deficitaria: Man mano che la gara invecchia il suo gioco comincia a imbarcare più acqua di un gommone libico al largo di Lampedusa, rischiando un naufragio che Ulisse sei un bagnante in pedalò.

Il Mister giustamente lo cambia quando si accorge che il colombiano rischia di sparire nel gorgo delle sirene greche.

Voto: 5, come i suoi fratelli canterini from Gary, Indiana.

*1 **Poseidone:** Dio del mare, dell'acqua e Patrono dei naufragati, appunto.

DOUGLAS *"Urano*"* **COSTA**: bravo è bravo, chiunque mastichi di fuccbol e lo veda tre secondi capisce subito che 'sto cioccolatino da Rio do Sul fa del petting pesante alla palla ogni volta che la tocca; peccato che si perda un po' troppo a specchiarsi sulle rive del lago come Narciso.

Contro gli ellenici comunque produce un'apprezzabile quantità di cross che mantengono sempre a DEFCON 4 l'allarme nello spazio aereo dell'area greca e nel secondo tempo su punizione lascia partire un missile balistico intercontinentale che accarezza il palo ateniese di un puff.

Quando imparerà a solfeggiare maggiormente a tempo con il resto dell'orchestra diretta dal maestro Acciughina saremo in presenza di un laterale offensivo più efficace di un Panzer della Wermacht durante l'invasione della Polonia nel 1939; per ora, rimane un NI.

Voto: per stasera 6.0, ma se questo qui riesce a girare la vite, sarà il caso di cominciare a mandare a letto i bambini.

*1 **Urano:** Dio dell'aria, del cielo e dei confini illimitati.

MARIO *"Ares*1"* MANDZUKIC: Marione è un frullato tra un Beserker vichingo, Aldo Baglio e un Kamikaze in lega di unoptanium - adamantio con più voglia di buttarla dentro di John Holmes mollato in un centro di recupero per bulimiche sessuali.

Nel primo tempo tira più testate nella porta ellenica di un ariete dei Templari nell'assedio di Acri durante la terza crociata, ma la boccia bastarda non ne vuole sapere di penetrare.

Siccome però la Dea Fortuna è di indole abbasta maiala, nel secondo tempo fa trovare *Sorrisino* al posto giusto nel momento giusto, consentendogli di ribadire in gol con un colpo di gozzo-sopracciglio-rene-malleolo una giocata da XBOX del dinamico duo Higuain-Dybala che era stata inutilmente stoppata sul confine da una guardia ateniese.

Il filtro con il quale lancia Alex Sandro sulla fascia nell'azione del primo gol juventino è una mossa da flamenguero che Joaquin Cortez spostati che sei agile come una cassapanca.

Voto: 17 come la sua targa sulla maglia.

*1 **Ares:** Dio della guerra, dello spargimento di sangue e della distruzione.

PAOLO *"Eros*1"* DYBALA: Sua immensità non trova il gol, ma elargisce a sprazzi gocce della sua suprema bellezza calcistica impegnando ripetutamente la Guardia sacra greca e provvedendo alla consueta umidificazione della lingerie femminile di tutto lo Stadium e zone limitrofe fino a Chivasso.

Gli ateniesi a fine partita gli doneranno una statua in marmo bianco alta sette metri che lo rappresenta nudo con in mano la testa mozzata di Insigne, un ninnolino per ricordare all'eternità di aver incrociato la strada con un Dio del pallone senza averlo fatto segnare.

In realtà sul secondo gol la Joya ci va vicino e solo per un pelo di passera di adolescente un difensore greco riesce a spazzarla sulla linea di porta...ma nei paraggi di un certo *Leonida* Mandzukic che sistema tutta la faccenda con la sua solita proverbiale bonomia e calore umano, ribadendo a tutto il mondo ellenico che *QUESTA.......E'.......TORINO!!!*

Voto: più che voto un sacrificio umano al dì perché resti in black&white a vita.

*1 **Eros**: Dio dell'amore fisico, della bellezza e del desiderio sessuale.

GONZALO *"Dionisio**1*"* HIGUAIN: il primo tempo lo passa a centro area dell'Osteria La Vecchia Baldracca di Pinerolo ospite della trasmissione TV *Master-Ciccio-Chef*, ma è tutta una tattica del sommo *Strategos Acciughinos*, che così riesce ad illudere la falange ateniese circa la cattiva condizione fisica del centravanti gaucho, che invece è in gran forma: ossia perfettamente sferica.

Quando il match sembra essersi ormai spiaggiato come una megattera imbariaga sul bagnasciuga delle coste cretesi, ecco che Max *Ulisse* Allegri svela il suo personalissimo cavallo di Troia e lo fa scendere nell'arena; Gonzalo ci mette sette minuti a prendere le misure della tavola e alla prima boccia, sontuosamente impiattata da chef Alex Sandro, la mette dentro con una cattiveria che in confronto una banda di stupratori nigeriani può iscriversi nelle *Giovani Marmotte*.

Dopo la segnatura aizza il popolo dello Stadium con una veemenza che a confronto Eric Bana nelle vesti di Ettore sotto le mura di Troia era il Ragionier Fracchia quando gli si intrecciavano i diti, godendo più che se gli avessero servito un carpaccio di ornitorinco all'aroma di fenice su un letto di crema di panda.

Partecipa con un tocco filtrante felpato alla Nureyev anche all'azione del secondo gol, lanciando in piena area Dybala che provvederà a far segnare Mandzukic; devastante.

Se questo qui comincia a segnare anche da obeso, ciaobbelli sevedemu.

Voto: DIECI: firmato Bastianich, Cracco, Cannavacciuolo & Barbieri.

*1 **Dionisio**: Dio del vino, del cibo, delle feste, della follia e dell'estasi.

MASSIMILIANO *"Zeus*1"* **ALLEGRI**: Il supremo stratega di Agnellopolis vince l'ennesima battaglia campale fin dalla notte precedente allo schieramento delle truppe sul campo, con scelte tattiche e un tempismo strategico che renderebbero il cartaginese Annibale un gatto ubriaco sulla tangenziale a mezzanotte.

Il 79% di possesso palla rende chiaro che le cose sono successe per sua intercessione, come le voleva lui e quando le voleva lui; l'entrata di GOLzalo Higuain si dimostra la solita mossa sgozza match, in seguito alla quale lo schieramento ateniese si sfalda come neve in un microonde.

Voto: 7.0, ma solamente per la non eccelsa consistenza complessiva degli ellenici, àridatece Achille & Friends.

*1 **Zeus:** Dio e padre di tutti gli Dei dell'Olimpo.

By Memedesimo: l'Omero caricato a Barolo

Liberamente ispirato da: Atalanta 2 - Juventus 2, 01.10.2017
Serie A TIM 2017 / 2018

VAR-ATALANTA 2 - JU-VAR 2

Domenica, primo giorno del decimo mese del terzo anno dalla prima apparizione della Santissima Joya presso il Santuario di Vinovo.

Va in onda in prima serata e nella meraviglia dei 70 millimetri che se lo viene a sapere Quentin Tarantino si massacra di gaiole dall'invidia, la settima puntata del telequiz *Chi la butta nel sacco?* Stagione 2017/2018.

Sul set in esterni allestito nei sobborghi di Ollivuuud presso lo stadio *Atleti Azzurri d'Italia* di Bèrghem (Gnarilandia, Stivalonia Nordista) già utilizzato in precedenza per alcune scene di celebri pellicole dello stesso genere cinematografico del calibro de *"La grande Truffa"* e *"La rapina del secolo"*, si affrontano una selezione del branco mannaro a strisce e una combriccola di comparse & stuntmen bergamaschi selezionati con il sistema dello stecchino più corto dal casting dell'ultima puntata di *Scherzi a parte*.

Di seguito, in succinta sintesi, i principali spot pubblicitari andati in onda nel corso della trasmissione:

21esimo minuto p.t.: dopo un avvio a senso più unico che raro nel quale la boccia è copyright esclusiva delle Zebre assassine esattamente come la maternità è monopolio delle donne e la falsità è il must di un candidato alle presidenziali USA a scelta, la Juve passa meritatamente in vantaggio grazie a una battuta di caccia di Asamoah.

L'antilope nera scende nella savana della fascia sinistra, si sorseggia il difensore Masiello in dribbling come un cuba libre a bordo piscina, scaglia al centro lo sferide con destinazione Matuidi (che in lingua swahili significa "l'uomo che sembra sia qua, ma son cazzi tuoi perchè invece è già lì"), che a sua volta indirizza verso la porta orobica una spataflascia fulminante che centra in piena faccia il portiere bergamasco, obbligandolo a ripassare dal fotografo a fine gara per i nuovi scatti da usare per patente e carta di identità.

Il ciàpagòl atalantino, tramortito dalla violenza tellurica da ottavo grado della scala Richter provocato dall'impatto della boccia con i propri lineamenti distintivi, riesce a trattenerla meno di un bimbo di due anni dopo sei litri di aranciata Fanta; a questo punto sul pallone, lasciato più libero di un evasore fiscale dopo il condono, piomba Federico *Scarabocchio* Bernardeschi, rapido come un ailaik sotto a un paio di chiappe femminili su Faccialibro; il 33 bianconero spedisce quindi la sfera dritta nel reparto oggetti smarriti del Comune di Bergamo, che per pura coincidenza si trova in fondo al sacco della porta della Dea;

GGIUVE 1 - POTAPOTA 0

24esimo minuto p.t.: gli Gnari sono ancora lì a fare bim-bum-bam colpatua-colpamia che si beccano il secondo mozzico dalle Lycaan-Zebre.

Rodrigo *McGyver* Bentancur, dalla sedia di regia collocata nel bel mezzo del set dei padroni di casa, scova sul limite del fondale di scena Mandzukic, apparentemente nascosto tra una piantagione di controfigure bergamasche pronte a tentare lo stupro etnico ai danni della punta bianconera; il croato con il numero 17 sulle spalle li fissa negli occhi tutti e quattro senza bisogno di aggiungere inutili sillabe, ghiacciandoli all'istante come Mr. Freeze a Gotham City; quindi felpa la sfera al centro dove sopraggiunge Bernardeschi, l'uomo tatuato come un componente della Yakuza*[1] di Osaka marinato in una damigiana di seppie, che con un tocco di sponda la sottopone al *Pipita* Higuain, il quale, tanto per cambiare, ha fame.

Non trovando tracce di buffet nelle vicinanze il puntero argentino sfoga la propria frustrazione scagliando la bastarda nella sacca con la stessa violenza di Chef Bruno Barbieri quando a Masterchef gli presentano una pizza all'ananas.

GIUVE 2 - POTAPOTA SEMPRE 0

31esimo minuto p.t.: sembra che la puntata sia già ai titoli di coda, ma si tratta di una mera illusione, dato che la gita a Ollivuud in realtà deve ancora cominciare ma mica ve lo potevo dire prima, che poi mi davate dello spoiler.

Sotto di due i bergamaschi decidono per una botta di vita provando ad andare a vedere cosa succede nell'altra metà del campo e durante la prima gita fuori porta, giunto al limite dell'area sabauda, il principale attaccante dei lumbard, l'argentino Alejandro Dario Gomez (soprannominato *El Papu*, ma anche *El Coricado de la Pampa*), si scariola per terra apparentemente tarantolato a morte.

In realtà Fede *Scarabocchio* Bernardeschi, che si trovava per caso da quelle parti senza un alibi sostenibile, lo tocca meno di quanto farebbe un Rabbino con una puttana il giorno dello Shabbat, ma l'arbitro ci scivola dentro con tutte le scarpe e sifula una punizione fantasma pro-Dea; nell'occasione gli addetti al VAR stavano casualmente guardando la *Corazzata Potiemkin* nella versione director's cut di otto ore in lingua originale con i sottotitoli in tagiko e quindi, poverelli, non si accorgono di nulla.

El Papu Gomez batte direttamente in porta ma Don Gigi Buffon, detto il *Don Camillo di Carrara*, ancora distratto dalla oggettiva complicatezza della bestemmia in rima baciata bergamasca che stava finendo di compitare per festeggiare la fantapunizione, non trattiene la sfera sulla quale si avventa Caldara, prossimo juventino ma attuale figlio di mamma dedita a professioni moralmente opinabili, che senza ombra di vergogna la infila nel camerino piemontese.

GGIUVE ANCORA 2 - MAPOTAPOTA 1

FINE PRIMO TEMPO.

Nella sala regia durante l'intervallo, Max *Spielberg* Allegri decide di non elargire alla troupe in bianconero il consueto sermone in versione Al Pacino di *Ogni maledetta domenica*, essendo notevolmente impegnato nella scrittura della sceneggiatura delle azioni che dovranno essere girate e montate nel secondo tempo.

Riprende quindi il lungometraggio con la stessa trama iniziale dell'episodio 1, vale a dire un lunghissimo piano sequenza alla Stanley Kubrik con il branco delle Zebre da sbarco in modalità valanga stabile nella camera da letto dei nero-blu;

Dopo un paio di occasioni dell'affiatatissimo duetto Dybala – Higuain, che Fred Astaire e Ginger Rodgers finitela di impallare la telecamera sagome di cartone ritagliate male che non siete altro, la Juventus gira la terza scena schianta-trama del copione:

57esimo minuto s.t.: a centrocampo Stephan Lichtsteiner, il Pendolino delle Alpi svizzere, vince un contrasto maschio con il CascaGomez, filtra la bastarda a Sua Gioiellosità Paolino Dybala che la rifrulla al centro a Scarabocchio Bernardeschi, il quale, dopo un'ora di metodo Stanislavskij, la rifiltra in profondità al redivivo Lichtsteiner giunto nel frattempo sul fondo del set.

L'elvetico fa retromarcia, si succhia come un ghiacciolo nel Sahara un terzino orobico, trascorre una piacevole serata con un paio di comparse curvo munite in un night club sabaudo e all'alba della mattina dopo riscarica la sfera tra le appendici calzate della Joya, che con tutta la calma di un lungometraggio cecoslovacco preimpressionista pennella un lunghissimo traversone aria – aria in piena area per Marione "*dite-chiiiis*" Mandzukic, che, senza alcun bisogno dell'intervento dello stuntmen, la scaraventa nella sacca di capoccia.

Max *Quentin* Allegri da fondo set fa arrivare un megafonato *STOOOP! BUONA LA PRIMA!*, ma prima che possa avere inizio il megaparty di fine riprese della troupe torinese arriva dal loggione il contrordine da parte dell'allegra combriccola degli addetti al VAR, i quali, dopo essersi improvvisamente svegliati dal coma farmacologico, hanno segnalato all'arbitro che, sessant'anni esatti prima, il bisnonno di Lichtsteiner, Bela Lugosi, aveva dato una gomitata fuori scena al pro-pro-zio del nano argentino, Mostardo Gomez detto *lo spalmabile di Rio della Plata*, pare in periferia di Bergamo, o di Buenos Aires, o di Fantasilandia, poco importa.

Quindi gol annullato e tutti i Santi del paradiso citati in rigoroso ordine alfabetico come special guest dell'ultimo hit single in latino-rap di Papa Gigi Primo.

67esimo minuto s.t.: la trama della partita cambia vento, perché giunti a questo punto del copione gli atalantini si rendono conto che il mortale cocktail sin qui prodotto dalla miscelazione di un patrimonio di culo pari al Pil di un paese del centro America con la competenza degli addetti al VAR corrispondente a quella di un ippopotamo ipovedente in una porcellaneria di Pechino, non può essere ulteriormente dilapidato.

Quindi cominciano a crederci.

El Papu Gomez si ricorda improvvisamente che come terzo lavoro, quando smonta come cascatore professionista e clown del Circo Barnum, sarebbe anche un più che discreto attaccante e in tale ruolo dalla sinistra pennella un cross con il compasso nel bel mezzo del reparto anestesia juventina, sulla quale si avventa di capoccia Cristante che la spacca nell'angolo della sporta sabauda.

GGIUVE 2 - POTAPOTA 2

L'Oscar per la colonna sonora vietata ai minori di 98 anni va, come da pronostico degli addetti ai lavori, al remix *Smadonna Dance Gnari Tolindalcù* feat. Papa Gigi DJ.

84esimo minuto s.t.: nonostante l'utilizzo del VAR sia stato appaltato alla Sfiga & Cerebrolesi LTD, in compartecipazione con la Guardiamodall'altra Company, le Zebrotte da guerra ci riprovano e conquistano una punizione dal limite.

Robina pericolosetta se da quelle parti si aggira un certo Paulino "*Sò-ccazzi-da-fermo*" Dybala....

La Joya però batte un cicinin basso impattando la barriera.

L'arbitro tuttavia decreta a sorpresa un rigore a favore della Juve per colpo di braccio-ma-forse-spalla dell'atalantino Petagna, che la simpatica squadra VAR, ridestatasi di soprassalto, convalida tra un giro di Chivas Regal e una gara di shottini.

Sul dischetto si presenta quindi il Sig. Dybala, che negli ultimi tempi ne ha indovinati quindici su quindici dagli undici metri.

Stavolta però non arriva a sedici, perché colpisce moscio come l'uccello di un novantenne dopo una ciucca di Tequila e il portiere atalantino devia la sfera, consentendo ad un suo cumpà di spazzarla definitivamente fuori inquadratura.

Peccato che nel frattempo l'allegra compagnia della VARspettacolo sia ripiombata nel coma etilico e quindi non si sia accorta che il penalty andava ripetuto, poiché quattro difensori bergamaschi, compreso lo spazzatore, erano entrati in area fin dal pomeriggio precedente la battuta, collocando sdrai, tavoli da pic-nic e alcune costruzioni abusive oltre la sacra linea di confine;

Buona notte&sogni d'oro.

90esimo minuto s.t.: allo scadere, quando ormai è partito il rullo dei titoli di coda, ennesima VARvaccata.

Sull'ultimo attacco juventino, mandato in onda tra le scene tagliate in post produzione, viene sodomizzato in piena area di rigore Gonzalon Higuain, ma l'arbitro ingoia il fischietto mentre gli addetti video stanno gustandosi Rocco sfonda Praga Director's cut in 3D e non hanno voglia di star lì a dire la loro, che tra l'altro in sala regia sono anche finite le salviette umidificate, porcazozza.

Quindi finisce cosi, 2 a 2, con il branco a strisce costretto ad interrompere dopo sette episodi consecutivi la serie di vittorie e, per la prima volta in stagione, gufi e gnegne che possono finalmente dare la stura allo starnazzo da bettola di periferia,

In una certa città della moltobassa Italia, peraltro nota per la sua scaramanzia, iniziano i festeggiamenti per la vittoria anticipata dello scudetto.

Roba che in genere porta più sfiga della maionese di gatto nigeriano spappolata da una Prinz gialla dopo un frontale con un treno merci caricato a specchi di Murano e dirottato da un commando di Suore di Clausura rivoluzionarie.

Nel resto del mondo fuori dagli studios i conti si faranno nei pressi dei botteghini, a maggio.

By Memedesimo, Da Hota

*1 **Yakuza**: organizzazione malavitosa giapponese suddivisa in clan; i suoi componenti si riconoscono per essere ricoperti di tatuaggi, il cui numero rivela il grado ed il potere raggiunto all'interno dell'organizzazione criminale.

Liberamente ispirato da: Juventus 2 – Sporting Lisbona 1, 18.10.17
Champions League 2017 / 2018; fase a gironi

GIUVENTUSH 2 - SPORTINGLISBOA 1

Mercoledì, diciottesimo giorno del decimo mese del sesto anno dell'egemonia bianconera in terra di Stivalonia.

Per il terzo turno di andata dei gironi iniziali di Coppa Orecchiona Bastarda, una simpatica confezione di evidenziatori Uniposca fosforescenti meid in Portugau in gita aziendale in quel di Agnellopolis decide incautamente di fare visita al sacro suolo dell'Allianz-Jei-Arena-Stadium-Fu-Delle-Alpi-Shaba-daba-du.

Gli illusi lusitani, in verità, sperano di poter approfittare di un periodo della stagione un po' cosi da parte della nostra affezionatissima bolgia a strisce.

Nel campionato stivaloniano la Vecchia Signora sembra infatti entrata in un mood che potrebbe far pensare che il suo consolidato rapporto matrimoniale con lo scudetto attraversi uno di quei momenti tipici della crisi coniugale del settimo anno, con atteggiamenti reciproci della serie *caro-stasera-no-che-mi-stanno-venendo-le-mie-cose, te-l'ho-gia-detto-che-non-ho-niente, ho-solo-bisogno-di-riappropriarmi-dei-miei-spazi, non-c'è-niente-che-non-va-ma-voglio-solo-stare-un-pò-con-le-mie-amiche...*

Insomma, da un paio di partite in qua la Juve ha movimentato la trama del campionato con quel minimo sindacale di suspense che almeno ci eviterà il solito abbiocco con la bolla al naso come nei manga giapponesi già a gennaio, lasciando per strada giusto quel pizzico di punti tali da consentire al Lamentistan meridionale, terra natia della momentanea primatista Vesuvianese, di allestire in anticipo cortei da sambodromo con annesse esercitazioni contraeree per festeggiare l'ormai sicuro scudetto con trentuno giornate di anticipo.

Tutta robina che notoriamente porta bene all'incirca come un frontale tra una autocisterna stracolma di olio extra vergine di oliva e una nave da carico piena imballata di gatti neri sotto sale.

Indi per cui, prima che il CO.MO.GNE (Congresso Mondiale delle Gnegne) ne approfitti inaugurando il primo campionato mondiale di autoerotismo orale mettendo in palio il trofeo *D'Annunzio d'Oro*[1], tocca ricordare all'universo mondo chi è che sta con le chiappe ben saldate sul trono posto in cima alla catena alimentare futbolera, e la migliore occasione è quella di farlo in universovisione dando una ripassata ai portoghesi, diretti contenders per il passaggio agli ottavi della Coppona Bastarda, così che anche in patria il-concetto-a-tutti-chiarissimo-deve-arrivare-minchia.

Considerando il frullato di pali-traverse-rigori-a-cazzo&rimbalzi-voodoo che hanno costellato le ultime apparizioni del branco striato, Mister Max Acciughina raggiunge lo Stadium a bordo di una quadriga trainata da tredici coppie di autentici gobbi volontari e si accomoda in panchina con il seguente, pacatissimo, outfit: completo doppiopetto in pelo pettinato di pantera nera, camicia di quadrifogli irlandesi cuciti a mano, ai polsi due zampe di coniglio vivo, collier di teste di aglio con quadriglia di ferri da cavallo pendenti in puro argento, parure di orecchini in corallo a forma di corno ricurvo di dubbia provenienza partenopea, cinturone in pelle di unicorno equipaggiato da due super liquidator caricati ad acqua benedetta.

E infatti la gara parte da Dio:

Alla prima rissa a centrocampo Sturaro e Cuadrado si dimenticano di essere due giocatori di calcio perdendo palla e dignità in favore dello sgambettante lisbonete Bruno Fernandez, che non sta tanto lì a perder tempo a compilare moduli di constatazione amichevole di sinistro e sveltamente la filtra a tale Jenson Martinez, il quale, privo di qualsiasi vergogna nonostante sia costretto a sgambettare per il campo indossando una divisa che sembra la vomitata di uno stilista Nippo-checca radioattivo come Godzilla, si invola egarò di gloria verso la porta di Don Gigi Buffon.

Avendo già inaugurato in modo così brillante la settimana della vaccata in saldo, Alex Sandro pensa bene di abbinare in pendant una seconda troiata a quella appena commessa dai compagni, lisciando la boccia in recupero e lasciando che il portuguess impallini in corsa Capitan Bestemmia in uscita.

Don Gigi tuttavia non è il miglior abortista di gol della storia planetaria per niente e con uno dei suoi proverbiali incantesimi si tramuta in saracinesca rimbalzando la sfera, che tuttavia ricapitombola sullo stinco del terzino brasileiro numero dodici della Juve che involontariamente la recapita nella sacca juventina, rimasta sguarnita come il parcheggio di un sexyshop la notte di Natale.

Un flipper spaccato ammerda di Tavernello e truccato da un esorcista non avrebbe saputo fare meglio.

GGIUVE 0 - UNIPOSCA 1

La madonna in SI-LA-DO maggiore che sgorga spontanea dall'ugola di Don Gigi prima spettina l'intera curva est dello Stadium, dopodiché prosegue come onda d'urto ridisegnando l'intero piano regolatore del nord Italia finendo per estinguersi solamente dieci fusi orari più ad oriente, dopo aver fatto eiaculare i sismografi della periferia di Yokohama in Giappone.

Mister Max *Amuleto* Acciughina in panchina rimane apparentemente impassibile, tuttavia Pavel Nedved nota nell'angolo sinistro della cornea dell'allenatore della Juventus un impercettibile tremolio che induce lo staff medico bianconero ad inserire precauzionalmente il tecnico livornese in un polmone d'acciaio carburato ad acqua di Lourdes.

Ma il karma della Zebra assassina è roba dura da masticare e il branco a strisce, nonostante il fallout nucleare di sfiga azteca appena grandinatogli sulla testa, ricomincia a carburare fuccbol come se domani fosse una probabilità statisticamente remota.

Poche giravolte di lancetta dopo, infatti, *Her FeldMarschall* Sami Khedira recapita a Rui Patricio, il portierone portuguess fresco campione d'Europa, un SMS sottoforma di missile V2 terra-aria sferico che gli ricorda che quella che è ancora molto lontana dall'essere finita sarà un cazzo di serata con gli straordinari e che farebbe bene ad avvertire a casa che non stiano lì ad aspettarlo alzati per la cena.

Mario Mandzukic è notoriamente famoso per la sua bonomia e per la mitezza del suo carattere da buontempone, un pezzo di pane da compagnia chitarrata sulla spiaggia al tramonto in versione *passace sto spino e cantacene n'antra*, e infatti un minuto dopo costringe il numero uno lusitano a stendersi di nuovo come un tappeto persiano per evitare in extremis il pareggio.

Il pericolo sembrerebbe scongiurato, ma alla fine dell'azione testé svolta Marione si gira verso l'estremo difensore portoghese rivolgendogli un SORRISO.

Roba che farebbe entrare in psicoanalisi per i prossimi quindici anni anche un Terminator modello T1000, peraltro senza risultati apprezzabili.

Rui Patricio ordina su Amazon un container di Xanax*2 approfittando dell'abbonamento Prime per garantirsi la consegna immediata senza costi di spedizione.

Al 28esimo la combinazione astrale favorevole agli ospiti termina quando i fluo-lusitani commettono un fallo poco fuori la loro area.

Sarebbe stato meno pericoloso presentarsi a mezzogiorno ad Harlem travestiti da Capitano delle SS e un cartello sulla schiena con scritto NIGGA MOTHERFUKKER.

Sul luogo dove viene collocato la sfera si appollaiano Paolino Dybala e Miralem Pjanic come due avvoltoi a dieta vegana da un trimestre nei pressi di un cucciolo di giraffa obeso azzoppato nella Savana già cosparso di maionese.

I due espletano la formalità del bim-bum-bam per decidere chi deve concedersi il sublime piacere di fucilare la vittima tra i pali, ed è il bosniaco a presentarsi in smoking molto mai-neim-Is-Bond-James-Bond style a tre passi esatti dal punto di battuta.

Dopo avere finito di sorseggiare con comodo il suo Martini Dry semisecco agitato non mescolato accompagnato da pregevole caviale Beluga Imperial Gold appositamente fatto arrivare dal Mar Caspio per l'occasione, Pjanic attende che la massa di fotografi si posizioni adeguatamente alle spalle della porta difesa dallo Sporting, dopo di che fa quello che deve fare.

Quella che trasforma nella saccoccia portuguess non è una banale punizione, è un trattato accademico di astrobalistica applicata ai corpi solidi con traiettorie di nuova concezione, davanti alla quale Rui Patricio rimane ipnotizzato come un soriano a centro strada sulla A14 a mezzanotte marmorizzato dagli abbaglianti del camion a rimorchio albanese che sta per polpettizzarlo.

Pura pornografia calcistica.

GGIUVE 1 - UNIPOSCA 1

Il resto del primo tempo trascorre con la tranquillità di una assemblea di condominio allo ZEN di Palermo indetta in modo permanente nell'area portoghese, ma il punteggio, per motivi sociologicamente inspiegabili, non cambia.

Durante il breve intervallo non è nemmeno necessario il solito discorsino anabolizza-autostima da parte di Mister Allegri, ancora precauzionalmente sciroppato in coma farmacologico nel polmone d'acciaio acquasantifero.

I giocatori della Juve infatti rientrano in campo muniti di una sinistra luce nelle pupille che li rende preoccupantemente simili a un branco di Aliens ai quali abbiano appena finito di far sniffare l'aria di un asilo nido.

Alla ripresa delle ostilità le Zebrotte scalcianti guadagnano terreno come la Wermacht in avanzata nella steppa Russa nella primavera del 1941, ma nonostante il fatto che i difensori dello Sporting siano più impegnati di uno spogliarellista cubano al congresso nazionale dell'A. MO.P.A.M. (Associazione Mondiale delle Prossime alla Menopausa), la boccia-bastarda non ne vuole sapere mezza di collocarsi nel suo habitat naturale, vale a dire all'interno della sacca portoghese.

Juan *Billy Jean* Cuadrado in overdose agonistica scatta verso la porta avversaria seicentoquarantasette volte, trovandosi perennemente in lieve anticipo o netto ritardo sulle palle che *Sua Squisitezza* Paulino Dybala si ostina a recapitargli con la frequenza e l'ostinazione di un telefonista della Wind.

Nell'ultimo scatto il colombiano bianconero finalmente sfonda il muro del suono e decolla verso l'orizzonte in un lampo di luce per eseguire successivamente un magistrale appontaggio sulla portaerei USS H.W. Bush al largo delle coste israeliane.

Contemporaneamente Gonzalone Higuain sgomita, lotta, scalcia, taglia, affetta, trita, guarnisce e impiatta.

Ma niente, la stronza di cuoio non si decide ad infornarsi.

Sembrerebbe un pareggio inciso a fuoco sulla dura pelle delle stelle del cielo su Torino (*feat Subsonica*), quando Mister Allegri, giunti esattamente a cinque minuti dalla fine, si asciuga repentinamente dalla marinatura scaramantica ed estrae dalla manica del doppiopetto di micio il proverbiale asso.

Fuori Sturaro, spremuto come un bergamotto e dentro Douglas *Bagheera* Costa, il brasiliano mutaforma milleusi.

Che ci pensa lui a colpi di elettro macumba.

Alla prima palla che gli capita tra le zampe il brasiliano numero undici organizza un corso di Lambada sulla fascia di sua proprietà, al quale si iscrive il terzino portoghese che prova a marcarlo, venendo peraltro clamorosamente scartato nelle preselezioni andate in onda su Italia Uno.

Costa esegue 47 finte in 0,4 secondi facendo apprezzare all'avversario il vero significato del concetto di dissociazione percettiva, e poi, quando finalmente si stufa, lo lascia lì, mollato come una liceale nel parcheggio della discoteca dopo una trombata in macchina il venerdì sera, dopodiché lascia partire un ponte aereo per il centro area.

Sulla palla si legge nitidamente la scritta lampeggiante *"posto riservato alla fronte del Sig. Mario Mandzukic, vietato l'accesso ai non addetti ai lavori"*

Il croato spicca il volo, totalmente incurante di un avversario portoghese che prova a zavorrarlo abbracciandolo come avrebbe fatto un koala con una pianta di eucalipto, ed in very acrobatic mode spedisce la bastarda alle spalle dell'incolpevole Patricio.

Il quale, rialzatosi da terra con la boccia nella sacca, si avvicina al palo per abbracciare il corriere di Amazon nel frattempo arrivato a bordocampo con la carriola di ansiolitici a rimorchio.

GGIUVE 2 - UNIPOSCA PORTOGHESI 1 - GUFI&GNEGNE 0

Finisce così, con Max *Amuleto* Allegri sottoposto a terapia intensiva a base di Diazepam e il branco zoccoloso nocolor che torna alla vittoria alla facciazza di quelli che giocano il più bel futbol continentale ma poi finiscono regolarmente stuprati a Manchester*[3], di quelli che quest'anno per vederla l'Europa devono aprire un atlante illustrato e di tutti i pechinesi dei Navigli impegnati a spostare gli equilibri*[4].

Perchè ci vuole della gran calma e i conti si fanno in primavera.

By Memedesimo, *O amuleto da sorte**[5]

*[1] **Gabriele d'Annunzio:** (12 marzo 1863 - 1° marzo 1938), fu uno dei poeti e scrittori stivaloniani più importanti del XIX – XX Secolo; famoso anche come militare, politico, eroe della Prima guerra mondiale, leader del decadentismo nonché uno degli ispiratori del movimento fascista; fu celebre anche per lo stile di vita votato all'estrema ricerca di ogni forma di piacere, al punto da far fiorire numerose leggende sulle sue abitudini sessuali, tra le quali quella che si fosse fatto asportare chirurgicamente due costole per potersi praticare autoerotismo orale.

*[2] **Xanax**: potente farmaco per trattamento di fenomeni di ansia ed attacchi di panico.

*[3] Nella stessa settimana la Vesuvianese, ritenuta da buona parte della stampa sportiva nazionale una squadra in grado di produrre gioco esteticamente migliore di quello della Vecchia Signora, era stata sconfitta in Champions League dal Manchester City.

*[4] Chiaro quanto ironico riferimento alle due squadre milanesi, da alcuni anni passate da protagoniste del calcio europeo a dèsaparecide del medesimo.

*[5] O amuleto da sorte = portafortuna, in lingua portoghese

Liberamente tratto da Udinese 2 – Juventus 6, 22.10.2017
Serie A TIM, 2017/2018

FRIULANI ALLENATI DALL'ISPETTORE CLOUSEAU 2 - MARVELJUVE 6

Addì 22 ottobre 2017 (Anno XLIII d D.P.), anno della Zebra nel calendario cinese, girone di andata del torneo di pallapiede di Stivalonia, per l'occasione ribattezzato *il Roland Garros tricolore*.

Allo stadio Friuli - Dacia Arena in quel di Udine (Grappinia Cimbrica - Stivalonia Nord-orientale) si affrontano i padroni di casa, quelli con la maglia uguale - uguale - uguale a quelli con la maglia più figa della Via Lattea, e le nostre affezionatissime Zebrotte con i denti a sciabola, per l'occasione con la divisa da sbarco in trasferta color giallo Titti-maionese che mi sta da Dio su tutto, roba che Dolce & Gabbana potrebbero anche darsi al sollevamento pesi.

Siccome di robina da dirvi ce ne sarebbe una cesta, prendiamo un bel sospirone grosso e saltiamo a piedi pari i soliti convenevoli pre-gara passando direttamente ad elencarvi gli *ailaiiitss* del match, che domani mattina presto ho udienza in tribunale e vista l'ora non possiamo mica star qui a pettinare i Galliani.

8' del primo tempo: neanche il tempo di girare la chiavetta di accensione del match e il branco a strisce prosegue la campagna di beneficenza inaugurata a inizio stagione, elargendo ai simpaticiusssimi avversari il consueto gadget di benvenuto, così, tanto per mandare le coronarie a fare il tagliando.

Rugani il Bimbinociccinobiondinobellino, schierato da Max Allegri al centro della difesa nostra, compie a centrocampo un intervento con l'agilità di un brontosauro morto da una settimana e si fa fregare la palla come il cliente di un baro con le tre carte nel parcheggio di un autogrill; lo sferide raggiunge Perica che, benché friulano, poiché indossa una divisa simil-zebra viene colto da improvviso delirio di onnipotenza auto-convincendosi di essere in realtà la reincarnazione di Trezeguet e, come tale, di sentirsi autorizzato a partire con i retrorazzi verso la camera da letto avversaria; raggiunta un'apprezzabile velocità di crociera, l'attaccante dell'Udinese si fuma con un paso doble Re Giorgio Chiellini approfittando del fatto che quest'ultimo è ancora occupato a scegliere quali tra le sue 7624 medaglie al valore è stilisticamente accettabile abbinare alla odierna inconsueta divisa di gioco, dopodiché silura la boccia in porta battendo San Gigi Buffon, patrono dei portieri con la difesa pirla e degli elogiatori delle molteplici professioni esercitate in gioventù dalla mamma di Jesooo sulla tangenziale di Nazareth.

FRIULAN 1 - ZEBROTTE DIVERSAMENTE SVEGLIE 0

Mister Max Allegri guarda i propri difensori con la stessa affettuosa espressione manifestata dal sergente carogna dei marines in *Full Metal Jacket* di Stanley Kubrik mentre decide se tentare di addestrare le nuove reclute o aprire loro il cranio per cagarci dentro.

14' del primo tempo: abbondantemente galvanizzati dall'alluvione di bestemmie proveniente dalla panchina, le allegre Zebrotte al pascolo organizzano un paio di raid aerei in area udinese che in confronto l'aviazione israeliana della guerra dello Yom Kippur sarebbe sembrata un raduno di aquiloni sulla spiaggia riminese.

Nel corso di uno di questi Miralem Pjanic va a battere un calcio d'angolo sulla sinistra; il cross è di una tale squisitezza balistica che, giunta la boccia in piena area giuliana, il difensore degli ospiti Samir, ipnotizzato da cotanta bellezza dinamica, si autosuggestiona credendosi improvvisamente anch'egli la reincarnazione di Trezeguet e svettando su tutti la incorna violentissima in rete.

I compagni lo prendono da parte e, prima di incaprettarlo come una vittima della 'Ndrangheta per farlo sparire in un pilone dell'autostrada, gli spiegano che, però, quella lì di porta sarebbe, come dire, la loro..... e insomma niente, da lì in poi i friulani ci penseranno su due volte prima di credersi nuovamente la reincarnazione di Trezeguet.

Comunque **FRIULAN 1 - ZEBROTTE IN MODALITA' RECUPERO CULO, 1**

20' del primo tempo: Juan *Billy Jean* Cuadrado, il sesto dei Jackson Five, sequestra sulla destra un pallone che il centrocampo friulano riteneva si trovasse nell'ufficio oggetti smarriti del comune di Udine, e se la slalomeggia a passo di moonwalk verso l'area avversaria urlacchiando in falsetto *"bicous aim beed, beed, rilli-rilli-beed"* per distrarre la retroguardia friulana, che effettivamente si mette a schioccare le dita a tempo evitando accuratamente di marcarlo per non rovinare la coreografia; JC7 quindi pennella un cross in piena area che scavalca Gonzalone Higuain, per l'occasione indossante un bavaglino con su scritto *"oggi pappa io"*, e raggiunge Sami Khedira che, scendendo in picchiata dalle retrovie come uno Stuka della Luftwaffe sui cieli di Guernica, la spara con l'elmetto in rete facendo piombare il Dacia Arena in un silenzio in confronto al quale la mattina dopo il bombardamento di Dresda del 1945[*1] sarebbe sembrato il Sambodromo di Rio de Janeiro durante il Carnival.

Ma a 'sto punto **FRIULAN SEMPRE 1 - ZEPROTTEN MANNAREN 2**

22' del primo tempo: la squadra ospite indice un referendum per l'abolizione del tocco della palla con i piedi, per cui abdica completamente in favore della Zebra, alla quale nel frattempo sta salendo una fregola che neanche un quindicenne con le mani legate dietro la schiena da due settimane mollato sul set di un film porno.

Miralem Pjanic borseggia la sfera sulla tre quarti ad un povero centrocampista friulano indifeso e la filtra a centro area con perizia da gioielliere, dove Gonzalone Higuain si giravolta su sé stesso che Tony Manero te non sei capace, facendo partire una sciabolata omicida che bacia con la lingua in bocca il palo della portineria casalinga.

Il Pipita è più incazzato di quando alla Continassa a mezzogiorno tardano a portargli il cinghiale alla brace....

25' del primo tempo: è egemonia Juve: i friulani ormai escono dalla loro area di rigore meno di quanto un sei esca all'estrazione del Superenalotto; l'ennesimo filtrante sulla destra raggiunge il Pipita Furioso che si mangia un terzino dopo averlo adeguatamente mantecato, impepato e impiattato, dopodiché geometrizza la palla in piena area per il sopraggiungente Mario Mandzukic; costui però viene platealmente sgarrettato da dietro da Ali Adnan, un ex aguzzino della Guardia Repubblicana di Saddam Hussein travestito da giocatore dell'udinese; l'attaccante croato, noto per lo straripante buonumore che gli ha valso il soprannome di *Giacobazzi di Slavonski Brod*, si rialza per fare a cornate con il falciatore discendente di mamma maiala, che oltretutto lo accusa di simulazione.

Il rigore sarebbe evidente come un elefante che balla la capoeira in una gioielleria, ma gli addetti al VAR stanno guardando la De Filippi su Canale 5 e l'arbitro pensa bene di ammonire entrambi i protagonisti invece di indicare il dischetto.

A questo punto Mario Mandzukic, da essere umano scrupoloso quale egli si ritiene di essere, decide che tra i suoi doveri morali c'è anche quello di rivelare al direttore di gara che quest'ultimo non sarebbe propriamente figlio legittimo di papà, bensì il risultato cromosomico di un frullato di sperma assunto per via rettale dalla di lui mamma durante una festicciola con un reggimento di zingari che la compensarono con pochi spicci.

Il detentore del fischietto non apprezza tanta sincerità e come ringraziamento gli esibisce il secondo giallo, spedendolo sotto la doccia.

Mister Acciughina da bordo campo aggiorna in tempo reale il bestemmiario livornese con alcune creazioni estemporanee di pregevole ed insospettabile fantasia linguistica.

36',37',42' del primo tempo: l'Udinese, galvanizzata dalla superiorità numerica, alza la capa e inaugura un cannoneggiamento a fuoco rapido nella porta sabauda; Don Gigi Buffon chiede un time out, entra un momentino in una cabina telefonica, si toglie giacca e cravatta, indossa l'esoscheletro made by Stark Industries e si ripresenta per impartire una semplice lezione di vita: quando un uomo con la pistola incontra un uomo con lo smadonnatore rotante a nastro, l'uomo con la pistola è un uomo morto.

Il migliore portiere del Sistema Solare all time compie infatti tre interventi salva porta in tre minuti, facendo entrare in psicoanalisi l'intero reparto d'attacco della Venezia Giulia.

Dalla propria panchina il Mister dei padroni di casa, l'Ispettore Clouseau, quello della Pantera Rosa, rincuora i suoi: "*tanto oramai sono cotti, siamo anche di più, nel secondo tempo la vinciamo facile*" garantendosi il *Premio Nostradamus 2018* per ovazione.

FINE PRIMO TEMPO e tutti a fare provvista di munizioni...

2' del secondo tempo: le tradizioni sono robe importanti nella vita di ciascuno di noi e quindi pare corretto riprendere il gioco elargendo agli avversari la consueta elemosina, giusto per impepare un pò la puntata che sennò sbadiglio saltami addosso.

Ecco quindi che una velenosissima punizione dalla tre quarti di destra scagliata in area dal talentuoso udinese De Paul trova la capoccia del compagno di squadra Danilo, lasciato completamente solo dal duo Chiellini / Rugani, impegnati a finire la partita di rubamazzo iniziata negli spogliatoi durante l'intervallo; il terzino carioca dei friulani, uscito in gita premio per buona condotta dalla propria area di rigore, insacca quindi la bastarda per il temporaneo pareggio.

FRIULAN 2 - ZEBRE DEL FILODORO ONLUS 2

5' del secondo tempo: il Commissario Clouseau viene espulso per utilizzo di naso non regolamentare secondo la normativa UEFA.

7' del secondo tempo: punizione affidata a Paulo Dybala, sino a quel momento rimasto in vetrina con il cartellino del prezzo attaccato.

Se per caso cercate sul dizionario il termine "traversone" non ne troverete la definizione scritta, ma solamente una freccina con l'indicazione vedasi immagine a fianco e, sulla destra, il fotogramma dell'istante in cui lo sferide viene superlativamente recapitato dal n. 10 bianconero sulla capoccia di Bimbinociccinobiondino Rugani, che dovendosi far perdonare una coppia di vaccate difensive da all you can eat della minchiata, firma un mega condono fiscale spedendolo nella sacca giuliana dopo avergli fatto leccare il palo.

FRIULAN SEMPRE 2 - ZEBRE IN DIECI INVECE 3

14' del secondo tempo: benvenuti alla seconda lezione del master universitario di balistica applicata, in cattedra il professor Paulino *24 Karati* Dybala, che dipinge nuovamente su punizione dalla tre quarti un orgasmo aereo che sorvola tutte le teste non addette all'impatto, raggiunge *ElsemperLù* bimbino ciccino Rugani che, invece di concludere, la rimbalzo-schiaccia in slam-mode, che se l'avesse visto Dennis "*Slime*" Rodman*2 dei Chicago Bulls lo avrebbe adottato.

La boccia arriva dalle parti di Sami Khedira che la silura in porta con un calcio rotante che Chick Norris non ce l'avevi detto di avere un figlio krukko-algerino.

FRIULAN SEMPRE 2 - ZEBRE IN DECOLLO VERTICALE POKER

42' del secondo tempo: le zebrotte mannare, sotto di uno in campo ma sopra di due sul tabellone, hanno pietà zero e relegano stabilmente l'Udinese nel ghetto della propria area di rigore, all'ingresso della quale erigono un sinistro cancello in ferro battuto sul quale si legge la scritta "*Arbeit macht frei*"*3.

Gonzalone Higuain in questa puntata non segna nemmeno stavolta ma nel complesso distribuisce più palle di un parlamentare italiano in campagna elettorale; indi per cui filtra centralmente un'essenza di passaggio aromatizzato al miele per Sami Khedira, che avendo notato un punto debole nel fronte nemico lancia un attacco corazzato di profondità dalle retrovie, travolge la debole resistenza della prima linea friulana, sfonda il fronte e dall'interno dell'area lascia partire una V2 rasoterra che fa saltare il quartier generale giuliano.

E per il FeldMaresciallo oggi sono tre le bombe in buca.

FRIULAN SEMPRE 2 - STRATOZEBRE 5

45' del secondo tempo: l'udinese è più in rotta dell'Armir italiano nelle steppe russe nel 1943, ma la Zebra assassina è un predatore seriale munito di minore pietà di uno squalo bianco tenuto a stecchetto per sei mesi a sedano scondito e poi buttato in una piscina olimpionica riempita di AB positivo.

Nonostante il diluvio da Blade Runner, l'inferiorità numerica e un match palesemente finito in trionfo da almeno mezz'ora, resta ancora tempo per l'ultimo schiaffo.

Il Feldmaresciallo Khedira, già proprietario della palla della partita, elargisce ad uno dei suoi luogotenenti sul campo l'onore del colpo di grazia, recapitando fuori area a Miralem Pjanic una palla che il montenegrino trasforma in panzerfaust con il quale fa saltare per l'ennesima volta il bunker friulano, già precedentemente ridotto in macerie.

FRIULAN SUICIDE SQUAD 2 - FEDERER-ZEBRE 6
GAME, SET, MATCH.

Mai nessuna squadra nella storia della Serie A aveva segnato sei reti fuori casa partendo da meno uno, giocando due terzi dell'incontro in inferiorità numerica e rendendo una partita di calcio sostanzialmente una esibizione tennistica.

Di certezze nella porca vita ce ne sono sempre meno: una di queste è che la Giuve non ha un gioco esteticamente fru-fru come gli inquilini di Vesuviolandia ma che, per dirla nella loro lingua, quanto a cazzimma ne può vendere, prestare e regalare e ce ne avanza ancora un Tir.

Un'altra è che i conti si fanno con l'arrivo delle rondini e che chiunque vorrà provare a cucirsi lo scudetto sulla maglia dovrà inoltrare formale domanda in carta bollata all'apposito ufficio della Continassa, attendendo una risposta per il 30 di febbraio.

By Memedesimo, il Gufi&GnegneBuster

[1] Tra il 13 e il 15 febbraio 1945, durante il secondo conflitto mondiale, le aviazioni anglo-a-

mericane sottoposero ad un violentissimo bombardamento la città tedesca di Dresda, che venne rasa al suolo e subì circa 40.000 vittime tra la popolazione civile; molti ritennero tale azione un crimine di guerra perpetrato per fini terroristici nei confronti di una città priva di obiettivi militari nell'imminenza della resa incondizionata del Terzo Reich, avvenuta meno di tre mesi dopo.

*2 **Dennis Keith Rodman:** (Trenton – New Jersey – USA, 13 maggio 1961) è un ex cestista ed allenatore dell'NBA impiegato nel ruolo di ala grande; è stato il miglior rimbalzista della storia del basket; in carriera ha conquistato 5 titoli NBA; celebre anche per la vita privata notevolmente eccentrica e per il look a dir poco stravagante.

*3 **Arbeit macht frei:** motto lugubremente famoso che sormontava l'entrata di numerosi campi di concentramento e sterminio nazista durante la Seconda guerra mondiale, tra i quali quelli di Dachau e Auschwitz; la frase in tedesco significa: *"il lavoro rende liberi"* e si trattava di un'atroce presa in giro rivolta agli internati di tali campi, impiegati in massacranti turni di lavoro forzato prima di essere sterminati dalle SS.

Liberamente ispirato da: Juventus 4 – Spal 1, 25.10.2017
Serie A Tim 2017/2018

BIANCHENEGHER 4 - FRARÉS 1

Principato di Juvelandia, anno quinto dopo l'ascesa nell'Olimpo del fuccbol del Profeta Pinturicchio.

Per la decima giornata del girone di andata del torneo nazionale di palla calciata si affrontano, al Non-ci-capisco-più-come-si-chiama Stadium di Agnellopolis, il nostro affezionatissimo e perennemente affamato branco di Zebre assassine ed una simpatica selezione di bagnini dei lidi ferraresi in gita premio in Serie A.

La posta in palio è la momentanea permanenza a ruota nella scia di Indà & Vesuvianese, quest'ultima già dichiaratamente campione dello Stivale con ventotto giornate di anticipo secondo il parere del 97,5% della stampa nazionale ad esclusione di *Tutto Uncinetto* e della *Gazzetta della Val di Susa*, due testate notoriamente competenti in materia calcistica quanto io lo sono di sociologia della riproduzione delle marmotte a pois finlandesi.

Memore del recente set tennistico rifilato ai friulani dell'Udinese qualche giorno prima, Mister Max Acciughina Allegri si presenta in panchina vestito come John McEnroe alle finali di Wimbledon del 1980 contro Bjorn Borg, comprensivo di parruccone cespugliato basettemunito che *Jesus Christ Superstar* sembreresti meno fricchettone di così anche se ti presentassi pettinato come Bruce Willis.

Considerando il fatto che la volta precedente nella quale la Spal era riuscita a partecipare alla massima serie calcistica stivaloniana si giocava ancora a piedi scalzi, con il pallone in pura ardesia scolpita a mano e i rigori si assegnavano gridando YABA-DABA-DOO, il branco bianconero inizia il confronto in modo leggero e non privo di un certo tatto sportivo, giusto per non fare la figura dei cafoni prepotenti nei confronti di ospiti così simpatici come l'armata Brancaleone ferrarese, presentatasi in campo in infradito, bermuda a fioradoni, bastoni telescopici per i selfie e zainetto porta-piadine crudo & squacquerone.

Quindi il reparto assaltatori della Juve apre sì il fuoco contro la porta degli ospiti con una frequenza di pallonate più alta di quella di un bombardamento di un neutrone durante una fissione nucleare, ma sempre profferendo prima di ogni bordata un elegante *"pardon"*, un opportuno *"ops"* o un gentile *"la mi scusi"*.

Per dire lo stile Juve, mica *funiculi-funicolà*.

Ciò premesso, poiché non abbiamo a disposizione l'intera era geologica per descrivere nel dettaglio ogni azione prodotta dall'attacco bianconero nel corso del match, di seguito ci limitiamo a ricordare, con teutonica sintesi, solo i principali episodi degni di passare alla storia, ossia:

Quattordicesimo minuto del primo tempo: la compagnia di balletto Juve-Bolshoi mette in scena una coreografia che Lady Gaga fatti in là che hai i piedi piatti: Paulino *La Joya* Dybala scende sulla destra e tra un pallaqua&pallalà si beve un terzino ferrarese come un Mohito su un lettino del *Papeete* di Milano Marittima, apparecchia un taglio dentro a centro area per Douglas *Bagheera* Costa che al volo la propone a Federico *Scarabocchio* Bernardeschi; il Maori più tatuato di tutto il Vaticano, numero 33 della Juve, se la balocca di destro e di sinistro e in meno di un amen la silura dritta nell'angolino in alto a sinistra dei legni avversari, sfrattando l'ennesima ragnatela peraltro non in regola con il piano regolatore di Torino.

In tutta l'azione la palla non tocca mai per terra una sola volta, roba che neanche con la Playstation 5 impostata sul livello difficoltà *resurrezione* dopo una insalata di Peyote messicano*[1].

GIOVENTÙ 1 - ESTENSI 0
(ma se proprio volete, possiamo anche rifarvela al rallentatore così forse stavolta capite come è andata)

Ventiduesimo minuto del primo tempo: per arginare lo tsunami di pallonate dirette nella porta dei biancazzurri emiliano rock-magnoli (per l'occasione in una sciccosissima seconda divisa completamente color rosso sangue di vittima) uno sventurato difensore commette fallo tre metri fuori dalla propria area di rigore.

Cala il silenzio in tutto il Piemonte e buona parte della Valle d'Aosta, alta Liguria & isole comprese.

In sottofondo sale maestosa la colonna sonora di *The Eightful Eight* featured by Ennio Morricone.

Dietro il pallone collocato sul punto di tiro si presenta Paulo Dybala agghindato con poncho a strisce, cappello consumato a tesa larga, cigarillo fumante, doppia fondina bassa farcita da doppie Colt 44 Navy canna lunga con manico in madreperla, stivale speronato; stacco della regia su primissimo piano delle pupille del n. 10 argentino in very Sergio Leone style nello splendore del 70 millimetri Cinemascope.

Quarantacinquemila respiri rimangono in sospensione, tranne quello di Mister Max *Marshall* Acciughina che se ne resta sdraiato nell'amaca all'ombra della panchina, assorto nella lettura dell'articolo di fondo del *Tombstone Magazine*, apparentemente disinteressato da ciò che accade in campo.

Lo sceriffo fischia.
Si sente solo il sibilo.

Il proiettile rotondo decolla, archeggia in aria e atterra nella sacca estense trascinandosi dietro il portiere, seicentotrenta biciclette di taglie assortite risucchiate dal parcheggio della stazione ferroviaria di Ferrara, quattro ombrelloni con famiglia della prima fila del Bagno Peppino di Porto Garibaldi e una quantità imprecisata di reggiseni&perizomi spontaneamente dissociati dalle rispettive proprietarie presenti sugli spalti.

GIOVENTÙ 2 - FRARÉS 0

(ma se volete ve la torniamo a girare al rallentatore, cosi magari stavolta prendete appunti).

A questo punto parrebbe proprio che la gara sia destinata ad assumere il convincente ruolo della controfigura di uno scivolo da asilo cosparso di melassa, ma improvvisamente gli eroici membri dello squadrone delle Zebre assassine si ricordano che oggi è la giornata mondiale della vaccata e quindi, per festeggiare, combinano una omelette di cagate che Carlo Cracco sei il cambusiere di capitan Jack Sparrow:

Trentaquattresimo del primo tempo: su un angolo battuto dai quasi-romagnoli la retroguardia bianconera si guarda bene dal marcare un ospite a centro-fuoriarea, che la spara nel mucchio in modalità ndo-cojo-cojo; la bastarda rotonda trapassa l'intera area di rigore sabauda senza che alcun polpaccio la intercetti, manco fosse intinta in una vasca di sudore di malati di peste bubbonica, finché giunge al puntero ferrarese Paloschi che, scampato il pericolo di un caschè con Lichtsteiner (nell'occasione lento come una pratica dell'INAIL), la spintona in rete alla facciazza di Wojciech Szczesny, che nel frattempo già faceva pendant con il prato.

GIOVENTÙ 2 - SPAL 1

(ma sarebbe meglio se stavolta ce la faceste rivedere voi, che non abbiam capito bene come siam riusciti a far su 'sta gran figura da quaglie).

FINE PRIMO ATTO.

La ripresa delle ostilità vede gli allevatori di zanzare*[2] ringalluzziti dal miracoloso dimezzamento dello svantaggio e propensi ad assediare la porta difesa dal portierone polacco bianconero peggio dei battaglioni messicani del generale Santa Ana a Fort Alamo, ma per le prime due arrembate ci pensa Andrea *David Crockett* Barzagli a respingerli a scarpate (anche perché lui, a Fort Alamo, ci ha fatto il servizio militare).

Don Allegri, che in occasione dell'intervallo aveva optato per un cambio d'abito ed ora sciorina per il secondo tempo dello sciòv un elegantissimo smocking nero con capoccia di rosa bianca al taschino, brillantina Linetti sulla crapa, baffo trichecato e generosissimi tranci di cotone idrofilo nelle guance in very Corleone outfit, sussurra in un sibilo agli altri panchinari inchinati a testa bassa dietro di lui: "*miiiinchia se continua accussì per qualcuno di questi carusi a schifio fernèsce...*"

Marlon Brando rimette giù l'Oscar che non è più roba sua.

Neanche a dirlo e due minuti dopo il Principato di Ferrara perviene ad un insperato pareggio: su un calcio d'angolo la biglia spedita in area zebrata impazzisce che neanche un flipper gettonato ad anfetamine: tibia di un ferrarese, anca di uno juventino, osso sacro di un ferrarese, traversa, riga, rimbalzo di un ferrarese, sterno di uno juventino, palo, riga, orecchio, jackpot 100 punti, fungo centrale, ciuffo d'erba, tempia di un ferrarese, gol.

La omelette in salsa di coglione, aromatizzata alla cajoun su letto di decerebrati, sembra essere perfettamente impiattata e servita in tavola...

Tuttavia il supremo sceriffo in giacchetta gialla alza la manina e fa segno del VAR, perché "*qui c'è qualcosa, qualcosa che non va*" (cit. Vasco).

E infatti gli addetti a Tele Padre Pio annullano per fuorigioco di una delle cento ossa estensi che hanno spizzato la boccia durante il frullato di poc'anzi.

Don Massimiliano Corleone resta impassibile, tranne l'innalzarsi di un grado del sopracciglio sinistro in direzione di due figuri in completo gessato e custodia di violino immobili a bordocampo fin dall'inizio del match, che ricambiano il cenno toccandosi con il dito la falda del cappello.

L'allenatore della Juve non urla né rimprovera nessuno della retroguardia bianconera per lo scampato pericolo e la non scampata figuraèmmerd, ma la successiva improvvisa scomparsa di alcuni parenti prossimi di Lichtsteiner, Alex Sandro e Rugani è tutt'ora materia di indagini da parte delle autorità inquirenti.

Il messaggio trasversale sembra avere un improvviso effetto galvanizzante tra i picciotti bianconeri, probabilmente coadiuvato anche dalla gigantografia di alcuni piloni di un cavalcavia della Salerno - Reggio Calabria che viene silenziosamente innalzata dietro la panchina di Don Padrino Allegri.

Ventesimo del secondo tempo: su angolo pennellato in area da parte di Miralem *Mozart* Pjanic irrompe come un carro Tigre della Panzer Division Das Reich il Feldmaresciallo Sami Khedira, che con un magistrale colpo di tacco indirizza la sfera verso l'estrema riga estense; sembra un punto fatto, quando in extremis un partigiano ferrarese immolandosi per la patria riesce a respingere la sfera di deretano; ma a questo punto ci pensa GOLzalo *Pipita* Higuain a ribadire in rete la palla interrompendo un digiuno che sinceramente preoccupava un po' tutti, compresa la redazione di *Tutto Cucina*.

PICCIOTTI A STRISCE 3 - FRARÉS SEMPRE E SOLO 1

Neanche il tempo di un cannolo siciliano e la Famiglia a strisce, per non saper né leggere né scrivere, decide di piantare l'ultimo chiodo sulla bara del match, facendo quaterna con un'azione davvero pornofootball: infatti...

Venticinquesimo del secondo tempo: Gioiellino Dybala sulla trequarti apre a sinistra con un filtrante bacio-in-bocca per Douglas Costa, il quale al volo fa partire un traversone ribalta-fronte che si disinteressa di qualsiasi occupante dell'area di rigore spallina perché esiste solo un luogo che quella palla vuole raggiungere: la fronte di Juan Cuadrado...

Il sesto dei Jackson Five stacca di testa al volo e impallina il portiere avversario che vorrebbe anche trattenerla ma non ce la fa perché impegnato a cercare nelle tasche della divisa foglietto e matita per chiedere l'autografo al Mr. Thriller colombiano.

GIOVENTÙ POKER - PRINCIPATO ESTENSE 1 PER LA BANDIERA

Finisce così, con Don Acciughina Corleone che negli spogliatoi estenderà le liste di proscrizione, perché questa cosa che stiamo diventando la Caritas della Serie A e ogni volta concediamo il golletto omaggio ai meno fortunati, addàfinì, che non siamo a Telethon.

Consoliamo gufi & gnegne ricordando loro che, per essere una squadra che non gioca bene, che non ha più fame, che Agnelli-caccia-la-grana, intanto sono 10 pappine rifilate nelle ultime due partite e un attacco così dominante non si vedeva dallo sbarco dei marines Usa a Panama nel 1989.

Per il resto il bilancio è una roba che si fa a maggio.

By Memedesimo, il Consigliori

*1 **Peyote:** noto anche come *Mescal*, è il nome popolare messicano della *Lophophora williamsi*, una pianta la cui radice ha proprietà allucinogene e viene consumata come stupefacente dalle popolazioni del Centro America.

*2 È un fatto notorio che parte della provincia di Ferrara (Emilia Rock Magna), città sede della Spal, sia costituita da zone ex paludose nelle quali la proliferazione delle zanzare è stazionaria a livello Noè.

Liberamente ispirato da: Milan 0 – Juventus 2, 28.10.2017
Serie A Tim 2017/2018

MILLA' 0 - NINJAZEBRE 2

Pagoda Boazza di San Silo, pelifelia di Pechino, Lombaldia, ventottesimo giorno del decimo mese del settimo anno della dinastia della Divina Zebra dell'Ovest.

Dalle cronache della vita del sommo Maestro Max Shifu-Acciughina-San e del suo discepolo GOLzalo *Kung Fu Panda* Higuain, meglio noto al popolo come il Guerriero Dragone de la Pampa:

"Nel lungo e pericoloso sentiero che eternamente conduce dalla tenebra alla luce del grande Scudetto, giunse il tempo della sfida tra gli undici Cicloni Striati del sommo Maestro Max-Shifu-Acciughina-San ed il branco dei Diavoli consumatori di involtini primavera, che pochi mesi prima era costato mille mila fantastilioni di triliardi di pezzi d'oro ai nuovi padroni mandarini.

Questo l'elenco degli undici Cicloni che il sommo Maestro scelse per la battaglia e che scesero eroicamente sul terreno della grande pagoda di San Silo, completamente sommersi in una colossale ed irrespirabile nuvola di fritto, il nauseabondo odore infernale che da qualche mese rendeva riconoscibili i diavoli rossoneri in tutto il regno di Stivalonia anche da una distanza di settecento leghe:

Numero 1: San Gigi Mao – Dea Kali Buffon, la Piovra du guardia;

Numero 26: Stephan Ciuf-Ciuf Lichtsteiner, il Sanbernardo da sbarco;

Numero 24: Daniele BimbinoBiondinoCiccino Rugani, il Gattino vampiro;

Numero 3: Sua Maestà Re Giorgio Chiellini Primo, il Gorilla gigante;

Numero 22: Kwadwo Kunta-Kinte Asamoah, l'Antilope nera mannara;

Numero 6: Sami Feldmarshall Khedira, la Farfalla tattica;

Numero 5: Miralem Mozart Pjanic, la Volpe balcanica;

Numero 7: Juan Billy Jean Cuadrado, la Vespa ballerina;

Numero 10: Paulo La Joya – Bruce Lee Dybala, lo Scorpione con la coda di diamante;

Numero 17: Mario Mr NO Mandzukic, il Bufalo svegliato male.

Numero 9: Gonzalo Kung Fu panda Higuain, il Guerriero Dragone D.L.P.

Tra i diavoli pappariso non si contò invece Leonardo Iscariota Bonucci[1], soprannominato "Lo spostatore di equilibri" (o anche "Il gran zavay-bon-da-gnint", che in antica lingua meneghino-mandarina significa letteralmente: "Enorme pacco da 43 milioni rifilato dal bastardo pelato con gli occhi in disaccordo") *[2].*

Allo scatenarsi della grande battaglia si assistette dapprima all'impetuosa invasione dell'area zebrata da parte dei Diavoli rossoneri assedianti la porta del grande Mao Buffon, che però si erse ad infrangibile baluardo delle folate avversarie, respingendo puntualmente a colpi di libretto rosso ogni bordata meneghino-pechinese, roba che al confronto la Grande Muraglia avrebbe fatto la figura di una pista per le biglie fatta con il culo in spiaggia.

A bordo campo, il sommo Maestro Shifu Acciughina, avvolto in un mirabile kimono ricamato a mano in pura seta di scudetto, assistette all'epico scontro restando impassibile nella consueta posizione del Loto, ma fluttuando a trenta centimetri dal suolo.

Quando, ad un certo punto, nel sottofondo del frastuono provocato dalle pallonate avversarie, risuonò flebile ma rassicurante il suo inimitabile mantra: "DAI-LA-CERA E PASSALA A DYBALA, TOGLI- LA-CERA PUTTANA-LA-MAIALA..."

Con il passare dei minuti l'intensità delle folate di frittura milanista calò, dato che il sommo Maestro aveva escogitato una delle sue celebri mosse Ju-Jitsu per bloccare sul nascere le iniziative del temibile Suso-San, il più pericoloso e scaltro degli attaccanti meneghini:

Infatti negli spogliatoi, prima dell'inizio del combattimento, Shifu-Acciughina-San aveva fatto interamente cospargere il prode Kwadwo Asamoah di colla di pesce, camuffandola per olio canforato; dopodiché aveva ordinato all'antilope nera mannara di appiccicarsi al temibile avversario come un sottosegretario stivaloniano ad una mazzetta per un appalto dei lavori pubblici, rendendo così all'asso spagnolo rossonero estremamente difficile tentare qualsiasi manovra di impostazione offensiva, dato che ogni volta che avesse provato a girarsi con la palla si sarebbe ritrovato con il prode samurai ghanese abbarbicato sulla schiena come un koala ad una pianta di eucalipto.

Si giunse pertanto al ventiduesimo minuto dall'inizio del combattimento, quando gli undici Cicloni Striati fecero scattare la grande mossa segreta lungamente provata durante gli allenamenti pre-china, denominata: "MOH-VAH-TTELAH-PIIAHH-N-DEL-KULOOOH", che in antico idioma mandarino significa all'incirca: "Sublime mossa del dragone zebra che si infila silenzioso tra le natiche aperte del diavolo distratto dall'esigenza di spostare gli equilibri".

Dalla tre quarti Miralem Pjanic, la Volpe balcanica, filtrò un lunghissimo e delizioso tracciante telecomandato tra le zampette molto bene ammaestrate dello Scorpione con la coda di diamante, Paulino Bruce Lee Dybala, che in area avversaria si liberò del proprio marcatore con la leggerezza e la soavità di una cortigiana di un bordello di Shangai del 1600, per poi accarezzare il piccolo satellite di cuoio in direzione del Guerriero Dragone D.L.P (De La Pampa).

Gonzalo Kung Fu panda Higuain, in piena furia agonistica perché durante il pre-gara il sommo Maestro gli aveva nascosto il bidone di biscotti alle mandorle e fiori di pesca dei quali era ghiottissimo, irruppe a centro area milanista con la mossa segreta del "Guerriero dragone zebra che scivola sinuoso tra le puzzolenti unghie del nemico", piantando in asso un nugolo di difensori agili come i guerrieri dell'esercito di terracotta, e così fece partire un fuoco d'artificio rasoterra che incenerì l'angolino della pagoda milanese, lasciando Donnarumma, l'estremo difensore del Millà, spalmato a terra come un raviolo al vapore scotto.

UNDICI CICLONI BIANCONERI 1 - NEOPECHINESI 0

Ma il nauseabondo nemico con l'occhio mandorlato non era ancora sconfitto e nonostante il colpo subito dilagò nuovamente in piena area zebrata, facendo prima tremare con Kalinic la sacra traversa del tempio della Dea Kali e costringendo poco dopo BimbinoBiondinoCiccino Rugani a sparecchiare dalla retroguardia bianconera con un balzo che Jackie Chan*3, guarda, lascia proprio perdere che a paragone sei snodato come l'omino della Michelin.

Così finalmente finì la prima parte della grande battaglia, ed era un gran bene perché il terreno ora scottava più di uno spaghetto di soia condito con la lava.

Nella ripresa, dopo una meticolosa cerimonia del The durante la quale il sommo Maestro si preoccupò esclusivamente di ritoccare qua e là la sua preziosa collezione di alberi da pesco bonsai, infondendo così negli undici Cicloni la sufficiente serenità interiore tipica di ogni grande guerriero, la saggezza prevalse sull'irruenza nelle menti e nei cuori del glorioso branco a strisce bianconere, e pertanto la sacra sfera venne a lungo sottratta e preservata dalle grinfie degli avversari fritto-puzzolenti, come il silenzio in un tempio buddhista.

Ma giunti al diciottesimo minuto dopo la ripresa del combattimento, Shifu-Acciughina-San, finalmente convinto dalla perseveranza ed abnegazione sin lì dimostrata sul campo da parte dei propri discepoli guerrieri, decise improvvisamente di rivelare loro il grande segreto dell'essenza del gioco della pallapiede, da millenni gelosamente custodito e tramandato solo da sommo Maestro a sommo Maestro della Sacra Zebra Assassina:

Egli si collegò quindi telepaticamente con ciascun guerriero ciclone in campo, sussurrandogli mentalmente: "Non importa che voi siate forti come il vento dell'Est o fermi come la sacra montagna, né importa che siate impavidi come la fiera tigre o improvvisi e letali come il morso del serpente lancia, l'unica cosa che importa è che diate la palla a Dybala, straputtanissima di quella maialaaa !!!"

Tra tutti e undici, ancora una volta il più lesto a tramutare in azione le sagge parole del Maestro fu l'Antilope nera Asamoah, che in un ribaltamento di fronte pescò in grande velocità proprio lo Scorpione con la coda di diamante Paulino Dybala; l'allievo prediletto di Shifu-Acciughina-San a sua volta eseguì in modo esemplare la temutissima mossa segreta della "Danzatrice di tango ammiccante cosparsa di salsa di soia", con la quale riuscì ad ingannare per un istante ogni avversario cornuto facendo improvvisamente velo per il sopraggiungente Kung Fu Panda Higuain.

A quel punto il Guerriero Dragone, urlacchiando impavido: "Se io sono grasso allora Galliani e Fassone sono due spettinati", prima controllò la sfera con tutte e cinque le dita della sua zampotta destra e poi la silurò dritta in palo-porta, facendo fare il bis di un inutile tuttigiùperterra allo spilungone estremo difensore avversario strapagato con il numero 99 sulla schiena.

CICLONI GUERRIERI DEL SOMMO MAESTRO 2 - MILLA 0

Pochi minuti dopo, su calcio d'angolo della sublime Volpe balcanica Pjanic, ancora l'allievo prediletto del Maestro, Bruce Lee Dybala, costrinse il bimbone ciàpagòl avversario a respingere senza trattenere la sacra sfera, ma poi null'altro successe fino al triplice fischio del Bonzo guardiano che sancì per sempre il trionfo dei guerrieri cicloni bianconeri e nessuno spostamento di equilibri nell'Universo della palla rotolante.

Per mangiariso lumbard, gufi e gnegne in assortimento variabile, rimase solo un buono per una ciotola di riso alla cantonese mantecato alla cacca di bue muschiato.

E così avvenne che il cammino verso il sereno giorno del settimo sigillo consecutivo proseguì con un ennesimo, indelebile, segno di zoccolo zebrato nei deretani nemici".

By Memedesimo, la cintura nera di Vinovo

*¹ All'inizio della stagione 2017/2018 Leonardo Bonucci, storico difensore della Juve, era passato alla rivale Millà per una somma di 43 milioni di €uro, conquistando così tra le fila dei suoi ex sostenitori il poco lusinghiero soprannome di Iscariota; in tale occasione Bonucci rilasciò un'intervista nella quale si disse convinto che con il suo trasferimento sarebbe riuscito a "spostare "gli equilibri del campionato", interrompendo così la scia di successi da parte della sua ex squadra, campionessa in carica da sei anni consecutivi.

*² Si tratta di un chiaro quanto ironico riferimento al D.S. della Vecchia Signora dell'epoca, Giuseppe Marotta (attualmente amministratore dell'Indà), celebre, oltre che per la sua indiscutibile abilità professionale, anche per il suo evidente strabismo.

*³ **Jackie Chan**: pseudonimo di Chang Kong-Sang (Honk Kong, 07 aprile 1954), è un celebre attore, regista, sceneggiatore nonché artista marziale cinese con all'attivo più di 200 film di azione, da molti considerato l'erede artistico di Bruce Lee.

Liberamente ispirato da: Juventus 2 – Benevento 1, 05.11.2017
Serie A TIM 2017 / 2018

VECCHIA SIGNORA 2 - VESUVIANESE B 1

Domenica 5 novembre 2017 (Anno XLIII d.D.P.), settimo anno dell'Impero Bianconero.

Allo J Stadium (perché Allianz lo continuate poi a chiamare voi, fighetti, che io ormai ho una certa età e quindi per legge sono esentato), si celebra il centoventesimo compleanno di una certa signora che, vamolà, avrà anche ventiquattro lustri sulla gobba ma è ancora talmente gnocca che a paragone Emily Ratajkowski*1 sembra Rita Pavone dopo un incidente stradale e la ricostruzione facciale ad opera del Prof. Frankenstin*2.

L'evento viene trasmesso in galassiovisione con collegamenti anche da Coruscant, Arrakis, Alpha Centauri, Tatooine, Pandora, il buco nero di Interstellar ed alcune navi da combattimento in fiamme al largo dei bastioni di Orione, e, per dimostrare la nota magnanimità sabauda e lo spirito di beneficenza verso società diversamente calcistiche, alla festicciola viene invitata una minuscola squadra di Subbuteo con sede nella periferia del Lamentistan Meridionale, che per sintesi chiameremo Benevento, perché "*Banda di miracolati del calcio sbarcati in Serie A a seguito di una tempesta magnetica di proporzioni epiche che ha inspiegabilmente alterato lo spazio-tempo creando un buco nero attraverso il quale si è potuta verificare 'sta roba che neanche alla Industrial Light & Magic di George Lucas*" era troppo lunga da inserire negli highlights in sovraimpressione.

Tanto per capirci: sino a qui questa sorta di *Vesuvianese B* della pallapiede nostrana ha collezionato 12 sconfitte su 12 presenze nella massima serie stivaloniana, prenotando il premio *Willy Coyote 2018*, roba che a confronto una partita giocata dagli scarabei stercorari con la mega pallina di cacca sarebbe tipo Holly&Benji

dopati abbestia per endovena con succo di scroto di Pelè.

Vista la pericolosità ed il pedigree degli avversari, il discorso pre-gara al branco della Zebra killer da parte del Gran Maresciallo dell'Impero Bianconero Max Von Acciughinen Allegri è di quelli che lasciano un certo qual segno indelebile nelle cronache della storia: "yaaahhhhhhhhwwwwwnnnn", ippopotameggia in Do maggiore il sommo stratega, continuando dopo una solenne grattata di culo la propria partita a Candy Crash sull'Ipad, dato che gli mancano solo tre ciambelline rosa per terminare lo schema n. 696.969.333.

Nel ventre dello Stadium, i ventidue occhi black&white del plotone di esecuzione prescelto per la pubblica fucilazione futbolistica della malcapitata vittima sacrificale lamentistaniana si pimpongano a vicenda in un silenzio da cattedrale luterana, con unanime espressione in condivisione WI-FI, che riassumerei in:

"Vabbè, famo noi, che il capo ieri sera l'ha presa bella grossa".

Per onorare l'anniversario, le undici Zebrotte assassine scendono nell'arena con la seguente divisa d'epoca commemorativa: tubino monospalla a strisce in vera pelle di tigre dai denti a sciabola del Cretacico, clava modello Fred Flinstones, scarpini da gioco in autentica ghisa danese del 700 battuta a mano, parastinchi in coda di velociraptor cuciti con peli intrecciati di mammuth.

Inizia la gara e nei primi sei minuti di stupro collettivo i sabaudi collezionano nell'area beneventana, per la sola fredda cronaca: sessantasette occasioni da gol, quattordici cariche di cavalleria, sei rastrellamenti ad ampio raggio con l'impiego di mezzi blindati e cani da ricerca e un paio di gangbangs VM18.

Alcuni droni telecomandati da Miralem *Mozart* Pjanic e San Gigi *Innominepatris* Buffon, per l'occasione stravaccati in panchina ma titolarissimi nella finale del torneo di Vinovo di tressette, raggiungono lo spazio aereo soprastante la metà campo campana, dove lasciano cadere sui giocatori avversari tonnellate di volantini rappresentanti l'immagine di un pallone, per garantire loro di averlo visto almeno una volta nel corso dell'intera gara, come previsto dalla

Convenzione di Ginevra.

Al 7' del primo tempo Douglas *Bagheera* Costa, la pantera nera di Rio Do Sul con il numero undici bianconero sulla schiena, recupera la palla a centrocampo e dopo avere inserito l'hyperguida sparisce a velocità luce per riapparire sul fondo, dal quale lascia partire un colpo di cannone laser che decapita il portiere campano, rimbalza sul legno della porta, ci pensa su un momento, ed esce.

Nell'aria un vago sentore di sfiga egizia inizia ad aleggiare infida come una scorreggia di quelle silenziose in un ascensore bloccato da un blackout a Ferragosto.

Al 10' del primo tempo sempre Douglas *Bagheera* Costa riparte dalla stessa mattonella a centrocampo della volta precedente, ma stavolta, in un impeto di sincera ed ammirevole comprensione per gli operatori delle trecentodiciannove emittenti TV collegate, prima di scattare si appende sulla schiena un cartello a mo' di targa con scritto "COMPRATEVI UNA MOVIOLA SU AMAZON", dopodiché sequestra la palla, ri-decolla in direzione porta dei cumpà, giunge sul solito fondo in un oplà seminando gli stessi difensori della volta precedente e lascia partire un colpo di catapulta che scavezza la traversa beneventina, piomba a terra, ci riflette un momento, ed esce.

Nàtavòlt!

Neanche una tartar di gatto nero su crema di specchi con profumo di suora mancina e contorno di scale al sale versato su letto di rottami di Prinz gialla avrebbe fatto meglio.

Il Feldmaresciallo Max Von Acciughinen, riposto il device con il quale si stava sollazzando, con un perentorio schiocco di dita ordina al fido Marotta di reperire immediatamente sul mercato il seguente, indispensabile, materiale: tredici tonnellate di semi di quadrifoglio istantaneo, diciassette autocisterne a rimorchio cariche di acqua santa di Lourdes benedetta ad abundantiam anche dal Dalai Lama e l'assunzione a tempo indeterminato del Mago Otelma come image consulting manager della Vecchia Signora.

Al 19' del primo tempo gli scouts del Benevento assaporano una nuova, inebriante esperienza di vita oltrepassando l'oscuro confine del centrocampo e raggiungendo la sconosciuta e misteriosa periferia dell'area zebrata, della quale tanto parlavano le leggende tramandate oralmente da generazioni di loro avi, raccolti intorno ai fuochi dei bivacchi nelle lunghe notti di inverno lamentistaniane.

Re Giorgio Primo Chiellini pertanto decide di colpirne uno per educarne cento e depone uno dei beneventani tramite ghigliottina, peraltro regolarmente omologata, regalando ai vicevesuvianesi una punizione centrale dai 30 metri, tantocheccèfrega, tantocheccèmporta, tantochevvòichesuccè.

La confraternita delle allegre Zebrotte al pascolo indice un democratico referendum per stabilire la predisposizione della barriera, ma durante il regolare spoglio delle schede nei pressi del seggio elettorale predisposto a lato della porta difesa da Szczesny (il vice-Gigi per l'occasione sceso in campo sfoggiando uno sciccosissimo mini perizoma a bretelle tricolori) batte improvvisamente in porta tale Amato Ciciretti, un giocatore del bigliardino del centro sociale di Tor Bellamonaca in prestito al Benevento, tutto scarabocchiato in faccia come il disegno di un bambino dell'asilo nido con il biberon caricato a Johnny Walker.

E segna.

Gli zebrati giustamente protestano con l'arbitro, perché sarebbe espressamente vietato dal regolamento della Federazione Stivaloniana Gioco Calcio che un giocatore beneventano possa tirare in porta durante una qualsiasi partita del campionato di Serie A; tutti tranne Szczesny, rimasto pietrificato come un Moai dell'Isola di Pasqua con l'espressione di chi sia chiaramente convinto di essere su *Scherzi a parte* e di avere sgamato le telecamere nascoste quindi ok-dai-raga-non-stavamo-mica-facendo-sul-serio-questa-adesso-la-rigiriamo-da-capo-vero ?

San Gigi Buffon e il Feldmaresciallo Max von Acciughinen colgono la preziosa occasione per dare alle stampe una nuova, aggiornata riedizione deluxe del Bestemmiario 2018, con ricca copertina miniata e segnalibro in oro zecchino.

Comunque, che ci crediate o no,

VESUVIANESE B 1 - FESSACCHIOTI A STRISCE 0

La gara prosegue con un sottofondo dei *Goblin* feat by Dario Argento remix versione con molto ketchup sullo schermo.

I nostri, dopo essere stati adeguatamente presi a secchiate d'acqua benedetta in faccia dallo staff medico della Juve, finalmente si rendono conto di non essere sul set di *Candid Camera* e di essere andati sotto contro una squadra talmente organizzata che a confronto l'Armata Brancaleone sarebbe risultata un reparto di intervento speciale del Mossad Israeliano; di conseguenza pongono un assedio alla porta beneventana che a paragone la Gerusalemme del 1112 d.C. sarebbe apparsa come Las Vegas il giorno del black friday della mignotta.

Al 21' del primo tempo il *Principino* Marchisio indovina un filtrante velenoso per *La Joya* Dybala, che la magheggia al volo per GOLzalo Higuain, che disegna a due difensori campani alcuni cazzetti sulla fronte con un pennarello fluo e trasferisce lo sferide a Juan *Billy Jean* Cuadrado, il quale, con un paio di passi della coreografia precedentemente concordata con Quincy Jones, penetra nell'area beneventana e spettina la traversa con un *gran rond de jambe**3.

E a questo punto sulla panchina juventina ci sono più mani sui coglioni che in una maratona di film porno gay.

Al 24' del primo tempo Paulino Dybala scambia la boccia con GOLzalo Higuain tre volte in 0,8 metri, poi la filtra con il bilancino di precisione per Juan Cuadrado che dalla stessa zolla di due minuti prima ri-spettina la traversa.

No vabbè, allora ditecelo prima che siete andati tutti a un corso intensivo di Voodoo, così la finiamo subito e bona li.

Al 29' del primo tempo *El Pipita* Higuain fa sponda al centro per *La Joya*, che si inserisce in un tunnel di difensori avversari come Luke Skywalker alla guida del caccia Ala X nel canalone della Morte Nera prima di farla zompare; Dybala pianta in asso mezza popolazione della provincia di Benevento e si presenta davanti al portiere che, consumando in una sola botta la residua dose di culo della propria famiglia per le prossime otto generazioni, riesce a deviare di un unghia tagliata la palla diretta in porta.

Al 31' del primo tempo l'area dei quasi vesuviani si trasforma in flipper permanente: fuga sulla fascia di Alex *UsexiSamba* Sandro, traversone al centro per GOLzalone che la scocca in porta impattando la clavicola di un morto accidentale trascinato lì per fare barriera; la boccia rimbalza nuovamente su Alex Sandro che con una mossa di bossa nova la ripropone al centro ma qualcuno la spazza via con l'osso sacro.

Al 32', 37', 40', 42' del primo tempo: Sagra nazionale del tiro a segno da fermo con quattro punizioni scagliate rispettivamente dalla Joya Dybala (2), Douglas Costa e Higuain, nessuna delle quali squassa la rete terroncella.

Non entra niente.

Manco bombardandogli la porta con l'attacco solare di Daytarn III.

Il Feldmaresciallo Von Acciughinen in panchina entra in consultazione con Beppe Marotta per l'ingaggio immediato di un esorcista a parametro zero.

FINE DEL PRIMO TEMPO.

Alluvione di post su Faccialibro da parte del CO.NA.GNE (Congresso Nazionale delle Gnegne), che, lamentando l'ormai inevitabile capitolazione dell'impero bianconero contro i campani da asporto, invoca in sequenza: 1) Le immediate dimissioni di Allegri, 2) Il ghigliottinamento di Marotta, 3) La rasa al suolo di Vinovo e 4) La cessione del Piemonte al Regno delle Due Sicilie con conseguente abiura di Garibaldi, declassato da eroe nazionale unificatore ad esponente dell'Isis o a modello di Dolce&Gabbana

per via del barbone hipster antemarcia.

In tutto il Sultanato del Lamentistan caroselli per strada, fuochi d'artificio e un numero di proiettili sparati (quasi tutti) per aria in segno di tripudio per la caduta della tiranna, che in confronto la striscia di Gaza nel 2014 sembrava la Reykjavík del 1800.

Che poi, calcolando che stiamo parlando del Valhalla della scaramanzia, 'sto carnevale lascia un pelo perplessi perché si sa che si tratta di robina che in genere non porta benissimo......

Comunque sia, **INIZIO DEL SECONDO TEMPO:**

Ricomincia l'assalto bianconero a Fort Benevent-Alamo: dopo avere scavato all'interno della loro area di rigore un sistema di trincee da fare invidia al fronte belga della Prima Grande Guerra, i beneventani da lì in poi considereranno una esplicita offesa della loro religione provare ad oltrepassare anche solo con lo sguardo la mezzeria del terreno di gioco.

A bordo campo una commissione di commercialisti muniti di pallottoliere termonucleare tiene il conto del numero dei tiri in porta da parte degli juventini, che a fine match supererà nettamente quello del disavanzo economico dell'intera Repubblica di Stivalonia.

Ma niente, la porta degli yammeyà 2.0 è più inviolabile della patonza di una Badessa novantenne esiliata nel Circolo Polare Artico con la chiave della cintura di castità smarrita nel Borneo.

Quando...

All'11' del secondo tempo Max Von Acciughinen si china a raccogliere un bellissimo esemplare di *Quadrifolius fortunellus granculus pallonaris*, una specie che si riteneva ormai estinta nel Principato di Sabaudia da almeno sei ere geologiche, e, contemporaneamente, dal fondo della zona destra del campo la recluta bianconera Mattia *Secipiglio* De Sciglio fa decollare un traversonissimo che sorvola tutta l'area avversaria sembrando destinato a morire sul fondo opposto; ma all'improvviso compare dal nulla Blaise Sonquamasonancolì Matuidi che con un colpo d'anca alla Sergey Bubka al cacao ricolloca la boccia di testa in piena area di rigore, dove GOLzalo Higuain la raccoglie e, all'urlo QUE TU ROMPES EL BIRILLO, PELOTA!, la scaraventa al volo nell'angolino in soffitta della porta altrui.

GGIUVE 1 - VESUVIANESE B 1

Sempre all'11' del secondo tempo, ma facciamo circa sei barra sette secondi dopo, ottomilacentoquaranta persone si radunano in fila nei principali reparti di Pronto Soccorso degli ospedali di Benevento e Pizzàpoli, tutti con preoccupanti sintomi di bruciore crescente al canale rettale in rapida espansione.

Al 21' del secondo tempo Alex "*Ooooo-tuoamigoSciarli-Sciarli-Brau*" Sandro dalla tre quarti di sinistra pantofola un cross in piena area avversaria; si tratta di un volo intercontinentale executive con solamente una classe a bordo: quella riservata alla tempia di Juan *Billy Jean* Cuadrado, il sesto dei Jackson Five, che compare all'appuntamento eseguendo il suo celebre moonwalk volante e la spedisce di controbalzo nella sacca degli sparring partners.

ECCHECCAZZO, BRANCO A STRISCE 2 - VESUVIANESE B 1

Le file ai principali P.S. dell'intero Lamentistan assumono proporzioni tali da imporre il richiamo in servizio delle riserve della Protezione Civile e la messa in produzione a ciclo continuato di quantitativi supplementare di *Pasta di Fissan* tali da impomatare i culi dell'intero continente.

Nei restanti venticinque minuti finali della gara i beneventani restan più accucciati nella loro area di rigore di una famiglia di cani della prateria affetta da manie di persecuzione, mentre l'orda zebrata, eccezionalmente caramellata da autentico spirito di carità per festeggiare l'anniversario, decide di non infierire ulteriormente.

Per cui finisce così, con il Benevento che rispetta scrupolosamente la sua perfetta media inglese ed i bianconeri che in classifica scansano l'Indà, piazzandosi ad un misero punto dal culo dei capifila somaridi della Vesuvianese, quella vera, nel frattempo bloccata sul niente-a-niente da qualche parte tra le nebbiose lande veronesi.

I conti si fanno comunque e sempre solo in primavera, ma avere alle spalle una Zebra killer incazzata con il passaggio a livello bello dritto nei calzoncini da gara e la freccia perennemente fuori, non è sensazione che suggerisca prematuri cortei di carnevale.

Poi, oh, fate vobis.

Nel frattempo: *TANTIAUGURIATEEE, TANTIAUGURIATE-EE, TANTIAUGURI BELLASIGNORAAA, TANTIAUGURIIIAAA-AAATEEE !!!*

(ZAN-ZAN!).

By Memedesimo, Il bambolotto voodoo uacciuari-uari-u'

*[1] **Emily Ratajkowski**: se non sapete chi è, raga, è abbastanza grave di suo e direi che sarebbe ora di farvi fare una bella revisione alle cornee; comunque, si tratta di una supermodella e attrice statunitense (ma nata a Londra il 7 giugno 1991) unanimemente considerata tra le femmine più belle del sistema solare.

*[2] **Dott. Frankenstin**: si pronuncia FRAN-KEN-STIN, e non Fran-ken-stein; è il protagonista del celebre film *Frankenstein Jr.* (scritto e diretto nel 1974 da Mel Brooks) mirabilmente interpretato da quel grande attore di Gene Wilder, pace all'anima sua.

*[3] **Grand rond de jambe**: uno dei cinque passi basilari della danza classica.

Liberamente ispirato da: Napoli 0 – Juventus 1, 01.12.2017
Serie A TIM 2017 / 2018

VESUVIANESE 0 - JUVHIGUAIN 1

Venerdi 1° dicembre, settimo anno dell'Era della Zebra assassina, Stadio San Merola di Pizzàpoli, Capitale del Lamentistan Meridionale (Stivalonia Sudista).

Alla quindicesima puntata della fiction TV *"Chi vuole sotterrare la Vecchia Signora? Tra parti di fantasia ed ossessioni compulsive"* va in onda lo scontro epocale tra zoccolati di diverse specie, che vede affrontarsi il branco delle Zebrotte somaricide iperscudettate ed i raglianti della Vesuvianese, attuale quanto momentanea capoclassifica e, come tale, a parere del 98,7 % delle testate giornalistiche stivaloniane già campione nazionale di pallapiede, nonché Medaglia d'Oro del Congresso, Ordine di Lenin, Oscar per la migliore sceneggiatura non originale per il film *Simm chiu' fort yamme-yà*, finalista del premio Pulitzer per la monografia: *Sarri: mirabolanti fantasie tattiche di un autentico speleologo nasale*, Grammy Award per la canzone *Accattamm tutt noje*, premio Nobel per l'astrofisica applicata al movimento delle sfere intese come balle e, soprattutto, vincitori del *Modestino d'Oro* 2017.

Dall'alto della sua proverbiale pacatezza e capacità divinatoria, il Gran Vizir della Vesuvianese, Gufelio De Lamentiis, nel prepartita l'aveva toccata piano con i giornalisti buttando lì un: *"Mi auguro che giochi Higuain per dargliene quattro"*[*1].

Robina che in genere procura la stessa badilata di culo di una mousse di randagio nero spalmata sulla Salerno-Reggio Calabria, dopo essere stata stirata da un Tir a rimorchio turkmeno caricato a salgemma, guidato da una Madre Superiore ultracentenaria spaccata abbestia di *Amaro Lucano* e parcheggiato sul bancone di una antica vetreria di Murano.

Alla notizia della sparata del loro capoclan, tutti i vesuvianesi dai 7 ai 99 anni disseminati nel Sistema Solare si erano immediatamente massaggiati all'unisono la sala giochi in pelle con velocità da fuoribordo, nel vano tentativo di esorcizzare la tremenda auto-gufata livello australian boomerang.

Ed infatti, puntuale come una coppia di Testimoni di Geova al citofono la domenica mattina, a poche ore dall'inizio del match arrivava da Agnellopolis la notizia che, a causa della defezione di Mario Mandzukic ricoverato d'urgenza in prognosi riservata all'ospedale Molinette di Torino per un improvviso attacco di buonumore, la Juve sarebbe stata costretta a rischiare di far scendere in campo proprio GOLzalo Higuain, centravanti dalla nota bulimia realizzativa nonché grande ex della gara, tuttora convalescente per essere stato operato ad un cotechino solo pochi giorni prima.

Pochi infatti sanno che, nel corso della settimana pre-gara, il Dottor Maximilian *Frankenstein* Allegri, circondato da un alone di scetticismo che a confronto la vittoria della nazionale stivaloniana ai prossimi tre mondiali di fila è un assioma euclideo, aveva attaccato gli elettrodi alla carcassa del povero argentino rappezzato, era salito sul tetto dello spogliatoio dello Juventus Training Center di Vinovo e, dopo averlo rianimato con una flebo di asado condita da vellutata di fulmini, urlacchiando *"SI.....PUÒ.....FAREEEEEEEE"* aveva consegnato in gran segreto la casacca numero nueve black&white al centravantone gaucho ricaricato.

All'ingresso delle due formazioni sul terreno di gioco tutto il pubblico dello Stadio di San Merola accoglie la spedizione dei piemontesi a strisce con una ecatombe di fischi & spernacchi che manco Cicciolina*[2] con il pitone ad un convegno nazionale di Mullah sciiti presso la Moschea dello Shah di Teheran.

Durante il preriscaldamento, GOLzalostain Higuain viene particolarmente bersagliato dagli insulti dei settecentoquarantamila presenti sugli spalti (4 paganti), sbavanti dalla voglia di vederlo bruciare sul rogo che Giovanna D'Arco spostati petarda.

GOLzalostain mantiene apparentemente l'espressione tipica della guardia reale di Buckingham Palace in un qualunque mattino nebbioso di novembre, ma, conoscendo perfettamente la altrimenti ostica lingua vesuvianese grazie ai suoi trascorsi ncopp'o'Vesuv, annota mentalmente ogni singola ingiuria e, sottovoce, li ringrazia tutti, uno per uno, ricordandone nome, cognome e generalità note alle autorità inquirenti.

Ultima nota di stilosità prima del calcio di inizio: la Ggiuve per l'occasione sfoggia la divisa da trasferta in uno sfiziosissimo giallo Titti-Calvè, mentre la Vesuvianese sciorina una mise in nero-grigio-ruggine-zozzimma sinceramente un filo too much, tanto è vero che dopo averla vista lo stilista partenopeo Enzo Miccio tenterà di impiccarsi nel parcheggio dello stadio con le budella della collega Carla Gozzi.

Fischio d'inizio: I padroni di casa partono forte ma non fortissimo, tenendo la boccia rigorosamente appiccicata alle suole con il bostik ed occupando militarmente in pianta stabile la camera da letto di San Gigi Buffon e relativi apostoli.

La soavità del coro gregoriano di madonnoni assortiti che si sente levare dall'ugola di Don Gigione ad ogni folata in area dei padroni di casa è roba che farebbe sembrare Nino d'Angelo Vin Diesel, ma le ondate degli attacchi dei raglianti si infrangono ripetutamente sulla difesa sabauda come le linee dei persiani sugli scudi dei 300 opliti spartani di Re Leonida alle Termopili.

"Perchè llè piu facile che un hammello entri nella hruna d'un ago che un napoletano oggi ci faccia ggoal, boia dé" aveva decretato sottovoce negli spogliatoi del San Merola Mister Max *Isaiah* Allegri, concludendo il consueto sermoncino pre duello in uno sbocco di profetica vangelosità calcistica.

10' del primo tempo: dopo aver lasciato svaporare l'assalto iniziale vesuvianese, i bianconeri in salsa maionese fanno le prove generali di tragggèdia nàppppuletana: Higuain a centrocampo si finge intento a ciucciare uno spiedino di rinoceronte estratto da un calzino della divisa, e così di soppiatto rapina la sfera dalle zampotte credulone del vesuvianese Callejon, involandosi con insospettabile velocità ghepardica verso l'area yammeyà; nel mentre, intravede un'ombra nera che saetta sulla trequarti a velocità difficilmente percettibile da cornee umane, rivelandosi pura essenza di Douglas Costa, e lì per lì decide di filtrargli la boccia con il contagiri.

Il panterone mutaforma di Rio Azul rallenta per un istante a velocità sub-luce e chiude il triangolo con GOLzalonestain, che così riesce a presentarsi davanti a Reina al quale recapita un biglietto da visita sferico a settecento chilometri orari, che l'estremo difensore vesuvianese riesce a deviare in calcio d'angolo con il corpo, anche se poi dovrà sostituire il giubbotto antiproiettile in dotazione.

Al San Merola è come se avessero improvvisamente staccato la corrente alle casse dell'*Amnesia* di Ibiza il venerdì sera e gli spalti nàpppuletani vengono improvvisamente sommersi da un'onda anomala di silenzioso brivido refrigerante, manco avessero usato il sangue di San Jennà per un bloody Mary al compleanno di Salvini.

Ma è solo il prologo, un appetizer, un amuse-bouche...

Infatti, appena centoventi secondi dopo, scatta il trappolone bianconero, nome in codice operazione *Sfàcimm*...

12' del primo tempo: Douglas *Bagheera* Costa recupera palla davanti l'area zebrata e si invola tra tre vesuvianesi slalomandoli come Tomba La Bomba a Calgary nell'88, dopodichè scarica la sfera a Dybala che si fionda in un coast to coast nella quale trasforma il prato del San Merola nella Route 66 con destinazione California, mentre lo stesso Douglas Costa, in una mossa che avrebbe fatto sembrare il Maresciallo Rommel un affetto da labirintite, taglia sul versante opposto trascinandosi dietro mezza difesa napoletana attratta come lima di ferro su una calamita; *la Joya* con addosso la 10 bianconera fa partire un filtrante munito di telecomando verso GOLzalone Higuain, che in argentino significa "*ex ciccione che compare sempre al momento giusto per fare il culo nuovonuovo a chi lo fischia, stàtevàccuort*".

Il Pipita, puntuale all'appuntamento come una cartella esattoriale di Equitalia, la colpisce di sponda in buca d'angolo facendola passare sotto il fianco di Reina e...

SIGGONFIALARETE! SIGGONFIALARETE! SIGGONFIALARETE!*3, tanto per perculare un ciuccio-fan D.O.P. a caso.

VESUVIANESE 0 - JUVE 1

E fanno 5 punture del Pipita alla Vesuvianese in 5 gare disputate da ex.

Così, per dire....

Che se continuate a fischiarlo magari a noi gobbi, a conti fatti, non ci procura tutto 'sto fastidio...

Poi, oh, fate voi eh?

In tribuna il presidente De Lamentiis è una statua di salgemma in scala 1:1 con l'espressione di Bart Simpson dopo la lobotomia.

La Vesuvianese con il sottocoda ancora rovente per la imprevista fresata testè subita prova a ripartire immediatamente e, per non saper né leggere né scrivere, fionda una boccia nella porta sabauda con il proprio capitano Hamsik, quello che se ne va in giro con uno scopettone Vileda sulla testa facendolo sembrare, sotto il profilo squisitamente estetico, non dico l'ultimo dei Mohicani ma il primo dei quagliòminkia certamente sì.

Sua Eminenza Cardinal Gigi Buffon para tenendo lo stuzzicadenti in bocca come se si trattasse della consueta merenda pomeridiana a base di fruttini e ostie consacrate.

23' del primo tempo: Paulo Dybala pennella al centro dell'area campana un cross preciso come un taglio su una tela di Lucio Fontana*4, contro-rimbalzo da circo Barnum di Blaise Matuidi, il *Sonquamasonancolì*, e sfera che arriva dalle parti di Mehdir Benatia, il *Principe Berbero* numero 4 bianconero, che al volo la scannella di un micron sopra la traversa azzurra.

E se non siamo 2 a niente è solo merito dei due lavandini marca

Pozzi-Ginori che il marocchino ha innestato al posto degli arti inferiori deambulanti...

30' del primo tempo: *Re* Giorgio Chiellini *Primo*, fino a quel momento autore di una prestazione di livello imperiale come peraltro impone il suo lignaggio (che il sangue blu non è mica fatto di gazzosa) sbaglia un disimpegno facendo inopportunamente arrivare il pallone a *Bilbo Bagghins* Insigne poco fuori area; il miniyammeyà numero 24 la scaglia al volo nella porta di San Gigione, che evita il pareggio con un tuffo plastico che Roberto Bolle domani mattina puoi inoltrare formale richiesta per essere assunto come nanetto di gesso da giardino.

31' del primo tempo; sull'angolo che ne è derivato, il cross dell'iberico Callejon trova la microcapoccina di Insigne che la gira al volo in porta, ma ancora una volta San Gigione si fa supereroe Marvel impedendo il pareggio, anche perchè farsi fare gol di testa da un giocatore di Subbuteo, sul suo curriculum, *fà minga bel*.

Sul rimbalzo ci pensa poi lo yammeyà Albiol a rendere felici gli scugnizzi del parcheggio dello stadio, regalando loro l'ennesimo pallone.

38' del primo tempo; *La Joya* bianconera, titolare della leggendaria camiseta numero dies, replica la regata in solitaria nella metà campo campana al termine della quale però il suo tiro sorvola di un nulla la traversa.

La sensazione netta è che la Vesuvianese sia molto abile a tenere palla, campo e statistiche, ma che sia la Vecchia Signora a decidere come, quando e perchè spingere lo zoccolo sull'acceleratore per spaccare il match.

Si giunge quindi alla pausa della metà di gioco, ma alla ripresa delle ostilità la solfa è sempre quella, vecchia e prevedibile come una barzelletta di Berluskaiser: i somaridi hanno un predominio territoriale che però si rivela sterile come il pompino di un chierichetto.

Dal canto loro le zebre in avanti riescono a proporre poco e niente, ma sul terreno di gioco si muovono a ranghi compatti con la sincronia di un balletto sovietico di danza classica e la precisione letale della X legione romana di Caio Giulio Cesare durante la campagna di conquista della Gallia, lasciando ai Ciucci solo l'ingombro delle corsie laterali che li costringe sistematicamente ad una infinita serie di inutili traversoni dall'alto, anche perché la Vesuvianese schiera in prima linea gente munita di una altezza media inferiore a quella degli Hobbits scartati per insufficienza fisica dalle selezioni per la nazionale di basket della Terra di Mezzo.

Pericoli corsi da Padre Buffon nei secondi quarantacinque, a parte quello di abbioccarsi come il nonno post cenone di Natale davanti al camino acceso, nessuno.

Anzi, al 23esimo della ripresa un lungo cross morbido come le labbra di una spogliarellista di Las Vegas parte dagli zoccoli molto bene educati del pianista Pjanic per trasferirsi in piena area vesuvianese, dove Matuidi, tra un impegno e l'altro, trova il tempo di sbatterla tra i pali degli yammeyà.

Ma Pepe Reina, a conti fatti il migliore dei suoi, evita il secondo infarto di De Lamentiis opponendosi in modo miracoloso alla conclusione del colored bianconero, anche se per lo spavento a fine match il suo contachilometri esistenziale segnerà un -10 anni di vita sul display.

Succede poco altro, a parte un diagonale di *MiniMe* Insigne che non riesce a sposarsi con l'angolo sabaudo e tutto il resto è noia fino al triplice fischio dell'arbitro Orsato, che sancisce definitivamente un paio di assiomi cartesiani da scolpire sul Vesuvio come le facce dei presidenti USA sul monte Rushmore in South Dakota, vale a dire che:

1) Rompere il cazzo al Pipita Higuain nunn è ccosa, sient'ammè....

2) Pensare di avere già vinto uno scudetto a dicembre è un po' come essere convinti di laurearsi ad Harvard quando sei ancora in terza elementare e hai una maestra d'appoggio solo per te, perché sei un bambino speciale ma non hai mica capito bene in che senso;

3) De Lamentiis è ufficialmente la nuova mascotte voodoo di tutta Gobbolandia: ogni volta che spedisce nella ionosfera mediatica una delle sue celebri sparacazzate, questa si tramuta in sentenza irrevocabile di morte per i suoi, che neanche una giuria in Alabama negli anni cinquanta alla fine di un processo ad uno Zulu immigrato clandestino per lo stupro di una seienne ariana.

Gufi e gnegne serviti allo spiedo, vale a dire con un bel ferro superilcù, su un letto di scuse di Sarri con contorno di lamenti di Sarri in salsa di brontolate di Sarri.

Però poi sta sbobba ve la mangiate voi: noi gobbi abbiamo il palato delicato.

By Memedesimo, quello con la gobba eccitata

*1 Nell'estate 2016 Gonzalo Higuain, che nelle tre stagioni precedenti era diventato un idolo nelle fila della Vesuvianese, veniva acquistato dalla Ggiuve determinando uno dei trasferimenti più costosi e controversi della storia del calcio; la storia ve l'ho gia raccontata nel capitolo del Cast, per cui sciò, sciò, via di qui, non ingolfate il traffico.

*2 **Cicciolina:** nome d'arte di Ilona Staller (Budapest 26 novembre 1951) ex attrice porno di fama mondiale, celebre per il suo numero dal vivo nel quale coinvolgeva un pitone, per fare cosa lo potete immaginare da soli.

*3 Si tratta dell'urlo di esultanza che emette un noto giornalista tifoso vesuvianese ad ogni rete della propria squadra.

*4 **Lucio Fontana;** (Rosario, Argentina 18 febbraio 1899 – Comabbio, Italia 07 settembre 1968) è stato un pittore e scultore italiano di origine argentina di fama mondiale, inventore, per l'appunto, dei famosissimi "tagli sulla tela".

Liberamente ispirato da: Juventus 2 - Torino 0, 03.01.2018
Coppia Italia 2017 / 2018; quarti di finale

THE OLD LADY 2 - MINIBOVIDE F.C. 0

Riemergendo con titanica fatica dalle profondità del mio letargo letterario, ricavo con ammirevole dedizione nei confronti di voialtri impavidi consumatori di gobbo-cronache un contagocce di secondi in quell'oceano in perenne tempesta che è la mia agenda settimanale, per sciorinarvi l'ennesima perlina narrativa, come un conquistador di Salamanca avrebbe fatto ad una tribù di nativi sulla spiaggia di San Salvador una qualche mattina del 1492 Dopo Cristo, ossia il 482 Avanti Del Piero, o giudilà.

Indi & per cui, questo è ciò che è successo addì mercoledì 3 gennaio dell'anno novantacinquesimo dall'avvento della dinastia Agnelli alla guida della Juventus F.C.

Nel sacro recinto dello J Stadium (ke in totezko zi pronungia Alliànz Stàtiumm) si affrontano il branco delle Zebraccie gobbe sgozzabovidi 2.0 modello Acciughina-banzai-au revoir ed una mandria di bestiame... si, dai... , quelli con le corna tutti pitturati di rosso granata... l'altra squadra minore di Agnellopolis, com'è che si chiamano... porcatroia a me e alla mia memoria per le cose inutili della vita... ma dai, ce l'ho sulla punta della lingua biforcuta... quelli che erano famosi tipo sei o sette guerre mondiali fa... che poi poverelli a un certo punto hanno avuto quel tremendo all-in di sfiga perché si sono spatasciati contro la montagna per colpa del nebbione e di un maledetto aeroplano in tela cerata tenuto assieme con lo sputo... dai, quelli che sono abituati a cambiare più presidenti che mutande...

Nsomma, avete capito quali.

L'occasione è il quarto di finale della Coppa di Stivalonia, una competizione che negli ultimi tre anni consecutivi ha visto una sola legittima proprietaria, che se indovinate chi è vincete un buono per una annusata di un calzino da gioco di Antonio Cabrini del 1982, tenuto sottovuoto nel museo della Juventus alla Continassa.

Di seguito, dato che non stiamo mica qui a raddrizzare le gobbe ai Belotti, ecco l'estrema sintesi degli episodi significativi della ennesima mattanz...ehm della partita.

Innanzitutto le formazioni:

PER LA GGIUENDSSS:

N. 23 Wojciech Szczesny, detto *Supercazzola*;

N. 27 Stefano Sturaro, detto *Prezzemolino*;

N. 24 Daniele Rugani, detto *BimbinoBiondinoCiccino*;

N. 3, il Dott. Giorgio Chiellini, detto *RE Giorgio Primo*;

N. 22 Kwadwo Asamoah, detto: *L'antilope nera* o: Dimmi Kwadwo-Kwadwo-Kwadwo;

N. 8 Claudio Marchisio, detto *Il Principino*;

N. 5 Miralem Pjanic, detto *Il Mozart bosniaco*;

N. 14 Blaise Matuidi, detto *Il Sonquamasonancolì*;

N. 10 Paulo Bruno Ezequiel Dybala, detto *La Joya*;

N. 11 Douglas Costa De Sousa, detto *Bagheera la turbo pantera nera do Rio Azul*;

N. 17 Mario Mandzukich, detto *Sorrisino*;

PER I CORNUTI (dai, quelli là che avevate detto voi prima):

I primi undici raccattati a caso che passavano di lì, purché zoccolati e privi di strisce, ma senza il numero 9 Belotti, detto il Quasimodo-Andreotti.

PRIMO TEMPO:

Fischio d'inizio della strag...ehm, della partita e le Zebrotte vitellicide prudenzialmente partono pianino, di soppiatto, mettendola giù morbida, con gli zoccoli in pantofole: Infatti la stalla dei bovidi nei primi quattordici minuti sembra Time Square a New York alle 23,59 del 31 dicembre 1999.

La sindaca di Torino Chiara Appendino è costretta ad inviare sul posto massicci contingenti di vigili urbani per decongestionare il traffico nell'area cornuta, all'ingresso della quale durante la notte erano stati previdentemente istallati i tornelli utilizzati a Modena park il giorno del megaconcerto di Vasco*1, mentre l'interminabile fila di tutti i bianconeri che vogliono tirare in porta viene gestita da un sistema computerizzato che in confronto Cape Canaveral è una sagrestia.

Comunque:

Al 6' del primo tempo l'armata bianconera sfonda sulla sinistra del fronte granata come la 1a Divisione USA nel deserto kuwaitiano al primo giorno di *Desert Storm*; la sfera giunge a Miralem Pjanic, che invece di proporre al pubblico una marcia trionfale, mette sullo spartito una mazurchetta da cerimonia del the delle cinque impattando di prima, ma centrale.

All'11' del primo tempo, giusto per impepare un minimo la serata, Sturaro la cicca di testa e la boccia perviene tra gli zoccoli di Berenguer in piena area juve (situazione che peraltro sarebbe vietata, oltre che dalle regole della pallapiede, anche dalle più elementari norme della buona educazione, della decenza e del buoncostume); il granata però non ha la minima idea di cosa farsene della sfera e la zampogna a lato, lontanissimo da Szczesny che così può finire comodamente la sua partita a Pokémon Go senza distogliere le sopracciglione dallo smartphone.

Al 14' del primo tempo *La Joya* Dybala apparecchia un assist filtrante di livello pornografico per *Sorrisino* Mandzukich, ma lo sferoide, appositamente appezzato di numerose pecette nere per rendere l'idea del VM18, si rivela di uno zerovirgola troppo veloce e consente l'uscita in presa del portierbovide.

Per questa volta...

Al 15' del primo tempo Kwanwo Asamoah sulla fascia sinistra riesce a compiere l'intera rotta di Kessel in meno di dodici parsec*2, dribblando al contempo un numero di avversari calcolabile solo con espressioni complesse di sesto grado, praticamente un frullato di code alla vaccinara; giunto al limite della stalla il numero 22 bianconero sgancia la boccia al centro dove sopraggiunge Dybala, che nell'occasione splende un pelo meno di uno Swarovski venduto nella piazzola di un autogrill, e infatti scarabattola la sfera addosso ad uno a caso dei settecentoquarantatre Manzotin parcheggiati nelle vicinanze del portiere granata; poco male perché la bastarda inflipperata raggiunge comunque il limite dell'area dove staziona il turbo black panther Douglas Costa, che con una girata al volo all'uranio impoverito la silura nell'angolino alto della porta torinista, reparto ragnatele.

LAGGIUENTSSS 1 - BOVIDI MUUUUUU

Al 17' del primo tempo, nell'arco di un solo minuto, succede letteralmente la qualunque: prima *Juwelo* Dybala inghiotte la chance del raddoppio calciando un filo alto sulla muccotraversa, e, nella successiva ripartenza, i bovidi rischiano il pareggio con un diagonale di Niang che va a fare a lingua in bocca con il montante zebrato.

Szczesny in compenso supera il centesimo livello di *Ruzzle* componendo la più lunga bestemmia della storia del gioco, attingendo direttamente dall'edizione più recente del dizionario polacco - buffonese.

In panchina il Gigione nazionale lascia trapelare un tracotante sorrisetto di soddisfazione per come gli sta venendo su l'erede al trono.

Al 28' del primo tempo Douglas *Bagheera* Costa si improvvisa turbofocamonaca e si shakera sulla fascia destra una mezza dozzina di vitelli granata con un gioco di prestigio che Houdini fatti in là che sei un bradipo con disabilità motorie, poi giunge sul fondo e scarica al centro un dai&vai in very NBA mode per il sopraggiungente Dybala, che al volo la impacca in porta ma trova l'opposizione del ciàpagòl granata Milinkovic Savic, detto *Viteltonnè*.

Al 32' del primo tempo, sempre Douglas Costa scatta dal limite della tre quarti, scarta il portiere dei bovinidi come Manolete nella Plaza de Toros de Madrid e felpa la sfera nella sacca della mandria, ma l'arbitro annulla per il fuorigioco di partenza di alcuni millimetri da parte di Silvestrao, il gatto di casa dell'incursore brasileiro, che peraltro si trova a otto fusi orari di distanza e si stava facendo i cazzi suoi impegnatissimo a decimare croccantini.

E vabbè.

Al 44' del primo tempo *Re* Giorgio Chiellini *Primo* allarga sulla destra per lo strappa mutande argentino Paulino Dybala che colpisce con un tiro a giro bello come le tette di una diciottenne californiana, il quale però viene deviato dall'onda d'urto provocata da un battito di ali di farfalla alla periferia di Okinawa, finendo con lo sfiorare soltanto il montante della porta cornuta.

E ri-vabbè, ma anche un po' che-du-màroun.

FINE DEL PRIMO TEMPO.

INTERVALLO (shiabadì-shiabadà).

SECONDO TEMPO:

Al 1' del secondo tempo, fuori Prezzemolino Sturaro e dentro il *Pendolino Elvetico* Lichtsteiner, numero 26 delle Zebre mannare nonché fante di picche nel mazzo da poker dei Berretti Verdi di stanza a Falluja*[3].

Al 5' del secondo tempo: Dybala si sposta dagli occhi la quantità industriale di reggiseni&mutandine che le fan gli fanno piovere addosso dagli spalti dello Stadium e mette la boccia in mezzo per Matuidi, il *Sonquamasonancolì*, che si estroflette con una zampata in scivolata che però viene deviata poco fuori la mangiatoia dei minibovidi.

Al 15' del secondo tempo: fuori il *Principino* Marchisio, autore di una prova educata come un cadetto di West Point, e dentro il *Feldmaresciallo* Khedira, numero 6 della Zebra mannara e numero 3 della lista degli uomini più ricercati al mondo dall'FBI.

Al 22' del secondo tempo Khedira sequestra la sfera dalle zampette molli del torinista Acquah, che per lo stupore sviene a terra come una fan di Dybala alla quale abbiano mandato su whatsapp una foto del pacco della Joya; la bastarda deviata perviene tra le zampotte fameliche di *Sorrisino* Mandzukic che attira fuori dalla porta il portiere bovide come farebbe il pagliaccio Pennywise con un qualsiasi bamboccetto credulone di Derry nel Maine rincorrente barchine di carta nelle fognature cittadine durante il diluvio universale, e la appoggia felpatissima nel saccoccio.

LAGIUENTSSS 2 - MUCCHE MUUUU

Scoppia una baraonda nella mangiatoia dei manzi perché Mihajlović, capotribù dei ruminanti, pretenderebbe che Khedira venisse accusato di tentativo di stupro nei confronti del verginello Acquah ad inizio azione, con conseguente annullamento della segnatura e matrimonio riparatore.

L'arbitro lo guarda come si fisserebbe una merda di muflone sul cuscino poggiacorona della Regina Elisabetta, si appropinqua al VAR, esamina le scene più hot dell'incontro e sentenzia che, sì, effettivamente l'amplesso c'è stato ma Acquah era maggiorenne, consenziente ed invocante il bis, quindi convalida la segnatura.

Mihajlović esce di cabeza e inscena una pantomima che a confronto Tina Cipollari di *Uomini e Donne* risulta calma ed educata come una statua funeraria della valle di Luxor in Egitto, e viene giustamente accompagnato fuori dallo Stadium da due inservienti molto gentili che gli fanno indossare la solita camicina bianca con maniche lunghe allacciate dietro la schiena e la praticissima maschera facciale brevettata per il Doctor Hannibal *The Cannibal* Lecter.

Al 32' del secondo tempo, terzo cambio per il branco a strisce: esce Mandzukich ed entra *GOLzalone El Pipita* Higuain, che ha appena finito di fare merenda e quindi sarebbe proprio il caso di fare due passi per mandar giù la zuppa di balena mantecata al ragù di mammuth con contorno di sequoia caramellata al mescal che si è testè spazzolato mentre si annoiava in panchina.

Al 38' del secondo tempo infatti *GOLzalo* si accentra in area e fa partire un proiettile rasoterra ed una ordinazione per un triplo Mac Burgher di puro bovino, giusto così per pulirsi un po' in bocca, ma solamente il secondo arriva a segno, con relativa rassegnazione del puntero argentino.

Al 40' del secondo tempo Asamoah, l'antilope nera ghanese, fa partire un traversone velenoso come una cesta di black mamba in salsa di vedova nera, che per un pelo non rischia di finire direttamente nella sacca bovina; lo Stadium boateggia ma il tabellone non si smuove.

TRIPLO FISCHIO FINALE.

Finisce così, con la Vecchia Signora bovinivora che per la quarta volta in fila si aggiudica il freepass per la semifinale della Coppa di Stivalonia, un solo gol incassato nelle ultime dieci partite, un attacco che inizia a girare come la nazionale russa femminile di nuoto sincronizzato, una panchina lunga e ricca come il panfilo di un petroliere arabo e un allenatore talmente stressato da presentarsi in panchina in alta uniforme costituita da: pigiama in pura flanella 2.0, scuffiotto pomponato, borsa dell'acqua calda e per favore abbassate un po' i fari dello Stadium sennò ùn riesco a piglià sonno.

Gufi e gnegne tutti in fila all'ufficio collocamento, come Mihajlović, non appena riesce ad evadere dal reparto psichiatrico dell'Arkham Asylum[*4]

Siete contenti adesso? Alla prossima, branco di cronachedipendenti.

By Memedesimo, lo Scoglionocronista

[*1] Il 01 luglio 2017 il rocker Vasco Rossi tenne il megaconcerto denominato *Modena Park* per celebrare i 40 anni di carriera musicale; l'evento, ospitato al Parco Enzo Ferrari di Modena detiene il record mondiale per il maggior numero di spettatori paganti con 225.117 biglietti emessi, di cui 5.000 gratuiti; e io c'ero, gnegnegne, e pure tra i gratuiti, a ri-gnegnegne.

[*2] Se non sapete cosa sia la rotta di Kessel non è colpa mia: comunque fino ad oggi solo il Millenium Falcon di Han Solo era riuscito a percorrerla in meno di dodici parsec, ora ci è riuscito anche Asamoah, e senza Chewbacca sulla schiena.

[*3] Risale al tempo della guerra del Vietnam (1955-1975) l'abitudine di alcuni reparti speciali dell'esercito USA di distribuire sui corpi dei nemici uccisi carte da poker denominate "carte della morte"; durante la seconda guerra in Irak (2003) l'idea fu ripresa e l'esercito USA fece distribuire migliaia di mazzi di carte da poker raffiguranti i volti dei principali ricercati irakeni, nei quali l'importanza dei bersagli corrispondeva al valore delle rispettive carte.

[*4] **Arkham Asylum:** è il manicomio criminale di Gotham City.

Liberamente ispirato da: Real Madrid 1 – Juventus 3, 11.04.2018
Champions League 2017 / 2018; quarti di finale di ritorno.
(aggregate 4-3, qualificata Real Madrid)

REAL LADRID 1 - CEBRAS ASESINAS CON MUY CORAZON 3

Dal servizio in esclusiva del nostro inviato speciale, Don Andrès Mànica Advocado y Sonador y Menestrellos y Llo-que-tu-prèfier-es-si-non-me-èscartavetra-èl-bàtachio:

"Madrid (Espana), Plaza de toros Santiago Bernabeu;

Por el secundo turno de los quartes de final de la Copa Orechiona Bastarda Hica de Puta, el branco ssebrado de la Ggiuve, con mucho corazon y muchissimo carico de avemarie y paternoster, se confronta por la seconda vèz con los gàlacticos jugadores dell'equipo mas rico y prepotiente y stràzzabales de la Tierra: el tremiendo REAL LADRID, detentor de ònze copas orechionas (ma dos o tres rubadas o comper-radas à la Ikea, rrèparto stoviglias, modèlo TEFREGO a 1,99 euros).

En la partida de àndada, los gàlacticos habeban asfaltado la Ggiuve por 3 goles a 0, rendendo èl returno simpatico como una purga de ortiga àromatisada à las puntinas de dissegno.

Dos goles en el primero match èstaban segnados par el mejòr futbolero de todo el sistema sòlar: Cristiano Ronaldo dos Santos Aveiro, Principe de Funchal, Re de Pallonia, Empèrador de Gollandia, dètentor de cinco palònes dorados, primero y unico de la sùs specie, Duce de los meringones bastardos, esto rrompedor de balotas nuclear que todas las voltas qui encontra la Ggiuve esbàte la pelota en èl saco còmo Rocco Siffredi en un asilo de ninfòmanes ènfojadas, porcocàn.

En particular, el secundo gol qui Ronaldo marquò en el J-Stadium en la partida de andada à estado considerado èl gol mas figo de toda la historia de la ronalderia:

El portuguess à salido en el ciel como uno sputnik carburado de suco de bolas de canguro, y con una cilena*1 muy espectàcular butò la pelota a mil-cinqueciento trenta y dos chilometros à l'ora en la saca dèfendida da Gigi El Papa Buffon, qui à restado jelado como un profiteroles de mierda.

Todo el publico blanconigro à salido en pies por àplaudir esta maravejosa exibitiòn atletica de CR7, porquè d'acordo, los juventinos èstan muy sportivos y muy golosos de actiones de fuccbol èxpectaculares, mas que dos imensos cojones qui me fa venir esto Big Jim lusitano iperpompado de talento futbolèro!

Andamos adelante, vàmolà...

Por èste motivo la partida de rreturno se presenta un poquito dèsperada, un cicinin dificil, un tòco imposìble, sì che todos los gufos comedores-de-mierda de Stivalonia estàn completamente embriacòs por los festeggiamentos adelante l'inicio de la corrida, que todo el mundo futbolistico es convincto que los lladrones del Madrid han todo òrganisado para matàr dèfinitivamente las Ssebras asèsinas.

Es bastantemente claro que estos peones puzolentes no cognòsen bien la Segnora Mayor*2 ...

El Lider Maximo de la Ggiuve, Don Maximiliano Allegri, dicto El Aciughina, da un discurso muy motivàcional à sus heroes adelante l'inicio de la corrida:

- Oh Bimbibelli, laffuori ci stanno ottantamila inforcamucche con appollaiati sulle spalle dieci milioni di gufi mangiamerda stivaloniani, e son tutti honvinti che stanotte il Ladrid finisce di ristrutturarci il hulo home avea iniziato affare nella partita d'andata, hè ancora mi fumano las balotas come un bassista jamaicano, e allora io vvu vi dico: boia dè, vualtri adesso 'ndate la ffuori e mi fate l'piacere di spianare sto hazzo di stadio home l'parheggio di Gardaland a febbraio; dopo la fresata he ci han fatto all'andata è l'minimo sindahale e se tutto l'mondo ci honsidera belle chè mmorti, ora gli si hosparge di vasellina un bell'ovone di pashua e glielo si holloca sotto la hoda; lo shema vù altri lo honoscete gia:

DATE-LA-PALLA-A-DYBALA-PUTTANA-LA-MAIALA".

En el silencio hèneral de lo spogliatoio ggiuventino, una sola mano se lleva en aria invocando atenciòn:

- Ehm, ma Mister...mi scusi se mi permetto di farglielo sommessamente presente senza voler minimamente incrinare la sua indiscussa leadership, ma nonostante il fatto che io sia eternamente d'accordo con lei, che tra l'altro è il mio allenatore preferito, mi vedo costretto a ricordarle che Paulino è stato ingiustamente squalificato nella partita di andata, che peraltro abbiamo perso esclusivamente per non esserci impegnati fino al decesso come lei ci aveva brillantemente istruito di fare.

- Mapporha puttana la maiala, Chiellini, mi lecchi più il culo te dell'Angiolini...però ci hai ragione te, boia dè, lo vedi 'he studiare honta? Allora, mettetevi in cerhio che vi spiego che si fa; Chiello hiudi la porta!!

SBAM!

Cinco minutos mas tarde onze toreros en blanco-y-nigro muy incàsados dèscenden ne la plaza de toros de Madrid.

En el culo de la camiseta nombre 17 de Mario Mandzukic èsta àpicicada una maxifoto de la cabeza de Paulino Dybala firmada con un "puttanalamaiala passala qui!!" muy alegriano.

El arbitro, Senor O*[5], no tienes agun fischieto, ma solamente una grosa campana dorada de vaca cornuda con su èscrido: "Jentil omajo del Futbol Club Real Ladrid".

Y esto no es un signal muy encorajante...

PRIMERO TIEMPO:

Corida inisiada y la Ggiuve èsbarca imediatamente en l'area del Ladrid como l'esercito Yankee en la playa de Omaha Beach el 6.6.1942, màs un pochito màs aguèridos.

En el secundo minuto los blanco-y-nigros estàn già en vantajo!

Douglas Bagheera Costa ciula la pelota a un merengue a cientrocampo y se tramuta en projectile humano para organisar un pornocontropiede; pasa la pelota su la dèrecha al Feldmareshall Sami Khedira, que con un gancio-cielo mucho Kareem Abdul Jabbar style sorvola toda l'area de rigor de los blancos, para èmpactar con el cabezon benedicto de Marione Mandzukic, qui infila el balòn en la rrete de los cabrones casalinguos.

LADRID SSERO - GGIUVE UNO

En el Estadio Bernabeu otanta mil bocas madrilenas èspalancadas como el Urlo de Munch, mais en la panchina del Ladrid todos estàn muy calmos, tranquilos, como si no se frega nada si la Ggiuve insàca la pelota, como si fueran sèguros que à la fin sèra todo inutil.

El arbitro, Senor O*5, enscribe el nombre del marcador giuventino en su refierto con una maravejosa stilografica dorada tempestada de esmeraldos marquada "Real Ladrid Referee Gift Collection".

Y io principio a gràtarme muchissimamente el pàco.

El pardido rrecomencia mas la Ggiuve no entiende consetir nada respiro a los madrilenos, y reprende a caricar l'area del Ladrid como si fuera un camion saturado de paninos à la mortadela en el cientro de Mogadiscio.

Los jugadores del Ladrid estàn muy èmpressionados, ma estàn siempre jugadores del Ladrid, y con un impulso de orgolio ladrileno al minuto 13 de lo primero tiempo fan tinteggiar la mutanda de Gigi El Papa Buffon, cuando a Isco ànulan un gol in fuera de juego de très centimetres (qui para combinàcion es la medesima longitud mediana de los càssos de todos los gufos mangiamierda de Stivalonia).

Al minuto 17 De Sciglio, el còcolito prièferito de Don Aciughina, tienes ùscir dal campo por ènfortunio y va sèr sostituido para el nombre 26 Lichtsteiner, el Pendolino elvetico: Don Aciughina se dispera, mas ocho miliones de tifosos blanco-y-nigros èstapan una botella de bolicinas muy arogante.

El partido esta muy-muy-muy macho: en trenta y cinco minutos de juego en el primero tiempo, el arbitro, l'hombre cornudo, à dejà àmonestado tres jugadores de la Ggiuve: Mandzukic (por exprèsion facial non regolamentar), Pjanic (por èxceso de qualitad futbalistica non regolamentar), y Lichtsteiner (por prònunsia del cognombre non regolamentar), mientre el solo Carvajal à estado àmonestado para el Ladrid (por tentativo de estupro etnico collectivo contra la Hica de dos ànos de Alex Sandro, y trafico de èsclavos humanos para el mercado illegal de los trapiàntos de organos).

Mas los intrepidos matadores de la Ssebra àsesina no se fan intimidar de nada, y al minuto 37 de lo primero tiempo marcano el sècundo gol!

Ancora Marione Mandzukic, tramutado en finto Dybala para el stratàgema de Don Aciughina, ènvia por la secuna vez la pèlota de cabezon en la rèd ladridista, rècibido el balòn de Lichtsteiner con un pasajo aereo en la dèrecha lungo y maravilloso como un chupa-chupa de Moana Pozzi.

LADRID SIEMPRE SSERO - GGIUVE DOS

En la panchina del Ladrid todos estan muy attientos à las palabras cruciadas de Benzema y no se cagan nada del rrèsultado.

El Arbitro còntrola el tiempo de rrecupero por la rèd de la Ggiuve àmirando a sùs Rolex nuevo en platino y perlas raras, jentil omajo dè l'Alcalde de Madrid.

Y esto facto comincia à rromperme un poquitos los huevos en la mutanda.

Termina la primera mitad del partido dopo una traversa de Varane del Ladrid que no significa nada: la Giuve èsta en el match, y es muy mas perigrosa que el Ladrid.

SECUNDO TIEMPO:

El gran Vìsir del Ladrid, Zizou Zidane (dicto El Cabèzador) es *bastante desperado y rèmplaza dos jugadores: fuera Bale y Casemiro y dentro Vasquez y Asèncio, el cabròn qui marcò l'ultimo gol contra la Ssebra en la final de la Copa Bastarda 2017 à Cardif.*

Dopo esta noticia très mil y cincocientos tifosos de la Ggiuve en el Bernabeu se ràvanan las pelotas à la vèlocidad Minipimer.

Màs la musica del partido no cambia nunca: la Ssebra àttaque, el Ladrid àttaque, màs la Ssebra es muy màs èficiente, muy màs èncasada, muy màs àsesina, y en el minuto 60 completa una rèmuntada historica:

Douglas Costa en la ala derècha del campo fa dècolar un cross muy gustoso en l'àrea merengues; el ciàpagol ladridista Keylor Navas, un èscàpado de ccasa pètinàdo como un fèmminiello de Copacabana, se cosparge los guantones de gèl profumado por pènectraciones rèctales y èmprovisa una salida dèsperada a cientro àrea, màs cìlèca clamorosamiente el bàlon.

Blaise Matuidi, el Sonquamassonancolì, èn aguado travestido da cliente de fèminielòs, improvisamiente se catapulta sù la pèlota, y con un toquito felpado como Gàto Silvestro cuando intenta dè rajiunger la gàbieta del canario Titti por papàrselo, esbàte el balon en la rrete de los ibericos !!!

LADRID SIEMPRE NADA - GGIUVE TRES

Ahòra la Ggiuve y El Ladrid estàn parejados en el turno, la vergüenza para l'enculada casalinga del primero partido à estada totalmente rrestituida y la qualificàcion à la semifinal de la Copa Bastarda èsta una posibilidad concreta, y no mas un sogno imposible como cuince dias ante.

En el stadio Bernabeu ciento y sessanta mil globulos oculares èstan fixados en el èspacio como l'exprèsion media de Flàvia Viento èn presencia de una èquacion algebrica de tercio grado.

En el sèctor de los tifosos ggiuventinos à èsplodito un pèqueno Carnival do Brazil.

Mas à la panchina del Ladrid no sé emporta nada, y muchos jugadores y dirigentes riden sòto los baffos mientre sé èscatan un selfie-recuerdo todos embrassados con l'àrbitro, emparruccado y trucàdo còmo Rrenato Ssèro en èl tour de Zerofobia del 1978 y con una camiseta con sùs èscrito "Sergio Ramos bèsame mucho !"

Y esto facto mè preocùpa un poquito-poquito-poquito....

La corrida rreprende, y el Ladrid ahora atàque muy forte la porta de Gigi Buffon, porquè la Ggiuve està muy fatigata por la rremuntada.

Mas èl primero ciàpagol del mundo esta noche es in vèrsion Marvel Avengers y para todo, no lasa pasàr nunca, manco los mosquitos, y todos los tentativos de les Merengues de èvitar los tiempos suplèmentares rèsemblan inutiles como un jelado al gusto de mierda.

Aci arriba el minuto 93' del partido, ultimo del tiempo de rrecupero, y en la ultima àcion de la gara Tony Kroos tira un traversòn en l'area ggiuventina por CR7, qui invia de cabeza la pelòta al cientro; arriban como una pareja de tango el ladridista Lucas Vasquez y el ssebrado Mehdi Benatià.

El defendero ggiuventino nota que el merengue ay un pelo en la camiseta blanca y para èducacion lo lleva con la punta del zapato aci dèlicado como un sòflo de viento primavèril.

Y el arbitro conciède el penalti !!! silbando la punicion màxima con un saxofòn de platino todo incastonado de diamantes que forman la inscripciòn: "èternamiente tuo, Florentino Perez" *3!!!!!

En l'area blanco-y-nigra comienza la tèrcia guerra mondial.

Los jugadores de la Ggiuve attèmptan de màtar directamiente el cornutàrbitro, sin suxcesso por la baraonda gènèral qui èxplode con los jugadores del Ladrid.

A Buffon se rrompe la camiseta, se ènfia todo el cuerpo qui aumenta de diez volte la dimèncion, trasformandose èn Hulk-Gigi, y en èsta vèrsion va à èxplicar à l'arbitro la autentica actividad profèsional de su mama.

El àrbitro lo èxpulsa, confirmando que tiene un sàco de imondicia en lugar del còrazon!!!!

Cinco minutos mas tarde, dèspues de l'intervencion de los cascos azules de l'ONU para rèstaurar la paz en campo, Sua Ronaldità Cristiano Ronaldo CR7 se prepara a tirar el penalti contra Wojciech Szczesny, el vice ciàpagòl de la Ssebra.

CR7 tira el balòn, el pòlaco se lanza à la izquierda y por una èscorègia de zanzara pigmea no para el tiro del portugues, que se ensàca, maldido destrugidòr de todos los suegnos ggiuventinos.

LADRID UNO - GGIUVE TRES

Aci termina el partido, y las esperazas de los blanco-y-nigros de continuar en la conquista de la Copa Bastardona.

En Stivalonia dies miliones de gufos mangiamierdas se masàcran de pugnètas por romper el record mundial de màsturbacion colectiva.

Y la mama del arbitro se propone por la collècion del producto."

By Memedesimo, El Cid Juvèador

*¹ **Cilena:** è il nome che in tutto il Meridioamerica e nei paesi di lingua ispanica viene chiamata la "rovesciata", fatta eccezione per il Brasseu, nel quale il colpo di insaccare la palla con l'acrobazia in questione viene chiamata, per motivi ignoti: *bicicleta*.

*² **Segnora Mayor:** traduzione in spagnolo della Vecchia Signora, soprannome della Zebra assassina.

*³ **Florentino Peres:** potentissimo presidente del Real Club de Ladrid.

Liberamente ispirato da: Inter 2 – Juventus 3, 28.04.2018
Serie A TIM 2017 / 2018

DIPENDENTI SUNING 2 - VECCHIA SIGNORA OMICIDI 3

Sborronburgo (Longobardia Meneghina, Stivalonia Padana), ventottesimo giorno del quarto mese dell'anno del Signore XLIV d.D.P., ossia sesto anno dell'era dell'egemonia nazionale bianconera nel secondo millennio.

Alla trentacinquesima giornata del campionato stivaloniano, l'indomito branco delle Zebre assassine conduce la classifica con un solo punto di vantaggio sulla *Vesuvianese*, che non ne vuole sapere mezza di rassegnarsi all'ineluttabile destino che prevede la consueta copula finale tra la Vecchia Signora e lo scudetto tricolore, essendo quest'ultimo un fine buongustaio consapevole che la gallina matura produce inevitabilmente il brodino di superiore squisitezza.

L'avversaria di turno di stasera è una comitiva di dipendenti della succursale locale del discount del frigorifero cinese*[1], *l'Indà* di Sborronburgo (in latino *Mediolanum*, *Brambillapoli* in antica lingua padana) che, essendo protagonista di una delle rivalità con la Juve più antiche e feroci del calcio italico, non perde occasione per scartavetrare le balle alla medesima tentando di mettersi di traverso tra la Zebra ed il raggiungimento del suo settimo titolo nazionale consecutivo, che poi sarebbe il trentaseiesimo della storia patria al netto di gentili omaggi Telecom, repliche in cartone pressato e giostrine aumma-aumma della Lega in favore dei new china nerazzurri.

Siccome però se vado avanti io con la cronaca di 'sta guerra di Troia pallonara salta fuori che dite che sono un *cicinin* di parte e che la mia proverbiale asetticità nella descrizione degli eventi sportivi sin qui dimostrata rischia di contaminarsi impercettibilmente, stante il fatto che a me l'Indà sta simpatica come un coniglio gradisce i serpenti boa o come un Rabbino di Tel Aviv simpatizza per un colonnello della Gestapo, facciamo che a 'sto giro io me ne vado simbolicamente al bar per un *Cuba libre* fatto come Che Guevara comanda, e che come è andata la partita ve lo faccio raccontare da Mr. Ho Chai Fam, un alto dirigente Suning segretamente tifosissimo bianconero, da lungo tempo agente segreto sul mio libro paga e infiltrato sotto copertura tra le fila dei mangiariso meneghini, come tale presente in tribuna centrale alla Pagoda di San Silo in occasione dell'ennesimo *Derby di Stivalonia*.

Per cui:

Dal rapporto segreto dell'agente in incognito Ho Chai Fam, nome in codice Selgio-Blio, operazione Stripped Dragon:

"Polca puttana che fleddo che fa semple qui a Sbollonbulgo, ogni volta che ci devo litolnale pel vedele come sta andando quel blanco di calciasassi dell'Inda' mi si gelano le balle che neanche il gol di Magath ad Atene nella finale della Bastalda del 1983[2].

Stasela mi tocca anche stale in tlibuna tla quel poppante di Steven Zhang[3], *uno che capisce più di playmobil che di calcio, e Massimo Molatti, l'ex plesidente dei plesclitti nonché Osculo Signole dei Sith dei gufi poltalogna, quello equipaggiato con una dentiela così gialla che cledo faccia colazione tutte le mattine con una damigiana di maionese della Coop apelta nel 1978.*

Sono platicamente cilcondato, Zio Cucculeddu, e pel non essele scopelto mi tocchelà fingele di tifale pel questi mangialiso allo zaffelano, che San Platinì mi peldoni.

Mi sa che a fine selata, pel disintettalmi l'anima, in albelgo mi falò tutta la collezione in VHS delle entlate a gamba tesa di Claudio Gentile al Mundial '82.

Comunque, ho appena saputo che il nostlo suplemo leadel, mistel Acciughina Allegli, ha confelmato la seguente folmazione titolale che tla poco tentelà di espugnale la tana indàista:

In polta: Sua Eminenza Gigi Santopadle Buffon, in difesa (a quattlo): da destla a sinistla: Juan Billy Jean Cuadlado (il sesto dei Jackson Five), Danielino Bimbinobellino Lugani, Andlea Nonno

Nanni Balzagli e Alex UsexiSamba Sandlo, a centlocampo (a tle): il Feldmalesciallo Sami Khedila, Milalem Mozalt Pjanic e Blaise Sonquamasonancolì Matuidi, in attacco (semple a tle, come le balle che mi vengono a stale in questa tlibuna) Douglas Bagheela Costa sulla destla, Gonzalo Pipita Higuain con il tavolo plenotato a centlo alea e Malio Sollisino Mandzukic con licenza di distluggele un po' dove gli pale, che a contladdilo plovateci voi se vi puzza la vita.

Pel l'Indà, quello spettinato di mistel Spalletti falà scendele in campo Handanovic-Cancelo-Sklinial-Milanda-D'Amblosio-Vecino-Blozovic-Candleva-Lafinha-Pelisic e con il numelo nove il malito - selvo della gleba di Vanda Nala.

Una intela culva della pagoda di San Silo è completamente copelta da uno stliscione laffigulante un enolme Pinocchio sfottente la Vecchia Signola, dimostlazione che a Sbollonbulgo avlanno gusti di melda in fatto di calcio ma anche un celto talento pel i caltoni animati, anche pelchè si sa che ai nelazzulli il caltone, animato o a folma di scudetto fallocco, piace moltissimo, ahahahah.

Inizia la paltita e si capisce subito chi comanda, ovviamente noi plodi juventini che sin dai plimi minuti occupiamo la metà campo indàista con la stessa disinvoltula con la quale il Glande Mao Zedong avlebbe sistemato un centlo sociale di CasaPoud.

All'undicesimo minuto Juan Cuadlado si esibisce in una delle sue specialità: il closs tlansoceanico coast to coast che fa paltile dalla tle qualti di destla e solvola tutti fino a laggiungele la melavigliosa testolina bianconela di Malione Mandzukich, che aveva saggiamente pleso possesso dell'angolo opposto dell'alea piccola indàista dopo avele sclupolosamente eseguito la consueta pulizia etnica.

Il cloato schiaccia la palla con un colno dell'elmo da guella vichingo che abitualmente indossa pel le occasioni impoltanti e spedisce la sfela a un metlo dalla polta nelazzulla ploplio sui piedoni in calcestluzzo di Blaise Matuidi, che pelò ela impegnato a lisolvele un sudoku facilitato e non se ne accolge, lasciando che quel maleducato di Sklinial spalecchi la tavola spedendo la sfela nel palcheggio dello stadio.

Il blivido di autentico tellole che pelvade tutta la tlibuna indàista mi lisulta squisito come un solbetto al mandalino appoggiato sul boldo di una jacuzzi in un'oasi del Sahala a Fellagosto, che pelò non posso solseggiale senza falmi scoplile. Fanculo.

Poco male, pelchè solo due minuti più taldi la Vecchia Signola affonda le zanne nell'involtino plimavela nelazzullo.

Douglas Costa liceve la palla sull'angolo sinistlo dell'alea di ligole avvelsalia, polta a spasso mezza difesa indàista con una selie di doppi passi che in Cina salebbelo vietati pelchè considelati pedopolnoglafia calcistica, e poi scalica la sfela con un estelno che attlavelsa tutto il flonte d'attacco fino al solito Juan Quadlado.

Il colombiano numelo sette bianconelo si esibisce in un moon walk con stlizzata finale al pacco come Michael Jackson nel Dangelous Toul del 1992 mentle attende che le pedine si sistemino sulla scacchiela, e poi esegue un closs che taglia nuovamente tutta la difesa nelazzulla litolnando in piena alea indàista, dove viene spizzata dalla testolina cioccolatosa di Blaise Matuidi e finisce sul petto di Douglas Costa.

Il numelo 11 bianconelo evita il lecupelo in scivolata di Candleva, la mette giù e poi la inclocia al volo di sinistlo in diagonale nell'angolo opposto della polta di Handanovich, nell'occasione impegnato nella liuscita imitazione di un pupazzo di neve divelsamente abile.

INDA' ZELO - GGIUVE UNOOOOOOO, ehm, shhhht

Devo mantenele la mia consueta esplessione neutla vagamente schifata tipica di noi olientali, tipo Budda con la gastlite, ma dentlo di me scalcia una Zebla assassina gianduiotta assetata di sangue meneghino gasata come una betoniela di Cocacola dopo un flontale con la Glande Mulalia Cinese.

Steven Zhang non si è accolto di nulla pelchè sta pistolando sul cellulale impegnato in una paltita di Masha e Olso.

Molatti invece è ibelnato in una esplessione che mi licolda molto Han Solo sepolto nella glafite appeso dietlo il tlono di Jabba the Hutt; peccato che abbia la bocca apelta, loba da denuncia all'ente mondiale pel il contlollo dello smaltimento delle scolie nucleali.

Il lesto della Pagoda di San Silo è identica all'intelno del congelatole di un fligo Suning, di quelli a metano.

La paltita intanto è licominciata e la Juve continua a diligele le opelazioni di occupazione del tellitolio nemico.

Al quattoldicesimo minuto, dulante un coldiale scambio di opinioni nella metacampo dei milanès, il numelo 11 indàista Vecino decide di eseguile la sua pelsonale velsione dello Schiaccianoci di Tchaikowsky sulla caviglia del numelo 17 bianconelo, Malione Mandzukic, mentle quest'ultimo si tlovala già a tella.

L'albitlo in un plimo momento ammonisce solamente il centlocampista indàista, poi, dopo esselsi consultato con gli assistenti ed avele ligualdato l'azione in tv insieme alle plime sei stagioni del Tlono di Spade, concolda con i collabolatoli che se lascia in campo l'azzoppatole nelazzullo, Mandzukic plima o poi lo ammazza, poi ammazza i suoi familiali, i suoi palenti fino al sesto glado, i suoi amici e chiunque lo conosca o gli debba dei soldi, e quindi decide di salvalgli la vita, espellendolo.

L'intelo pubblico indàista insolge invocando il complotto filojuventino da palte dell'alblito ovviamente al soldo degli Agnelli, senza complendele che se Vecino oggi vive e lotta ancola insieme a noi invece di abitale in un pilone dell'autostlada della cinconvallazione di Mediolanum dopo la vendetta del cloato bianconelo, è tutto melito della saggezza del dilettole di gala.

A questo punto l'Indà capisce che se vuole plovale ad assomigliale a una squadla di pallone deve tlovale il colaggio di avventulalsi oltle a quella mitica linea di confine chiamata centlocampo, pel vedele chi e cosa abitano in quelle telle sconosciute, dove qualcuno addilittula sostiene che si tlovi la tana del più glande ciàpagòl della stolia del fuccbol, il mitico Gigi Buffon.

Pel cui al minuto 24 Ivan Pelisic, l'attaccante nelazzullo numelo 44 con la faccia da gestole sospetto di autoscontli da luna palk, si avventula audacemente pel la plima volta nella metacampo giuventina, telminando l'azione con un tilo dalla distanza glazie al quale il pallone vellà litlovato due giolni dopo nel gialdino della pallocchia di Santa Mila, a Vigevano.

Quattlo minuti più taldi pelò, ci liplova Candleva, numelo 87 dell'Indà, che da cilca 30 metli liesce a distulbale Don Gigi Buffon, che pel la plima volta dall'inizio della paltita deve abbandonale il maglione a punto cloce che stava telminando pel tuffalsi a volo d'angelo sulla sua destla e deviale il tentativo dell'attaccante meneghino.

La Juve capisce che tutte queste libeltà all'avvelsalio non vanno concesse e liplende l'assedio della polta difesa da Handanovic.

Al minuto 49, pochi istanti plima della fine del plimo tempo, il solito Douglas Costa fa pelvenile da lontano una bomba spiovente al centlo dell'alea dell'Indà, che pelò Sklinial, il difensole n. 37, lespinge fuoli di capoccia.

La sfela laggiunge Mandzukic che al volo la svilgola con una abilità che neanche in Scapoli vs Ammoliati del vostlo celeble Fantozzi; la palla quindi arriva casualmente dalle palti di Khedila, più o meno nell'alea piccola, e il tedescone la smolza di petto pel il vicino Higuain, che a sua volta si plepala a segnale un gol facilissimo ma viene lettelalmente seppellito con una spallata da Sklinial (oh questo qui è SEMPLE in mezzo alle balle).

Più che un ligole si tlattelebbe di un leato da punile con la clocifissione, ma l'albitlo lascia ploseguile l'azione pelchè la palla è ancola viva e sulla medesima si scalaventa Matuidi che la fionda dentlo la lete.

INDA' ZELO - ZEBLA DUEEEEEEEeeeeeehhhhh....no

L'albitlo che aveva appena peldonato lo stuplo di Sklinial ai danni del nostlo povelo Pipita Higuain, decide che Matuidi ela in fuoligioco quando ha calciato e quindi annulla la segnatula.

In tlibuna Zhang non si è accolto di niente pelchè secondo il fuso olalio di Pechino è l'ola della pennichella; Molatti invece decapita una bottiglia di Magnum pel festeggiale offlendomene una coppa, che ovviamente lovescio di nascosto mentle lesto impegnato a tentale di capile quale sia la taliffa olalia della mamma del dilettole di gala.

Finisce il plimo tempo e se ne vanno tuttii al bal dello stadio, tlanne Steven Zhang che è in celca della balia pelchè dulante il liposino ha liempito il pannolino e deve essele cambiato.

Nella liplesa il vento della paltita sembla essele cambiato.

Evidentemente dulante l'intelvallo negli spogliatoi dell'Indà è allivato da Pechino il ploglamma del soggiolno vacanza nell'istituto di collezione penale della Manciulia nel quale soggiolnelanno i giocatoli nelazzulli in caso di sconfitta.

Infatti tutto l'Indà licomincia la paltita con un apploccio più aglessivo, tipo Testimone di Geova massaggiato con un alveale.

Al settimo minuto Malione Mandzukic decide che una delle caviglie di Sklinial potlebbe abbellile la ploplia collezione di lesti umani e nel tentativo di amputalla plovoca una punizione sulla tle qualti di destla.

La batte Cancelo, con un lunghissimo closs che laggiunge in piena alea bianconela la testa del numelo nove indàista, il malito di Vanda Nala; folse a causa di uno dei numelosi spigoli della quale è plovvista la suddetta testa (ogni lifelimento alla moglie del malito di Vanda Nala è pulamente casuale), la palla viene deviata nell'angolino della polta difesa da Monsignol Buffon.

INDA' UNO - ZEBLA STAVOLTA UNO, POLCATLOIA

L'intela Pagoda di San Silo esplode.

Nella tlibuna indàista inizia un olgia che avlebbe fattto semblale un banchetto di Nelone il monoscopio di TelePadlePio.

Steven Zhang si sveglia di soplassalto chiedendo chi ha fatto meta.

Mentle sono costletto a saltale con i diligenti nelazzulli al litmo di "Chi non salta giuventino è", sto seliamente pensando a come fal allivale ad Appiano Gentile un calico di pipistlelli dopati da uno dei nostli labolatoli militali.

Ma non c'è tempo pel elabolale il piano pelchè la gala licomincia subito e l'Indà sembla galvanizzata dal paleggio, mentle la Vecchia Signola ha accusato il colpo.

Tuttavia al sessantaduesimo minuto il nostlo plode numelo dodici, Alex Sandlo, il giagualone del Palanà, lancia in plofondità Golzalone Higuain che si plesenta solo davanti ad Handanovic, lo scalta come la confezione di un maxibulghel ma poi calcia a lato fallendo una clamolosa occasione pel tolnale in vantaggio.

Povelo Pipita, non è colpa sua, ci vedeva doppio dalla fame e quei bastaldi dei tifosi indàisti dietlo la polta di Handanovic si sono tutti plesentati in divisa da camelieli di MacDonald, applofittando della nota debolezza del nostlo attaccante ed incasinandogli il sistema di puntamento.

E cosi due minuti più taldi l'Indà liplende l'iniziativa e si liplesenta sulla soglia di casa Buffon.

Il numelo 77 nelazzullo Blozovic passa la palla al numelo 44 Pelisic sulla destla; Juan Quadlado tenta di soffiagli la boccia con una scivolata alla smooth climinal, ma sbaglia il playback e finisce pel tella senza impensielile l'avvelsalio che fa paltile un closs pel il centlo del'alea di ligole bianconela.

Nel tentativo di anticipale il malito di Vanda Nala, Nonnonanni Balzagli anticipa anche Don Buffon e per ellole calcia la palla nella ploplia lete.

Autogol.

INDA' DUE - ZEBLA UNO

I sentiti linglaziamenti in latino a tutti i santi lesidenti in paladiso, cantati da Gigione Buffon, gli consentilanno di aggiudi-

calsi pel il sedicesimo anno consecutivo l'ambito plemio "Uno di Noi"del Sindacato Lavolatoli Malittimi di Istambul, nonché una convocazione ulgente da palte della Santa Sede pel chialimenti.

Qui in tlibuna mi volto un attimo pel non assistele ai festeggiamenti in campo degli indàisti e tlovo Molatti completamete nudo cosparso di Nutella con Steven Zhang che gli scatta i selfie da mettele su Bimbominkia.com.

Mancano venti minuti alla fine della paltita e io plefelilei essele in Piazza Tien An men in mutande a mandale affanculo una divisione di calli almati dell'Eselcito Popolale Cinese.

Ma la plode Zebla assassina, si sa, è una bestia dula da abbattele, e così i nostli eloici giocatoli si livelsano ancola all'attacco.

Plima Douglas Costa al settantesimo conclude un contlopiede fulminante spalando una bomba che pultloppo fa solamente la balba al palo della polta indàista, e quattlo minuti dopo Dybala, subentlato a Khedila nel secondo tempo, batte una punizione dal limite dell'alea che salebbe un magnifico gol se Handanovic non facesse come secondo lavolo la contlofigula di Spidelman nei film della Malvel, deviando la sfela di un niente sopla la tlavelsa.

Pel lipicca l'Indà lischia di segnale il telzo gol, quando al settantaseiesimo il malito di Vanda Nala, a un metlo dalla polta di Buffon, pel un pelo della pippa di sua moglie non liesce a deviale in gol un pelicolosissimo closs di Candleva.

Non c'è niente da fale, il tempo è olmai agli sgoccioli e la Vecchia Signola non liesce a paleggiale contlo questa banda di schiavi di spacciatoli di tostapani a manovella.

Io in tlibuna olmai ho finito di plegale tutti gli spiliti del Buddismo e salei disposto anche a votale pel Donald Tlump pul di assistele al paleggio della Ggiuve, quando implovvisamente dietlo di me sento squillale il cellulale di Molatti, che, completamente ubliaco, da dieci minuti si è tlavestito da Kung Fu Panda tlansessuale con le tette finte sponsoled by Pilelli e plomette a tutti i diligenti Suning gili di gioslta glatis pel festeggiale la olmai imminente vittolia.

Molatti lisponde alla chiamata; è Gufelio De Lamentiis, Glan Vizil della Vesuvianese e Pleside onolalio della Facoltà di Gufologia applicata alla Ggiuve, che desidela complimentalsi pel plimo con l'ex plesidente dell'Indà pel la glande implesa che consentilà agli Yammeyà di lestale a un solo punto in classifica dalla Zebra.

Molatti inizia a massaggialsi il pacco con una velocità da Paganini, consapevole del fatto che complimenti del genele poltano più sfiga di una malmellata di landagio nelo spappolata da un Til a limolchio calico di specchi e sale guidato da una Badessa novantenne spaccata a melda di Sakè...

Infatti all'ottentaseiesimo, quando olmai le nostle spelanze sono meno numelose di una polnostal minolenne in una moschea, in un ultimo dispelato assalto i giocatoli bianconeli estlaggono un implovviso, melaviglioso, inspelato coniglione obeso dal cilindlo.

Lodligo Bentancul, che aveva sostituito Milalem Pjanic, duetta sulla destla con Douglas Costa che selve Juan Cuadlado; il sesto dei Jackson Five punta al centlo e passa a Dybala posizionato sul limite dell'alea; il gioiellino ggiuventino attila a sé due difensoli dell'Indà e con un colpo di ablacadabla gli fa passale in mezzo il pallone, diletto a Juan Cuadlado che con una coleoglafia di lap dance si è nel flattempo incuneato nell'alea nelazzulla.

Il numelo 7 colombiano pallamunito plosegue fino sulla linea di fondo e all'ultimo nanosecondo disponibile fa paltile un tilo impossibile che finisce in buca d'angolo dall'altla palte nella sacca indàista.

E HOUDINI' MUTO!

INDA' DUE - GIUVE DUEEEEEEEEEEEEEEEEEEEEEE

Molatti sembla il felmo immagine del fotoglamma di un plimo piano in un film di Dalio Algento.

Steven Zhang non ha capito cosa sta succedendo e chiede a che ola iniziano i Teletubbies.

Io fingo mesta impassibilità, ma dentlo di me sto godendo come Locco Siffledi mollato nella camelata femminile di un liceo della Flolida dulante lo Spling Bleak.

I giocatoli dell'Indà accusano il colpo e in campo semblano suonati come il citofono di un boldello di Amsteldam.

Lestano ancola tle minuti di gioco e manchelebbe giusto giusto una ciliegina pel finale di confezionale la polno-tolta, ma non ho il colaggio di sognale così in glande ...

È pelò velo che ogni tanto i sogni fanno il cazzo che gli pale, quindi....

Minuto 88: sulla tle qualti intelista di destla Joao Cancelo, il numelo 7 dell'Indà, fa una anestesia totale a Fedelico Belnaldeschi, che aveva sostituito Mandzukic pel evitagli l'elgastolo: punizione.

Sul pallone va ovviamente Paulino Dybala, che tiene un alluce pleciso come una telefonata della mia commelcialista nel peliodo della dichialazione dei ledditi e che plima di posale la palla pel tella, fingendo di pulilne la supelficie, ci attacca sopla la foto di un mega-tliplo-cheese-bulgel-Godzilla-size.

Il limite dell'alea di ligole nelazzulla è tlanquilla ed oldinata come la paltenza del Palio di Siena.

Dybala calcia, ed è un closs pleciso come un Lolex Daytona e molbido come le tette di Edwige Fenech in un film degli anni settanta.

Nella bolgia sadomaso che si scatena in alea un solo uomo si accolge che sulla sfela in allivo compale l'immagine di qualcosa di squisito da assaggiale.

Che poi la sua non è fame, ma voglia di qualcosa di buono....

È lui, è Golzalone Higuain, che scansa tutti e dopo essersi allacciato un bavaglino con su sclitto TANTA PAPPA, impatta la palla di cabeza e la spedisce nell'angolo alle spalle di Handanovic!

INDA' DUE – ZEBLA TLEEEEEEEEEEEEEEEEEEE

Il settole del settimo anello della Pagoda di San Silo liselvato agli ultlas della Zebla sembla Hong Kong a mezzanotte del capodanno cinese nell'anno del Dlago.

Steven Zhang dice che ha fame e che vuole lo zucchelo filato e dodici diligenti della Suning liescono pel un pelo a poltalo via da Molatti che lo insegue pel tutta la tlibuna con un'ascia bipenne vichinga.

A me non flega più un cazzo di niente, mi stlappo la camicia pelchè sotto ho la mitica divisa a stlisce bianconele autoglafata da tutti i più glandi giuventini della stolia, da Bonipelti ad Alex Del Pielo, e quindi possono anche ammazzalmi qui e adesso, l'impoltante è che clemiate la mia salma e che spalgiate le mie ceneli come palmigiano leggiano sul plossimo piatto di pasta del Pipita Higuain.

La Zebla assassina ha espugnato la Pagoda, sale in classifica a + 4 dalla Vesuvianese a quattlo giolnate dalla fine e nell'alia si inizia a sentile uno stupendo plofumo di settimo scudetto consecutivo esaltato dal puzzo delle piume stlinate dei gufi mangiamelda.

La Pilelli e la Suning hanno emesso una taglia da cento milioni di eulo su Gufelio de Lamentiis, vivo, molto o a tlanci.

A me lestano solo tle palole in gola:

FINO ALLA FINEEEEEEEEEEEEEEEE...."

By Memedesimo, quello che non c'entra niente

[*1] Nel giugno 2016 (anno XLII d. D.P) la maggioranza delle azioni della Football Club Internazionale Milano (*Inter*), passò dalle mani dell'imprenditore indonesiano Erik Thohir (che a sua volta nel 2013 aveva rilevato la società da Massimo Moratti) a quelle del gruppo cinese Suning Holding Groups, leader nel commercio degli elettrodomestici nell'estremo oriente; in tale occasione divenne celebre un video del presidente di Suning, Zhang Jindong, il quale, nel goffo tentativo di inneggiare alla neo acquistata squadra in un italiano approssimativo, l'apostrofava con un improbabile "*Fozza Indà*", dal quale proviene l'attuale, ironico, appellativo.

[*2] La finale del 1983 si disputò ad Atene tra la Ggiuve, dominatrice del torneo e strafavorita alla vigilia, e gli outsiders dell'Amburgo, che purtroppo si imposero per 1 a 0 grazie a un gol siglato nel primo tempo da Felix Magath con l'unico tiro nella porta bianconera di tutta la gara.

[*3] **Steven Zhang**, rampollo di Zhang Jindong, presidente del Suning Group, predicato di divenire prossimo presidente dell'Indà.

Liberamente ispirato da: Juventus 4 – Milan 0, 09.05.2018
Coppa Italia 2017 / 2018; finale

JUVE TEXAS HOLDEN 4 - MILLA' 0

Rubonia (Latium, Stivalonia Centrale), stadio Olympicus, 9 maggio dell'anno XLIV d.D.P. (dopo Del Piero).

Come ogni anno, nella capitale dell'allegra repubblica di Stivalonia, presso la tana condivisa delle *Randagia de noantri e delle Galline del Latium*, si celebra la finale della coppona nazionale, che dal prossimo anno per motivi squisitamente commerciali verrà ribattezzata finale poker Texas holden sponsored by Gigione Paperumma & The Keracoll's hands.

A disputarsi il trofeo da una parte il New Millà meid in Ciaina capitanato da Leonardo *Iscariota* Bonucci e diretto da Gennarì *Ringhioperlacarbonara* Gattuso, mentre dall'altra, che-ve-lo-dico-a-fare, il branco mannaro delle Zebras asèsinas de puta madre guidati da Massimiliano *Acciughina* Allegri, a.k.a. lo *Yoda delle sostituzioni*, a.k.a. *Mr. Boia Dé*, a.k.a. *l'Immenso Caciucco*.

Impressionante il colpo d'occhio coreografico esibito sugli spalti dalle rispettive tifoserie.

Un pelo meno impressionante il dono della preveggenza e della scaramanzia da parte di quella pechino-milanista, che ad un delicato coro bianconero intitolato *"non ci date abbastanza culi da ristrutturare"* risponde con un maxi telo di 500 mq raffigurante un gigantesco poker d'assi evocativo di chissà quale auspicata quadriglia di segnature da rifilare ai nostri, meritando a posteriori la re immatricolazione dei propri supporters da *"Fossa dei Leoni"* a *"Cooperativa Nostradamus spicciaci casa"*.

Per reazione astrale un'improvvisa quanto misteriosa pandemia di caghetto fulminante fa improvvisamente strage di ogni felino nero e di ogni suora patentemunita nell'intera area che va dalla barriera di Melegnano alla periferia portuale di Hong Kong.

Ad Arcore, precauzionalmente, Don Silvio Berluskaiser si fa aspergere, da una nipotina di Mubarak estratta a sorte, i lobi delle proverbiali orecchie dumbiche con quattro gocce di sudore di scroto di zio Adriano Fenster Addams Galliani.

Di seguito gli ailaiiitss del match, in sintesi perché oh, raga, non siamo mica qua a dividere il pattume dagli ultras o a ritagliare scudetti con il cartone dalle confezioni degli involtini primavera, e comunque la fuori c'è un intero mondo da salvare, per cui:

PRIMO TEMPO:

7° minuto: pregevole triangolazione tra i rossoneri Calhanoglu e Cutrone che, contrariamente alla più elementare forma di buona educazione nei confronti degli anziani, si permette di far partire una cannella urticante rasoterra verso la porta di Gigi *Matusalemme* Buffon, l'uomo saracinesca diffussore del sacro verbo.

La Dea Kali bianconera, mettendosi sotto il braccio l'ultimo numero di *Dylan Dog* che stava finendo di leggere, si distende in very-plastic-mode rispedendo al mittente la sfera come una cartella esattoriale dell'Agenzia delle Entrate indirizzata ad Al Capone*[1].

15° minuto: Douglas Costa scende sulla fascia sinistra palla al piede seminando un container di difensori milanisti ad una velocità che gli varrà, tra l'altro, la pole position ufficiale del prossimo G.P. D'Italia di F.1; dopodiché, giunto sul limite dell'area pechinese, scarica lo sferide sui piedonzoli di Alex Sandro, il quale si fa sponda per quel cherubino di Paolino Dybala, che al volo tenta di imbucarla invano alla destra di Donnarumma, in quel momento ancora ritenuto un giocatore di calcio.

20° minuto: Suso spedisce uno sputnik nella porta di Buffon; Buffon non ha tempo per questo genere di minchiate, potrebbe anche respingerla con un rutto, ma preferisce carlafracciarsi in posa plastica a favore di fotografi mantenendo però lo stilosissimo stuzzicadenti tra le labbra; Suso prenota lo psicanalista.

33° minuto: Juan Cuadrado fa una battuta di caccia nell'area dei mangiariso, esegue seicentosessantanove doppi passi in 0,4 mq (record olimpico all time), supera con il telepass un Ricardo Rodriguez agile come un sarcofago egizio, ma poi spara il satellite in orbita geostazionaria.

38° minuto: Mario Mandzukic, raggiunto in piena area Millà da un postacelere aereo proveniente dalla Joya da 40 mt, la incapoccia verso la porta, ma Donnarumma (che in quel momento è ancora ritenuto un giocatore di calcio) riesce a bloccarla in quattordici tempi ma sprecando sia il 50% e 50% che l'aiuto da casa.

39° minuto: l'attaccante meneghino Bonaventura scaglia una mina a velocità Whirlpool verso la porta zebrata; Gianluigi *Pollicione Verde* Buffon si disinteressa completamente della sfera destinata nel parcheggio dello stadio ma zompa ugualmente a lato per estirpare al volo l'unico filo di erbaccia identificato nel suo prato all'inglese, che lui all'aiuola tenuta bene ci tiene un casino.

FINE PRIMO TEMPO.

Durante l'intervallo, negli spogliatoi il grande maestro Jedi Max Allegri Yoda si risveglia dalla pennica che lo aveva impegnato per i primi quarantacinque con uno sbadiglio che caro il mio leone della Metro Goldwyn Mayer vattene a fare la pubblicità dei croccantini, randagio che non sei altro.

"Occhè per caso hualcosa successo e', il lato oshuro il hazzo ancora a cacare sta? Boia dé, neanche un riposino in santa pace fare si può, vabbè dai, a giohare a pallone allora iniziate, per vincere sta hoppetta una settimana stare qui non possiamo, che un armadio pieno in sede già ce ne abbiamo" (Oh non cominciate anche voi a scassare la minchia, Yoda in livornese parla così, n.d.a.)

Gli undici allievi padawan restano in silenzio, si ode solo il ronzio metallico di accensione delle loro spade laser bianconere...

SECONDO TEMPO:

53° minuto: Sami Khedira organizza una blitzkrieg in profondità nelle retrovie delle linee nemiche con la quale infiltra Paulino Dybala in area, che fa partire una velenosa a giro verso Donnarumma il quale, essendo in quel momento ancora considerato un giocatore di calcio, riesce a respingere consentendo a Romagnoli il rifugio in corner ma prosciugando contemporaneamente ogni residuo di buona sorte nel serbatoio.

Da lì in poi, infatti, il culometro del portierone rossonero segnerà un inquietante 0,1 %.

55° minuto: **L'ASSO DI FIORI**; Miralem Pjanic pennella dall'angolo di destra un corner che sembra una esibizione di Baryshnikov alla Scala, una uscita di Nadia Comaneci dall'esercizio delle parallele a Montreal 1976...

Perfezione in movimento.

Quel pallone ha un proprietario, e il proprietario si chiama Mehdi Benatia, *Il Principe dell'Atlante*, carta numero 4 del mazzo a strisce.

Il marocchino fa un movimento in uscita dall'area e, mentre la sfera è allo zenit della sua ellisse, la colpisce di Fez a giro spedendola ad incastrarsi nell'angolo alto a sinistra di Porta China.

Donnarumma, che fino a un momento prima era ritenuto un giocatore di calcio, viene scambiato per un attaccapanni di un metro e novantasei dell'Ikea modello *Smerdat*.

JUVE 1, MILLA' NIENTE

A Castel Sfàcimm gli avvocati dello Studio Chiàveca, Munnezza & Partners lanciano immediatamente una raccolta di firme per una class action con la quale chiedere l'annullamento della competizione e l'assegnazione della coppa a tavolino alla Vesuvianese, poiché, a parere loro, la ragnatela spappolata nell'angolo dal tiro di Benatia apparterrebbe ad un rarissimo esemplare di *Aracnide partenopea pianginantis*, specie in via di estinzione protetta dal WWF il cui sterminio costituirebbe illecito sportivo da parte della società sabauda con conseguente radiazione della stessa dal calcio stivaloniano.

59° minuto: Paulo Dybala sequestra la sfera sulla tre quarti e inizia uno slalom tra i cartonati milanisti che Bode Miller torna a usare il deambulatore che non ce la puoi fare; a 25 metri dalla porta mangiariso il suo sistema di puntamento laser fa biiip e lascia partire un Cruise terra-aria destinato a rete sicura; ma Donnarumma, nell'ultimo momento nel quale si ritiene potesse ancora assomigliare a un giocatore di calcio, si produce in un balzo giaguarico con il quale riesce a neutralizzare il proiettile.

Tutto molto bello (da pronunciare imitando la voce dell'inimitabile Bruno Pizzul)

60° minuto: **L'ASSO DI CUORI**; Juan Cuadrado scende sulla fascia destra, si ritrova tra i piedi il solito Ricardo Rodriguez con pretese di interdizione e gli butta lì davanti una coreografia palla-c'è-palla-non-c'è che lo riduce peggio di Wildcat Hendrix al bancone del saloon quando Trinità - Terence Hill lo frulla di schiaffi piazzandogli la colt sulle narici (*"Non ci hai capito niente vero? Se vuoi te lo rifaccio"*); il sette bianconero poi scarica all'indietro in puro NBA style al sopraggiungente Douglas Costa che si aggiusta la sfera è fa partire il colpo da tre punti.

Il suo tiro è buono ma non è esattamente un invito all'ateismo e infatti Donnarumma ci si avventa sopra con famelica intenzione; peccato che abbia appena finito di cospargere i guanti di gelatina lubrificante - stimolante per lei - ritardante per lui e quindi, sottolineato da un fantastico sguishhhh, la boccia gli fa marameo infilandosi in rete.

JUVE 2, MILLA SEMPRE NIENTE

Immediatamente l'Associazione Tarantella UèUè di Sangennà Ammare apre sul web una raccolta di firme per una class action tesa a chiedere la radiazione della Juventus dal calcio nazionale con conseguente assegnazione di qualsiasi trofeo degli ultimi centoquarantasei anni alla Vesuvianese, motivata dal fatto che l'urlo di esultanza della curva juventina all'Olympicus ha provocato un'onda d'urto propagatasi fino all'estrema periferia del Lamentistan, dove le bufale traumatizzate non riusciranno più a produrre il latte per le mozzarelle con le quali i giocatori della Vesuvianese fanno abitualmente colazione, compromettendo così la dieta sportiva dei medesimi con evidente truffa di ogni risultato sportivo a favore della squadra sabauda.

63° minuto, **L'ASSO DI QUADRI**; Miralem Pjanic pennella l'ennesimo corner filoguidato a centroarea, Mandzukic anticipa di fronte lo spostatore di equilibri *Iscariota* Bonucci e picchia in porta, ma la craniata è centrale, roba da torneo di calcetto dei bar della spiaggia.

Sennonché Paperumma, l'artista precedentemente noto con il nome *giocatore di calcio,* afferra la sfera con la stessa sicurezza con il quale un T Rex riuscirebbe a tenere tra le zampette una anguilla marinata in una tazza di saliva di dromedario, e infatti è palla viva; sopraggiunge lesto come un ottantenne alle Poste il giorno della pensione Medhi Benatia che rapina la boccia al bambinone n. 99 e la deposita nella saccoccia.

JUVE 3, MILLA NIENTE, NADA, NICHT

Immediatamente Tele Pùmmarolancòpp si rivolge alla Procura della Repubblica di Pizzàpoli chiedendo l'apertura di un fascicolo di indagine penale per frode sportiva nei confronti della Zebra assassina, invocandone l'estinzione a mezzo olocausto e la convocazione della Vesuvianese ai mondiali in Russia, poiché nella storia delle finali di Coppa di Stivalonia non si era mai verificato che una squadra segnasse tre reti nel giro di otto minuti e quindi è evidente che si tratta di una truffa *pecchè accà-nisciun-è-fess.*

75° minuto, **L'ASSO DI PICCHE: POKER**; A Miralem Pjanic avanza ancora un calcio d'angolo nel caricatore, che facciamo? Lo buttiamo via? No che fa brutto dato che c'è anche la crisi e allora daimò che lo infiliamo come gli altri nell'area dei ross-e-negnher.

In realtà nessuno della Giuve pensa di buttarla dentro perché si sa che la Vecchia Signora non ha mica un bidone dell'immondizia al posto del cuore, ma il buon Kalinic, indispettito dal fatto di essere stato sino a quel momento escluso dal festival della vaccata indetto dai compagni, pensa bene di far da sé che si fa per tre e si innalza in elevazione come un novello Saro Simeoni per spizzare la boccia all'indietro quel tanto che basta per infilarla da solo nella propria sacca.

Paperumma, quello che un tempo pare sia stato anche un portiere di calcio, si disinteressa totalmente della sfera preferendo inseguire sull'erba un raro esemplare di coleottero, la *Farfalla gatta paperonza*, peraltro mancandola clamorosamente.

JUVE 4, MILLA CHETTELODICOAFFARE

Immediatamente la sezione camorra dei Quartieri Iberici di Pizzàpoli si rivolge alla magistratura chiedendo l'apertura di una inchiesta per frode sportiva nei confronti della Ggiuve colpevole di circonvenzione di incapace ai danni del povero Kappellumma, con conseguente pretesa di eliminazione fisica della società di Corso Vittorio e l'assegnazione del Superbowl e della Coppa America di vela alla Vesuvianese.

Ad Arcore Don Silvio Berluskaiser convoca la terza liceo dell'istituto femminile Fatebenecaimani per un breve bunga-bunga di consolazione.

Finisce così, con il 9° trofeo in 4 anni destinato a ingombrare la bacheca della Continassa[*2] e il gruppo delle Zebre che rincorre per il campo Mister Acciughina per ricoprirlo di gelato misto gnegna & stracciatella di palle di gufo, nella consueta modalità festaiola post stupro.

Bon, e con questo è tutto, statevaccuort' gianduiotti.

By Memedesimo, Il croupier a strisce

[*1] **Alphonse Gabriel "Al" Capone:** (17.01.1899 - 25.01.1947), noto boss mafioso statunitense di origine campana, soprannominato "*Scarface*"; leader incontrastato della malavita di Chicago durante il proibizionismo (anni 1920/30); nonostante fosse esecutore e mandante di una lunga catena di atroci delitti, venne alla fine incastrato dalla task force dell'FBI (gli "*Intoccabili*") solo tramite l'imputazione di evasione fiscale, per la quale fu condannato a 11 anni di detenzione che scontò parzialmente; liberato per malattia nel 1939, morirà pochi anni dopo.

[*2] **Continassa:** zona ubicata nella periferia nord occidentale di Agnellopolis (Taurinum), all'interno della quale sorge il J-village, il complesso multifunzionale attuale sede operativa della Juventus che ha sostituito dal 2018 la struttura precedentemente utilizzata ubicata a Vinovo.

Liberamente ispirato da: Valencia 0 – Juventus 2, 19.09.2018
Champions League 2018 / 2019; fase a gironi

MANGIAPAELLA 0 - CEBRAS HOMICIDAS 2
Premessona:

Lo so, avete atteso un tempo che neanche gli Ebrei con il Messiah, ma avevo qualche millemila cose da fare in giro per la galassia per cui mi sono fatto desiderare tirandomela come la tipa che al primo appuntamento vi citofona *scendo-subito* e nel frattempo voi riuscite a finire un pacchetto e mezzo di Marlboro alla menta nell'abitacolo della macchina che Chernobyl diventa Ortisei, o come un venerdì sera in riviera romagnola quando è lunedì mattina nella calca mantecata della metro, oppure come il finale di Lost che non ci ho capito una beata fava, oppure ancora come, vediamo, vediamo...

Ecco, ci sono! Come il primo gol da Zebra assassina di Sua Ronaldità Cristiano Ronaldo dos Santos Aveiro CR7, Principe di Funchal, Sindaco di Madeira, Re di Gollandia, Imperatore di Pallonia, Duce di Sabaudia, Primo e Unico della Sua Specie*1 e fermatemi adesso con i lacrimogeni perché ne avrei per le prossime diciassette pagine.

Perché per quelli che avessero la residenza sull'orlo esterno della Via Lattea o fossero ancora rinchiusi in un bunker sotterraneo di un atollo disseminato nel Pacifico in attesa di ricevere il messaggio radio dall'Imperatore Hirohito con l'annuncio della vittoria dell'Impero del Sol Levante sugli Yankees nella Seconda Guerra, a partire dalla stagione 2018/2019 del campionato nostrano di pallapiede, Cristiano Ronaldo dos Santos Aveiro CR7 eccetera, per brevità il più imbattibile bipede senziente del pianeta Terra con un oggetto sferico tra gli arti deambulanti, è diventato un giocatore della Juventus, una zebrotta assassina, un gobbo da combattimento.

E come dessert sono pure rientrati all'ovile sia Gigi Santopadre Buffon dalla gita a Parigi che Leo *Figliol prodigo* Bonucci dopo la condanna scontata a Sborronburgo, promettendo che non lo farà mai più, giurin giuretta croce sul cuore bim bum bam*2.

Ma così, giusto per dare una spostatina agli equilibri.

Comunque sia, scurdàmmoceùpàssat perché quello che davvero conta in tutta questa macedonia di novità è che alla fine io sia comunque tornato qui tra voi, brutta combriccola di minchiatedipendenti che non siete altro, per spacciarvi per la esima stagione una dose per uso personale di fantaaccazzocronache delle avvincenti peripezie della nostra amatissima banda di zoccolati a strisce.

Indi per cui, andiamo dritti al succo della storia che non abbiamo mica tutto 'sto tempo da perdere e abbiamo ancora un sacco di finali di Ciampionsliig da buttar via.

Valencia, Estadio Mestalla, 19 de septiembre 2018 P.A.D.E.R. (Primero Ano De l'Era Ronalda);

Alla prima uscita stagionale nel torneo di Coppa Orecchiona Bastarda, le zebrotte mannare vanno a far visita ai *Pappatori de Paella de Marisco* in quel di Valencia, città famosa in tutto il globo terracqueo per ospitare la sede della A.M.A.Fi.Di.M. (Associazione Mondiale Arbitri Figli Di Maiala).

Dirigerà la gara un krukko 43enne ipovedente, soprannominato *"Il Polifemo con la congiuntivite della Bavaria"*, coadiuvato dall'assistente di porta, il fido Igor (lupo ululà-castello-ululì') e dal proprio pastore tedesco, Adolf.

Prima del fischio d'inizio, Monsignor Massimiliano Allegri Della Casa*3 raduna attorno a sé nello spogliatoio i propri discepoli per impartire loro le ultime istruzioni su come ci si deve comportare in campo ad un esordio annuale in società su un così importante palcoscenico europeo:

*"Boia dé, 'un mi fate inhazzare alla prima di ciempions che sennò vi mando tutti a ffà la doccia cò na secchiata de saliva de Dagglasscosta; Dagglass, sputa la cicca che tanto te ùn giochi stassera, Lama de miei cojoni che tè tu non sei altro*4; Paulino no, neanche tè giochi stasera; come perché? Perché no, ho detto di no e ùn mi devi scartavetrà i cojoni ogni volta; mi frrega na sega se trattieni*

il respiro, mettiti lì in panchina e fa ammodino sennò ti sequestro la playstation, maremma gaucha noleggiabile; Leonardo Figliolprodigo e Re Giorgio Primo: a fine partita la secchia dove buttà i menischi degli spagnoli l'è quella lì di fianco a Billy Jean Cuadrado, che è tutta roba organica e noi si fa la differenziata, 'un ci facciamo riconosce all'estero; Billy Jean, MACHECCAZZO TI BALLI ADESSO? Risparmia l'energie pè ffà la fascia e non mi fa n'cazzà anche te che sennò ti rimetto a raccoglie l'cotone a Villar Perosa come l'altra settimana; ALLORA: ascoltatemi bene branco d'inutili consumatori di prezioso ossigeno, la strategia l'è una sola, maremma maiala spadellata: date la palla a Sua Fregnitudine Cristiano Ronaldo e un'rompete hoglioni o il culo accalci ve lo scaldo".

Gli undici bianconeri prescelti per il ballo d'esordio, in modalità orecchie basse, estraggono i block-notes, prendono nota, lucidano smockings e ghette di ordinanza, una spolverata di brillantina ad olear bulbi piliferi e via che si va.

Piuttostamente intimoriti dall'umore vagamente mestruato del loro condottiero, collocatosi a bordocampo su una lettiga trasportata a braccia da De Sciglio, Rugani, Kean e Pinsoglio per l'occasione travestiti da pupazzo J - mascotte della Juve, le undici zebrotte killer selezionate approcciano il match partendo in picchiata nell'area valenciana, ed è subito alluvione di occasioni, roba da aprire un ombrello grosso come la noia che procura un cinepanettone di De Lamentiis.

All'undicesimo del primo tempo *Scarabocchio* Bernardeschi esaurisce la fascia sinistra del campo con la velocità del credito di un cellulare di un quattordicenne, si mangia&beve un terzino valenciano e francobolla per Sua Ronaldità CR7 in piena area spagnola un traversone che è invitante come un piatto di lasagne di mia mamma.

Ma poiché tra le innumerevoli gioie della vita che sinora ha potuto certamente assaporare CR7 non risulta tuttavia presente l'assaggio delle lasagne da cintura nera decimo dan in pastasciuttologia di mia mamma buonanima, il suddetto colpisce effettivamente la sfera, ma maluccio, probabilmente distratto anche dalle tremila tifose in curva che appena tocca la boccia gli escono in faccia le loro, di bocce, sperando in un dopogara con Sua Gnokkaggine; la sfera comunque si spaparazza in piena area dei padrones de casa, dove sopraggiunge agile come un puma in puro marmo di Carrara Mario *Sorrisino* Mandzukic, che essendo nell'occasione coordinato come una cravatta a righe su una camicia a pois, colpisce al volo la bastarda spedendola in orbita geostazionaria nella Ionosfera.

Cinque minuti più tardi Sua Ronaldità Cristiano Ronaldo dos Santos Aveiro CR7, Principe di Funchal, Sindaco di Madeira, Re Gollandia, Imperatore di Pallonia, Duce di Sabaudia, Primo e Unico della Sua Specie eccetera eccetera esegue un quadruplo passo carpiato triplo Tholup comesefosseantani con lo scappellamento a destra sullo stesso terzino avversario di prima e ripennella un traversone bello come il culo di una diciottenne finlandese nell'area dei mangiapaellas; la raccoglie al volo Bernardeschi che confeziona un assist a centro area per il sopraggiungente Khedira.

Trattasi di un invito talmente squisito che sulla palla Bernardeschi riesce anche ad appiccicare un post-it con su scritto "*tocca qui, anche piano, anche di sponda, anche con un sopracciglio che tanto va dentro da sola, non ti preoccupare che ci pensa lei, sa come fare*"; il tedescone però, avendo inavvertitamente indossato due rastrelli al posto dei regolamentari scarpini da gioco, riesce a spedire il confetto in orbita terrestre come la precedente gemella ivi spedita poc'anzi dal compagno croato di squadra e di balistica.

La NASA si affretta ad emettere un comunicato stampa con il quale spiega al resto del pianeta che sono quelli di stanza alla Continassa che incasinano le rotte satellitari a russi e cinesi, e quindi fermi tutti stavolta non c'entriamo noi, lasciate i missili nei silos.

Quattro giri di lancetta dopo, al minuto 20 del primo tempo, si inaugura una vera e propria tonnara in area valenciana.

Norberto Neto, l'attuale numero uno brasileiro degli ispanici nonché recentissimo ex Gobbo, esaurendo una delle proprie sette vite para su Tatuato Bernardeschi respingendola corta su Matuidi, il

Son-qua-ma-son-anco-lì, che a sua volta la spapagna dritta in porta ma incoccia nel valenciano Murillo, appena nominato *Caballero Defensor de la Santa Riga Iberica de Puerta Hica de Gran Puta* e quindi riga, nuca, tacco, palo, a-ri-riga, tibia, ciuffo, ginocchio, niente.

La porta degli iberici sembra più stregata di una baracca dispersa nelle foreste alla periferia di Salem con scritto sul campanello "Famiglia Blair", ma il branco a strisce continua l'assedio all'area valenciana che a paragone David Crockett a Fort Alamo stava in un resort all inclusive cinque stelle, mignottone stantuffabili comprese.

Al minuto 29 del primo tempo va in onda la prima puntata della tragicommedia *The Millenium bullshit*.

Su un cross proveniente dalla solita fascia sinistra (una zona del terreno di gioco che Google Maps ormai indica stabilmente come periferia di Agnellopolis) a centro area entrano in lievissimo contatto l'Ipergnokko CR7 e il solito Murillo, soprannominato il *Mario Merola di Castiglia*, il quale, dopo aver avvertito sull'orecchio l'alito al gusto di Walhalla del divino di Funchal, stramazza al suolo come se fosse un'anatra fulminata in volo da un colpo di bazooka a bruciapenna.

L'interpretazione della sceneggiata è talmente pietosa che non convincerebbe nemmeno la platea di un teatro di un circolo per anziani di San Giorgio a Cremano, e pertanto Sua Ronaldità Cristiano Ronaldo dos Santos Aveiro eccetera, comprensibilmente stizzito, accarezza l'inutile cranio del simulatore a mò di elegante invito ad un comportamento in campo più maschio e meno figlièzoccola, ma l'arbitro, con al fianco il fido Adolf e munito dell'inseparabile bastone bianco, si dirige verso l'assistente social...ehm di porta, con il quale confabula per alcuni minuti in dialetto mongolo.

All'esito dello scambio di opinioni tra questi due rarissimi esemplari di primati privi di pollice opponibile, l'arbitro estrae il cartellino rosso in faccia a CR7, che prima lo guarda come se un boscimano avesse appena cagato in faccia al Presidente della Repubblica Portoghese e poi si abbandona a un pianto disperato che manco l'avessero immerso appeso per i piedi in una piscina ricolma di cipolle di Tropea.

Ma è tutto inutile: la Juve dovrà giocarsela in dieci contro tredici per il resto della corrida.

Come recitava la buonanima di John Belushi: "*Quando il gioco si fa duro, i duri cominciano a giocare*" e quindi il branco striato, invece di deprimersi per l'immeritata amputazione, raddoppia sforzi e cattiveria girando talmente la vite dell'assedio alla porta avversaria che Stalingrado nel 1943 sarebbe risultata la spiaggia di Ses illetes di Formentera a Ferragosto.

Al minuto 43 Alex *UsexiSamba* Sandro crossa in pieno centro area da indovinate un pò che parte del campo? (se ce la fate vincete un confetto della mia comunione), Neto respinge ma arriva Joao *Miciomao* Cancelo che silura il bolide sulla traversa; nel rimpallo che ne consegue l'anima di Chuck Norris si incarna in Parejo, indossante la camiseta numero 10 del Valencia, che tenta di decapitare con un calcio rotante alla tempia il portoghese bianconero numero 20.

Nemmeno quel Mister Magoo bavarese con il fischietto in bocca riesce ad evitare di accorgersi che si tratta di un immenso penalty per le zebre.

Sul dischetto si presenta pertanto Miralem *Mozart* Pjanic, il quale, dopo essersi aggiustato lo stricchetto dello smocking da gara per risultare impeccabile innanzi alla selva di fotografi appostati dietro la rete difesa dal portiere dei padrones de casa, la fulmina con assoluta nonchalance nell'angolo sinistro di Neto.

GGIUVE 1 - SPADELLATORI 0

FINE DEL PRIMO TEMPO.

Nella ripresa le belve bianconere, benché in inferiorità numerica, in trasferta e privi del loro capolavoro biologico, continuano ad avere fame di paella alla valenciana al sangue e al sesto minuto assestano il definitivo colpo da kappaò.

Murillo, il *Semper Lu'* iberico affetto da sindrome da stuntman e finto come una moneta da tre euro, convinto che non si tratti di una partita di pallone ma delle riprese del sequel di The Karate

Kid, atterra in piena area valenciana Leo *Figliol Prodigo* Bonucci procurando in tal modo il secondo colpo da cecchino da undici metri per i nostri eroi fuorisede.

Pjanic si ripresenta sul dischetto, finisce con calma di sorseggiare il daiquiri che teneva in mano, estrae con serafica lentezza da un pregevole portasigarette in argento sbalzato di fine ottocento un cigarillo arrotolato a mano sulla coscia di una ventenne con pregevole tabacco cubano fatto pervenire appositamente per lui da una sigariera della periferia dell'Havana, lo accende con un accendino d'oro disegnato da Fabergè, aspira un paio di lente boccate e rifulmina Neto esattamente nello stesso angolo del primo tempo (*"non ci hai capito niente eh? se vuoi te lo rifaccio..."*)

GGIUVE 2 - AMICI DEL COMMEDIANTE SEMPRE 0

A questo punto gli spagnoli tentano l'all-in mettendo sotto pressione le seconde linee piemontesi, approfittando della loro stanchezza ed inferiorità numerica.

I sabaudi però per la successiva mezz'ora di gioco cedono terreno lentamente, in modo ordinato e compatto e senza mai incrinare la formazione a testuggine come ogni buona legione romana che si rispetti, concedendo ai valenciani solo qualche tiro da fuori che non riesce a distogliere Szczesny dal maglioncino all'uncinetto che sta tentando di completare con un pregevole punto gigliuccio.

Le Zebre assassine volano come farfalle e pungono come api, che se avesse provato a fare lo stesso Mohamed Ali sarebbe risultato un comodino dell'Ikea, e in contropiede rischiano ripetutamente di somministrare la terza pera ai padroni di casa con Douglas *Ex-Panteranera-attualmente-Lama* Costa, subentrato in corso di gara, che alla fine invece si infortuna per la centosessantasettesima volta da quando indossa la divisa juventina, confermando che da qualche parte del mondo esiste una bambolina voodoo con le sue sembianze munita di spillone infilato nel busdelcu'.

In apparenza il match sembra non avere molto altro da raccontare, ma giunto al novantaepassaesimo trova ancora spazio per una ultima vaccata di pregevole fattura da parte dell'artista una volta noto con il nome di arbitro: su un traversone in area bianconera saltano insieme il subentrato *Bimbinobellino* Rugani ed un sacco di patate a caso in divisa bianca, ma durante la discesa il sacco si spatascia a terra simulando l'attacco di uno squalo bianco e l'ipovedente con il fischietto decreta un calcio di rigore per il Valencia, autentico come la verginità di Miley Cyrus.

L'attaccante dei blancos Parejo (ma pare che il cognome completo all'anagrafe del suo paese fosse "Parejo Scarso") si presenta sul dischetto.

Szczesny sbadiglia, si guarda la punta delle unghie, si gratta il culo, appoggia per terra il gomitolo di lana e i ferri che aveva in mano, mette in pausa la XBOX che stava anche finendo l'ultimo livello di Doom, ziocan, e al partire del pallone si fionda sul medesimo in very Jaguar-mode catturandolo come una calamita con una graffetta.

Dopodichè scaraventa la boccia in tribuna, si avvicina a lunghi passi decisi fino a venti centimetri dalla faccia di Parejo Scarso fissandolo negli occhi e gli sussurra:

Tutto qui?

Pare proprio che, sì, sia tutto qui, indi per cui:

GIUVE DERONALDIZZATA SEMPRE 2 - ASSOCIAZIONE VALENZIANA AMICI DI PAREJO SCARSO SEMPRE 0

E qua scorrono i titoli di coda sull'episodio 1 della esima stagione bianconera in Coppa Orecchiona Bastarda, con una vittoria che sa tanto di spremuta di palle di zebra selvaggia al profumo di crema di gufo flambato su glassa di gnegna mantecata al vaffanculo.

Servire appena sfornato, con un calice di *Las Ocho Chozas Carrascal**5

Bon, ora potete ricominciare a respirare anche voi, sono tornato.

By Memedesimo, AM5

*¹ Il 10 luglio 2018 Cristiano Ronaldo dos Santos Aveiro, in arte CR7, è stato acquistato dalla Juve per 105 milioni di euro dal Real Madrid, dando così luogo al trasferimento più costoso della storia del calcio stivaloniano;

*² Nella stagione 2018-2019 Leonardo Bonucci, protagonista nell'anno precedente del suo trasferimento al Millà in ragione del quale si era aggiudicato presso la tifoseria bianconera lo pseudonimo di *Iscariota*, con un clamoroso dietro-front era rientrato tra le fila della Vecchia Signora, ottenendo il soprannome *Figliol Prodigo*.

*³ **Giovanni Della Casa**, noto come **Monsignor Della Casa**, (Borgo San Lorenzo 28 giugno 1503 – Montepulciano 14 novembre 1556), fu letterato, scrittore ed arcivescovo stivaloniano famoso per avere scritto il celebre manuale *"Galateo, ovvero de costumi"* (più comunemente *Il galateo*), tuttora considerato testo fondamentale per l'insegnamento delle buone maniere e dell'educazione in società.

*⁴ Douglas Costa era squalificato per la partita in questione per avere innaffiato a sputazzi un avversario nella partita precedente.

*⁵ Pregevole vino rosso valenciano, ottimo con cacciagione e pennuti in particolare.

Liberamente ispirato da: Frosinone 0 – Juventus 2, 23.09.2018
Serie A TIM 2018 / 2019

CIOCIARIA 0 - ZEBRE DA GUERRA 2

Frosinone (Burinolandia – Stivalonia Centro-meridionale), 23 settembre 2018 P.A.D.E.R. (Primero Ano De Era Ronalda).

Per la quinta puntata della fiction *"Facciamo finta che anche gli altri abbiano una chance di vincere quest'anno"*, l'allegra *Comitiva degli Amici di Ronald*, al comando di Don Acciughina Boia Dé, opera una scorribanda in Ciociaria per mettere a ferro & fuoco Frosinone con la delicatezza e gentilezza d'animo di uno squadrone di cavalleria visigota durante l'invasione barbarica del V secolo Dopo Cristo – Ma Prima di Ronaldo.

Per tenervela corta, visto che mi pagate il minimo sindacale, vi dico subito che la partita è finita due a niente per le Zebre, con reti di Sua Ronaldità Cristiano Ronaldo dos Santos Aveiro CR7, Principe di Funchal, Sindaco di Madeira, Re di Pallonia, Imperatore di Gollandia, Duce di Sabaudia, Primo e Unico della Sua Specie + altri 44 titoli nobiliari assortiti a seguire, e del tatuato n. 33 *Scarabocchio* Bernardeschi, freeclimber di classifiche nel mio personalissimo orgasmometro pallonaro nonché attuale pretendente al trono di Paolino Dybala, anch'egli presente in campo ma non ancora allo zenith in fatto di stimolazione ai capezzoli per la prestazione futbalistica.

Da parte sua il Frosinone è riuscito per lo meno a stabilire un singolare record all-time da quando gli Incaz inventarono il gioco della pallapiede nel 3769 A.R. (Avanti Ronaldo) ad oggi: per l'intera durata della gara, intervallo e docce comprese, nessuno dei ventidue tesserati della squadra ciociara ha calpestato un centimetro quadrato del terreno di gioco ad eccezione di quello presente sulla linea della porta inutilmente difesa dal loro raccattapalle in fondo al sacco.

La strategia dei padroni di casa, scesi in campo con una formazione 11-0-0 che le barricate per i viali delle cinque giornate di Milano del marzo del 1848 al confronto erano il deserto della Mongolia settentrionale durante l'ultima glaciazione, si è rivelata efficace ed opportuna come Padre Pio sul set di un film di John Holmes; ed infatti la partita si è risolta in una tale tonnara da parte delle Zebrotte assassine nei confronti del gregge tosabile ciociaro, che l'area di rigore dei frusinati a fine incontro è risultata piu bombardata di Nagasaki nel '45 e Gerusalemme durante la III Crociata frullate insieme.

Trattandosi tuttavia di una partita il cui fascino alla fine si è rivelato di uno zerovirgola sotto quello del monoscopio di Tele Capodistria e non avendo pertanto alcuna voglia di appesantirvi la dieta pallonara con pietanze non sufficientemente gourmet, di seguito, in sintesi, eccovi servito il più dietetico e digeribile

PAGELLONE!!!

Wojciech "????" Szczesny: impegnatissimo per tutta la durata dell'incontro unicamente a spiegare ai giornalisti italiani come si scrive correttamente il suo nome e cognome; vince per distacco su un bradipo narcolettico lo *Sbadiglione d'Oro 2018*.

Essendosi recentemente affidato allo stesso stylist di *Smadonnetor* Buffon, si presenta sul terreno di gioco con pigiamone striato in puro pile antisesso, cuffietta pomponnata, babbucce con la faccia di Pluto ed una damigiana di tisana alla passiflora, immaginando sin dall'inizio che gli attaccanti avversari per tutto l'incontro lo avrebbero cagato meno di un mendicante del Burkina Faso all'entrata del Billionaire di Briatore.

Voto: la prossima volta, dai.

Juan *"Billy Jean"* Cuadrado: il sesto dei Jackson Five si dà da fare sulla fascia con la consueta lena di uno spacciatore di crack nel centro di Ibiza in un qualsiasi venerdi sera di luglio, ma, vista anche la densità a livello di fusione subatomica di sagome frusinati nella sua zona di competenza, finisce per combinar poco e niente, a parte migliorare alcuni passaggi di break dance della sua ultima coreografia con urletto strizzapacco incluso.

Nella seconda parte del match viene sostituito con Joao Cancelo, un chilo e mezzo di perline colorate e due figurine Panini doppie della formazione della Sambenedettese del 1977.

Voto: 5.0, sho-be-do-be-dooo.

Joao *"Miciomao"* Cancelo: subentra a Juan Cuadrado e subito cambia lo spartito della colonna sonora per le azioni da girarsi sulla fascia, imponendo la dittatura bianconera nel settore senza star lì a indire inutili elezioni.

Con lui la fascia destra del terreno di gioco diventa una *no fly zone* per i ciociari, che comunque già si erano premuniti di presentarsi con una forza aerea meno efficace di quella dell'Impero Ottomano nella guerra del 1915/18; spinge con regolarità da cronometro elvetico e la sinuosità di un attore porno baffomunito degli anni settanta. In pratica è un Lichtsteiner con i piedi montati stavolta per il verso giusto.

Voto: 7.0, ma migliora, cazzo se migliora....

Daniele *"Bimbinobellino"* Rugani: Il secchione debutta e alla sua prima stagionale consegna il compito in bianco, perché per novantasei minuti quelli del Frosinone riesce a vederli solamente con un cannocchiale della marina imperiale giapponese.

Ordinato come la Signorina Rottenmeier di Heidi, riconsegna a fine gara la divisa perfettamente pulita, piegata e stirata buona per la prossima volta.

Voto: 6.0, ma nomination per il premio Mary Poppins 2019.

Giorgio *"Dott.–Sua Maestà"* Chiellini: Re Giorgio Primo raggiunge le quattrocentosettantasette presenze nella Juventus superando quel mito assoluto di Dinone *Muro Muto* Zoff.

Domina la zona bassa del campo bianconero con l'autorità sintetica e minimalista di un capofamiglia di Cosa Nostra: gli altri lo sanno e quindi muti devono rimanere, e muti rimangono, MUTI!!!

Voto: Al reparto ricerca e sviluppo della Tupperware, perché inventi in fretta una confezione sotto vuoto spinto che ce lo conservi cosi altri cento anni e tutti in buona salute (cit.)

Alex *"UsexiSamba"* Sandro: il giaguarone carioca a 'sto giro somiglia al reparto casalinghi dell'Ikea: tanta produzione ma basso livello qualitativo; smista sulla fascia una quantità industriale di palloni ma fatica a trovare la sua consueta velocità luce nella jungla di paletti gialli piantati in area frusinate.

Sfiora un gol clamoroso ma si vede che la condizione migliore è là da venire.

Voto: 6.0, di buona condotta.

Rodrigo *"McGyver"* Bentancur: il baby uruguascio è un coltellino multiuso dell'esercito svizzero contrabbandato illegalmente in meridioamerica: imposta, copre, recupera, picchia, rilancia, affetta, sminuzza, trita, asciuga, risciacqua.

Forse per qualche ipovedente con il pastore tedesco scappato dalla cuccia non si tratterà di un campione ma date retta a me: se vi capitasse di naufragare su un atollo disperso nell'oceano sbavereste per avere un Bentancur nella cassetta del pronto soccorso del canotto di salvataggio.

Voto: 6.5 e Premio Eta Beta 2019 sulla fiducia.

Federico *"Scarabocchio"* Bernardeschi; il Tatuato ormai ha finito il consueto periodo iniziale di fermentazione del metodo Allegri – Champenois ed ha iniziato la stagione in modalità decollo verticale che uno Space Shuttle in parallelo risulterebbe una Panda a metano.

Entra dalla panca e gira la vite della partita aprendo la difesa del Frosinone come le gambe di una liceale alla festa di fine anno; per provare inutilmente a contenerlo la trincea ciociara perde equilibri e geometrie aprendo pericolose praterie per gli altri incursori bianconeri che, trattandosi di personaggini poco raccomandabili del calibro di Mandzukic e CR7, è come infilare le palle spalmate di salsa barbecue nella bocca di un alligatore tenuto a dieta a base di bieta lessa da sei mesi.

Allo scadere segna il raddoppio che manda in banca la partita finalizzando un contropiede made in Pjanic con una azione personale nella quale semina due difensori frusinati che restano piantati lì, come un totem degli Apache Mescaleros al cospetto di una lapdancer di Las Vegas.

Voto: 7.5, maipiusenza.

Emre *"Kaiser Sose"* Can: non è ancora (e forse non sarà mai) il David Copperfield che si pensava; per il momento somiglia più al ragioniere della ditta di famiglia, quello precisino con gli occhialini e il maglioncino a mezze maniche un pò palloso, che però fa quadrare i conti del centrocampo bianconero e per ora va bene così, che tanto a fenomeni siamo già in overbooking.

Voto: 6.0, al netto di IVA.

Miralem *"Mozart"* Pjanic: Per il regista bosniaco la giornata è di quelle complicate come un livello di Tetris quando hai la congiuntivite.

Gli avversari intasano l'area di rigore come la spiaggia di Cesenatico a Ferragosto riducendo gli spazi a roba che si trova solo sulla metropolitana di Tokio a mezzogiorno, quindi la partita è di quelle da scardinare più con il piede di porco che non con la bacchetta da direttore d'orchestra.

Nella ripresa la mossa Bernardeschi gli consente di salire per qualche minuto in cattedra e tanto gli basta; è lui infatti che dà il LA ad entrambe le azioni da gol e che innesca il contropiede velenoso che il Tatuato provvederà a monetizzare.

Voto: 6.5, cartesiano.

Paolo *"Swarovski"* Dybala: la Joya ce la mette tutta e per l'impegno meriterebbe senz'altro la sufficienza piena, ma nel calcio i risultati contano.

La partita del gioiellino bianconero è molto aroma e poca pappa; il suo talento si discute meno del Talmud per un ebreo ortodosso e l'Universo sa perfettamente che si tratta di un predestinato alla produzione seriale di orgasmi calcistici, ma per ora il suo rendimento è di quelli da debito formativo a fine anno scolastico.

Voto: 5.5, ma se gira la chiave....

Mario *"Sorrisino"* Mandzukic: va compreso: ha appena finito un mondiale nel quale con la sua Croazia è arrivato tecnicamente secondo, cioè primo dei terrestri; in tutto avrà fatto sì e no otto minuti di vacanze e dopo quattro si era già rotto i maroni; non è quindi umanamene lecito pretendere che il nostro campione di umorismo possa essere esattamente al diapason della condizione.

Ciò nonostante ci prova come un diciottenne in scimmia da testosterone rinchiuso nella camerata di un college femminile, solo che non ci riesce, perchè è lucido come il parafango di una Peugeot alla fine della Parigi Dakar.

Marione però è, e resta anche solamente per questioni temperamentali, un elemento assolutamente imprescindibile, perché anche quando non gira al massimo ha comunque la funzione del leone addormentato in una stalla: anche se ronfa, non è che le vacche smettano di tremare.

Voto: 6.0, ma proprio per la sua contagiosa simpatia.

Cristiano Ronaldo *"CR7"* dos Santos Aveiro: Sua Ronaldità ha terminato il giro di ricognizione, le gomme sono entrate in temperatura e la sensazione è che da qui in poi sarà come vedere Hamilton gareggiare contro una banda di pensionati con l'anca sbilenca alla guida dei carrelli da spesa nel parcheggio della Coop.

È stabilmente al vertice della catena alimentare, come un Boa

Costrictor mollato in un recinto farcito di pulcini; ogni volta che tocca la palla nasce un highlight della gara.

Sfiora di un nulla un clamoroso gol di tacco e due minuti dopo piazza la zampata che sgozza il capretto ciociaro.

E a fine gara è meno sudato di una statua del Louvre.

Definire la sua presenza in campo con un solo aggettivo?

EGEMONICO.

Voto: 8.5, ma tendente all'infinito.

Massimiliano *"Don Acciughina"* Allegri: conferma di essere il tecnico del sistema solare con la maggiore percentuale di cambi determinanti in corso di gara.

Il suo magari non sarà, geneticamente parlando, un calcio champagne, ma si mantiene astuto come Ulisse pucciato in una damigiana di Sviluppina e come sempre gestisce il parco fenomeni a sua disposizione con la stessa abilità di Hugh Hefner con le Coniglette del mese nella Playboy Mansion.

A questo punto chi ancora lo critica capisce di calcio come Papa Francesco si intende di preservativi.

Voto: 110 e lode, bacio accademico e diritti di pubblicazione.

By Memedesimo, il supplente di educazione fisica

Liberamente ispirato da: Juventus 3 - Napoli 1, 29.09.18
Serie A TIM 2018 / 2019

ZEBRE GALATTICHE 3 - CIUCCI DEL LAMENTISTAN MERIDIONALE 1

Regno sabaudo di Calciolandia, 29 settembre 2018 P.A.D.E.R (Primero Ano De Era Ronalda)

All'Allianz Stadium, covo delle Zebre imperiali legittime proprietarie dello scudetto per investitura papale, diritto divino e manifesta inferiorità genetica della restante fauna componente l'habitat pallonaro di Stivalonia, giunge il branco dei ciucci vesuvianesi in perenne sindrome da sparring partner, stavolta capitanati da Carlo *Gnoccofritto* Ancelotti, l'allenatore di pallapiede più titolato dell'intero Sistema Solare, collezionista di 5 Cièmpionslìg, 4 Scudetti, 1 Coppa del Re, 1 FA Cup, 1 Parigi Dakar, 1 Coppa America di vela, 1 Superbowl, 1 Palio di Siena, 1 Zecchino d'Oro, 1 Olimpiade nella specialità birra & salsicce e il premio speciale della critica *"Doppio mento d'oro"* alla sagra della vendemmia di Reggiolo.

Nel pre-match il Titolatissimo esordisce in conferenza stampa con un perentorio *"Il Napoli va a Torino per vincere e io non firmerei per un pareggio"*:

Ottimo e abbondante Carletto, adesso però glielo vai a spiegare tu agli yammeyà che affermazioni del genere portano lo stesso culo di una spremuta di soriano nero spalmato sul muro delle Vele di Scampìa dopo essere stato stirato, ripassato e imbustato da una mietitrebbia pilotata da Giovanna d'Arco, impanata nei frammenti delle macerie post sisma di una vetreria veneziana gestita da Quasimodo, il Gobbo di Notre Dame.

Manco il tempo di far uscire le agenzie di stampa e subito nell'intera popolazione maschile del Lamentistan scatta una febbrile caccia alla palla da mutanda con finalità antiscùorn;

Tutta attività fisica che peraltro si rivelerà inutile, dato che a fine puntata Mister Ancelotti àmmàmmate potrà lasciare tranquillamente riposare la stilografica nel taschino.

Anfatti:

Fischio d'inizio e gli ospiti raglianti partono con una impressionante velocità di palleggio, paragonabile a quella di un pizzaiolo professionista di Castellammare di Stabia carburato ad anfetamine impegnato nella finale mondiale di frisbee freestyle.

Delle Zebre, invece, non si rinvengono notizie attendibili, niente, nada, nicht, rien, nothing, nemmeno un post-it appiccicato alla traversa di Szczezny con su scritto in stampatello: *torniamo subito, siamo al bar.*

O meglio: 1 titolari bianconeri selezionati per la competizione risultano fisicamente presenti sul campo da gioco nei rispettivi reparti, ma se ne stanno tutti e undici a occhi chiusi, immobili, in assoluto silenzio e nella perfetta imitazione degli omarini di una squadra di Subbuteo;

Spenti.

Fate conto undici segnaposto zebrati.

Roba che Buddha devi d'annà n'pensione.

Al 6' del primo tempo i vesuvianesi mancano per un pelo di vergine il vantaggio con Zielinski: il centrocampista polacco giunge sul limite della camera da letto black&white e lascia partire un terra-aria che si stampa sul palo alla sinistra di uno Szczesny più battuto della grancassa di un batterista heavy metal, ma con il provvidenziale ausilio di una consistente folata di culo la boccia esce a lato di un machèccazzo.

In panchina Max Allegrimoto-San, Supremo Shogun della Casata della Sacra Zebra, adagiato su un tatami munito di cuscini di seta imbottiti di capelli di vergini suicide, mastica placidamente uno stelo di fior di ciliegio sfogliando distratto un catalogo dell'Ikea, indeciso se ordinare o meno un pregevole servizio da dodici bicchieri per sakè modello *Makenoyah* da €. 9,99.

Al 9' del primo tempo gli yammeyà passano addirittura, meritatamente, in vantaggio: *Figliolprodigo* Bonucci, con un riflesso involontario delle altrimenti inermi gambette, canna clamorosamente un disimpegno sulla fascia destra del biliardo recapitando la sfera sulla tre quarti sabauda, dove Allan-Sorrenti se ne impossessa con prepotenza guappa e la filtra lestamente in area, lato – Callejon.

Quest'ultimo, attirata l'attenzione del ciàpagòl bianconero, ripiazza al volo al centro dove sopraggiunge indisturbato *Bilbo Baggins* Mertens che, a porta vuota, deposita facilmente lo sferoide nel saccoccio bianconero.

ZEBRE CARTONATE 0 - RAGLIANTI 1

Immediatamente il cielo del Golfo di Pizzàpoli diventa più incasinato di quello di Londra nel 1941 durante un bombardamento della Luftwaffe a causa della quantità spropositata di fuochi d'artificio esplosi per festeggiare il vantaggio.

Tutti i quotidiani del Lamentistan escono in edizione straordinaria con il titolo a sessanta colonne "VESUVIANESE CAMPIONE DEL MONDO".

De Lamentiis, Gran Vizir dei somaridi, in segno di ringraziamento a San Jennà fa voto di silenzio promettendo di astenersi dall'ingolfare l'etere per trenta-secondi-trenta, per la verità sbilanciandosi un po'.

Gli amministratori del sito *Azzurronia Core è Mammt* inoltrano formale denuncia-querela alla Procura della Repubblica di Pulcinella perchè "*O Sole Mio*" non ha ancora sostituito ufficialmente l'inno di Mameli, ed è tutto un gombloddo.

Sulla panchina bianconera Max Allegrimoto-San ripone lentamente il catalogo del mobilificio svedese, si alza con lenti movimenti armonici dirigendosi verso la sua collezione di bonsai per innaffiarne uno con un minuscolo contagocce in madreperla, assiste rapito al leggiadro volteggio di una elegante coppia di farfalle che si attardano nel lindo cielo settembrino piemontese, liscia con un impercettibile movimento della mano una microscopica piega del proprio kimono da samurai, ed infine alza lo sguardo sereno verso Sua Gnokkaggine Suprema Cristiano Ronaldo dos Santos Aveiro CR7, al quale sussurra, con un filo di voce e senza la benchè minima espressione facciale, una sola parola:

"*Adesso*".

Nel microchip auricolare posto nei lobi di tutte e undici le Samurai - Zebre parcheggiate sul terreno di gioco echeggia la voce di CR7: "*Zebra leader a branco mannaro, Zebra leader a branco mannaro: Acciughina-San ha confermato: Via all'Operazione Somaro a 90 gradi; attivare il protocollo Chitàmmuort, non fate prigionieri, passo e chiudo*".

Sul resto del campo di gioco si sente un unico, simultaneo, rumore di scatto metallico; gli undici bianconeri sino a quel momento impostati in modalità pennichella si tramutano da inermi cartonati segnaposto in cyborg ultraninja da combattimento che Goldrake sei un tostapane.

Da lì in avanti la musica cambia, e mannaggia la miseria non saprà di tarantella.

Al 27' del primo tempo ripartenza al curaro made in zebra: Emre Can, Gran Sultano di Westfalia, filtra un pallone al miele sulla fascia sinistra, dove CR7 supera Hysaj con il telepass lasciandolo lì come una mignotta sotto il lampione dopo la marchetta per poi pennellare per Marione Mandzukic un assist in piena area che è una tesi di laurea in architettura calcistica.

Il Croato stacca di testa e non deve neanche impattare la sfera: si limita a rivolgerle uno sguardo dei suoi e questa immediatamente abbassa le orecchie, cambia traiettoria e visibilmente tremando si insacca da sola.

CYBORGZEBRE 1 - RAGLIANTI 1

Nel Lamentistan cala il tipico silenzio di quando al Liceo la Prof stronza interroga a tradimento e tu non sai neanche di che minchia di materia si tratti.

Gufelio De Lamentiis prenota precauzionalmente un tour nel reparto di terapia intensiva al Cardarelli e quelli di *Azzurronia Core è Mammt* inoltrano formale denuncia querela alla Procura della Repubblica di Mancopòocazz per circonvenzione di incapace da parte di CR7 nei confronti di Hysaj, ed è tutto un gombloddo.

Nel proseguo del primo tempo C.R.D.S.A.S.M.P.F.S.S.R.P.I.G (Cristiano Ronaldo dos Santos Aveiro, Sindaco di Madeira, Principe di Funchal, Shogun di Sabaudia & blablabla il resto lo sapete già) stupra psicologicamente l'intera difesa vesuvianese con la sistematicità ed il cinismo di un plotone di irregolari serbi durante la guerra dei Balcani.

Il portoghese, talmente letale che al confronto un cobra è un lombrico, ad un certo punto supera Koulibaly con una finta di tacco dietro la schiena che per rivederlo al replay bisognerà prima pagare delle royalties a Steven Spielberg.

Il difensore dei somaridi non può fare nient'altro che stenderlo, ma poi gli si presenta davanti con block notes e smartphone per chiedergli autografo e selfie, che sennò i miei amici mica ci credono che l'ho incontrata e me l'ha fatto davvero, Sua Santità.

La retroguardia ragliante entra sistematicamente in labirintite e riesce a fermare gli avanti bianconeri, in particolare Paulino Dybala, esclusivamente con mosse di karate e tentativi di sgarrettamenti che produrranno una collezione di cartellini gialli grossa come un mazzo da poker.

Si va al riposo con la netta sensazione che il vento della partita sia girato e che da lì in poi spettinerà le Alpi e non il Vesuvio:

Al 49' del secondo tempo la svolta definitiva del match: Dybala innesca un contropiede ad una velocità tale da rendere il consueto rapporto spaziotemporale una opinione da osteria, devolve la sfera a CR7 che dalla sinistra rientra e lascia partire un siluro fotonico che va a fare a linguainbocca con il palo yammeyà, ma sulla ribattuta piomba ancora una volta, puntuale come la morte in un lager nazista, Sorrisone Mandzukic che la insacca a porta vuota.

CYBORGZEBRE 2 - RAGLIANTI 1

A questo punto la partita si incattivisce parecchio perché i somaridi tendono a scambiare il terreno dello Stadium con un tatami da Judo, buttandola regolarmente in rissa.

Al 58′ L'arbitro Banti mostra il cartellino rosso a Mario Rui, già recidivo e appena rilasciato in regime di semilibertà per un tentativo di chirurgia coreana su Dybala che prevedeva l'asportazione della caviglia senza anestesia; ne nasce una rissa da bettola del porto nella quale *Figliol Prodigo* Bonucci e Allan-Sorrenti prima si spintonano e poi si sfiorano lievemente con le rispettive corna in una appassionante gara di supremazia mascolina; lo yammeyà stramazza a terra eseguendo una ammirevole imitazione del coniglio ubriaco fulminato da un colpo di spingarda, ingenerando una tale sceneggiata che indurrà l'anima di Mario Merola a scoperchiare la tomba per andare a congratularsi personalmente con tutto l'undici vesuvianese per la magnifica interpretazione.

Al 76′ la Ggiuve, stufa di tutto sto bailamme, chiude baracca&burattini: su corner dalla destra Sua Ronaldità CR7 svetta di abbondanti metri due virgola cinque sulle capocce del resto della volgare umanità, girando con la zucca coronata la sfera nell'angolino basso della porta dei Pulcinellaboys.

La boccia entrerebbe comunque, ma ci si scapicolla sopra *Figliol Prodigo* Bonucci toccandola con l'unghia mal tagliata prima che varchi la linea, intitolandosi così il punto per le sole statistiche.

CYBORGZEBRE 3 - RAGLIANTI 1

Nella panchina sudista la mandibola di *Gnoccofritto* Ancelotti, sedotta dalla forza di gravità, viene frenata solamente dal manto erboso, lasciandolo lì con la tipica espressione di Bubba, l'amicone di Forrest Gump, dopo che qualcuno gli ha infilato il cervello nel cestello di una lavanderia a gettoni.

Quelli di *Azzurronia Core è Mammt* inoltrano formale denuncia querela alla Procura della Repubblica di Stasenzapenziè a carico dello Shogun Max Allegrimoto-San per presunti maltrattamenti aggravati nei confronti di un anziano in tuta azzurra seduto nella opposta panchina con la convinzione di essere al parco a ingrassare il piccioname, ed è tutto un gombloddo.

Da parte sua, al rientro negli spogliatoi, Allegrimoto-San accoglie gli undici samurai bianconeri reduci dall'impresa con un *"Beh? siete gia qui? Avete finito la ricreazione? Bene ora che vi siete divertiti tutti a casa a fare i compiti che domani mattina vi interrogo a sorpresa; no, tu no Cristiano, tu ovviamente sei esentato perchè domattina è giorno di udienza per i sudditi".*

Dopodiché riprende serenamente la sua silenziosa caccia alla mosca con le bacchette da riso.

Finisce così, con quarantamila fortunati invitati al banchetto a base di stracotto di somarino e code di gufo flambato all'aroma di mavaffanmucc'.

La Ggiuve vola a + 6 sul resto dei terrestri e siamo ancora a settembre.

I somaridi del Lamentistan meridionale precipitano nel 41bis della classifica, ma dai, tutto sommato il campionato è ancora lung............BUAHAHAHAHAHAHAHAH.

No dai raga, non ce la faccio, anche le mie di stronzate hanno un limite.

By Memedesimo, lo storyteller

Liberamente ispirato da: Juventus 3 – Young Boys 0, 02.10.2018
Champions League 2018 / 2019; fase a gironi.

LA JOYA & FRIENDS 3 - YOUNG RINGOBOYS 0

Agnellopolis, capitale di Sabaudia, quarto giorno del decimo mese del primo anno dell'Era Ronalda.

Per il secondo turno del torneo di Coppa Orecchiona Bastarda 2018/19 una selezione dell'Oratorio di Berna, in gita premio d'istruzione per avere vinto il Campionato Emmenthal dell'anno precedente, valica le Alpi arrancando sino all'Allianz-J-Egemonia Stadium per incrociare le lame con la collezione di fenomeni da pallapiede della Agnelli's Family.

Il branco a strisce deve affrontare la tremenda sfida (intendo dire quella di riuscire ad arrivare al novantesimo senza sbadigliare, mica la partita con i Gruvieras) privi di Sua Ronaldità CR7, espulso nel corso del precedente match contro i mangiapaella valenciani per spaccio abusivo di sexappeal.

Mister Massimiliano "*Heidi*" Allegri inizialmente opterebbe per far scendere in campo una formazione del tutto inedita: Paolino Dybala più altri dieci compagni di merende estratti a sorte tra la rosa dei magazzinieri del J-Village, ma poi, passata la sbornia di Kirschwasser[1] opta per una scelta tattica più moderata, sciorinando la seguente formazione:

In porta: un cartonato a dimensione originale di Szczezny precedentemente utilizzato come spaventapasseri nel campo di allenamento di Villar Perosa.

In difesa: Nonno Barzagli, ma solo fino al sesto del primo tempo che dopo ha il torneo di settebello al circolo degli Anziani di Pinerolo; Mehdi Benatia, collegato via Skype dalla vasca jacuzzi di casa sua; *Figliol Prodigo* Bonucci, regolarmente in campo con la sua dotazione di cenere da capoccia e il cilicio alla Giovanna d'Arco sotto la divisa, che il Leo ha ancora da soffrì così si impara a fare a linguainbocca con i China-Millas.

A centrocampo: Juan *Billy Jean* Cuadrado, il sesto dei Jackson Five, se promette di giocare esclusivamente facendo la moon-walk in retromarcia che sennò finisce trentaquattro a zero; Miralem *Mozart* Pjanic, obbligato ad indossare un paio di Luboutin tacco 15 color verde-invidia-di-Delaurentiis per gli stessi motivi di cui sub-Cuadrado; Blaise Matuidi, il *Sonquamasonancoli*, con la consegna di limitare lo sforzo fisico nell'intero match al massimo a n. 9 passi di Tango con casquè; Alex *UsexiSamba* Sandro, il giaguaro del Paranà, travestito da Toblerone al doppio cacao nucleare in omaggio ai visitors elvetici.

In attacco: Federico *Global Ink* Bernardeschi, al quale Acciughina ha tatuato sulle sopracciglia (unico lotto disponibile) un clamoroso "*va più piano, boia dè*"; Paolino *La Joya* Dybala, per l'occasione promosso sul campo a rango di vice Ronaldo da picchiata, ed infine una fototessera del 2005 di Marione Mandzukic, recuperata dall'archivio della sezione di Zagabria delle *Bestie di Satana*.

Curioso l'episodio nel pre-gara del quale si rendono protagonisti i giocatori dello Young *Ringo* Boys: durante l'inno della Champions in universovisione i calciatori elvetici si riuniscono a capannello e fanno un clamoroso BIM BUM BAM per decidere chi dovrà andare in porta, dato che nessuno tra gli svizzeri ci pensa neanche minimamente, che mica siam venuti qui a fare i buchi nella gruviera con la trivella a mano.

Viene estratto a sorte tale Von Ballmos, il quale festeggia a favore di telecamera con un bestemmione in ladino talmente complicato che una delegazione del Vescovado di Berna si presenterà nell'intervallo presso gli spogliatoi per chiederne una traduzione giurata da sottoporre ad esorcismo, mentre sul display dello smartphone dell'elvetico comparirà uno whatsapp di congratulazioni da parte di Gigione *Vangelo* Buffon con su scritto "*finalmente un erede serio, Zio Rigoreparato*".

Fischio d'inizio ed è subito chiara la prima e unica regola di ingaggio: agli elvetici sarà vietato oltrepassare il centrocampo per tutto l'incontro, che a confronto gli scappati da Berlino Est impallinati a cavalcioni del Muro di Berlino durante la Guerra Fredda sarebbero risultati croceristi della Costa Concordia pilotata da Nelson Schettino.

Evidente l'altissimo grado di tensione in tribuna VIP allo Stadium, cagionato dall'alto grado di difficoltà dell'impegno agonistico: Pavel Nedved viene inquadrato ripetutamente mentre si spunta le unghie dei piedi con un flessibile, Andrea Agnelli si presenta in clamorose infradito su clamorosi bermuda bianconeri a fioradoni a corredo di clamorosa T shirt di rete smanicata con spiritosa scritta *"Sono il tuo gianduiotto preferito"*, e Sua Ronalditudine Cristiano Ronaldo dos Santos Aveiro CR7, Sindaco di Madeira, Principe di Funchal, Shogun di Sabaudia, Re di Pallonia e Imperatore di Gollandia, è comodamente stravaccato sul consueto trono di spade con a fianco quella patacca termonucleare della Georgina Rodriguez, morosa ufficiale nonché personal trainer professionista di coronarie (vedasi foto allegata, pregasi il recupero della lingua a fine perizia).

Al quinto del primo tempo la Ggiuve è già avanti.

Figliol Prodigo Bonucci requisisce il pallone a centrocampo da due teppisti in divisa gialla, li sculaccia doverosamente mandandoli a letto senza cena e poi manda in orbita geostazionaria un lancio su carta millimetrata che scavalca tutti gli inutili presenti sul terreno di gioco e decide di atterrare a centro area sulla caviglia di Paolino Dybala, che la recapita al volo nell'angolino, sciorinando la prima, ma non l'ultima, delle Dybala masks della serata.

ZEBRE DA GUERRA 1 - RINGOBOYS NIENTE

La gara subisce sei minuti di interruzione imposti dalla necessità di consentire agli stewards dell'Allianz-J-Egemonia Stadium di sgomberare il terreno di gioco dalla imbarazzante quantità di indumenti intimi femminili precipitati in campo per festeggiare la prodezza dell'argentino.

L'incontro riprende ma la solfa non muta, l'area svizzera è più intasata del bordello di una città di minatori il giorno di paga e per impegnare il povero Von Ballmos gli avanti bianconeri devono prenotare con l'apposita app e mettersi in fila con il numerino come al banco salumi del Conad la vigilia di Natale.

Al dodicesimo del primo tempo sempre Leo Bonucci, oggi in modalità quarterback, fa partire dalla nostra metà un traversone munito di telecomando direttamente sulle zampette felpate di Alex Sandro.

Il Sambagiaguaro sulla fascia sinistra si beve il difensore svizzero come un mohito il venerdì sera al Pineta di Milano Marittima e filtra la boccia a centro area dove sopraggiunge il tatuato FB33, che fa partire una sabongia velenosa al volo in grado di fratturare entrambi i polsi dello sventurato portinaio elvetico.

Dopodichè Bernardeschi prende ufficialmente possesso di entrambe le fasce del terreno di gioco con tanto di rogito notarile, diventando più devastante di una supposta di $C4*2$ caramellata in una infusione di acido cloridrico.

Al trentatreesimo del primo tempo *Billy Jean* Cuadrado improvvisa una coreografia sulla tre quarti di destra che anestetizza i dietro svizzeri e sfila la sfera al centro, dove Blaise Matuidi fa partire un colpo di catapulta destinazione porta.

Von Ballmos con i moncherini fa quello che può e respinge corto, ma in zona si trova di pattuglia Paolino Dybala che spedisce in porta la boccia ribadendo il fatto che, cazzo, quello è il posto dove se ne deve stare stanotte, e poche balle!

MEGAJUVE 2 - BRICIOLE DI RINGO BOYS SEMPRE 0

Si va al riposo.

Von Ballmos, munito di naso & baffi finti in puro stile Groucho Marx, cerca di raggiungere l'ambasciata siriana per chiedere asilo politico, che da quelle parti pioveranno anche razzi Katiusha, ma sempre meglio delle bordate juventine.

Viene fermato nel parcheggio dello Stadium e ricondotto a forza tra i pali elvetici ai quali viene assicurato con una robusta catena saldata alla caviglia, che non si sa mai.

Riprende l'olocausto e le zebruccie assassine non hanno nessuna intenzione di alzarsi da tavola, avendo impostato l'autopilota sulla modalità no-misericordia.

Al decimo del secondo tempo, FB33 offre al gioiellino n. 10 bianconero un filtro a centro area così efficace che non si trova neanche nelle canne che si rollano sulla spiaggia di Negril in Jamaica; la Joya accetta volentieri la smezzata e spiazza l'incolpevole numero 1 svizzero, ma timbra il palo pieno evitando la tripletta.

I difensori elvetici emettono un coro di fiuuuuu di sollievo, ma sul megascreen dell'impianto compare un preoccupante *TO BE CONTINUED*.

Al trentatreesimo tutta la Vecchia Signora sale in cattedra per una lectio magistralis di danza classica applicata al fuccbol: sulla sinistra Alex Sandro filtra al centro con il velo di FB33, la palla arriva a Emre Can, che fa a tocco-rimbalzo con Mandzukic, che al volo smarca sulla fascia Cuadrado, che al volo anche lui la libera al centro dove sempre-al-volo-perchè-sennò-non-vale La Joya non può stavolta proprio esimersi dal diventare Mister Trybala, spostando di nuovo il pallottoliere.

Robe così belle in genere portano una fascia, una coroncina sulla testa, gambe e tette da sballo e finiscono sulle copertine delle riviste da barbiere di tutto il mondo.

FANTAJUVE 3 - PAPPETTA DI RINGOBOYS SEMPRE 0

Finisce così, perché vabbene dargli giù a manetta, ma non siamo poi mica dei torturatori seriali.

Palla e targa ricordo ad appannaggio di Paulino Dybala, che si aggiudica in omaggio anche il set di pentole con triplo fondo antiaderente, il materasso in lattice memory, la calda trapunta in pura lana merinos e una fornitura a vita di Lindor.

Il ruolino di marcia della Vecchia Signora a inizio stagione recita NOVE VITTORIE SU NOVE DISPUTATE e non succedeva dal 1932 Avanti Cristo.

Gufi e gnegne in fila all'ufficio di collocamento.

Prima di spegnere le luci dello Stadium, qualcuno si ricordi di svegliare Mister Allegri che a quest'ora sarà ancora sotto il piumone in panchina, abbracciato al suo pupazzetto preferito, quello a forma di acciuga.

By Memedesimo, Yo-la-la-la-Yuuuuuuh

[1] Kirschwasser: acquavite tipica della zona delle Alpi, ed in particolare della Svizzera

[2] **C4:** esplosivo al plastico estremamente potente, utilizzato principalmente dalle forze speciali antiterrorismo di tutto il mondo.

Liberamente ispirato da Manchester United 0 – Juventus 1, 23.10.2018
Champions League 2018 / 2019; fase a gironi.

NIPOTINI DI ROBIN HOOD 0 - ZEBRE DA SBARCO 1

Manchester, Arcipelago di Gran Bruttonia, ventitreesimo giorno del decimo mese P.A.D.E.R. (Primero Ano De Era Ronalda).

Per il terzo duello del girone iniziale del nobilissimo torneo di Coppa Orecchiona Bastarda, il Clan delle indomite Black&Whites Zebras dà il via all'operazione *Reverse Overlord**1 sbarcando in forze sulle spiagge albioniche per andare a mettere a ferro&fuoco l'Old Trafford, antico maniero del Manchester United States of Puzzasottoilnasoland.

La brigata di cavalleria pesante condotta dal Gran Maresciallo dell'Impero Sabaudo posto al comando dell'operazione, Sir Max Happy McAcciughyne, applica con magistrale sapienza footbalistica la tattica di accerchiamento rapido in profondità, prima assediando e poi travolgendo con indomito impeto il castello dei *Red Devils*, vanamente presidiato dalle truppe di quel gran esempio di simpatia e di umiltà del capitano di ventura mercenario Don Jose Mourinho, detto *El Number Uàn dè Cagaròn*.

Il colpo di ariete vincente che permette lo sfondamento decisivo del ponte levatoio anglosassone lo assesta Sir Paul *Jewel* Dybala, che al diciassettesimo del first half of the match insacca il suo decimo diamante in Ciempionsliig proiettando la Old Lady del calcio stivaloniano a tre successi su tre in Europa, undici su dodici complessivi in stagione e regalando un immenso e glitterato FUCK U ASSHOLES alla sempre meno folta ed allegra brigata di gufi mangiamerda (Shit eaters uccellescions) & gnegnes, per l'occasione in modalità de-cat-is-òn-de-tèibol.

Qui di seguito, anche se in realtà ve lo meritereste come una gratifica natalizia a Osama Bin Laden, il consueto PAGELLONE del vostro amatissimo Gobb-Lawyer preferito (fate di sì con la testa come i cagnotti giocattolo appollaiati negli scaffali degli autogrill in autostrada);

WOJHKCKEKKK *"Supercazzola"* **SZSHJZSHSCZYESNY**: il polaccone zebrato con il nome come uno scioglilingua in lingua klingon si presenta in campo più attrezzato di un incrocio tra Sir Lancillotto e Daytarn III, comprensivo di lancia, scudo, lame rotanti e attacco solare, ma dopo i primi cinque minuti capisce subito che aria tira, prende atto che la Juve ha il 98,89 % periodico di ball possession e corre a cambiarsi ripresentandosi in vestaglia di pile doppiopetto damascata con effige by Hallo Kitty sulla schiena, tazza di Earl Gray Tea in preziosa porcellana Chippendale e una copia del Times sottobraccio.

Verrà disturbato solo nel secondo tempo da quel gran maleducato dell'ex bianconero *Polpone* Pogba con un colpo di cricket che gli rimbalzerà sulla schiena, sul palo ed uscirà di un ops-sorry; per il resto del match la red zone juventina sarà ammantata di una quiete e solitudine tali che a confronto la campagna dello Yorkshire in autunno sembra un gommone battente bandiera pirata sulla rotta Tripoli – Lampedusa a Ferragosto.

VOTO: BAY-DE-UEI SIX, sottovoce e con il mignolino rigorosamente alzato.

JOAO *"Miciomao"* **CANCELO**: per tutta la durata della competiscion il turbolituano è una costante spina nel fianco dello United.

Trova regolarmente lo spazio per infilarsi ovunque a velocità Whorpe con la stessa facilità con la quale un ghiacciolo si scioglierebbe in un microonde o Berluskaiser cercherebbe di tenere lontana dalla strada la prima nipotina di Mubarak marocchina minorenne che gli capita in villa.

Al 22esimo del primo tempo impegna De Gea con un booombastic shot che costringerà il ciàpagòl iberico, appartenente alle truppe mercenarie schierate in campo dai britanni, a rinunciare a sei delle sue sette vite; maipiùsenza (no more without).

VOTO: 7.5, masterclass.

LEONARDO *"Figliol Prodigo"* **BONUCCI**: offre la migliore prestazione da quando è ridisceso dal Golgota di Sborronburgo rientrando a Nazareth.

Nelle retrovie mette più ordine di un maggiordomo di Buckingham Palace con l'eleganza di una prima ballerina del Royal Ballet; nella sua consueta veste di direttore d'orchestra arretrato imposta a ripetizione sui colleghi ai quali fa pervenire lanci su carta millimetrata con la stessa frequenza delle campagne promozionali di Poltrone&Sofà.

VOTO: 7.5, trenta denari spesi bene.

GIORGIO *Dott.* **CHIELLINI**: Her Majesty King Giorgio Primo all'Old Trafford si sente a casa sua esattamente come quando la collega Elisabetta II appoggia il regal culo sulla regal tazza del regal bagno a Windsor.

L'atmosphere del match gli regala un tale hype che i suoi innumerevoli duelli con la punta dei Red Devils, Lukaku (tutti vinti con puntualità da Big Ben) si rivelano esaltanti come il *Live at Wembley* dei Queen con Freddie on the mic.

Non sbaglia un intervento nemmeno su palla a terra, confermandosi alla fine dominante come una tigre del Bengala in una conigliera.

VOTO: 007.5, al Servizio Segreto di Sua Maestà.

ALEX *"UsexiSamba"* **SANDRO**: il giaguarone del Paranà sfodera una di quelle serate nelle quali fa sembrare la fascia di sua competenza il Sambodromo di Rio de Janeiro.

Buona ed insolita anche la dedizione in copertura: per gli avanti british la sua zolla è una no fly zone per tutta la gara, che limita al minimo sindacale le possibilità di incursioni aeree nella camera da letto bianconera.

VOTO: 7even, I love rock'n'roll.

JUAN "Billy Jean" CUADRADO: il sesto dei *Jackson Five* è la chiave di volta della gara determinando gli assetti della forza da sbarco sabauda.

I suoi movimenti, puntuali come un cambio della Guardia Reale a Buckingham Palace, innescano le variazioni di modulo tattico, dal 4-4-2 in fase difensiva al 4-3-3 quando è ora di spingere.

Entra nell'azione del gol sbagliando il passo del moonwalk ma favorendo il tap in della Joya; esce solo quando il DJ dell'Old Trafford mette su *This is the End* dei Doors, più svuotato di una pinta di birra in un pub Irlandese il giorno di San Patrizio; lo sostituisce **ANDREA "NonnoNanni" BARZAGLI** (VOTO: 6), che finisce di mettere a letto gli anglosassoni raccontandogli la favola della buona notte.

VOTO: 7.0, obladi obladà.

RODRIGO "McGyver" BENTANCUR: forma con Miralem Pjanic la spina dorsale del centrocampo Blac&White: il ragazzino, come capita spesso da un pò di time in qua, sciorina nella vetrina della serata un campionario di opzioni che la borsa di Eta Beta risulta una sportina della Coop: sempre in posizione, picchia come il fabbro di Nottingham, dirige il gioco con la letale precisione di sergente del SAS[*2] concedendo una sola occasione in 90 minuti al Polpo Pogba, che però spreca.

Il centrocampista del terzo millennio.

VOTO: 7.0, boombastic.

MIRALEM "Mozart" PJANIC: la serata di MMP è di quelle da frac, ghette, papillon e cilindro.

È il Mastro di Chiavi del Regno Sabaudo, l'incrocio nodale e pulsante del meccanismo bianconero; ispeziona il limite dell'area con l'efficacia di una pattuglia texana anti-immigrazione in giro di ricognizione sul confine con il Mexico.

Con lui in zona, Mata, il più letale delle punte inglesi, ha perennemente la motherboard cerebrale offline.

In fase di impostazione è freddo e lucido come un maggiordomo di Cambridge al servizio di un milionario svizzero con il villone piazzato sulla cima del San Gottardo, non sbaglia una mossa, un movimento, un taglio; ogni tanto si concede il lusso di qualche chicca da highlight come l'apertura al volo su Cuadrado che consentirà poi a Sua Ronaldità CR7 di rendere la nottata di De Gea un nightmare post lavanda gastrica.

VOTO: 8.0, morriconiano.

BLAISE *"Sonquamasonancoli"* MATUIDI: Monsieur Sciampiòndumònd sublima alla quint'essenza la sua onnipresenza comparendo in very teletrasportostyle negli angoli più improbabili del terreno di gioco, ma anche degli spalti, della sala stampa, del parcheggio antistante e della periferia di Manchester.

È talmente dappertutto che Salvini a confronto lo stan cercando su *Chi l'ha visto?* Si concede il lusso di fare a botte per tutta la gara con il connazionale Polpone Pogba dandosele reciprocamente più che in un film di Bud Spencer e Terence Hill, ma alla fine chi la spunta è *Mr. Quatorze*; straripante che al confronto lo tsunami in Thailandia fu una scoreggina nella jacuzzi.

VOTO: 7 qui, 7 là, 7 su, 7 giù...

PAOLO *"Little Diamond"* DYBALA: Paolino La Joya è la vera rock star della serata livello *Top of The Pops*.

Curiosa la sua stagione sino a qui: in serie A pare a volte distratto, non sempre incisivo, ma quando sente la musichina della Ciempions entra in una cabina del telefono, toglie la faccina da Ken di Barbie ed esce con la tuta da combattimento trasformandosi in Mr. Super Dyadem TNT.

Suo l'affondo decisivo che decide le sorti del match con un tap in su cross in modalità drone da remoto di Sua Ronaldità CR7, ciccato da Cuadrado ma ribadito in porta dal gioiellino che era nei pressi, appostato come un Condor Pasa che sente l'odore della carogna di De Gea.

Gestisce il resto della gara con l'autorità e l'eleganza del torero: ogni tocco è un passo di tango che Miguel Angel Zotto ti devi da spostà marionetta che non sei altro; anche la cabala se lo vuole portare a letto: con la dieci sulle spalle segna il suo decimo gol in Coppa Bastarda seguendo quello che Del Piero con la dieci segnò sullo stesso campo nel 1996, decretando così la prima vittoria di una squadra italiana a casa dei Devils e l'ultima della Juve fino a questa sera.

VOTO: 8, and the winner is...

CRISTIANO RONALDO DOS SANTOS AVEIRO "*CR7*": Sua Ronaldità, Principe di Funchal, Sindaco di Madeira, Shogun di Sabaudia, Re di Pallonia, Imperatore di Gollandia, Primo & Unico della Sua Specie, Grand'Ammiraglio dell'Armata Zebrata, Lord Cancelliere di Futbolandia e Gran Ciambellano del Fighettistain viene coccolato da tutto il catino dell'Old Trafford, dove a inizio carriera diventò il semi-dio che tuttora non ha alcuna intenzione di smettere di essere.

Per rispetto non segna ai suoi ex sudditi ma fornisce comunque una prestazione top level ultra HD 4k Dolby Surround, confezionando tra l'altro il cross ineccepibile sul quale cicca Cuadrado ma risolve Dybala.

Come da copione ogni suo tocco di palla finisce per diritto costituzionale tra i topics della gara, con obbligo di essere tramandato nelle leggende popolari per almeno le prossime sei ere geologiche: elargisce un secondo assist a Joao *Miciomao* Cancelo sul quale De Gea riuscirà a superarsi solamente tramutandosi in Spiderman dopato ammerda di metamfetamine e poi, cedendo alla sua indole indelebile di mitragliatrice biologica, ci prova personalmente due volte: su punizione prima e con un terra aria nel secondo tempo; il goal keeper iberico degli inglesi neutralizzerà entrambe le conclusioni, ma dovrà affrontare un complicato percorso di psicanalisi riabilitativa per il superamento dello stress da bombardamento ed il progressivo reinserimento in un contesto sociale protetto.

VOTO: 8, God Save Her Majesty...

MASSIMILIANO *"Lord McAcciughyne"* **ALLEGRI**: la sua Juve mette un marchio a fuoco sul terreno del Trafford fornendo una prova corale di imbarazzante superiorità tattica: lui scrive lo spartito, Pjanic agita la bacchetta, i ragazzi eseguono con qualità da Royal Orchestra e i solisti Dybala e CR7 arricchiscono il banchetto con riffs che Jimi Hendrix datti al mandolino.

La Juventus è l'unica squadra in Europa con nove punti e zero reti subite, unica in Europa a nove su dieci in campionato con 25 punti; in tutti i 12 match sin qui disputati la domanda che si pone chi si trova allo stadio o davanti allo schermo non è mai: vincerà? ma piuttosto: quanto e come vincerà? L'unica eccezione con il Genoa non ringalluzzisca la razza con destinazione Jurassik Park di gufi & gnegne: si è trattato di un evento più eccezionale della costituzione spontanea alle autorità da parte di un parlamentare stivaloniano con contestuale restituzione del bottino.

A questo punto della stagione, dati statistici in mano, diventa plausibile affermare che chi continua a criticare Allegri abbia il cervello domiciliato in una dimensione spaziotemporale nella quale la sfera rimane una forma geometrica sconosciuta.

VOTO: 8.0, la teoria del tutto.

By Memedesimo, Keep calm & Forza Juve.

[*1] **Overlord:** nome in codice dell'operazione di sbarco in Normandia durante la Seconda guerra mondiale, con la quale il 06 giugno 1944 le forze anglo-americane iniziarono la liberazione della Francia e del continente europeo dalle forze del Terzo Reich.

[*2] **SAS:** Acronimo di Special Air Service: forza speciale dell'esercito inglese riconosciuta come uno dei corpi militari di intervento rapido più efficienti del pianeta; costituito nel 1941 durante la Seconda guerra mondiale, è stato il primo reparto militare al mondo a specializzarsi nelle operazioni di salvataggio di ostaggi.

Liberamente ispirato da: Milan 0 – Juventus 2, 11.11.2018
Serie A TIM 2018-2019

PELLEROSSONERI 0 - SETTIMO ZEBRALLEGGERI 2

Sborronburgo (Longobardia Meneghina, Stivalonia Nordista), periferia dell'Impero Sabaudo, undicesimo giorno dell'undicesimo mese del primo anno dell'Era Ronalda.

Nella Pagoda Boazza di San Silo, per l'occasione agghindata a saloon in simil-Tombstone style in omaggio ai vaccari a stelle&strisce che durante l'estate scorsa si sono aggiudicati per 23 Dollari e una confezione da 6 di Chicken Tenders McNuggets una ex squadra di soccer abbandonata dai precedenti proprietari bollettari pechinesi*1, è giunto il Settimo Zebralleggeri del Colonnello Maximilian *Cody* Allegry per compiere un rastrellamento ad ampio raggio nell'ambito dell'operazione *Eighth-Wonder*2.

Questa la formazione con la quale lo squadrone a strisce bianconere ha sferrato la carica contro l'accampamento degli appartenenti alla tribù Millà, i Ross-e-nèghher, che in antica lingua comanche significa *"Orfanelli dell'imprenditore-rasoterra presi per il culo dai venditori di involtini primavera"*:

N.1: Wojciech Szczesny, il ciàpatutt polacco con il nome in codicefiscalese, detentore del mazzo di chiavi di Fort Zebra.

N. 20: Joao Pedro Cavaco Cancelo, l'Asso di picche nel mazzo di carte della CIA;

N.4: Medhi Amin Benatia El Montaqui, *il Sultano berbero*, wanted dead or alive reward $. 1.000.000,000;

N.3: Sua Maestà *Re Giorgio* Chiellini *Primo*, per l'occasione eletto ranger della Contea di Rigore Town;

N.12: Alex *UsexiSamba* Sandro, il giaguarone del Paranà, nel ruolo del navajo figo amico di Tex Willer.

N.30: Rodrigo *McGyver* Bentancur, mutaforma metà calciatore e metà borsa di Eta Beta, nel ruolo di Billy The Kid con compiti di scout in ricognizione ad ampio raggio.

N. 5: Miralem *Mozart* Pjanic, lo Zubin Meta del Subbuteo, l'Ennio Morricone con i tacchetti, nel ruolo del pianista del saloon, quello che strimpella anche in mezzo alle pistolettate (dal 74' Il Feldmaresciallo Herr Sami Khedira);

N. 14: Blaise Matuidi, *Monsieur Son-qua-ma-son-anche-lì*, nel ruolo del bounty killer;

N. 10: Paulino *La Joya* Dybala, nel ruolo della sciantosa del saloon con la pistola nella giarrettiera (dal 79' N. 11: Douglas *Bagheera* Costa);

N. 17: Mario *Sorrisino* Mandzukic, nel ruolo del sergente istruttore al quale è molto meglio non rompere troppo il...;

N. 7: Cristiano Ronaldo dos Santos Aveiro, Sindaco di Madeira, Principe di Funchal, Shogun di Sabaudia, Sceriffo di Vinovo, Re di Pallonia, Imperatore di Gollandia, Primo & Unico della Sua Specie, Dominatore del Cielo e Della Terra, Nostro Pastore e Fonte di Salvezza, Amen, con licenza di collezionare scalpi senza fare troppe domande.

Negli spogliatoi, il Colonnello Max *Cody* Acciughy, durante il briefing pre-mission, era stato chiarissimo nello spiegare la strategia e le regole di ingaggio ai suoi stripped players;

Cioè....... no..., per la verità la prima volta non si era capito un fukin'mother di quello che aveva detto, ma poi, una volta toltosi la maschera antigas e affrontato il pericolo mortale di rimanere asfissiato per la tremenda puzza di fritto che da anni aleggia al Boazza di San Silo, si era spiegato un filo meglio: *"Oh Guys, sti pelle-rossonera qui è son honvinti che useremo la solita strategia di ddà la palla sempre à Dybala, puttanalamaiala; e 'nvece noi la palla (de-boll) la si spedisce sempre tra le zampette benedette del Messia n. 7 e per il resto si fa del gran caciucco alla texana, per cui DATELA A RONALDO SENNO' IL CULO VI RISCALDO, boia dè"*

Undici pollici a poche stelle ma molte strisce si alzano a formare un OK BOSS grande come il New Mexico.

Inizia il rodeo ed è subito assalto con manovra a tenaglia dell'accampamento meneghino, che Fort Apache sei stato solo una parcheggiata all'Ipercoop.

8' minuto: le Zebre operano un giropalla su tutto il fronte di attacco in regime di monopolio facendo segno di no con il ditino a qualsiasi tentativo rossonero di toccare la sfera, che non vi siete mica lavati le manine e non è un giocattolo e prima dovete fare tutti i compiti e quando la toccate ve lo diciamo poi noi, zitti.

Se la passano nell'ordine: Mandzukic, Cancelo, Pjanic, Dybala, Matuidi, Ronaldo, Pirlo, Nedved, Zidane, Trezeguet, Del Piero, Deschamps, Platini, Tardelli, Furino, Bettega, Cuccureddu, Boniperti, Sivori, la pronipote di John Charles, un cartonato di Scirea e tutti e ventidue gli ex compagni della 3C delle elementari di Claudio Gentile.

Poi la sfera arriva ad Alex Sandro, sceso sul sentiero di guerra di sinistra; il giaguarone del Paranà aziona il dispositivo a guida laser e lascia partire un missile Cruise intercontinentale con destinazione bedroom rossonera.

Marione Mandzukic è un ascensore semplice: bisogna salire al sesto piano per schiacciarla di testa? E allora? Che problema c'è? Il croato decolla, lascia bagaglio a mano e Ricardo Rodriguez al controllo passaporti e quando giunge nella ionosfera timbra la bastarda di tempia con la consueta cattiveria di chi da piccolo scuoiava per passatempo i gattini del vicino di casa, insaccandola nella rete dei milanès e portandosi via lo scalpo di Donnarumma come souvenir.

SETTIMO ZEBRALLEGGERI 1 – ROSS E NEGHER NIENTE

11' minuto: La sfera arriva tra le scarpe del Primo della Sua Specie.

Cristiano Ronaldo dos Santos Aveiro CR7, Sindaco di Funchal, Shogun di Sabaudia, and–so–on, si pastura tredici chilometri sulla fascia, che i campi di Holly & Benji a confronto erano francobolli, poi esegue sul rossonero Abate un sestuplo paso doble con palla c'è-palla-non c'è fintandolo fuori dalle ciabatte con le sopracciglia; dopodichè si ferma, riavvolge il nastro, GLI RIPETE TUTTA LA MOSSA IN SLOW MOTION, ma niente, il terzino del Millà scappa in lacrime verso la panchina di Gattuso urlacchiando *"Mamma c'è quello cattivo che non me la fa mai vedere, io non gioco più, portatemi a tennis"*.

CR7 allora sgancia un traversone sulla rotta Alex Sandro con destinazione stessa mattonella del gol, praticamente un replay.

Marione Mandzukic a-ri-decolla per la replica, ma all'ultimo istante il milanese Romagnoli, con l'ausilio di qualche lacrimogeno, riesce ad anticiparlo evitando di un puff il raddoppio.

27' minuto: prosegue quasi senza sosta l'assalto alla diligenza rossonera da parte dei razziatori nocolor; Rodrigo Bentancur riceve la palla sulle tre quarti ignorato dalle vedette del Millà perché si è astutamente camuffato confondendosi in una mandria di mucche texane al pascolo; passa la palla sulla destra allo scout Cancelo, che senza contare fino a due fa partire un segnale di fumo per il centro-area meneghina, dove è appostato in agguato Mandzukic travestito da totem apache, che tanto l'espressione facciale è la stessa.

Il croato si trova a pochi metri dalla porta di Donnarumma il quale, furbescamente, sfrutta il trucco che si usa quando si tenta di sfuggire all'assalto di un orso Grizzly, ossia si finge morto.

Marione ci casca e la sua girata di testa è fiappa come il contenuto di un trattato di pace di Washington con gli Sioux, finendo nelle grinfie del portierone milanès.

40' minuto: dopo una mezzora di tirassegno bianconero con tanto di fila ferma in attesa del proprio turno come davanti la baracchina del luna park, la prima azione realmente pericolosa dei diavoletti: una scorribanda fuori dalla propria riserva di rigore consente a Suso una cavalcata nella prateria sino al ranch bianconero, dove l'iberico filtra a centro saloon per l'ex bianconero Gonzalon *Pancho Villa* Higuain, che durante l'estate era stato convinto a lasciare Fort Continassa per dipingersi addosso i colori di guerra della tribù pellerossonera in cambio di una cassa di winchester, venti bottiglie di bourbon del Kentucky e un freepass perenne per il take away del McDonald.

Il barbudo gaucho azzarda un improbabile stop di panza ma viene anticipato da Mehdi Benatià; tuttavia il Sultano Berbero nella rotazione tocca la sfera con il tomahawk e Marshall Mazzoleni, dopo il VAR, tre pinte di birra e sei whisky al saloon, decreta il penalty.

Sul dischetto si presentano Gonzalone Higuain e tutta la sua voglia di vendetta per essere stato sacrificato dall'Head Quartier bianconero per fare spazio a Sua Ronaldità.

Silenzio di tomba.

In sottofondo la colonna sonora di *Per un Pugno di Dollari* di Ennio Morricone.

Gonzalo Higuain è il messicano con la Colt, ma sulla riga di porta c'è Szczesny, munito di poncho a strisce, mezzo sigaro acceso ficcato con la fionda nell'angolo della bocca, barba incolta, cappellaccio polveroso da cowboy, dita sul Winchester e sguardo freeze che Clint Eastwood sei Bart Simpson.

Lo fissa.

Sulla tempia di Gonzalone scende una goccia di sudore lenta come un discorso di Mattarella.

Clint – Wojciech gli sibila: "*Estrai*".

L'argentino spara il colpo, ma il polacco con un incantesimo si trasforma nello spirito guida di un puma dell'Arizona e devia il proiettile sul cactus.

Perché quando un Pipita con la pistola incontra uno Szczesny con il fucile, il Pipita con la pistola è un Pipita morto.

FINE DEL PRIMO TEMPO.

E quindi tutti attorno ai reciproci bivacchi per una sana spadellata di fagioli alla Terence Hill.

Ad inizio ripresa i pellerossoneri, imbaldanziti dal pericolo procurato a Fort Szczesny sul finale del primo tempo, si dimostrano più intraprendenti giungendo addirittura a gattonare e a pronunciare parole come "*palla*", "*pappa*", "*mamma*", e "*posso effettivamente confermare che si trattava della nipotina di Mubarak*".

Il Colonnello Acciughy a questo punto telegrafa un dispaccio ai propri scouts segnalando che la ricreazione è finita e che è giunta l'ora di fare collezione di scalpi prelevandoli dalle crape degli ex pappatori di riso.

51' minuto: Sua Ronaldità Cristiano Ronaldo dos Santos Aveiro CR7 e blablabla prende tremendamente sul serio gli ordini ricevuti e con un gran sinistro centra in piena faccia il colombiano rossonero Zapata, che piomba a terra fulminato come un coyote colpito da una granata: l'arbitro ed i compagni di squadra fanno appena in tempo a sottrarre il corpo svenuto del giocatore dalle mani del portoghese che aveva già estratto il coltello per la rapatura a sangue, al quale deve essere opportunamente spiegato il senso puramente figurato degli ordini ricevuti dal Colonnello Acciughy.

Chiarito il piccolo equivoco di natura squisitamente linguistica, alcuni minuti dopo Zapata riprende il gioco indossando per il resto dell'incontro uno scafandro da palombaro, che non si sa mai.

56' minuto: Romagnoli ripassa la lezione di macelleria sulle caviglie di Sua Ronaldità CR7, atterrandolo in prossimità dell'area in posizione da XXX VM18.

Della faccenda si occupa Paolino Dybala che lascia partire una fucilata indirizzata nell'incrocio del tepee*[3] di Gigione *Culo di Alce* Donnarumma; contemporaneamente, nell'Arizona Sud-occidentale, un cucciolo di coguaro emette la sua prima scoreggina che, in virtù dell'*effetto butterfly*, provoca un assestamento climatico globale e lo spostamento di un gazzilionesimo di grado dell'asse terrestre; quel tanto che basta per far deviare il tiro della Joya sulla barba esterna del palo culomilanese.

68' minuto: il tempo comincia a stringere e i pellerossoneri si rendono conto che devono tentare il tutto per tutto, pertanto organizzano una serie di scorrerie nelle fattorie bianconere nel disperato tentativo di razziare il pareggio.

Su una di queste Sua Ronaldità eccetera opera un break partendo dalla propria tre quarti, innesta la propulsione nucleare e semina le avanguardie meneghine sulla Route 66 come Beep - Beep quando umilia Willy Coyote facendosi nuvola; decelera sotto alla velocità del suono solo nei pressi dell'area milanista dove lascia partire un diagonale che però Donnarumma riesce ad intercettare, guadagnandosi la stima dei compagni di gioco e una bella striscia di capelli bianchi alla Morticia Addams sulla crapa a soli diciannove anni per il gran scago patito.

81' minuto: Joao *Jessie James* Cancelo organizza un assalto alla diligenza sulla fascia destra, slalomeggia tra una mezza dozzina di pellerossoneri come un serpente a sonagli in una palude della Louisiana e scaglia un colpo di tomahawk sul totem di Milanello, costringendo *Culo di Alce* Donnarumma ad intervenire con un colpo di reni con il quale impedisce il punto ma non trattiene the ball.

Per somma sfiga dell'estremo difensore rossonero a centro area si trova appostato Sua Ronaldità CR7, che con un colpo di Lazo al volo fa definitivamente lo scalpo alla sacca cino-meneghino-statunitense.

SETTIMO ZEBRALLEGGERI 2 - ROSS E NEGHER SEMPRE NIENTE

84' minuto: scontro di gioco a centroprateria tra il *Sultano* Benatia e *Pancho Villa* Higuain, che in effetti entra scomposto sul marocchino come una ballerina di un saloon di El Paso alla nona bottiglia di tequila.

Lo sceriffo Mazzoleni sventola il giallo sotto al muso del gaucho e il Pipita sbrocca di brutto, improvvisando una danza di guerra sul grugno del referee, che non gradisce e gli esibisce un all in di rosso diretto in very go-home-bye-bye-baby style.

Gonzalone cerca quindi di organizzare il linciaggio del rappresentante della legge ma viene prontamente blindato dai Rangers del

Texas travestiti da Chiellini & friends, i quali, memori del recente passato di colleganza bianconera, cercano di evitargli la forca.

Finisce nove minuti dopo, quando gli ex Berluscones, rimasti sempre relegati all'interno dei confini della riserva federale loro assegnata, finalmente sotterrano l'ascia di guerra e si rassegnano a fumare il calumet della pace.

Il Settimo (ma se va avanti così pure l'ottavo) Zebralleggeri si porta a quota 34 scalpi dopo dodici duelli, record assoluto ogni tempo dei sei principali campionati europei.

Il Colonnello Acciughy vince la quarta panchina d'oro e si aggiudica una cattedra permanente a West Point.

Sua Ronaldità fornisce l'ennesima inconfutabile prova della propria essenziale natura di non terrestre, incentivando ulteriormente la pratica sempre più diffusa in tutta Sabaudolandia di innalzare statue votive con la sua effige.

Gufi & gnegne, benché entrambe specie prive di pollice opponibile e capacità sinaptiche, riescono comunque ad ottenere collocazione all'interno del Parco Nazionale dello Yellowstone in qualità di specie protetta in via di estinzione.

O, alla peggio, come sandwich da grizzly.

By Memedesimo, Capo Tasto Veloce, augh!

* Il 13 aprile 2017 Silvio Berlusconi, dopo 31 anni di proprietà e presidenza del Millà, ufficializzò la cessione della società all'imprenditore cinese Li Yonghong, con una operazione dai dettagli finanziari oggetto di polemiche; poco più di un anno dopo, nel luglio 2018, il fondo di investimento statunitense Elliot Management Corporation subentrò a Li Yonghong nella gestione della società milanese; a seguito di tali travagliate e ravvicinate operazioni di cessione, il Millà venne escluso dalle competizioni europee per violazione del fair play finanziario nella stagione 2019-2020.

*2 Nella stagione 2018-2019 la Zebra assassina è a caccia del suo OTTAVO scudetto consecutivo, ossia il 37esimo (al netto di barzellette & inciuci Telecom) della sua storia; da qui la denominazione di Operazione *Eight Wonder* (Ottava meraviglia).

*3 **Tepee:** tipica tenda dei nativi americani, di diverse fogge a seconda delle tribù e delle latitudini, in genere a forma conica e realizzata in pelle di bisonte.

Liberamente ispirato da: Juventus 3 – Atletico Madrid 0, 12.03.2019
Champions League 2018-2019; ottavi di finale di ritorno
(Aggregate 3 -2, qualificata Juventus)

SUA RONALDITA' 3 - EL CHOLO'S COLCHONEROS 0
(ma neanche due huevos, niente, nada, proprio zero)

Agnellopolis, Capitale di Sabaudolandia, (Stivalonia Settentrionale) Impero di Juvelandia.

Dodicesimo giorno del terzo mese del primo anno dell'Era Ronalda.

Tra le rassicuranti tette materne dello J-Allianz-Stadium il branco invasato delle zebrotte scudettivore pascolate dal Mister Max *Volete-me-o-Barabba* Allegri deve affrontare il Madrid nel duello di ritorno degli ottavi di finale della Coppa Orecchiona Bastarda.

Ma mica quello mozzarellato presuntuoso come un tronista della De Filippi e pieno di grana come un principe saudita, no no, quell'altro, quello più proletario ma altrettanto indigesto, a strisce biancorosse.

L'impresa disperata da tentare è quella di ribaltare i due scappellotti a zero rimediati all'andata in casa dei *Colchoneros*[*1].

Roba talmente rognosetta che, quando Brus-Uillis resta appeso per l'unghia mangiata del mignolino alla balaustra dell'ultimo piano del Nakatomi Building mentre un reggimento di terroristi similcrucchi capitanati da Alan *Severus Piton* Rickman gli sta vomitando sulla cabeza più proiettili che bestemmie io al lunedì mattina, a paragone risulterebbe un picnic nella foresta di Walt Disney imballata di bestiole gorgheggianti e passerottame svolazzante assortito.

All'andata infatti i Cholo' boys avevano fatto un bel stiro ripasso e imbusto dell'allegra brigata black&white in gita domenicale allo stadio Wanda Metropolitano di Madrid, prenotando così l'accesso ai quarti di finale della Coppa Bastarda e consentendo a Mister Simeone quella bella massaggiata della sacca maronaia in universovisione*2 con la quale si erano ufficialmente aperte le iscrizioni all'esima edizione del format *Gnegna's got talent*, alla quale si erano iscritte intere legioni di allenatorini da tastiera con esperienza calcistica limitata all'accensione della Play 4 impostata su livello difficoltà orangutan, bande di Mr. Sotuttoio che in vita loro non hanno mai allenato neanche le riserve del circolo degli anziani nel torneo di subbuteo dell'ultimo bar in provincia di Porcalamiseria e, last but not least, folle oceaniche di antiallegriani con il labbrino perennemente all'ingiù e il nasino aristocratico che si lamenterebbero anche se Mister Acciughina gli facesse trombare quella gran patata della su' figliola.

Max *Messiah* Allegri imposta la difficilissima sfida con un paio di mosse Kansas City che Maestro Miyagi di Karate Kid c'hai l'Alzheimer: 1) arretra Emre Can (che in turco significa "*Pitbull che sa palleggiare molto bene con tutte e quattro le zampotte*") come terzo nella linea di difesa; 2) Fa esordire sulla fascia sinistra *Ghepardo* Spinazzola e 3) Piazza *Scarabocchio* Bernardeschi tra le linee nemiche come un cecchino–ninja con licenza di ecatombe, che *American Sniper* ti ho già detto che il tuo posto è ai baracconi della fiera a infilar palline nelle vasche dei pesci rossi, vamolà.

Per il resto, il concetto che il tecnico livornese spiega agli undici bastardi senza gloria che scenderanno in campo è di una semplicità keynesiana: "*Allorah...ntanto alloro non gli dovete fà toccà nessuna palla che non abbiano già in dotazione nelle mutande, èpperirresto lo shema lìè semplice: la buttate n'mezzo all'area che ci deve pensà Mister Wolf il risolvi problemi, che lo paghiamo apposta una trentinata di milioni l'anno, boia dè*".

In un angolo dello spogliatoio, sapientemente illuminato dai fari utilizzati nell'ultimo tour mondiale di Lady Gaga, Sua Ronaldità Cristiano Ronaldo dos Santos Aveiro CR7, accomodato sul consueto soglio pontificio in oro zecchino, per l'occasione magnificamente abbigliato con un completo nero by Emporio Armani su camicia bianca cucita a mano e cravatta nera in pura seta di gelso, impreziosito da un clamoroso paio di Ray-Ban a specchio con montatura in osso di drago, imita alla perfezione la voce di Harvey Keitel quando si presenta alla porta di Quentin Tarantino in *Pulp Fiction* per estrarre il duo Travolta-Jackson dal gran frullato di merda nella quale si sono ficcati, puntualizzando semplicemente:

"*YO ESTOY AQUI*".

Il che basta, avanza e fa crescere di centimetri centosettantatre secchi sul livello del mare l'autostima media del resto della brigata, la quale ci scende sul terreno nella seguente, accattivante formazione:

In porta: con il numero uno Wojciech Szczesny (Ocomecazzosichiama in codicefiscalese).

In difesa: con il numero diciannove Leo *Figliol Prodigo* Bonucci, con il numero tre *Sua Maestà Re* Giorgio Chiellini *Primo* e con il numero ventitré Emre *Kaiser Sose* Can.

Sulle fasce: a sinistra, con il numero trentasette Leonardo *Ghepardo* Spinazzola e sulla derecha con il numero venti Joao Pedro Cavaco *Miciomao* Cancelo detto *il Levriero dell'Algarve*.

A centrocampo: Con il numero cinque Miralem *Mozart* Pjanic, con il numero quattordici Blaise *Sonquàmasonancolì* Matuidi, e, disseminato da qualche parte nella jungla in tuta mimetica con il numero trentatré Federico *Scarabocchio* Bernardeschi, l'uomo più tatuato di un Maori pucciato nel Johnny Walker.

In attacco: con il numero diciassette Marione *Sorrisino* Mandzukic e con il numero chevvelodicoaffare Sua Ronaldità CR7, nell'abituale ruolo di stupratore seriale di aree di rigore.

Si parte, ed è subito chiaro sin dalle prime battute di gioco che la Zebra àsesina in modalità missione kamikaze stanotte ha una fame bestia e che il frigo è di marca Atletico.

4' p.t.: su angolo dalla sinistra Pjanic recapita la boccia in centro area spagnola durante una gang bang senza preservativi in inventario; nel bel mezzo del ndò-cojo-cojo lo sferoide finisce tra le zampotte avide di *Re* Giorgio Chiellini, che con gesto regale da imperatore romano fa pollice verso al ciàpagòl ospite e la spàtaflascia nella sacca.

VOLENDO SAREBBE ANCHE UNO A ZERO...ma invece no, perché l'arbitro, a seguito di consultazione del VAR nel corso del quale si è anche appurato l'ammontare esatto del magro compenso che la di lui madre esige da randagi ed appestati come obolo per la lucidatura labiale dei relativi birilli, decide di annullare la rete per carica di *CR7* sul portinaio madrileno.

Nonostante la mancata assegnazione del punto, la netta sensazione dei primi minuti di gara è che la Juventus abbia stabilmente invaso il territorio iberico con un'arroganza tale che a confronto Adolf Hitler nel 1939 era il quarto più scarso a Risiko, quello con i carrarmatini viola che dopo un quarto d'ora restava solo con la Kamchatka.

27' p.t.: Emre Can requisisce la sfera sulla tre quarti madridista, la filtra a Bernardeschi che dalla sinistra inizia una penetrazione in profondità che Rocco Siffredi a bordo campo tira fuori il block notes per gli appunti.

L'hypertatuato lascia partire un cross talmente figo che se ci sali a bordo hostess macrotettute ti offrono flutes di bollicine da tot cento carte mentre la boccia veleggia egagra di gloria sino a un preciso punto dello spazio collocato nel mezzo della ionosfera dell'area di rigore spagnola, al quale solamente la testina benedetta di Sua Ronaldità può arrivare, trattandosi di metri 2,80 da terra.

CR7, per l'occasione posseduto dallo spirito di Michael Jeffrey Jordan mentre cogliona gli Utah Jazz in gara sei delle Finals NBA del 1998, resta in sospensione aerea per maggior tempo di quanto ne occorra ad uno sportellista delle Poste Italiane per smaltire la fila, ed incoccia il globo nella sacca spagnola.

ALLEGRIANI 1 - TUTTIGLIALTRI 0

31' p.t.: punizione per la GGiuve dai ventidue sulla destra; sulla sfera si piazza Bernardeschi che scaglia una sassata a giro che va a spettinare il montante di Oblak, estremo difensore dei materassai.

34' p.t. : Leonardo *Ghepardo* Spinazzola, nel frattempo nominato ufficialmente unico legittimo proprietario della fascia di campo sinistra con tanto di rogito notarile trascritto alla conservatoria dei registi immobiliari di Torino, lascia partire un cross che raggiunge un ispiratissimo Bernardeschi il quale, ritenendosi la reincarnazione bianca di Edson Arantes do Nascimiento meglio noto come Pelè, si inarca in una rovesciata pirotecnica che non centra lo specchio della porta dell'Atletico per un pelo di trota, ma irrora comunque abbondantemente la zona pelvica del 97% del pubblico femminile presente sugli spalti.

45' p.t.: ennesimo corner di Miralem Pjanic per il testone coronato di *Sua Maestà Re* Giorgio *Primo*, che la incorna sotto la traversa dritta e irremovibile come la morale di un padre pellegrino della Mayflower*3, ma Oblak si merita lo stipendio deviandola giusto quel tanto che.

FINE PRIMO TEMPO.

Durante la pausa rifocillatrice, negli spogliatoi dell'Atletico, che nonostante lo svantaggio ritiene comunque al sicuro le proprie chances di qualificazione, si tiene un rave party comprendente buffet a base di Patanegra, gazpacho di sanguinaccio di foca monaca, pulpo alla gallega, tortillas di mammut al ragù di stegosauro, fabada asturiana a base di churrizo di bisonte e una paella alla valenciana servita in una vasca jacuzzi di 27 metri quadri.

Per digerire, una autobotte a rimorchio di Sangria al vino tinto.

Nel mentre, negli spogliatoi della Juventus Max Allegri ordina che ai propri prodi discepoli venga servito esclusivamente un ditale di the verde alla menta, per mantenere la giusta gradazione di bava alla bocca delle Zebre assassine, oltre al consueto servizio di arrotatura e lucidatura con fresa industriale delle relative zanne.

Il duello ricomincia e la sensazione tattile è che i Colchoneros, in omaggio al loro soprannome, stiano per lì-lì per finire ancora una volta orizzontali, eppure, nonostante l'evidente complicato processo digestivo in pieno atto e lo tsunami di pallonate ricevute dai sabaudi, come Rocky Balboa nel match di ritorno contro Apollo Creed restano a centro ring con gli occhi salsicciati e la cabeza offline, ma ancora pericolosamente con entrambe le ciabatte nei quarti di finale.

Quando, improvvisamente, nella notte buia e tempestosa....

47' s.t.: Sua Ronaldità Cristiano Ronaldo dos Santos Aveiro *CR7* spedisce un babà per la zuccona volenterosa di Marione Mandzukic che però si fa anticipare di un ziòcan da Arias che salva i suoi, ma non avrà il tempo di raccontarlo a casa.

49' s.t.: Joao Pedro Cavaco Cancelo pianta in asso il proprio marcatore come una diciottenne in discoteca dopo la pompa nei cessi del locale e fa partire un traversone tumido al peccato per Sua Ronaldità, che a centro area stava già attendendo ormai da dodici minuti in lievitazione a zero-gravity ignorato dai difensori spagnoli che lo ritenevano erroneamente un ologramma.

Il Principe di Funchal intempia la boccia in porta, Oblak decolla ed intercetta la sfera deviandola con un guantone da baseball ma è troppo tardi, perché nel frattempo il satellite di cuoio, timbrato dalla sacra tempia del Dio del pallone sceso in Terra per diffondere il verbo del Fuccbol tra gli umili mortali, era già penetrato di una buona spanna nella endzone iberica.

Remuntada raggiunta e il J-Stadium diventa Honk Kong il giorno del capodanno cinese nell'anno del Drago.

ALLEGRIANI 2 - TUTTIGLIALTRI SEMPRE 0

Mister Simeone, detto *El Cholo*, o *La Lina Sotis del fuccbol argentino**4 a questo punto riprende la deliziosa abitudine già esibita all'andata di palleggiarsi la sacca maronaia, ma stavolta con funzione un pelo meno sbruffonesco-pecoraia e un pelo più scaramantico-che-Dio-ce-la-mandi-buona.

La pressione bianconera resta costante e le Zebre assassine, rigorosamente con la leva nessuna pietà bloccata su ON, ora che hanno raggiunto la preda piantandogli i canini nella giugulare lasciano aleggiare nell'aria la sensazione che questo giro di giostra non si deciderà ai supplementari, perché le leggende non hanno tutto 'sto tempo da perdere.

67' s.t.: entra in campo Paolino Dybala, tenuto in riserva fino a quel momento da Mister Allegri, al posto di un esausto e magnifico Leonardo Spinazzola che non ce la fa più dopo centosessantasette circumnavigazioni della sua fascia di competenza, durante le quali ha esaurito anche il combustibile dei serbatoi supplementari agganciati sotto le ali.

80' s.t.: *Sorrisone* Mandzukic lascia il posto al minorenne Moise Kean, che in settimana si era riscaldato stuprando l'Udinese senza mettere in pausa la partita a Candy Crash sull'IPhone X.

82' s.t.: interrompendo una delle rare pressioni dell'Atletico, *Sua Maestà Re* Giorgio Chiellini innesca un contropiedone nucleare lanciando in profondità proprio il *Black Mamba* Kean, che accelerando si smaterializza per poi ricomparire a tu per tu con Oblak e scagliare un fendente laterale velenoso che fa linguainbocca con l'esterno del palo destro dei materassai, facendomi esaurire in un nanosecondo diciotto caricatori di bestemmie full HD 4K e le speranze residue di un accesso alla fase a gironi del Torneo Paradiso.

Ma l'aria è satura.

Sta per succedere qualcosa.

83' s.t.: Bernardeschi recupera palla a centrocampo e inizia un'incursione in profondità verso la porta avversaria che è un chiaro invito all'ateismo; roba che i Vikinghi di Ragnar Lotbrok sulle coste inglesi nell'800 dopo Cristo erano dopolavoristi dell'Ikea in gita premio aziendale.

Lo insegue Correa per ventidue chilometri, ma Willy Coyote avrebbe più chances di acchiappare Beep-Beep Road Runner e infatti, dopo la virata dentro all'area dell'l'hypertatuato, l'ispanico finisce per spingerlo da dietro procurando il più solare ma anco idiota dei calci di rigore.

Il Var conferma.

Sarà quindi duello all'OK Corral dagli undici metri.

Sul dischetto si presenta, per obbligo contrattuale, superiorità carismatica nonché pregressa carriera tra gli odiatissimi cugini rivali madrileni, Sua Ronaldità Cristiano Ronaldo dos Santos Aveiro *CR7*, cecchino titolare della Vecchia Signora con tanta, ma tanta, ma tanta voglia di portarsi a casa il pallone della partita.

Quarantaduemila cuori in apnea sugli spalti.

Più o meno altri undici milioni disseminati in tutta Stivalonia, compreso il mio, che si impostano automaticamente sui BPM medi di un album dei *Pantera*.

A Scampia, San Giorgio a Cremano, Rozzano, Segrate, Cologno Monzese, Pontassieve, Tor Bellamonaca, San Siro, Porta Nuova, e circa altre centosessanta località sparse nelle varie province di Stivalonia, si odono distintamente, in un silenzio surreale da fallout postatomico, i rumori metallici degli scatti di migliaia di grilletti di pistole con il numero di serie limato e relative canne appoggiate ad altrettante tempie di gufi mangiamerda sull'orlo dell'estinzione di massa.

In sottofondo, oltre alle mie ansie che raggiungono intrecci vocali da *Bohemian Rapsody* sul palco di Wembley nel 1985, la sinfonia di *C'era una volta in America* dell'irraggiungibile Maestro Ennio Morricone.

L'arbitro fischia.

Cristiano parte.

La sbatte con una violenza splatter a tre dita esatte dal palo, AND THE CROWD GOES IN BANANA!!

ALLEGRIANI 3 - TUTTIGLIATRI ALWAYS 0

I successivi dodici minuti sono semplicemente anestetici, Paolino Dybala colleziona più punizioni di una pornostar ninfomane diciassettenne in un convento di clausura, dissipando scientificamente le residue speranze dei madridisti di uscire dall'incubo nel quale sono stati centrifugati, ma è tutto inutile.

A bordo campo Diego Simeone è congelato nella posizione proteggi-gioielli.

Al novantacinquesimo l'arbitro solfeggia nel fischietto la più soave delle sinfonie, decretando che:

1) Mission accomplished.

2) La Juve è talmente still-alive che a paragone Jason Voorhes in *Venerdì 13* e Michael Myers in *Halloween* sono due aborti.

3) *Ain't over till it's over* by Lenny Kravitz (dall'album Mama said del 1991) è il nuovo inno della Vecchia Signora.

4) Ho finalmente visto Dio: stasera era in campo con la maglia numero sette a strisce nocolor.

5) Il Gufo gnegnone mangiamerda è stato ufficialmente dichiarato specie protetta ad alto rischio di estinzione dal WWF e sostituirà quel gran chiavatore seriale del Panda sul relativo stemma.

6) Dopo stasera chi critica Allegri e le sue scelte tattiche può tranquillamente licenziare anche il proprio veterinario, perché ormai solo un esorcista può tentare di salvarlo.

7) Ai quarti di finale speriamo solo di non incontrare la Vesuvia.... ops, sorry.

By Memedesimo, quello che ve l'aveva anche detto, brutti bastardi infedeli

*1 **El Club Atletico de Madrid**, più comunemente Atletico, è una società sportiva calcistica di Madrid; con 25 titoli nazionali (tra i quali 10 vittorie nella Liga, il campionato spagnolo) è la quarta società iberica per numero di successi dopo Real Madrid, Barcellona e Atletico Bilbao; ha inoltre conquistato ben 8 titoli internazionali tra i quali 3 Europa League e una Coppa intercontinentale nel 1974; il soprannome dei suoi giocatori Colchoneros, (materassai) deriva dal fatto che agli inizi del 900, quando la società su fondata, i materassi in Spagna erano normalmente rivestiti a righe verticali bianche e blu similmente alla prima divisa dell'Atletico, tramutata successivamente in bianca e rossa.

*2 **Diego Simeone**: attuale allenatore dell'Atletico Madrid, è un ex centrocampista della nazionale argentina con lunga militanza nella serie A in squadre avversarie della Vecchia Signora come le Galline del Latium e l'Indà; nel corso della partita di andata, vinta per due a zero dalla propria squadra, si rivolse verso il settore occupato dai sostenitori bianconeri esibendo in diretta televisiva un volgarissimo gesto di scherno portandosi le mani ai genitali: un esempio di rara eleganza e, considerando l'esito finale della sfida, di pessima scaramanzia.

*3 **Padri pellegrini** (Pilgrim Fathers) gruppo di cittadini inglesi di religione cristiana puritana che, a bordo della nave Mayflower, nel 1620 attraversarono l'Oceano Atlantico per fondare sulle coste del Massachusetts il primo insediamento di Yankeelandia, Plymouth, tuttora esistente; erano famosi per l'incrollabile fede religiosa e il rigidissimo codice morale.

*4 **Lina Sotis**: (Roma 27 aprile 1944) giornalista autrice, tra gli altri, di un celebre manuale della buona educazione: Il Bon Ton di Lina Sotis: Dizionario delle buone maniere (1984); il riferimento è evidentemente ironico, stante il livello di educazione dimostrato dall'allenatore dell'Atletico nel corso della partita di andata.

Liberamente ispirato da: Inter 1 – Juventus 2, 06.10.2019
Serie A TIM 2019-2020

PRESCR-INDA' 1 – LEGITTIMI PROPRIETARI DELLO SCUDO DA OTTO ANNI 2

Sborronburgo (Longobardia Meneghina, Stivalonia Settentrionale), Pagoda Boazza di San Silo.

Ne è passata di acqua sotto i ponti dall'epilogo della precedente stagione pallonara 2018-2019, che ormai appare lontana e fumosa nel tempo come il successo di una squadra con la maglia colorata nel campionato nazionale di pallapiede.

Per quanto riguarda Memedesimo, negli ultimi mesi sono rimasto apprezzabilmente invischiato nella soluzione di un nutrito gruzzolo di questioni che, a seguito di adeguata perizia, non sono risultate appartenenti all'affari vostri starter pack.

Per tale nobilissimo motivo, senza vergogna alcuna o giustificazioni utili come un preservativo nella Cappella Sistina durante il Conclave, limitiamoci a riprendere il discorso futbalistico testè interrotto, ricordando solamente l'ovvio epilogo dell'ultima delle otto stagioni precedenti: vale a dire che anche l'anno scorso il campionato lo ha vinto per la esima volta la Vecchia Signora e pertanto anche quest'anno il copione prevede che sia quest'ultima a rivestire i panni della volpe fuggiasca, mentre tutti gli altri dietro ad annusarle la coda e a sbavare as usual, con relativo prolungamento delle rispettive terapie psichiatriche per la cura della sindrome da intercooler.

La stagione 2019/2020 della Serie A, iniziata da un paio di mesi, si presenta pertanto come il Nono Anno dell'Era della Suprema Zebra Ingorda Imperatrice di Stivalonia, nonchè decimo consecutivo di digiuno a zero-tituli per la squadra del capoluogo longobardo odierna avversaria, attualmente di proprietà di una famiglia di spacciatori di frigoriferi cinesi, nonché nobile del calcio stivaloniano ultimamente piuttosto decaduta e con le ragnatele in bacheca, ma tuttora pretendente al trono di sparring partner della Vecchia Signora.

Come, non avete ancora capito di che squadra stiamo parlando?

Ma dai..., quella con i colori sociali che messi insieme stanno bene come la marmellata di fragole sulla pizza alla cipolla.

No...dalla faccia che mi state facendo direi che non ce l'avete ancora nel mirino...

Ma cosa avete mangiato stamattina a colazione? Pane e schiaffi?

Va bon, allora...statemi belli concentrati come i dadi da brodo che sennò facciamo l'*Alba dei morti dementi*: sto parlando di quella squadra che ogni volta che uno dei suoi dirigenti sostiene essere la più onesta del panorama futbolistico nazionale, al loro ex presidente gommista tocca andare a rispondere al citofono, perché giù all'ingresso si presenta l'anima risorta male di Pinocchio spaccato ammerda di funghi allucinogeni con una motosega accesa che lo prega di scendere un attimo*[1].

Dai...quella squadra che ha i tifosi con la bocca sempre piena della filastrocca del *triplete* farlocco*[2] conquistato all'epoca di Jurassik fuccbol.

Quelli che quando finiscono sott'acqua nelle discussioni al bancone del Bar dello Sport tentano di estrarre dal cilindro il numero del *"però-noi-non-siamo-mai-retrocessi-in-B"*, dimenticandosi che nel 1922 la loro squadra arrivò ultima e fu retrocessa eccome in serie B, salvo essere poi "miracolosamente" ripescata grazie a uno "spareggio" confezionato apposta e che di fatto nemmeno si disputò, dato che la squadra avversaria era già fallita due mesi prima e quindi ma tu guarda un po' che sorpresa.

Roba che Wanna Marchi al confronto è Santa Teresa di Calcutta pucciata in una tinozza di sudore di Madonna (non quella che sculetta sul palco, quell'altra).

Che poi, per capirci, è sempre la stessa squadra che ha come piatto preferito lo *"Scudetto di cartone pressato a crudo su letto di ipocrisia al profumo nerazzurro, con contorno di facce to-*

state aromatizzate al sugo di prescrizione", che di solito ordina quando festeggia un terzo posto in Serie A, a settecento punti e ventiquattro piste di distacco dalla Zebra, facendoselo cucinare da qualche dirigente federale un pelo ultras neroblù, con lo sponsor della principale azienda telefonica nazionale all'epoca presieduta da un proprio consigliere di amministrazione.

Ci siete arrivati adesso? Si?

Ohhh là, però mò basta, piantatela di prendere appunti e andiamo avanti, che abbiamo una cronaca da raccontare e non siamo mica qui a collezionare passaporti-patacca per attaccanti uruguagi con la faccia da pechinese*[3]

Allora, dove ero rimasto?

Ah sì, ecco, stavo dicendo, quest'anno i nerazzurri, ansiosi di omaggiare la tradizione ormai secolare dei nuovi padroni mangiariso, hanno pensato bene di adottare una singolare strategia per riconquistare speranze scudettifere e accorciare la distanza di dimensione quantistica esistente tra loro e il Glo.Br.a.S.no.Col (Glorioso Branco a Strisce no Color): vale a dire copiarne spudoratamente l'intera colonna vertebrale direttiva, assumendo prima l'ex direttore sportivo della Vecchia Signora, Beppe *Occhio di Falco* Marotta e poi collocando sul proprio ponte di comando un'altra leggenda zebrata, l'ex capitano nonché ex allenatore juventino triscudettato Antonio *Agghiagiande* Conte, con annesso inseparabile felino tricologico copri-orecchie.

Completa il quadretto l'acquisto dell'ex bianconero-nero-nero Asamoah, il tentativo di accaparrarsi l'altro ex striato ed attuale blaugrana Arturo *Cicchetto* Vidal ed il progetto del nuovo nome della squadra di prossima edizione: *JNDALNAZIONALE*.

Dal canto suo anche la Zebra assassina non ha lesinato in restyling, decidendo di pensionare Mister Max Allegri alla fine di un quinquennio che sotto la sua guida ha consentito lo stivaggio in bacheca della miseria di UNDICI trofei.

Il tecnico livornese è stato infatti ritenuto colpevole, dalla parte piu gnegna e irriconoscente della tifoseria bianconera, di non essere stato in grado di aggiudicarsi la Coppa Orecchiona Bastarda nonostante il raggiungimento di ben due finali, entrambe perse contro squadre di alieni illecitamente travestiti da giocatori di calcio terrestri.

Al suo posto colloca il proprio deretano proletario sulla nobile panca dei campioni stivaloniani Maurizio Sarri, soprannominato *Il Benzinaio* per il suo rinomato stile sartoriale e l'altrettanto ricercata dialettica da Tea Party.

Al mister toscano, ex allenatore della *S.S.C. Vesuviansese* e come tale ex nemico pubblico numero uno, la dirigenza bianconera ha affidato il non semplicissimo compito di coniugare la famigerata concretezza juventina con una estetica calcistica ancora piuttosto carente sulle rive del Po, secondo il parere dei più fini sommelier da tastiera del fuccbol nazionale.

Questo il motivo per il quale la Ggiuve stasera non è giunta nel parcheggio della Pagoda di San Silo a bordo del consueto pullman verniciato con i colori sociali, ma di un originale e sciccosissimo cocchio del 1669 da ottanta posti, gentile omaggio di Buckingham Palace, con carrozzeria interamente in platino e diamanti neri, munito di coda a strascico di 122 metri in velluto bianco con ricami corvini di puri capelli di vergini esquimesi intrecciati a mano, trainato da trentasette coppie di zebre ammaestrate appositamente fatte pervenire dal Kruger Park in Sud Africa.

E Paris Hilton muta!

Curioso l'incidente che si è verificato negli spogliatoi durante i minuti del pre-gara:

Gli stewards dello stadio e tutto il personale non combattente dell'Indà vengono sguinzagliati all'affannosa ricerca del parrucchino del mister Conte, misteriosamente scomparso durante il riscaldamento delle squadre sul terreno di gioco e ritrovato in extremis quando, in un eccesso di foga nostalgica, il ribelle felino tricologico ricompare in tribuna vips tentando di accoppiarsi a tradimento con la zazzera di Pavel Nedved.

L'undici bianconero, in omaggio all'ostinata ricerca della tanto rinomata bellezza estetica calcistica sarriana, scende in campo con il seguente, sciccosissimo, outfit:

Wojciech Szczesny: completino in puro latex con maschera da hockey zebrata in very Friday 13 style e Louboutin tacco 15 di vernice nere con tacco a spillo bianco featured by Pulce & Poiana.

Juan Cuadrado: tutina monopezzo in pelle di Orca Marina cucita a mano con guanto diamantato gentile omaggio della fondazione Michael Jackson, scarpino da torero in pelle lucida modello moonwalk by Christian Dior.

Leonardo Bonucci: look informale con blazer in pelo grezzo di mammuth mongolo su ampi pantaloni alla zuava in pura zebra del Masai Mara; Piedi nudi ma sciccosissimo velociraptor addestrato al guinzaglio di nome Ramon.

Matthijs De Ligt: costumino da olandesina sadomaso in tulle candido e vernice nera full body, crestina zebrata in avorio smaltato by Miuccia Prada.

Alex Sandro: due pezzi minimal in foglie intrecciate di jojoba con clamorosa corona di piume bianche di pappagallo dell'amazzonia e nere di gallo cedrone, tette finte in silicone anallergico, make-up by Harley Quinn.

Sami Khedira: alta uniforme da FeldMarschall Das Reich con annesso frustino in pura pelle di tifoso torinista e monocolo in cristallo Svarowski, stivaloni tutta coscia con speroni diamantati by Jimmy Choo.

Miralem Pjanic: completo damascato del Conte Uguccione con annessa parrucca cipriata portaoggetti, gentile omaggio dell'attore Bebo Storti, peraltro noto indàista.

Blaise Matuidi: divisa da poliziotto Village People con pantaloncino attillato a chiappa scoperta in satin a coste bianconere by Giorgio Armani, baffo posticcio e Ray-Ban in very Chips style, scarpini da gioco con tacchetti in platino featured by Coco Chanel.

Federico Bernardeschi: completamente nudo ma interamente tatuato da sopracciglia a caviglie da Andy Wharol appositamente resuscitato per l'occasione.

Paulo Dybala: vestito da sposa in tulle perlato a schiena nuda con strascico di 12 metri by Valentino.

Cristiano Ronaldo dos Santos Aveiro: clamoroso tre pezzi doppiopetto gessato bianconero in seta e pelle umana, con clamoroso cilindro by Slash from Guns&Roses e clamoroso bastone da passeggio in onice e madreperla con clamorosa testa di zebra istoriata in perle bianche di Micronesia e gocce di onice di asteroide; stilosissimi gli artigli retrattili in puro adamantio.

Sarri si accomoda in panchina sfoggiando la solita tuta monopezzo bretellata con consueto mozzicone di filtro di siga su barba di sei giorni.

Il cadavere di Carla Gozzi verrà ritrovato durante l'intervallo appeso nelle docce degli spogliatoi ospiti; ai piedi dei miserabili resti, un biglietto vergato a mano con le ultime parole della stilista: *Maurizio, te l'avevo detto che era too much!*

Al fischio di inizio la gara si presenta piuttosto confusa per l'impossibilità pratica dei giocatori in campo di individuare i compagni di gioco, causa la visibilità ridotta a meno di due metri per l'immane nuvola di fritto da oll-iu-chen-it che impesta l'intera Pagoda Boazza di San Silo.

Dato che in una simile situazione climatica risulta impossibile apprezzare la bellezza estetica delle geometrie di gioco della sua formazione, Mister Sarri sfoga tutta la sua frustrazione estraendo dalle narici capperi delle dimensioni di un tartufo d'Alba che poi appiccica elegantemente sulle stanghette degli occhiali, garantendosi l'ammissione alla finalissima per il *Premio Lord Brummel 2020*.

Ma il battaglione di prodi tifosi bianconeri presenti al Boazza è tatticamente preparato ad affrontare una simile evenienza, nonostante sia stato relegato nella piccionaia del settimo anello ad altitudine da stratosfera e circondato da ogni lato da intere divisioni di ciaina-meneghini.

Infatti, ciascuno dei prodi sostenitori bianconeri era partito sei ore prima da Agnellopolis tenendo in bocca un intero pacchetto di gomme da masticare alla tripla menta alpina concentrata, ed ora estrae simultaneamente da sotto la giacca una lattina di coca-cola che viene tracannata tutta d'un fiato previa apposita shakerata livello terremoto californiano: l'onda d'urto del tremendo ruttone mentolato collettivo che ne deriva spazza il terreno di gioco con una violenza da fallout nucleare, disintegrando all'istante la nuvolaglia frittifera e restituendo ai giocatori la necessaria visibilità.

Ne approfitta subito Miralem *Mozart* Pjanic il quale, svelto come una zingara a caccia di portafogli sulla metropolitana, lascia partire da centrocampo un filtrante di profondità lungo e preciso come uno Shinkansen giapponese, che taglia quasi tutta la retroguardia dell'Indà e finisce telecomandato sui piedini molto bene educati di Paulino Dybala.

Il numero dieci bianconero prima coccola la sfera in velocità con il mancino, poi si proietta sul lato sinistro dell'area avversaria contrastato da Skriniar, che nell'occasione si dimostra utile come una forchetta con il brodo; non appena varcata la soglia della camera da letto di Handanovic, *la Joya* lascia partire una sciabolata diagonale alla quale il ciàpagòl nerazzurro, benché allungatosi ammirevolmente, riesce appena a fare gratti-gratti con l'unghia del mignolino senza impedire che la boccia si insacchi nella porta dei dipendenti della Suning.

Siamo appena al quarto minuto del primo tempo ma……

INDA' 0 - GGIUVE 1

Ottantamila meneghini restano lì, con l'involtino primavera mezzo in bocca, come un micio siamese a centro carreggiata sulla A1 a mezzanotte flesciato dagli abbaglianti di uno Scania in arrivo ai 160.

I trecento prodi ruttatori zebrati del settimo anello fanno tutti insieme l'occhiolino in tribuna vips a Pavel *RaffaellaCarrà* Nedved, che risponde con un gesto della mano che significa: "*ottimo lavoro ragazzi, ma stiamo calmi che mancano ancora ottantasei minuti e centoquaranta madonne di Buffon al fischio finale*".

Al nono minuto Matthijs De Ligt, il bimbo prodigio made in Amsterdam, ha una intuizione geniale: dal limite dell'area zebrata lascia partire un terra-aria che sorvola per cinquanta iarde tutto il campo di battaglia e atterra esattamente sul sinistro di Sua Ronaldità Cristiano Ronaldo Dos Santos Aveiro, Principe di Funchal, Sindaco di Madeira, Re di Pallonia, Imperatore di Gollandia, Duce di Sabaudia, Primo & Unico della Sua Specie.

CR7 è sulla tre quarti di sinistra avversaria.

Attiva la modalità ghepardo fotonico e punta al centro.

Nei paraggi si trova il nerazzurro Nonno Godin che prova ad opporsi, ma il portoghese non lo caga neanche (molto maleducatamente, che non si trattano mica così le persone anziane) e con una finta lo frulla come un frappè lasciandolo lì, ipnotizzato come un pensionato davanti la recinzione degli scavi in corso per la metropolitana.

A questo punto quindi si fa sotto un altro neoassunto della Suning, tale De Vrij, ma Sua Ronaldità non ha tempo da sprecare nemmeno per i bambini ed aziona il telepass passando oltre dopo avergli disegnato per scherno dei piccoli cazzetti sulla fronte con un evidenziatore fosforescente.

L'Alieno made in Funchal carica il destro, evita Sensi che sta arrivando in scivolata e fa partire una fucilata che si stampa sulla traversa, che smetterà di tremare solo nel febbraio del 2022.

Ma se per caso Ronaldo dovesse ripassare da quelle parti anche una settimana dopo la scadenza, la traversa ricomincerebbe subito a tremare, che non si sa mai.

I nerazzurri allora prendono atto del fatto che se continua così finisce che ne portano a casa una sporta, e cominciano ad affacciarsi timidamente dalle parti dell'area bianconera, senza mai dimenticare di chiedere prima permesso e promettendo di mettersi le pantofole per non rovinare il pavimento.

E così al diciottesimo minuto Barella, numero 23 dei padroni di casa, dalla destra prova a buttarla nel mezzo con un lungo spiovente.

Sulla boccia aerea si avventano simultaneamente Lautaro Martinez dell'Indà, detto *Megaciuffo*, e il difensore bianconero *Astro Boy* De Ligt; il nerazzurro per la verità ha la gamba piuttosto alta che punta dritta alla gola dell'olandese, il quale, per evitare di doversi rifare la foto della patente, antepone un gomito che purtroppo intercetta la sfera in arrivo un nanosecondo prima della suola dell'avversario.

Per l'arbitro non ci sono dubbi, è calcio di rigore.

Nemmeno per tutti i tifosi bianconeri presenti sugli spalti ci sono dubbi sulla reale professione della mamma del direttore di gara.

Megaciuffo Martinez si presenta davanti a Szczesny, che prova ad ipnotizzarlo improvvisando una specie di ballo del qua qua che gli avrebbe valso quattro sì alle selezioni di You've got Talent Polonia.

Ma l'Indàista non ci casca e fa partire un proiettile diretto alla destra del portierone polacco, il quale si allunga in very Mr. Fantastic mode ma riesce solamente a sfiorare la boccia che molto cafonescamente si infila nel saccoccio.

INDA' 1 - GGIUVE 1

I mangiariso allo zafferano si imbaldanziscono per il pareggio raggiunto e ora si mostrano maggiormente intraprendenti.

Infatti, dopo un tentativo da calcio piazzato di Sua Ronaldità CR7 che si infrange contro la barriera al ventunesimo, sei minuti più tardi di Romelu Lukaku, che in antico dialetto congolese significa "*Carro armato della Savana al soldo dei Mandarini*", fa marameo ad *AstroBoy* De Ligt sulla propria tre quarti e accende i retrorazzi per fiondarsi in profondità nelle retrovie della Vecchia Signora, organizzando un contropiede simpatico come una scorribanda di Unni.

Oltrepassato il confine di metà campo filtra il pallone per *Megaciuffo* Martinez che però lo cicca clamorosamente lasciandolo tra i piedoni in ceramica Pozzi Ginori di Leo Bonucci, che, non sapendo cosa farsene, lo riconsegna all'attaccante argentino avversario; a questo punto, dato che la mamma gli ha sempre insegnato che non si butta mai via niente, il nerazzurro fa partire una rasoiata diretta all'incrocio dei pali bianconeri.

Purtroppo per lui Wojciek Szczezny ha appena rinnovato il brevetto di volo e decide di decollare per sparecchiare la situazione.

Il Branco a strisce, scosso dal pericolo sventato dal portierone polacco, indice un rapido consiglio di amministrazione con un unico punto all'ordine del giorno: ricominciare a martellare la porta nelazzulla.

Basta chiedere: al trentacinquesimo CR7 costringe Skriniar alla respinta corta in area di rigore, al trentottesimo Dybala cerca Sua Ronalditudine in area, costringendo Nonno Godin a un recupero last time che gli riesce, ma non senza denunciare il livello impietoso della sua osteoporosi, e al 41esimo sempre il Principe di Funchal, imboccato dalla Joya, incenerisce i guanti di Handanovic costringendolo a prenotare una sessione di terapia intensiva di recupero psichiatrico per vittime da stupro.

Ma si tratta solo degli aperitivi che precedono il primo singhiozzo di estetica sarriana, che la Ggiuve serve sessanta secondi dopo;

Infatti, al quarantaduesimo minuto, Miralem Pjanic, il Mozart dei Balcani, sale sul palco e dal centro, con una eleganza che Lady Diana spostati gabibba che non sei altro, fornisce un passaggio pasticcino filtrante a *CR7*.

Sua Ronaldità utilizza uno a caso dei numerosi superpoteri a disposizione nel suo arsenale ed esegue un colpo di tacco no-look con il contagiri verso Paulino Dybala, il quale, chiuso tra due armadi nerazzurri, se ne frega e gli restituisce al volo la sponda con un put che avrebbe provocato un orgasmo a Tiger Woods:

CR7, che nel frattempo si era già voltato a velocità frullatore, recupera la sfera, avanza due passi tra i difensori indàisti agili come gatti di marmo e la infila in buca d'angolo con un colpo di stecca del quale sarebbe andato fiero il suo quasi omonimo Ronnie O'Sullivan*4.

INDA' 1 - GGIUVE 2, anzi no...

Il guardialinee infatti alza il tovagliolo e sentenzia l'annullamento di questo autentico capolavoro del goal per sospetto fuorigioco dell'ala destra di una farfalla che si era posata per un decimo di secondo sulla spalla di Dybala durante lo scambio con CR7.

I tifosi bianconeri sentenziano a loro volta che la mamma del guardialinee è senzadubbiamente una stimatissima collega della mamma dell'arbitro.

Sarri a bordocampo esprime il proprio pacato dissenso per quella decisione in grado di vanificare un gesto di cotanta estetica calcistica, estraendo un caccolone di mq 170 iscrivibile presso la conservatoria dei registri immobiliari di Sborronburgo, provocando così l'eterna invidia da parte di tutta la popolazione di scarabei stercorari del pianeta.

CR7 piange talmente tanto per la rete sottrattagli che per tentare di consolarlo Georgina Rodriguez, la sua compagna, gli farà trovare a casa impacchettata un'intera collezione di Lamborghini, non intesa come autovetture ma proprio come Elettra e relativo sorellame.

La vita e la partita tuttavia debbono continuare.

Al minuto quarantanove Nonno Godin gambizza Paulino Dybala con un colpo di deambulatore in piena area di rigore.

Il branco a strisce protesta vibratamente, anche perché il vecchio difensore uruguascio-spagnolo non avrebbe il permesso di uscire dall'istituto geriatrico a quell'ora senza badante, ma l'arbitro è irremovibile e non concede il penalty.

L'intero popolo bianconero è invece fermamente convinto che, al contrario, la sua mamma concede eccome, a chiunque e a prezzi stracciati.

Finisce così un primo tempo ad alta cremosità di emozioni.

Durante l'intervallo riecheggiano negli spogliatoi le urla AGGHIAGGIANDI di *Andonio Conde* che tenta di galvanizzare i suoi, ma il rumore della ramanzina del Mister leccese viene prontamente sommersa dalle ancor più AGGHIAGGIANDI fusa da gatta in fotta totale che il felino tricologico copri orecchie dell'allenatore nerazzurro inizia a produrre quando scopre di trovarsi a meno di dieci metri dallo spogliatoio delle indimenticabili, adoratissime Zebre.

Il che la racconta lunga sull'effettivo attaccamento ai nuovi colori da parte di Don Andò & Pets.

Il match ricomincia con qualche minuto di ritardo provocato dall'esigenza degli steward dello stadio di compilare idonea ricevuta per le settecentoquarantasei stecche di sigarette senza filtro confiscate a Mister Sarri negli spogliatoi, che il tecnico bianconero dichiara per uso personale.

Al quinto della ripresa *Astro Boy* De Ligt sottrae pallone e circa sei mesi di vita a *Megaciuffo* Martinez, che si rotola a terra come se fosse stato arrostito a morte da un colpo del martello di Thor degli Avengers.

L'arbitro dichiara che non è successo nulla e fa segno a Lautaro di piantarla di imitare Mario Merola e tirarsi su, che questo non è uno sport per malgiogli.

Al decimo Mister Conte decide che è giunta l'ora di far rientrare nell'istituto Nonno Godin, che già da qualche minuto vagava per il campo in stato confusionale chiedendo a chiunque di aiutarlo a cambiargli il pannolone e se per caso qualcuno avesse visto in giro la sua dentiera: lo sostituisce quindi con Bastoni, un giocatore il cui cognome lascia presagire la qualità calcistica dei relativi piedi.

Un minuto dopo, all'11esimo, la Ggiuve mette in scena un balletto di pura pornografia calcistica: Juan *Billy Jean* Cuadrado, arretrato nella posizione di terzino destro, fa partire il consueto lancio lungo penetrante come un affondo di Rocco Siffredi nella difesa nerazzurra, che raggiunge CR7 sull'out di destra; il neo entrato Bastoni tenta di contrastarlo ma basta la finta di sopracciglia di Sua Ronaldità a disorientarlo mandandolo a infilare multe nei parabrezza dei veicoli parcheggiati fuori dallo stadio.

Cristiano scarica al centro al sopraggiungente Khedira; il tedesco prima penetra la difesa avversaria fino al limite dell'area senza preliminari, poi finta il tiro e alla fine filtra in avanti per Dybala che si è improvvisamente materializzato da un tunnel spaziotemporale alle spalle degli indàisti, presentandosi davanti al solo Handanovic che viene così costretto a querelare i compagni di squadra per abbandono di portiere.

L'istanza viene miracolosamente accolta dal Giudice di Pace di Sborronburgo e il ciàpagòl nerazzurro riesce ad opporsi alla conclusione della Joya, ma la boccia rimane in zona e quindi il gioiello bianconero ci riprova al volo da posizione decentrata, subendo il secondo intervento dell'ispiratissimo ultimo difensore indàista che devia la boccia alta sulla traversa mentre quest'ultima, nel dubbio, si rimette comunque a tremare visto che nei paraggi si trovava anche CR7, hai visto mai....

Al diciassettesimo della ripresa Mister Sarri esegue una doppia sostituzione: fuori il *Maresciallo* Khedira e *Scarabocchio* Bernardeschi (che qualche minuto prima era stato tatuato a sangue dal nerazzurro De Vrij) e dentro sia Rodrigo *McGyver* Bentancur che *Golzalone* Higuain.

Tre minuti dopo Vecino imbocca Romelu Lukaku che esegue un triplo carpiato con avvitamento in piena area bianconera, dopo essere stato sfiorato dallo spostamento d'aria provocato dalla vicinanza di Bonucci.

I mangiariso meneghini invocano il calcio di rigore ma l'arbitro fa segno all'attaccante belga color Nutella di tirarsi su, che le qualificazioni per i tuffi dalla piattaforma per Tokio 2020 non sono ancora iniziate.

Al ventiquattresimo della ripresa ancora Vecino, involontariamente servito da Cuadrado al limite dell'area nel tentativo di replicare un passo di danza del Michael Jackson Tour del 1980, lascia partire una spàtaflascia urticante che viene deviata dalla schiena di De Ligt e se ne va ad accarezzare il montante destro di uno Szczesny nell'occasione congelato come un bastoncino di merluzzo impanato.

E stavolta il rosario lo deve recitare la panchina della Ggiuve.

Si offre ovviamente Gigi Buffon, ma dal Vaticano con un whatsapp avvertono prontamente che grazie, guardi, gentilissimo, ma anche no, per adesso siamo a posto così.

Replica subito la Zebra mannara un minuto dopo con il solito CR7 che penetra l'area nerazzurra e impegna da posizione defilata Handanovic, che questa sera sembra essere stato benedetto con un idrante di acqua santa in faccia.

Al minuto numero ventisette della ripresa Mister Sarri toglie dalla scacchiera un Dybala abbastanza spremuto e butta nella mischia Emre Can, il turco-krukko esperto in operazioni di demolizione dietro le linee nemiche.

Poco dopo, al ventinovesimo, il numero 77 degli indàisti Brozovic aggiorna la propria fedina penale commettendo un tentato omicidio con un intervento da dietro nei confronti di Bentancur in piena area, roba che avrebbe reso orgoglioso Jack lo Squartatore.

L'arbitro, nonostante l'evidenza del fatto e le reiterate proteste dei bianconeri, decide di non intervenire.

Anche il popolo juventino decide di non intervenire ritenendo che, in definitiva, se alla mamma dell'arbitro piace proprio fare quelle cose lì con così tanta gente sconosciuta, saranno anche affari suoi.

La partita ora si gioca sui continui ribaltamenti di fronte, dato che le due squadre cominciano ad essere lunghe come i minuti sulla poltrona del dentista e la battaglia è diventata un corpo a corpo che manco Spartani vs Persiani alle Termopili.

Ma al trentacinquesimo della ripresa il Branco a strisce, con un improvviso guizzo di coda, organizza il colpo del secolo spiegando a Miss Playstation come si fa a fare sul serio certi giochetti.

Juan Cuadrado si fa recapitare la sfera dalle retrovie sulla fascia destra e punta l'ex bianconero Asamoah, scherzandolo con una finta da torero che gli fa capire che ora addosso ha solo uno dei due colori giusti e che, guarda caso, si tratta del nero, vale a dire lo stesso colore del destino che sta per abbattersi su tutti i mangiariso di Longobardia.

Il sesto dei Jackson Five scarica all'interno a Bentancur, che essendo lì di passaggio diretto altrove non perde tempo e la passa a sua volta direttamente al Maestro Pjanic.

Miralem punta il proprio mirino laser al centro della difesa casalinga e nel folto dei difensori nerazzurri individua Sua Ronaldità.

Si tratterebbe di un filtrante a forte rischio di intercetto, ma la sfera arriva sui piedi di CR7 con la puntualità di un Rolex Daytona Paul Newman 6239.

Ciò che succede nei successivi 2,1 secondi è pura poesia in movimento:

Cristiano trattiene la sfera solo i decimi di secondo necessari per consentire al sopraggiungente Bentancur di poterla ricevere in velocità e automaticamente smistarla sulla destra a Golzalone Higuain, il quale, avendo appena finito di fare la consueta merenda, aveva giusto bisogno di sgranchirsi le gambe per digerire il quadruplo mega burger e quindi si fa trovare sul limite dell'area esattamente a metà tra Bastoni e il rientrante Asamoah.

Il Pipita è in posizione da scacco matto, punta Handanovic in uscita e con il più felpato dei tap-in gli fa passare la palla sotto il corpo piazzandola all'angolo opposto.

INDA' 1 - GGIUVE 2 !!!!!!!!!!!

Nell'azione del vantaggio bianconero la palla è passata tra i piedi di sette diversi giocatori della Vecchia Signora senza che mai gli avversari siano riusciti a vederla nemmeno con il cannocchiale; ciò consente a Mister Sarri di festeggiare il vantaggio accendendosi in una botta sola una intera stecca di siga usando un vecchio lanciafiamme dell'Armata Rossa modello Stalingrado 1943.

Sulla Pagoda di San Silo scende una cappa di silenzio che a confronto quando venne seppellito Mao Zedong a Pechino sembrava il Sambodromo di Rio De Janeiro durante il Carnivau, che peraltro si trova in pieno svolgimento lassù, tra le nuvole di un determinato spicchio del settimo anello dello stadio parecchissimamente saturo di gente molto felice tutta vestita di bianco e di nero.

La partita riprende, ma visto il livello di temperatura ambientale si trasforma nell'incrocio tra l'assalto ad una vetrina di scarpe femminili sulla quinta avenue di Manhattan al minuto uno del Black Friday e la rissa finale al *Titty Twister*, il saloon messicano poco oltre il confine nel film *Dal Tramonto all'Alba* di Robert Rodriguez (lo so che pensavate che fosse di Quentin Tarantino e invece no, ci interpreta solo la parte del fratello parecchio psicopatico di George Clooney):

Comunque: al minuto numero trentanove della ripresa ammonizione di Emre Can per abuso di metodi di correzione nei confronti del piccolo Bastoni;

Un minuto dopo ammonizione di Pjanic per violenza psicologica nei confronti dell'indàista Barella;

Sempre nello stesso minuto scocca l'ultima vera occasione per i meneghini di rimettere in bolla la gara, tra una spedizione punitiva e l'altra: Brozovic imposta profondo dalla tre quarti per D'ambrosio, che sorprende gli indietro giuventini pescando il sopraggiungente Vecino (senza dubbio il più in forma tra i suoi insieme ad Handanovic).

L'argentino nerazzurro si presenta puntualissimo all'appuntamento con il gol davanti alla porta sabauda, munito di smocking, mazzo di fiori, scatola di cioccolatini e pericolosissimo pallone tra le zampe, ma Szsezny è definitivamente impostato sulla modalità killing-dreams e si oppone alla conclusione con una uscita che avrebbe reso fiero un kamikaze dell'aviazione giappo nella battaglia di Okinawa.

Al minuto numero quarantatrè ammonizione di Vecino per tentativo di sgozzamento nei confronti di Pjanic;

Al minuto numero quarantacinque ammonizione di Barella per porto non regolamentare di scimitarra;

Al minuto numero quarantanove l'arbitro, dopo quattro di recupero e diversi scontri a fuoco a centrocampo, decide di averne abbastanza e che è giunta l'ora di rientrare a casa per controllare l'incasso della genitrice, pertanto fischia la fine delle ostilità.

E così la Zebra assassina per la esima volta espugna Sborronburgo e fresa con cinica precisione gli scalda sedia del consiglio di amministrazione della Suning, riagguantando la vetta della classifica del campionato di Stivalonia, della quale, peraltro, è titolare del relativo legittimo diritto di proprietà.

Gufi e gnegne in libera uscita fino alla prossima puntata.

Per tutto il resto...*Wan an, wà wà* *5

By Memedesimo, lo story-stylist

*1 Tra gli episodi che hanno condito la storia della società calcistica meneghina vi è anche quello del suo primo scudetto: assegnato nel 1910 a seguito di un contestato spareggio con la Pro Vercelli nel quale, a causa del rifiuto dei milanesi di posticipare l'incontro come richiesto dai piemontesi (che per la data prevista non avevano ottenuto il permesso di assentarsi dal lavoro poiché all'epoca i giocatori erano dilettanti), la Pro Vercelli fu costretta a mandare in campo i ragazzini della scuola calcio, che incapparono in una inevitabile quanto ben poco sportiva sconfitta per 11 a 3;

*2 Nel 2010 l'Indà conquistò nello stesso anno tre trofei: la Serie A, la Coppa di Stivalonia e la Coppa Orecchiona Bastarda, coniando per tale impresa il termine "*triplete*" mutuato dalla lingua iberica; si tratta tuttavia di un titolo privo di qualsiasi valore ufficiale, dato che l'unico "*triplete*" riconosciuto dalla UEFA era stato attribuito ben 25 anni prima alla prima squadra europea in grado di conquistare tutte e tre le competizioni continentali dell'epoca (Coppa dei Campioni, Coppa Uefa e Coppa delle Coppe); indovinate di che squadra si tratta? Esatto, della Ggiuve, che lo ottenne nel 1985; attualmente tale riconoscimento è stato raggiunto, oltre che dalla Zebra assassina, anche dal Bayern Monaco, dal Manchester United e dal Chelsea.

*3 Nel corso del Campionato di Serie A 2001 scoppiò lo scandalo denominato *Passaportopoli* che coinvolse, tra numerosi altri dirigenti e giocatori (nessuno appartenente alla Ggiuve), anche l'attaccante uruguaiano Alvaro Recoba (detto *El Chino*, cioè il cinese) e il dirigente Gabriele Oriali; entrambi all'epoca nerazzurri, furono ritenuti colpevoli dalla giustizia sportiva di avere falsificato il passaporto del giocatore per farlo dichiarare naturalizzato italiano in frode alle norme federali che all'epoca limitavano il numero degli stranieri tesserabili.

*4 **Ronnie O'Sullivan**: (Wordsley, Gran Bruttonia, 05 dicembre 1975), giocatore di snooker britannico vincitore di sei campionati del mondo, sette titoli nazionali e ritenuto uno dei più grandi giocatori di biliardo della storia.

*5 Buonanotte bambolotti, in cinese.

Bon, sarebbe più o meno tutto.

Anche perché s'è fatta na certa...

Quindi dai, è stato bello...

Saluti & baci, e mi raccomando eh? statemi belli duri .... occhio alla rotta mentre rientrate sulla superfice del pianeta e magari, chi lo sa? prima o poi ci si ribecca in giro.

Ok, io vado eh?

Oh...

No, dico..., sul serio, finisce qui, quella lì è l'uscita e l'ultimo per favore chiuda la porta.

Game over.

Stop.

The End.

Fin.

Kaputt.

Chi ha avuto ha avuto e chi ha dato ha dato, scurdammc'òpassato.

Cioè, non è che adesso me la tiro come fanno le rockstars, metto su la solita sceneggiata dove prima faccio finta di scendere dal palco, però poi le luci dei riflettori non si spengono del tutto e allora voi attaccate con il coretto: "*Se non ci canti l'ultima noi non ce ne andiamoooo*" e a quel punto faccio un pò la mossa di quello che, vabbè, se proprio insistete così, magari dai, giusto per stavolta, solo per voi, ma proprio perché siete voi, mannaggia, e finisce che ritorno sulla scena insieme al resto della band e visto che siete ancora quasi tutti lì allora vi butto sotto la coda

LA GHOST TRACK DELL'ALBUM

(ossia...)

Liberamente ispirato da: Campionato Mondiale 2017 di Formula 1

F1 CHAMPIONSHIP 2017 - FINALE DI STAGIONE
Ovvero:
Il Cavallino Rampante e la teoria dei culi comunicanti.

Siamo ormai entrati nell'ultimo trimestre del 2017 e il campionato mondiale di Formula 1 sta per consegnare alla storia l'ennesimo epilogo favorevole alle fottutissime stelle d'argento teteske meid in Naziland, come peraltro è sempre successo nell'ultimo lustro della storia macchinifera da competizione del pianeta a scoppio.

Infatti le *Rosse di Maranello*, che a inizio stagione avevano illuso la maggioranza dei loro fans tipo Memedesimo con un avvio di stagione decisamente promettente, dopo essersi impantanate in una tale sequenza di episodi sfavorevoli che a confronto Fracchia travestito da Paperino sarebbe risultato Jesus Christ Superstar, ormai da ben tre Gran Premi consecutivi non ottengono alcun risultato minimamente utile ad aggiornare le loro classifiche iridate (fantini e carrozzieri), consentendo così alle rivali della Mercedes di riconquistare con ampio distacco la vetta di entrambe.

Di conseguenza, anche quest'anno il Mondiale F1 veleggia ormai tranquillo verso Stoccarda, dove al 99% delle probabilità i nibelunghi ruotomuniti aggiungeranno due ulteriori, ennesimi titoli alla loro peraltro già ingorda ed obesa bacheca.

A meno che....

A meno che il vento di Miss Buona Sorte non faccia una bella inversione a U in very *Fast & Furious* style ed una molto più che minima quota sindacale di *cul de sac* non venga restituita alla Scuderia Ferrari, che ultimamente risulta più sfigata di un demolitore di cristallerie a bordo di un Ape car saturo di soriani masai rubati ad un convento di Carmelitane scalze ubicato su una salina albanese.

Quell'unopercento di flebile speranza residua potrebbe ancora avverarsi, a patto che nelle restanti ultime quattro gare previste nel calendario di questa stagione del Mondiale F1, si verifichino le seguenti, banali quanto elementari, concatenazioni di eventi...

VALE A DIRE:

22 ottobre 2017 - G.P. degli USA, AUSTIN (TEXAS)

Suscita perplessità la decisione comunicata dal Team Mercedes AMG Petronas F1 al termine delle sessioni ufficiali di qualifica, secondo la quale la propria seconda guida, il neoacquisto Valtteri Bottas, potrà schierarsi al via del G.P. degli Stati Uniti solamente dopo che avrà terminato di far cagare Göring, il pastore tedesco di Toto Wolf (Gran capo guerra dei krukki) nei pressi di ogni singolo cactus presente nell'intera area del circuito.

Ma si sa che i toteski son gente seria e i contratti con loro vanno rispettati.

Comunque sia, allo spegnersi dei semafori rossi Louis Hamilton scatta in testa dalla pole position, ma alla prima curva tutte e quattro le gomme della sua Merdeces W08 numero 44 vengono centrate da un nugolo di frecce apache.

Gara finita per il cioccolatino.

Le restanti diciassette monoposto che hanno preso parte al via iniziano a girare in cerchio come i carri dei pionieri per respingere l'attacco di Geronimo & Friends, ad eccezione dei due bolidi di Maranello, perché Kimi "*Spugna*" Raikkonen durante le qualifiche aveva barattato con gli aggressori Chiricahuas il passaggio a Ovest per le vetture rossocolorate, scambiandolo con una cassa di vodka finlandese, novanta barattoli di Nutella e duecento copie pirata della versione porno di *Balla coi Lupi* con il grande Rocco Siffredi nella parte del totem, capisciammè.

Le due Ferrari quindi arrivano in parata sotto il traguardo a Fort Alamo con sei settimane di vantaggio sulle vetture rivali, e Sebastianino "*Piede veloce del Nord*" Vettel festeggia la vittoria appendendo fuori del suo tepee lo scalpo di Max Verstappen, ribattezzato dai pellerossa: *Uachi Ghi-ì-gnòs-bon-dah-gnint*, che in lingua apache significa "*Bambino molto veloce ma imbecille, che imballa anche i bisonti nella prateria e meno simpatico del Generale Custer con le emorroidi*".

29 ottobre 2017 - G.P. del MEXICO, CIUDAD de MEXICO

Suscita qualche perplessità il comportamento della Mercedes numero 77 condotta da Valtteri Bottas durante gli ultimi minuti delle qualifiche.

Il pilota finlandese infatti, nel corso dell'ultimo giro con il quale stava contendendo la pole position al compagno di squadra Hamilton, giunto sul rettilineo finale improvvisamente rallenta la corsa della propria monoposto fino a raggiungere la velocità di crociera media di una Fiat Panda a metano del 1978, aggiudicandosi così solamente il ventesimo ed ultimo posto disponibile sulla griglia di partenza.

Chiarito nel post-qualifica il motivo di tale curioso comportamento da parte della seconda guida Mercedes: durante il suo giro lanciato Toto Wolf dai box aveva fatto improvvisamente lampeggiare sul cruscotto della vettura del finlandese l'indicatore luminoso dei croccantini.

Comunque sia, il giorno della gara Louis Hamilton scatta in testa dalla pole position e distanzia tutti.

Dopo venti giri ha già sei ore di vantaggio sugli avversari, ma al ventunesimo giro, durante la sosta ai box per il cambio gomme, i meccanici della Merdeces lo estraggono a forza dall'abitacolo, lo sbattono su un pickup senza targa legato e imbavagliato come un cacciatorino e lo fanno sparire in una nuvola di fumo.

Non si tratta infatti dei prodi meccanici toteski della casa automobilistica con la stella a tre punte, ma degli uomini di Don Miguel Angel Feliz Gallardo detto *El Dragòn*, capo indiscusso del cartello della coca di Acapulco nonché noto tifoso ferrarista, possedendone sessantanove modelli diversi.

Tecnicamente vincerebbe la gara Max Verstappen su Red Bull, soprannominato dai locali *El nino cabròn testa de vaca*, ma dopo aver tagliato per primo il traguardo i commissari di gara del circuito (Don Paco Gallardo, Don Rodrigo Gallardo e Don Antonio Jesus Felipe Gallardo, detto *El Maranellito*) lo squalificheranno per naso non regolamentare, minacciando la F.I.A. di farne discretamente sparire il cadavere in una tinozza di calce viva.

In assenza di obiezioni o altre candidature da parte dei restanti piloti in gara (anche perché è complicato alzare il braccio mentre si è legati con le mani dietro la schiena con una motosega accesa ad un centimetro dal collo) la vittoria viene assegnata a tavolino a Don Sebastian Vettel, detto lo *Speedy Gonzales della Via Emilia*, mentre il secondo posto viene attribuito a Kimi *Sancho Panza* Raikkonen, soprannominato dal pubblico locale *El Fràdiciòn*.

E gli altri, muti devono restare.

12 novembre 2017 - G.P. do BRASIL, SAO PAOLO

Louis Hamilton scatta in testa dalla pole position, ma alla terza curva del primo giro, distratto da un addetto alla sicurezza di pista di nome Casimiro Ribeiro Do Nascimiento Oliveira Antunes De Souza, meglio conosciuto come *Wanda Upàsasgioàlivèlo*, sbaglia strada e invece di sterzare a destra gira a sinistra finendo con la sua numero 44 nel vicino sambodromo cittadino, dove si stanno svolgendo le prove per il locale *Carnival*.

Gli inviati di Toto Wolf lo ritroveranno solo sei giorni dopo, lievemente confuso per l'overdose di colla sniffata ed assolutamente incapace di sedersi su qualsiasi superficie rigida, ma molto soddisfatto per le sue tette nuove.

Nessuna speranza di successo nemmeno per la seconda guida Mercedes Valtteri Bottas, scattato al via dalla seconda posizione sulla griglia di partenza ma costretto al ritiro durante il cambio gomme, quando i suoi meccanici si rifiutano categoricamente di fornirgli il nuovo set di pneumatici senza che il finlandese consegni prima l'adeguato numero di bollini per la raccolta premi.

Vince quindi la gara Sebastiao Alemao Blondinho Vettel, detto *Von Braun,* su Ferrari, prevalendo solo negli ultimi metri di gara su Max Verstappen che, benché presentatosi in testa all'ultimo rettilineo, si schianta contro il guard rail poco prima del traguardo dopo essere improvvisamente svenuto nell'abitacolo della sua Red Bull a causa delle mortali esalazioni intestinali provocate dalla tremenda damigiana di fejolada che si era sbafato a colazione.

26 novembre 2017 - G.P. degli E.A.U, ABU DHABI (EMIRATO DI ABU DHABI)

(e dove altro volete che sia? Ad Abu Dhabi c'è solo Abu Dhabi)

Gara finale della stagione: si deciderà tutto in una unica corsa, con Louis Hamilton ed il Team Mercedes AMG Petronas F1 ancora avvantaggiati nelle rispettive classifiche di un solo punto mondiale su Seba Vettel e la Scuderia Ferrari.

L'inglese parte in pole position e alla prima curva stacca il resto del gruppo, tra i quali non si trova più Kimi Raikkonen.

Al proprio ingegnere di pista, il finlandese ferrarista infatti comunica subito via radio che lui, in un paese dove fanno 600 gradi fahrenheit nel freezer, non si trova un goccio di alcool sorseggiabile nel raggio di 2000 miglia e la gnocca indigena in media è pelosa come il suo San Bernardo, colcàzz che ci resta un minuto di più e quindi allo scattare del verde del semaforo di partenza schizza con la propria monoposto fuori dal circuito in direzione del primo lounge bar disponibile, che si trova a Vladivostok in Siberia, per cui per quest'anno ciao-sèvedemu.

Il ferrarista troverà nel parcheggio del locale anche il connazionale Bottas sulla sua numero 77, che gli confermerà di essere arrivato in estremo oriente seguendo le indicazioni del nuovo navigatore GPS frettolosamente installato sulla sua monoposto dai tecnici Mercedes per ordine di Toto Wolf, anche se ancora non si spiega il perché di tutti quei colpetti di gomito e tutte quelle risatine tra di loro durante il montaggio.

Nel frattempo, in pista Seba Vettel insegue il campione britannico ma non riesce ad avvicinarlo, anche perché dopo pochi giri ha gia finito il chewing gum con il quale tenere appiccicati insieme i pezzi del telaio della Rossa (ribattezzata *La Ravensburger a ruote*) che ad uno ad uno si staccano ad ogni curva a manetta che affronta.

A metà gara Hamilton si trova in testa e in netto vantaggio, praticamente guida con le infradito, quando, poco prima del pit stop, dalla radio integrata nel casco gli giunge la voce del Gran Capo Supremo della motorcasa krukka, Niki Lauda: "*Tu pikkolo negr..... ehm, pilota tella nostra kloriosa Mercetes, fieni trankvillo in box fare kampio pneumatici, perke nostri nemic...ehm atversari 'taliani zono troppo lontani, e qvando tu arrifa tu scente pure per skrankio ti gampe et sorseccio di koppa di champagne ke i nostri proti incenieri della Gestap...ehm, del reparto korse hanno rubato nel kamper ti kwella pappamolla ti Raikkonen; kozì noi festeccia kome zi defe nostro montiale senza pere kwel piscio ti tromedario ke zempre ci tanno ogni folta ke vinciamo Gran Premio ti qwesti betuini arricchiti, HEIL HIT......ehm..JA??*"

In qualità di prode suddito di sua Maestà Britannica, come tale solito ad ubbidire agli ordini di un superiore senza traccia di indugio, Hamilton il giro dopo imbocca diligentemente l'uscita per i box mentre nel frattempo si alza un'impressionante tempesta di sabbia che avvolge il circuito facendo scendere la visibilità a livello Mister Magoo, roba da andare in giro con un pastore tedesco legato all'alettone anteriore delle monoposto.

Hamilton per paura di sbagliare box chiede di essere guidato via radio e gli risponde sempre la voce del Kommandant che lo rassicura: "*Fieni ankora afanti pikkolo scimmiott... ehm... grante pilota tella nostra infincipile makkina, afanti kozi ankora, tu non teme niente io te quita zikuro, Ja? Afanti kozi, ora cira testra, ora cira ziniztra, ankora prozequi mio piccolo zimpanz, ehm prote alleato pritanniko...ekko: ZTOP.*"

Hamilton ferma la monoposto numero 44 ed esce dall'abitacolo, ma il posto si rivela inspiegabilmente buio per un box da Gran Premio, dato che anche una volta toltosi il casco continua a non vedere una beata mazza nonostante la tempesta di sabbia si sia nel frattempo notevolmente quietata.

Alla fine riesce faticosamente ad accendere un fiammifero che aveva scaramanticamente conservato in una tasca della tuta da gara e...scopre di essere finito nel vano stiva del cargo *Friday 13*, battente bandiera liberiana in navigazione al largo della costa arabica con destinazione senza scalo Pearl Harbour, nelle Hawaii.

Contemporaneamente, nel box di pista della Ferrari gli ingegneri ed i meccanici del Cavallino Rampante sono tutti sdraiati per terra pisciati addosso dalle convulsioni per il gran ridere, perché Maurizio Arrivabene, il direttore del reparto corse delle Rosse, all'inizio dell'anno in Consiglio di Amministrazione a Maranello l'aveva anche detto: "*Guardate ragàz che io di corse non ne ho mai capito un cazzo e l'unica cosa che riesco a fare alla perfezione è l'imitazione di Niki Lauda alla radio*".

Nel frattempo la gara volge al termine ed in testa c'è Verstappen, inseguito da Vettel ridotto a guidare con le orecchie, nudo nell'abitacolo perché con la tuta ha alzato una vela di fortuna per far camminare la propria macchina di bolina, dato che a partire dal terzo giro il suo motore era diventato buono solo per il barbecue.

L'olandese della Red Bull all'ultimo giro affronta alcuni doppiati, ma, dopo avere eseguito l'ultimo sorpasso, prima del rettilineo finale viene improvvisamente centrato in pieno dalla *Doppio Zero* di Dick Dastardly ed immediatamente dopo tamponato dal *Macigno Mobile* dei fratelli Slag, stirato dalla *Perfect Compact* di Penelope Pitstop e raso al suolo simultaneamente dal *Diabolico Coupè*, dall'*Insetto Scoppiettante* e dal *Turbo Terrific* di Peter Perfect[*1].

Vince di conseguenza Sebastian "*Al Coulaz*" Vettel, che taglia il traguardo pedalando su resti di Ferrari a vela aggiudicandosi così in un solo colpo il Gran Premio, il Mondiale Piloti, quello Costruttori, il Giro d'Italia, il Superenalotto, le elezioni presidenziali USA, il Sei Nazioni di Rugby, la Maratona delle Olimpiadi, l'Oscar come attore non protagonista, il Nobel per l'Astroculistica applicata ai corpi in rotazione motoria ed una opzione per la finale di Masterchef Junior della prossima stagione.

Come peraltro è cosa buona e giusta, nostro dovere e fonte di salvezza; Amen.

P.S.: se per caso vi chiedeste come mai la tempesta di sabbia ad Abu Dhabi arrivi nel momento più opportuno per le Rosse di Maranello, beh... la risposta è semplice: perché tutti i Santi in paradiso non basterebbero a farci vincere questo mondiale, ma Dio resta pur sempre un ferrarista, boia d'ùn mond lèder!

By Memedesimo, al Carpsàn Mudnès

[*1] Si tratta dei nomi delle principali vetture da gara della celebre serie cartoon animata *The Wacky Races*, di Hanna & Barbera, (USA 1968);

Post-Scriptum:

AUF WIEDERSEHEN PABLITO

Nei giorni finali dell'infame 2020 durante i quali mi ritrovavo a correggere la prima bozza di ciò che avete appena finito di trangugiare, tra un D.P.C.M. modello Alcatraz e un lockdown da asporto, una delle merdosissime notizie che hanno avuto la faccia tosta di impilarsi nella nostra agenda quotidiana, già in overbooking di schifezze, è stata quella della prematura scomparsa del grande Paolo Rossi, detto *Pablito*.

Qualsiasi entità biologica senziente che abbia avuto anche solo una parvenza di sinapsi nel corso degli ultimi 40 giri di pista attorno al Sole sa di chi sto parlando.

Paolo è stato un campione di calcio e di umanità inimitabili, un eroe popolare per diverse generazioni di italiani e un'autentica icona sportiva specialmente per noi juventini, anche se nel corso della sua carriera ha indossato altre divise oltre a quella bianconera, con la quale, tuttavia, ha innegabilmente vissuto la parte più significativa e vincente della sua avventura nel mondo del calcio.

Su di lui e sulla sua uscita dal terreno di gioco della vita molto prima dei minuti di recupero della partita, a causa di una maledetta malattia che purtroppo conosco da vicino essendosi portata via anche mia madre all'incirca alla sua stessa età, hanno già scritto tutti, dicendo tutto.

Quindi non ho la presunzione di poter aggiungere nulla di originale in proposito.

Tuttavia mi sembrava un gesto carino chiudere questo libro barzelletta con il mio personale ricordo di un uomo e di uno sportivo che della barzelletta non aveva proprio nulla, ma che, ciò nonostante, ha saputo farci sorridere e saltare dalla gioia come pochi altri nel corso della nostra vita, porca o santa che sia.

Quindi, salutandovi, ma stavolta per davvero, eccolo qui:

5 luglio 1982.

Avevo 14 anni.

Ero alto un metro e uno sputo e pesavo sessanta chili mal contati.

Ero al mare a Lido di Spina, sulla costa ferrarese, con mia mamma e mio fratello più piccolo di me di un paio di lunghezze, perché il mio babbo per motivi di lavoro poteva raggiungerci solo durante i fine settimana.

Erano i giorni del Mondiale di Spagna, anzi no, del *Mundial*, come lo chiamavamo tutti con un pizzico di esotismo fricchettone senza renderci conto che con quell'etichetta appiccicata addosso sarebbe rimasto noto per l'eternità.

Alla fine del girone iniziale l'Italia era riuscita a qualificarsi alla fase successiva con una fatica da partoriente Masai, grazie a tre stitici pareggiucoli contro Polonia, Perù e Camerun.

A Stivalonia tutti ce l'avevano a morte con Enzo Bearzot, il C.T. della Nazionale separato nella culla con la motosega dal suo gemello l'attore Jack Palance, poiché, a parere dei mastri pennai che saturavano le redazioni dei giornali sportivi dell'epoca, il Mister aveva convocato una serie di giocatori inadeguati, incapaci, molli, qualcuno addirittura azzardava affetti da preoccupantissimo checchismo (ci furono "giornalisti" che pur di spalare merda sulla squadra italiana ebbero la faccia di insinuare che Antonio Cabrini e Paolo Rossi, compagni di stanza nel ritiro azzurro, fossero in realtà "fidanzate" tra loro); roba che, calcolando l'atmosfera bigotta dell'epoca, era da trattare con gli idranti pompati ad acqua santa.

Ma soprattutto Mister Bearzot per i più era da fucilare per avere osato preferire lui, il Paolo Rossi da Prato-via-Vicenza, neo juventino, considerato un mezzo giocatore in disuso al rientro da una squalifica di due anni, al posto dell'osannatissimo Roberto Pruzzo, cannoniere dàaRòma con il piede bollente in overdose da segnature.

Insomma, viste le premesse, sulla testa della spedizione azzurra il meteo prevedeva precipitazioni che Noè fatti in là, pilota di pedalò che non sei altro.

E siccome in questi casi la Signora Fortuna tende a farsi desiderare come una star di Hollywood sul red carpet la notte della consegna degli Oscar, mentre sua sorella Sfiga invece riesce a trovarti anche se ti travesti da pregiudicato a un convegno della Mafia, dall'urna del sorteggio dei quarti di finale ci erano piovute in braccio Argentina e Brasile: vale a dire la formazione campionessa mondiale in carica comprendente un ragazzo di nome Diego Armando Maradona, che già da un paio d'anni aveva chiarito al resto del pianeta di essere il mancino più forte della storia della pallapiede, e un rullo compressore verdeoro capace di triturare chiunque a ritmo di Samba e con titolo mondiale, fascia e corona già prenotati; probabilmente la più forte nazionale brasiliana di tutti i tempi insieme a quella capitanata da Pelè nel mondiale messicano del 1970.

Insomma, non solo eravamo già spacciati in partenza, ma, manco a dirlo, anche condannati alla figura èmmerd di dimensioni fracchiane ancor prima che l'ombra di un alluce dei nostri avesse il coraggio di proiettarsi sul campo da gioco.

Roba che i bookmakers inglesi davano più probabile l'elezione al prossimo pontificato di Edwige Fenech che il passaggio del turno della Nazionale.

Poi invece, a sorpresa, avevamo battuto l'Argentina 2 a 1 con reti di *Tarzan* Tardelli e Antonio *Il Bello* Cabrini, due juventini dei sei che farcivano la spina dorsale della formazione azzurra.

Qualcuno dei mastri pennai, allergico a ogni parvenza di gioia pallonara e capacità di ritrattazione, si era ostinato a sostenere che si era trattato di una vittoria figlia delle circostanze e nipote di una prestazione acerba del *Pibe de Oro* Maradona, che per la verità era stato letteralmente cancellato dai radar dell'incontro da un certo Claudio Gentile detto *Gheddafi*, guarda caso un altro bianconero D.O.P.

Ma i più avevano ammesso che invece non si era trattato di una botta di culo, semmai di una vittoria da classe operaia costruita con i soliti vecchi ferri del mestiere del calcio nostrano, ossia gran catenaccio e contropiede; ma comunque vittoria genuina e al netto di influenze divine.

Poi però, si capisce, al turno successivo non ci sarebbe stato scampo contro il fanta-Brazil di Falcao, Zico, Junior, Cerezo, Socrates ed Eder... perché finché si scherzava era un conto, ma il fuccbol restava comunque roba seria, nel quale i pronostici degli esperti andavan trattati come parole scolpite nella pietra del Monte Ararat, e in fin dei conti gli *Azzurri* potevano anche accontentarsi di avere salvato le loro facce con la vittoria sui gauchos.

Quasi tutte almeno... cioè tutte tranne ovviamente quella del Paolo Rossi-da Prato-via Vicenza, ancora a secco di gol e di fiducia, visto che continuava ad arrancare per il campo come un pulcino con la labirintite sotto l'alluvione delle critiche di milioni di gnegne tricolori, tenuto a galla solo dalla cocciutaggine tutta montanara di quel testone del Jack Palance friulano seduto in panchina, che continuava a schierarlo.

E così arriva il pomeriggio del 5 Luglio.

A las cinco de la tarde, manco a farlo apposta l'ora delle corride.

Riesco a scappare fino al bar della spiaggia perchè lì c'è la tivù a colori bella grande, quella da trentadue pollici, mentre noi nella nostra stanzetta di pensioncina da una stella e mezzo avevamo solo una scatoletta portatile piccola così che trasmetteva in bianco e nero più effetto neve che azioni di gioco, e quella partita lì io la volevo vedere bene se proprio doveva essere l'ultima, come tutti pronosticavano da giorni.

Nel bar ci saranno almeno cinquanta persone.

Quarantotto sono tedeschi, per me grossi come delle gru da cantiere carburate a Paulaner, che tifano in blocco Brasile come se fossero stati tutti partoriti a Ipanema dagli sfollati Gestapo di fine Seconda guerra.

Poi ci sono io, e il barista.

Che mi fissa sconsolato, in silenzio, come dire *"eh, oggi mi sa che io e te siamo stranieri anche a casa nostra*".

Inizia la partita e siccome mi vergogno a tifare in mezzo a tutta quella Wermacht, mi limito a sussurrare sottovoce i miei "*dai!*" e i miei "*cosi!*" ad ogni scambio degli azzurri, ad ogni contropiede, tra i flutti dei rutti e dei ruggiti dei nibelunghi accampati in quel francobollo di riviera adriatica sotto occupazione visigota.

Poi però, all'improvviso, ci pensa lui, il Paolo Rossi-da Prato-via Vicenza, numero nove della mia Juve e numero venti di questa Italia da sfottere a prescindere ma con qualche sorpresina nel caricatore.

Paolo sbuca all'improvviso nel mezzo del traffico in area verdeoro e gli butta dentro il primo, inzuccando un cross magistrale pennellato dal "moroso" Cabrini.

I toteski fanno spallucce e il barista mi lancia un muto "*Evvai*" nascondendosi con il burazzo per non farsi sgamare dallo sguardo teutonico.

Il tripudio dura poco perché i cariocas pareggiano quasi subito con Socrates, che mette a sedere nonno Zoff da posizione impossibile, stabilendo perentoriamente che stavolta tocca ai krukki da bar esaltarsi come se avessero appena riannesso l'Austria.

Ma mica per molto, perché neanche il tempo di un porcaputtanen e Paolo ai brasileiros gli butta dentro il secondo, dopo avere rovinato il loro presuntuoso tiki-taka da giocolieri da sambodromo rubando palla sulla loro tre quarti e sparandola dritta alle spalle di Valdir Peres, il ciàpagòl pelatone del Brasseu, senza manco lasciargli dire bà.

Io dentro avrei il Krakatoa in piena eruzione ma non ho neanche il coraggio di esultare, perché quelli là vestiti di gialloblù in tivù fan davvero paura ogni volta che toccan boccia anche se sono momentaneamente sotto sul tabellone segnapunti, mentre questi qui al bar vestiti di bianco fanno paura e basta.

E infatti, nel secondo tempo, dopo un bel pò di giri di lancetta e di tiro a segno verdeoro durante il quale perdo il conto delle volte che sto per cagarmi sotto, i brasileiros ripareggiano con un siluro da fuori area di Paulo Roberto Falcao, che è pure l'idolo top player della Roma, mortacci-sua.

E i krukki da bar si riesaltano.

Anche perché stavolta manca giusto una manciata di tic-tac alla fine della gara e con il due a due in semifinale ci va comunque il borioso gigante Brazil.

A me stanno per venire giù dei lacrimoni silenziosi grossi così che non ho nessuna voglia di far vedere a 'sta Panzer Division ubriaca patocca, ma che non ho la minima idea di come fare per arginare.

Il barista risolve la questione standosene con la crapa tra le zampe a fissare il bancone e non ha neanche il coraggio di tenere gli occhi sullo schermo.

Ma proprio quando sembra che il serbatoio delle speranze abbia detto ciao alla sua ultima goccia, ci pensa ancora Paolo, che gli butta dentro anche il terzo sbucando all'improvviso da uno dei rarissimi mischioni nella loro area piccola, intasata come una metro giapponese a mezzogiorno.

E a quel punto però anche basta, anche no, non ce ne è piu per nessuno e mi parte un urlo che sentendolo Tarzan e la buon'anima di Luciano Pavarotti si sarebbero abbracciati commossi per non staccarsi più.

Perché quello lì in televisione, in mezzo al prato del vecchio stadio Sarrià di Barcellona, così mingherlino che sembra annegare dentro la maglia azzurra ma munito di zampata velenosa ammazzasamba, non è mica più il pulcino Paolo-da Prato-via Vicenza.

Quello lì è diventato *PABLITO*, e da lì in poi lo sarebbe restato per l'eternità.

Indi per cui, via al countdown procura-infarti condito con una paratona salva-patria sulla linea di nonno Zoff a tempo stop, e poi, quando *Dio-che-se-la-prende-davvero-un-tot-comoda* finalmente consente, triplo fischio finale dell'arbitro e brasileiros con il culo allibito piazzato sull'aereo destinazione Rio in modalità *anche sta-*

volta mi sa che lo vinciamo la prossima, mentre i nostri staccano un biglietto di prima classe con destinazione Nirvana.

L'orda dei tognari del bar della spiaggia di Lido di Spina fa spallucce, svuota i residui bidoni di bionda ghiacciata e poi, come qualsiasi orda tognara che si rispetti, inizia un'ordinata e diligente manovra di ritirata tattica dal locale, quando all'improvviso il suo capobranco, una specie di controfigura di Hulk Hogan[*1] ariano con la maglietta bianca della nazinazionale, fa segno al barista che mi venga servito il gelato più grosso che occupa il frigo, offerto da loro a 'sto ragazzino che ha avuto il coraggio di urlare tutta la sua felicità tricolore in un bar zeppo di tifosi avversari.

Raga...il gelato più buono della mia vita!

Anche perché i krukki in quel momento là mica ancora lo sapevano che, qualche giorno più tardi, in finale, dopo avere sbrigato la pratica Polonia con doppietta di che-ve-lo-dico-a-fare, avremmo revisionato anche i loro di culi, senza un filo di burro e per l'ennesima volta con la zampata magica iniziale di Paolo Rossi.

Pardon, *Pablito*.

Ecco, io me lo voglio ricordare così.

Ovunque sia la tua destinazione finale, fa buon viaggio campione mingherlino dalla faccia buona, e, a distanza di quasi quaranta anni scusandomi per l'imperdonabile ritardo, grazie per quel gelato.

E per tutti gli altri brividi, che a conti fatti non sono mica stati pochi.

By Memedesimo, il cinno in fondo al bar della spiaggia, con la faccia tutta sporca di cioccolato e l'asciugamano tricolore sulle spalle

---

[*1] **Hulk Hogan**: vero nome Terry Eugene Bollea (Augusta, USA, 11 agosto 1953), è stato il più famoso lottatore di Wrestling di tutti i tempi, detentore di 12 titoli mondiali nelle diverse categorie di tale specialità nel periodo tra gli anni 80 e 90 del secolo scorso; famoso, oltre che per la tecnica di lotta e la personalità strariprante, anche per l'imponente stazza fisica; è infatti alto 198 cm per un peso dichiarato di 135 kg.

TITOLI DI CODA & SPECIAL THANKS

Le colpe del delirio che precede sono tutte mie e quelle non le smezzo con nessuno; tuttavia, senza che ciò costituisca in alcun modo una complicità penalmente rilevante, la mia vocina interiore mi impone di ringraziare pubblicamente un ristretto manipolo di eroi ambosessi che hanno avuto l'ardire e la pazienza di consumare fette del loro inestimabile tempo per aiutarmi a realizzare il colpo.

La mia gratitudine ed il mio simbolico abbraccio vanno quindi in primis alla Papaguena, in arte Sara Ferrari, irrinunciabile compagna di vita, di merende ed eterna spacciatrice di buonumore, per avermi sino ad oggi sopportato oltre i limiti dell'umana decenza, e a Marcello Manicardi (a.k.a. IL BRO) per il suo sostegno incondizionato da quel trascurabile dettaglio genetico chiamato consanguineità.

In ordine assolutamente sparso i grazie di diritto vanno anche:

Agli amici Graziano Martino ed Hickam Kawatmi, colleghi penalisti nonché gobbi irriducibili D.O.P., per avere letto in anteprima il manoscritto e avermi confortato del fatto che, nella peggiore delle ipotesi, mi faranno trovare una lima da ferro nascosta in una torta qualora finissi dietro le sbarre per colpa di questo libro.

Alla cara amica Serena Galletti per i preziosi consigli di marketing che non so se riuscirò mai a mettere in pratica (ma la colpa non è mica sua).

Alla collega Valeria Munari per la disponibilità e l'imbattibile ironia.

Alla giovane ma tostissima Giulia Morandi, per l'ottima realizzazione delle grafiche e della copertina di questo libro.

Ed alla fine, che poi in realtà è l'inizio, un very special thanks a Giancarlo, che fin da quando ero cucciolo mi trasmise l'eterna passione per la squadra di *fuccbol* più fantastica dell'universo, e alla *Maestra* Magda, che non mi ha insegnato nulla di calcio ma parecchio di tutto il resto e che ora, lassù da qualche parte, continua a tenermi d'occhio scuotendo spesso il capo.

Questo libro è dedicato a loro due.

Andrea Manicardi

SOMMARIO

Istruzioni per l'uso: 3

Equus hippotigris ferox (più comunemente: Zebra assassina)   9

Parmularius insatiabilis arrogans (volgarmente: Gnegna)   15

Asio otus menagramus (volgarmente: Gufo portarogna)   21

Il Cast   33

Somaripodi from Vesuvv 3 – Zebre stellari di Juventia 2   91

Zebras asesinas 3 – Catalani separatisti 0   99

Zemaniani 0 – Gregge delle Zebre del Signore 2   105

La remuntad...ops! Mangia paella 0 – Zebre assassine 0   109

Cenerentoland 0 – Les Zebrottes assessines 2   113

Zebre rien ne va plus 2 – Croupiers del Casinò 1   115

Randagia de noantri 3 – Zebre part time 1   121

Zebre vampire 2 – Galline del Latium 0   127

Starzebre 3 – Pirati galattici di Kroton 0   131

Vecchiaccia striata 1 – Real Club de Ladrid 4   137

Grifondoro 2 – Zebremagiche 4   155

Hippotigris Ferox 3 – Asinelli volanti 0   161

Dybala + dieci comparse 3 – Piastrellisti 1   167

I Bianchi & I Neri 1 – I Guelfi & I Ghibellini 0   173

Cebras asesinas 4 – Minibovide F.C. 0   179

Questa è Sparta a strisce 2 – Olympiakospallemosciakis 0   185

Var-Atalanta 2 – Ju-Var 2	193
Giuventush 2 – Sportinglisboa 1	201
Friulani allenati dall'Ispettore Clouseau 2 – MarvelJuve 6	209
Bianchenegher 4 – Frarés 1	217
Millà 0 – Ninjazebre 2	225
Vecchia Signora 2 – Vesuvianese B 1	231
Vesuvianese 0 – JuvHiguain 1	241
The Old Lady 2 – Minibovide F.C. 0	249
Real Ladrid 1 – Cebras asesinas con muy corazon 3	257
Dipendenti Suning 2 – Vecchia Signora Omicidi 3	265
Juve Texas holden 4 – Millà 0	277
Mangiapaella 0 – Cebras homicidas 2	285
Ciociaria 0 – Zebre da guerra 2	295
Zebre galattiche 3 – Ciucci del Lamentistan meridionale 1	303
La Joya & Friends 3 – Young Ringoboys 0	311
Nipotini di Robin Hood 0 – Zebre da sbarco 1	317
Pellerossoneri 0 – Settimo Zeralleggeri 2	325
Sua Ronaldità 3 – El Cholo's Colchoneros 0	333
Prescr-Indà 1 – Legittimi proprietari dello scudo da otto anni 2	343
La ghost track dell'album	361
F1 Championship 2017 – Finale di stagione Ovvero: il Cavallino rampante e la teoria dei culi comunicanti	363
Auf wiedersehen Pablito	371
Titoli di coda & special thanks	379

www.ingramcontent.com/pod-product-compliance
Lightning Source LLC
Chambersburg PA
CBHW030901080526
44589CB00010B/98